同济经管
TONGJI SEM

高校创新型人才培养与教学改革研究

主编　阮青松　副主编　唐　伟　佟爱琴　曹晓玲

同济大学出版社
TONGJI UNIVERSITY PRESS

图书在版编目(CIP)数据

高校创新型人才培养与教学改革研究 / 阮青松主编
. —上海 ：同济大学出版社，2021.10
ISBN 978-7-5608-9974-9

Ⅰ. ①高… Ⅱ. ①阮… Ⅲ. ①高等学校—人才培养—研究—中国②高等学校—教学改革—研究—中国 Ⅳ. ①G649.2②G642.0

中国版本图书馆 CIP 数据核字(2021)第 221993 号

高校创新型人才培养与教学改革研究

主编 阮青松 **副主编** 唐 伟 佟爱琴 曹晓玲

责任编辑 翁 晗 **责任校对** 徐春莲 **封面设计** 陈益平

出版发行 同济大学出版社 www.tongjipress.com.cn
(地址:上海市四平路 1239 号 邮编:200092 电话:021-65985622)
经 销 全国各地新华书店
排 版 南京文脉图文设计制作有限公司
印 刷 江苏凤凰数码印务有限公司
开 本 787 mm×1092 mm 1/16
印 张 21.25
字 数 530 000
版 次 2021 年 10 月第 1 版
印 次 2021 年 10 月第 1 次印刷
书 号 ISBN 978-7-5608-9974-9

定 价 98.00 元

序

百年大计，教育为本。教育大计，教学为本。立足新发展阶段，贯彻新发展理念，融入新发展格局，以创新推进高质量发展，高校应以创新型人才培养为本，通过深入推进以质量提升为核心的内涵式发展，不断创新人才培养模式。正如习近平总书记在全国教育大会中所指出的：“要在增强学生综合素质上下功夫，教育引导学生培养综合能力，培养创新思维。”创新型人才的培养，既是当前经济社会飞速发展对高校提出的重要要求，也是加快推进创新型国家建设和人才强国战略进程中赋予高校的一项重要而紧迫的任务。

在百余年办学历程中，同济大学始终按照“培养德智体美劳全面发展的社会主义建设者和接班人”这个目标要求，培养具有通识基础、专业素质、创新思维、实践能力、全球视野、社会责任等多方面综合特质的、引领未来的社会栋梁与专业精英，形成富有同济特色的创新型人才培养优势。通过促进各学科和专业协同发展，按照“优势工科引领带动、厚重理科融合推动、特色医科协同驱动、精品文科共享联动、前沿交叉创新互动”的思路，深入推进创新型人才培养体系建设，同济大学正逐步形成具有优势工科、厚重理科、特色医科、精品文科、前沿交叉的学科与专业布局。与此同时，学校的校办产业系统深入改革创新，一方面，进一步强化科教结合、产教融合，通过和学校的优势学科建立联合实验室、联合研发中心等创新基地和人才培养基地，成为学校事业建设的重要组成部分；另一方面，构建全链条的科技成果转化体系，培育创新创业的服务系统和资本生态。同济大学相关优势学科、科教资源不断外溢，与所在地方杨浦区“校区、园区、社区三区融合、联动发展”，共同孕育出“市场驱动、学科支撑、企业主体、政府引导”的环同济产业发展模式。

党的十八大以来，同济大学经济与管理学院全面贯彻党的教育方针，深入学习贯彻习近平总书记系列重要讲话精神，以“五位一体”总体布局和“四个全面”战略布局为指导，走内涵式发展道路，高素质专业化师资队伍不断壮大，高层次人才培养水平迈上新台阶，服务国家经济发展和现代化建设能力显著增强。近年来学院不断加强专业内涵建设，深入推进教育教学改革，鼓励教师开展创新实践。同时通过积极搭建开放共享的国际交流平台，创新完善内外协同的育人模式，促进教育教学质量提高，国际影响力持续提升。2021年我院新增3个专业入选国家级一流本科专业建设点，加上之前已入选的金融学、信息管理与信息系统、工程管理和市场营销共有7个专业入选国家级一流本科专业建设点，实现了管理科学与工程、工商管理、应用经济学3个一级学科全覆盖，在全国同类学院名列前茅。面向未来，同济经管将继续勇担时代赋予的使命，进一步提升教育质量和水平，践行同济大学“与祖国同行，以科教济世”的办学传统，进一步提升教育质量和科研实力，朝着“成为培养卓越管理人才，推动可持续发展的全球知名商学院”的愿景稳步迈进。

本书所收录的论文是经济与管理学院近年来在高校创新型人才培养过程中教育研究

和教学改革方面的部分优秀成果，涵盖了不同专业、不同学科的本科及研究生教育教学的重点或热点问题。在教学改革和教改前沿方面，既有基于人工智能大数据等新技术背景下的专业转型与教学改革探索，也有对课程思政教学体系设计与实践的研究；在课程建设方面，既有精品课程建设、在线教育、双师"对话式"教学等方面多角度的丰富探讨，也有课程思政背景下课程教学的应用探讨；在教学研究方面，既有教学交互视角下的云课堂教学以及翻转课堂教学等新式教学方法的经验总结，也有基于认知心理学、行动学习、沉浸式学习等前沿理论在教学管理中的应用分析；在研究生教育方面，既有对国际合作培养模式和实践基地建设的研究生培养研究，也有对我国博士学位论文"双评盲审"制度建设的思考；在教务管理方面，既有对依法治校推进高校教育综合改革的思考，也有对高校管理中督查督办所面临问题及解决思路的初步探索。有的论文更是针对高校课程质量评价、ERP 虚拟仿真实验、通识教育、高等教育合作等专题，结合当前全面深化改革的现状，提出一系列高校创新型人才培养与教学创新改革的真知灼见，为进一步提升教学质量建言献策。

路漫漫其修远矣，吾将上下而求索，教学改革与人才培养并非一朝一夕之事，教学改革工作可以说只有进行时，没有完成时。这本《高校创新型人才培养与教学改革研究》沉淀了经济与管理学院教师多年来对教育教学工作的研究和思考，希望能够借此总结教育教学改革的有益经验，为培养德才兼备、全面发展的社会主义建设者和接班人做出贡献，实现使每一位学子经过大学阶段的学习与熏陶后，成为引领未来发展的社会栋梁与专业精英。

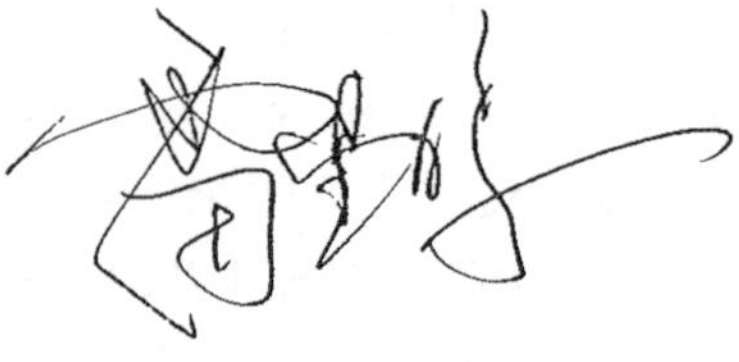

同济大学副校长

目　录

教改前沿

教学改革

课程建设

教学研究

研究生教育

专题研究

教务管理

教改前沿

JIAOGAI QIANYAN

基于互联网金融的理工与金融学科交叉复合型拔尖人才培养模式探索

阮青松

（同济大学经济与管理学院）

摘　要：基于同济大学理工与金融学科交叉复合型拔尖人才培养模式改革，以及对人才培养的理论分析，本文基于互联网金融背景，对理工与金融学科交叉复合型拔尖人才培养模式进行了深入研究和探索。首先，本文梳理了现状及存在的问题；然后，本文进一步对同济大学基于互联网金融的理工与金融学科交叉复合型拔尖人才培养方案进行了详细论述；最后，结合实施效果提出了优化建议。

关键词：复合型人才培养；课程设计；培养方案

Abstract: Based on the reform of Tongji University's cross-disciplinary interdisciplinary talent training model reform, and the theoretical analysis of talent training, this article conducts in-depth research and exploration on the interdisciplinary talent training model. First of all, this paper sorts out the current situation and existing problems; secondly, it discusses in detail the training plan for top-notch talents of Tongji University; finally, combined with the implementation effect, this article puts forward optimum proposals for further optimization.

Keywords: compound talent training; curriculum design; training plan

一、引言

近年来，互联网金融快速发展，改变了传统金融生态，引发了金融各业的变革，正成为全球新热点，支付结算、消费金融、智能投顾、供应链金融、大数据等的发展，使得金融业与理工科相结合成为未来新金融发展的主流趋势。因此，具备理工科背景的复合型、跨界型金融人才将供不应求。同时，建立在传统经济学框架下的金融教育面临严峻挑战，行业和社会对理工与金融学科交叉复合型人才需求尤为紧迫。然而，高校作为人才主要培养地，在金融专业人才培养模式上存在许多问题，如复合人才培养目标定位模糊、实践教学薄弱、师资力量不足等。理工与金融学科交叉复合型拔尖人才培养模式的改革与探索，将为复合型人才培育带来新思路，有效缓解高校培养的研究生与实体部门人才需求脱节的现状。

复合型人才既较好地掌握了本专业的基础知识并能不断深入学习，又对另一相关专业的知识和技能有较高水平的涉猎，可以发现不同学科之间的联系，加以综合运用。复合型人才知识结构层次较多，多角度思考和解决问题及对知识技能融会贯通的能力较强。金融学研究中对于数据获得及处理等环节要求较高，金融分析和金融模型建立也需要良好的编程功底。理工与金融学科交叉培养可以提高金融学研究技能与思路，培养能胜任多学科交叉领域科研工作的人才。

目前，学科之间相互交叉渗透是当代科学发展的一个主要趋势，研究型大学作为现代社会的智力中心，肩负科学研究的职能，最有基础也最有必要开展学科交叉研究。长期以来，同济大学秉承“与祖国同行、以科教济世”的优良传统，遵循“学科链紧密对接产业链”的发展理念，建设基于学科交叉的产学研大平台研究生实践基地，致力于为社会输送具有复合专业背景的创造性人才，积极倡导文、理、工学科间相互渗透结合。其中，同济大学经济与管理学院在复合人才培养的模式和实践基地建设方面，已经取得较好的成果，并在实践探索过程中总结出了人才培养的相关经验建议。

二、现状及问题总结

互联网金融对底层技术依赖较强，对计算机与数学基础的理论技术人才需求较大，而国内的传统金融专业教学，更多的是专注对金融领域的实践与经典理论教学，这和社会的实际发展脱轨。当前，拥有复合型背景的人才是互联网金融领域最急需的人才，但金融专业的学生不懂技术，而数理与计算机专业的学生又不懂金融的现象明显。考虑到工作中的培训难度与时间成本，大部分金融科技公司在招聘时，往往会选择计算机与数理专业方面的人才，而对纯金融专业出身的应届生需求较少。金融专业出身的学生由于缺乏计算机相关技能，极有可能在金融科技发展迅猛的当下，错失宝贵机会。金融专业的学生如何提高自身竞争力、适应当前的社会发展需求是亟需探讨与解决的问题。此外，科研能力作为研究生教育的重要目标之一，也是研究生培养质量的关键体现。《国家中长期教育改革和发展规划纲要(2010—2020)》指出，提高研究生培养质量是高等教育发展的核心任务，是建设高等教育强国的基本要求。研究生教育承担着国家高端人才供给和科学技术创新的双重使命，对实现国家战略具有重大意义。传统单一学科的研究生科研能力的培养主要集中于某一固定的学科领域内，在研究生科研范式、资源获取、交流路径等方面存在一定局限性。本文总结了以下三个难点。

(1) 如何打破学科之间的壁垒，建立多学科交叉融合的科研管理体制。目前，高校大多遵循“以学科为核心”的科研管理模式，各学科之间合作不紧密，研究方向分散，资源共享不足，学科间交叉融合意识不强。

(2) 如何完善基于学科交叉的金融科技产学研大平台的研究生教育质量评价体系。研究生教育作为国民教育体系的顶端，是培养高层次人才和释放人才红利的主要途径。金融科技作为一门交叉学科，不但涉及知识面广泛，而且属于前沿学科，学科知识更新速度快。金融科技产学研大平台研究生实践基地既需要学生有扎实的理论基础，也需要学生有过硬的实践能力。高校目前的教育评价体系主要侧重考察课堂上的理论知识，学生的实践运用能力往往受到课程周期短、实践运用能力难以量化等因素的限制而被忽视。高校研究生往往对交叉学科的理论知识有深入了解，却缺乏将知识用于解决实际问题的能力。

(3) 如何建立多学科交叉融合的协调联动机制。高校与企业之间存在壁垒。高校的科技成果价值是通过发表论文的数量和学术界认可程度来体现的，但是企业的科技成果价值是通过面向市场需求的市场价值来体现的，这容易导致高校的科研成果与企业实际需求脱节。

三、复合人才培养方案

以同济大学为例，复合人才培养主要依托经济与管理学院（简称“经管学院”）、数学科学学院（简称“数学学院”）和电子与信息工程学院（简称“电信学院”），通过打破各学科之间的壁垒，使得各学院学科之间交叉融合。搭建金融科技产学研大平台（图 1），寻找新兴学科的增长点、优势学科群的发展点和重大创新的突破点，激发创新获利，提高创新质量，提升研究生的创新实践能力。教育部学位与研究生教育发展中心公布的第四轮学科评估结果显示，经管学院的管理科学与工程学科、数学学院的数学学科以及电信学院的计算机科学与技术学科均入选 A 类学科，这些优势学科群为产学研大平台研究生实践基地奠定了坚实的基础。基于互联网金融的理工与金融学科交叉复合型拔尖人才培养模式主要包括以下五个方面。

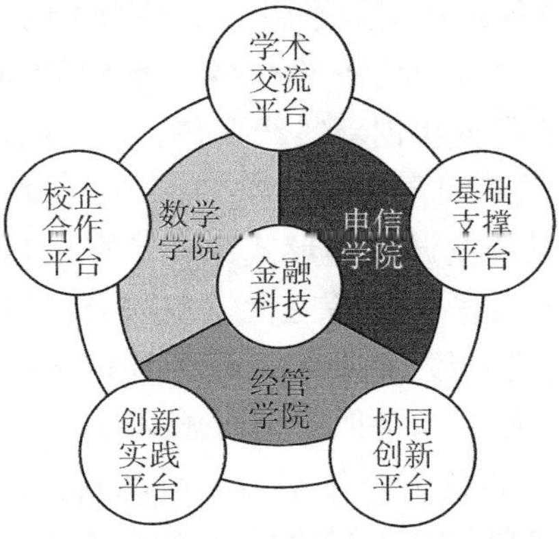

图 1　基于学科交叉的金融科技产学研大平台

(1) 建立多学科交叉融合的学术交流平台。经管、数学和电信三个学院应当突破单一学科学术问题交流的定势，联合各学科带头人定期讨论并确定金融科技这一交叉学科的前沿学术发展方向。首先，在联合培养项目的课程设置上，学院之间可以增加跨学科的基础课程和辅修课程，通过设置学分要求达到联合培养的要求；其次，通过学术沙龙、学术研讨会、学术讲座、学术论坛等形式，定期举办跨领域、跨行业、跨区域乃至国际性的学术交流活动，为开展高水平的多学科交叉融合营造良好学术氛围；最后，通过多学科交叉融合的学术交流平台的建设，形成多学科相生共长、协调发展的学科体系，激发经管、数学、电信学院研究生在金融科技这一交叉学科的学习兴趣，培养优秀的数理—编程—金融分析师。

(2) 搭建多学科交叉融合的基础支撑平台。充分发挥学科综合、人才聚集、资源集中等优势，建立高度集成、开放共享、交叉应用的研究中心和平台。多学科交叉融合的基础支撑平台以重点骨干学科建设为依托，整合和配置校内多学科实验平台资源，为金融科技交叉学科搭建基础条件支撑。各学院之间定期召开学术会议，以金融科技的重大项目为纽带，共享学术资源和相关专业领域知识。金融科技的重大项目以项目带头人为核心，与金融科技企业合作，向产学研大平台研究生实践基地输送联合培养项目的实习生。汇聚校企融合型产学研团队，以成果论文为考核指标，以培养高层次创新型人才为宗旨，使研究生掌握专业内容的同时做到学以致用，实现联合培养项目的学生能够在高校、科研院所和企业之间无缝对接。

(3) 打造多学科交叉融合的协同创新平台。适应金融科技企业的需求，整合各方创新资源，搭建金融科技交叉学科的相关实践基地，建立金融科技交叉学科的协同创新平台。多学科交叉融合的协同创新平台将在多领域展开合作，学科之间互相融合，各学院项目团队人员紧密合作，在专业知识和技术上互补互融。交叉学科实践基地致力于为联合培养的学生提供更多元的合作创新机会，研究中以每年与企业对接 2 个以上协同创新项目，打破学院与学院之间、学院与研究院之间和学院与企业之间的壁垒。在多学科交叉融合的协同创新平台，各学科团队招收经管、数学和电信三院的研究生进行项目研究，协同创新，打通科学研究上、中、下游之间的创新链条，开展联合科研攻关，发挥产学研一体化优势。

(4) 成立多学科交叉融合的创新实践平台。学科交叉的金融科技产学研大平台研究生实践基地既要依托特色研究型大学优势学科群，打破学科和实验室的壁垒，还应加强学院之间、校企之间的合作，成立研究生创新实践平台。一方面，成立创新实践社团，学生社团每个月邀请高校教授、企业专家开展讲座或培训指导，帮助联合项目学生提高创新实践能力。联合项目学生每学期以企业调研的形式深入了解金融科技产业的发展动向，并形成书面报告。另一方面，经管、数学和电信三大学院联合创新实践社团，每年开展金融科技相关创新创业比赛，邀请高校教授、企业专家作为评审老师，为获奖的创新创业项目提供启动资金，发挥产学研一体化优势，争取将创新成果转化为创业成果。

(5) 成立多学科交叉融合的校企合作平台。金融科技产学研大平台研究生实践基地应当紧跟时代潮流，成立多学科交叉融合的校企合作平台。随着社会对复合型人才需求的增大，传统的人才培养模式已经无法适应社会的高速发展。校企合作平台的人才培养模式是“工学结合、校企合作”。经管、数学、电信三大学院联合行业协会和金融科技企业，建立专业专家指导委员会和实习指导委员会。通过搭建合作实践基地，将企业和学校紧紧结合起来，每年为联合培养项目的研究生提供实习和实践机会，开阔研究生的眼界。同时，在实习过程中为每位研究生配备 1 位校外导师，在实际的工作中帮助研究生提升技术创新和应用能力，为联合培养的研究生成为一名优秀的复合型人才奠定基础。

四、经验总结

（1）加大师资队伍建设力度，科学安排各课程的内容。金融科技人才的技能需求除了传统金融理论和专业技能外，还需要有扎实的数理基础和计算机基础。因此，在师资力量上，除了原经管学院的老师储备外，还需要加强与数学学院和电信学院的合作，三个学院共同培养跨学科的综合型人才。各学院的老师之间应该进行充分的交流，并制定合理的课程安排，以金融科技领域的学生培养目标为最终目的，科学安排各课程的内容，真正做到交叉与融合。

（2）注重有侧重的课堂内教学实践，强调教学的可应用性。传统的金融学科教学，也存在数学与计算机相关课程的教学，但课程涉及的教学深度不够，一般只以掌握理论为教学目的。学生对相关知识有一定了解，但对其应用往往不够。在面对企业的技能需求时，这些课程上所学的理论就会显得捉襟见肘。因此，学校在课程安排上，要更注重相关课程的教学深度与应用。具体而言，按照数学专业和计算机专业应掌握的学习程度进行教学，但内容上应以能够在金融领域应用为一定的基准，并加以侧重，这在一定程度上可以避免出现学生虽然学习过计算机编程知识，但只了解了一定的理论，而无法真正进行应用的尴尬局面。

（3）鼓励课堂外教学实践。打破学科和实验室的壁垒，加强学院之间、校企之间的合作，鼓励研究生参与课外创新实践。一方面，举办相关技能讲座与培训指导课程，帮助学生提高创新实践能力。与校外金融科技企业合作，鼓励学生参加金融科技企业的调研活动，以企业调研的形式深入了解金融科技产业的发展动向。另一方面，经管、数学和电信三大学院可每年联合举办金融科技相关比赛，例如专业知识技能比赛、创新创业大赛等，邀请高校教授、企业专家作为评审老师，为获奖的创新创业项目提供启动资金，发挥产学研一体化优势，争取将创新成果转化为创业成果。

（4）继续推动为学生提供学科交叉的产学研大平台实践基地。整合、配置校内多学科实验平台资源，建立高度集成、开放共享、交叉应用的研究中心和平台；建立多领域合作、多学科融合、多团队协同、多技术集成的互补互融关系，打通科学研究上、中、下游之间的创新链条；最终实现学院与学院、学院与学生、学院与企业之间多方合作，协调联动，互惠共赢。在基地建立与运营过程中，要定期与学院合作单位、授课教师、学生进行调研和交流，找出问题，并讨论相关解决措施，完善基地与相关平台的管理方式，促进基地的可持续发展。

参考文献

[1] 徐平，孙雨婕.产学研协同培养复合创新型人才模式与路径研究[J].学理论，2019(11)：138-140.

[2] 汪陈，刘珺.经济新常态下应用型本科高校金融专业人才培养质量提升路径[J].长春师范大学学报，2019，38(6)：149-152.

[3] 孙雨婕.高校产学研合作培养复合创新型人才路径研究[J].教育教学论坛，2019(25)：138-139.

[4] 李俭，姜微，李文媛.金融与计算机复合人才培养的几点思考与实践[J].金融理论与教学，2015(2)：97-99.

[5] 黄晓涛，吴驰.金融信息复合人才培养探索[J].软件导刊，2008(9)：3-5.

金融类专业课程思政教学体系设计与实践*

李　永　吴琳琳　阮青松

（同济大学经济与管理学院）

摘　要：教育是国之大计，党之大计，高等教育不仅教授专业知识、培养专业人才，更在于用新时代中国特色社会主义思想铸魂育人。高校金融类专业课程思政教育应以"立德树人"为核心，以"三全育人"为导向，构建多角度、立体式教学体系，服务于金融人才的培养目标。同济大学金融类专业对课程思政教学体系进行了初步设计，并分别在课程建设、教师团队、资源整合与教学模式等方面开展了一些有益的探索与实践活动。

关键词：立德树人；三全育人；金融类专业；课程思政

Abstract: Education is the major plan of China and the major plan of the Communist Party of China. Higher education not only teaches professional knowledge and trains professionals, but also lies in educating people with The Thought on Socialism with Chinese Characteristics for a New Era. The ideological and political education of financial professional courses in colleges and universities should focus on "Cultivating People by Virtue" and "Three-wide Education", and construct a multi-angle and three-dimensional teaching system to serve the goal of financial talent training. The finance major of Tongji University conducted a preliminary design of the curriculum ideological and political teaching system, and carried out some useful exploration and practical activities in the aspects of curriculum construction, teacher team, resource integration and teaching mode.

Keywords: Cultivating People by Virtue; Three-wide Education; financial major; college ideological and political education

高校教育不仅教授专业知识，培养专业人才，更在于立德树人，用新时代中国特色社会主义思想铸魂育人。习近平总书记在 2019 年 3 月 18 日主持召开的学校思想政治理论课教师座谈会上强调："我们办中国特色社会主义教育，就是要理直气壮开好思政课，用新时代中国特色社会主义思想铸魂育人，引导学生增强中国特色社会主义道路自信、理论自

* 基金项目：2019 年上海高校本科重点教学改革项目"基于学科交叉的金融科技产学研本科生实践育人平台建设"；2020 年同济大学课程思政教育教学改革项目"金融学课程思政示范专业建设""新时代经济学课程思政教学方案设计与实践"。

信、制度自信、文化自信，厚植爱国主义情怀，把爱国情、强国志、报国行自觉融入坚持和发展中国特色社会主义事业、建设社会主义现代化强国、实现中华民族伟大复兴的奋斗中。”[1]将思政教育融入整个高校教育体系意义重大，高校思政教育体系的建设需要高校各方的协同配合，多角度、全方位建设专业课程思政系统性体系。

一、高校思政教育融入专业课程的时代意义

以“立德树人”为核心，实现“三全育人”，将思想育人融入高校教育全过程和全体系，是一种全新的教育理念和教学改革。解决好培养什么人、怎样培养人、为谁培养人这个根本问题，贯彻落实党的教育方针，重视思想观念的根本性决定作用，旗帜鲜明、毫不含糊地开展思想育人教育教学活动。要推动形成全党全社会努力办好思政课、教师认真讲好思政课、学生积极学好思政课的良好氛围，高质量完成培养社会主义建设者和接班人的使命。

将高校思政教育融入专业课程是培养社会主义接班人的必然选择。当前社会主义建设迈入新时代新征程新阶段，需要更加专业、更加积极的专业性建设人才和社会主义接班人。习近平总书记在 2018 年召开的全国教育大会上指出：“培养什么人，是教育的首要问题。我国是中国共产党领导的社会主义国家，这就决定了我们的教育必须把培养社会主义建设者和接班人作为根本任务，培养一代又一代拥护中国共产党领导和我国社会主义制度、立志为中国特色社会主义奋斗终身的有用人才。”[2]教育是民族振兴、社会进步、国家强盛的重要基石，是功在当代、利在千秋的德政工程，对提高国民整体素质、建设和谐社会、增强高新技术创新能力、建设社会主义现代化强国具有决定性意义。因此，高校更应该把立德树人作为根本任务，加强思想育人教育工作，培养高水平高素质、具有远大爱国理想、立志为社会主义奋斗的有用人才。

将思政教育融入高校专业课程是教育教学体系改革的关键举措。高等教育是我国教育体系中的中坚力量，也是不容忽视的重中之重。应推进高等教育教学体制改革，建立全面公平、公正、公开的评价体系。只以单一的论文、分数、文凭、竞赛等单一量化标准衡量，必然陷入功利的教学“泥沼”之中，难以以全面发展的辩证唯物主义观看待学生成长。应将立德树人融入思想道德教育、文化知识教育、专业技能教育等，增强学生的思想厚度，使其成为知识和思想兼备的全面发展人才。高校教育改革需摒弃以往落后观念，注重提升学生的自主思考能力，健全落实“三全育人”教育体制。立德树人，以人为本，以文化育人，持续增强思政教育教学的针对性和先进性，不断更新思想政治教育的时代内涵。只有抓住当前社会主义高速发展的机遇，不断优化高校育人体制，以更远的历史观察点、更广的国际发展视野、更深的教育改革层次看待高等教育教学改革，我国教育的发展步伐才能紧跟综合国力，不掉队、不落后。

将高校思政教育融入专业课程是高校各项工作任务的关键线。在加强师资队伍思想先进性的同时，也要注重人才的思想教育培养。办好教育事业，学校承担着第一责任。高校办学要坚定“四个自信”，增强“四个意识”，坚定不移地走党的领导路线，把党的方针政策落实到高校教育的各个方面，做好课程思政工作。党组织作为学校的领头羊，要发挥好

先进性,紧跟党和国家的部署,熟悉教育、关心教育、研究教育。在校园队伍建设管理中,要建立起一支思想水平过硬的教师团队,将理想信念、爱国情怀和文化素养蕴于日常教学课程之中,真正做到思政教育的"润物细无声"。把思政教育纳入高等教育教学体系改革,为学生进入社会上好"人生重要一课",扣好人生"第一粒扣子"。

二、构建多元课程体系,丰富理性内涵

同济大学金融类专业深刻认识到思政教育在全面推进依法治国、优化金融学人才培养、加强党建和思想政治工作、促进青年健康成长成才等方面具有重大意义,积极开展以"立德树人"为核心,以实现"三全育人"为导向的金融类课程思政体系的重新梳理。主要体现在以下三个方面。

(一) 基础课程

点面结合,夯实基础,采取多种教学方式,使思政观念嵌合教学过程。通过培育专业课程中的思政重点示范课堂,推动教材编写与更新、课堂形式改革一体化建设,形成全方位的"大思政"格局,深化思想观念的价值引领功能。为了纠正教学工作者轻思政重理论,教学过程中多重视专业理论和知识的讲解,忽视政治思想传达、知识传授、能力培养和思想引领相结合方面的不足,改变思政课程模块零散、未形成全方位的课程思政建设体系的状态,在引入课程思政的观念之后,同济大学金融类专业将思政教育融入专业课程教学,同步建设了"马克思主义政治经济学""货币金融学""财政学"等课程思政示范专业课程,以及"新常态下金融风险防控与法制建设"和"深化金融业对外开放"课程思政示范专业课程链,探索专业课程间的内在思政教学联系。同时,关注党的会议精神和政府颁布实施的经济类法律法规,以国家经济发展和社会经济事件为研究对象,鼓励引导学生用专业理论阐述思考,提高应用能力。同济大学金融类专业将课程思政模块融入金融类专业教材建设中,出版了《新时代中国特色社会主义政治经济学》《新时代中国特色社会主义公共经济学》等教材,及时把十九大以来党的新思想、新理论植入教材教案;注重教学方法的创新,采用翻转课堂、混合式教学等多种方式,将习近平新时代中国特色社会主义思想融入课堂,在潜移默化中达到培育社会主义核心价值观的课程思政教学目的。

(二) 延伸课程

学习兴趣与文化提升相结合,认识论与方法论相结合,知识学习与能力培养相结合,从专业角度理解经济社会运行规律。延伸类课程包括金融类专业选修课、个性化课程、创新创业类课程及形式与政策大讲堂。与基础类专业课注重夯实基础和奠定专业学习能力不同,延伸类课程重点向学生讲授不同研究领域的主要内容、观点、方法与结论,侧重于从学术角度观察中国社会经济运行,学习经济社会发展规律,激发多方面研究兴趣,拓展学术视野。同济大学金融类专业开设了选修课"用经济学智慧解读中国""解读中国经济发展密码"等专业思政特色课程,讲解中国经济社会运行轨迹,紧扣中国市场经济发展规律,探究经济与金融领域发展的客观逻辑和原因。如,以社会成本的合约解释,引导学生思考

生活中的社会成本问题，用疑问带动兴趣；讨论中国新经济的增长分布，鼓励学生探究中国经济，深层次体验经济问题，了解国家经济政策和发展现状等。同时，引入形式与政策大讲堂，讲述中国宏观经济问题、中美贸易摩擦、疫情下的中国金融市场、世界经济地理新格局以及世界经济金融新形势等，从理论到实例，培养学生的经济思维。

（三）名师讲堂

举办校级和院级高等讲堂，补充前沿专业知识，了解其他学科相关研究趋势。为拓展学生国际视野、提升职业素养，培育创新性学术与人才培养氛围，除了培养方案和教学体系中的基础课程和拓展课程之外，针对硕士生和博士生举办校级和院级高等讲堂，邀请院士专家、学政教育领域精英、企业家等学术与思想名人走进校园，分享治学经验，提升同济大学研究生科研学术能力与综合素养。高等讲堂以“立德树人”为核心任务，从思想道德和时政教育、身心健康、创新与创业、学术前沿探究、文化美育等方面提高学生的思想政治素养、学术素养和职业素养：第一，在思想政治素养方面，涵盖习近平新时代中国特色社会主义、社会主义核心价值观、理性精神与理想信念、时政解读、研究生价值需求及其实现等多项主题；第二，在学术素养方面，涵盖学术规范与伦理、科学思维与科研逻辑、跨学科学术研究、科研体系、学术前沿等多项主题；第三，在职业素养方面，涵盖创新创业、职业精神与职业伦理、当代中国建设热点、中国传统文化、国际视野、跨文化交流等主题。

三、加强教师团队建设，提升思政教学质量

（一）推进课程思政，重视教师团队人员的队伍建设

中国特色社会主义对当前的我们提出新要求，也对高校教师队伍人员建设提出更高要求，对全党全社会尊师重教提出更高要求。习近平总书记指出，“思政课作用不可替代，思政课教师队伍责任重大”。[1]同时他也强调，“办好思想政治理论课关键在教师，关键在发挥教师的积极性、主动性、创造性”。[1]从思政课程向课程思政转变，每一位教学工作者都是立德育人的关键执行人，是高校教育教学的灵魂所在。习近平总书记给所有一线的教育工作者提出了六点要求：第一，政治要强；第二，情怀要深；第三，思维要新；第四，视野要广；第五，自律要严；第六，人格要正。[1]这是广大教师严格要求自身的行为准则，也是在教育教学中应严格遵守的执教标准。同济金融类专业教师团队中有中宣部“四个一批”入选专家、国家社科基金决策咨询项目首席专家、上海市习近平新时代中国特色社会主义思想研究中心主要负责人等，“以老带新、以研引教”，将爱国基因蕴含的思想信念、人生追求和精神力量融入教育大业，贯穿教学始终，引导和提升教师的授课水平，增加思想厚度。

（二）推进课程思政，坚持推动教师人员的思政学习

加强教师党支部和党员队伍建设。推进“两学一做”学习教育常态化、制度化，开展“不忘初心、牢记使命”主题党课，增强教师的政治意识、大局意识、核心意识、看齐意识，自觉爱党、护党、为党，敬业修德，奉献社会，争做“四有”好教师的示范标杆。进行师德师风

培训与建设，深入学习《中共中央国务院关于全面深化新时代教师队伍建设改革的意见》，组织会议讨论师德师风建设，并派骨干参加学校的师德师风讲座。持续开阔教师学术研究视野、提高教师思想品德和文化修养，努力做到让有理想的人表达理想追求、让有信念的人讲述家国信念。教师作为传道授业解惑者，应加强自身人格塑造，用高尚的人格魅力和崇尚真理的科学精神感染学生，以德传道，以德育人，以德授业，做好党和国家交予的教育重任，做好学生学业增进和精神成长过程中的引路者和指明灯。

（三）推进课程思政，不断优化教师发展机制和评价体系

贯彻落实全国高校思想政治工作会议精神，不断加强教职工思想政治工作，培养造就一支师德高尚、敬业奉献、业务精湛的教职工队伍，加强教师队伍的师德师风建设，将教职工的思想政治素质与师德师风表现作为其晋升和考核的首要标准。对所有新招聘教职工进行全面思想政治考核。将思想政治素质、教学科研能力作为新聘任教师的双重考核要求，用严格的政治标准、道德标准和业务标准选拔新教师。对于违背教师职业道德或违反学术道德的申请者实行师德“一票否决”制。鼓励和支持教师申请国家重大课题，回答习近平新时代中国特色社会主义发展过程中碰到的重大问题，学科给予前期经费支持，对于申请到重大课题的老师给予配套支持。鼓励和支持老师撰写决策咨询报告，以习近平治国理政思想为指导，为国家出谋划策。在高校建设过程中，应将教育投入向教师培育方面倾斜，不断提高教育工作者待遇水平，解决教师后顾之忧，让教师们可以安心执教、放心从教。

四、整合多方面资源，构筑全方位平台

习近平总书记指出，没有哪一项事业像教育这样影响甚至决定着接班人问题，影响甚至决定着国家长治久安，影响甚至决定着民族复兴和国家崛起。[3] 目前，我国对金融人才的需求呈现“新”特征：一是要牢固树立社会主义核心价值观，坚持在经济与金融工作的实践中做到公正、法治、敬业、诚信，具备高度的社会责任感，形成符合社会主流认知的商业道德与伦理，具有为社会主义事业奉献终身的政治意识；二是要具备可满足金融领域金融科技、数学建模、大数据处理等快速发展需求的高端专业技术处理能力。

（一）促进多学科交叉，建立合作试验区培养

同济大学金融类专业着力培养系统地掌握马克思主义基本原理，具备坚定的社会主义政治思想素质和职业道德素养，了解金融理论与实务，系统掌握投融资管理技能、金融交易技术与操作、金融产品设计与定价、财务分析、金融风险管理以及相关领域的知识和技能，具有较强的解决金融实际问题能力，满足中国特色社会主义市场经济需求的金融专门人才。依靠同济大学数学学科的优势水平，充分发挥跨学科优势，经济学学科与数学科学学院保持了高效率、密切的沟通，制定了培养机制，于 2015 年联合建立数理金融学创新实验区，联合培养具备较强数学知识能力和金融研究水平的交叉人才，为社会输送了一批具有坚实数学应用基础、丰富金融实践经验和卓越经济分析决策能力的金融领域研究人员。

(二) 结合企业力量,开展教学实习与实践

开展专业技能培训项目,已逐步打造成具有特色的专业实践教学版块,包括文献搜索技能培养、数据资料搜集处理技能培养、专业品质塑造以及社会调查与报告撰写技能培养四个模块。基于"三全育人"导向,培育蕴含家国情怀的实践文化,深化思政引领的实践教育。首先,将思政教育与学生全阶段职业生涯规划教育有机结合,实现全程育人。通过技能培训、政策宣传、企业调研等方式,引导学生跟随国家的战略发展择业。其次,引入就业单位,建立并扩充实习基地及校企联合基地,开展全员育人模式。以当前我国经济金融痛点与难点为出发点,构建全方位、多层次的实践基地与研究中心。最后,以实验室为载体、以竞赛为抓手,构建思政育人新平台,实现全方位育人。丰富经管学院实验室,供学生开展证券、期货、外汇、票据结算等模拟交易。同时,鼓励学生参加数学建模大赛、"挑战杯"等实践类竞赛,追逐科技与经济前沿,助力解决国家重大需求;进行社会调查,结合所学专业及社会经济生活中出现的一些热点问题或经济现象,通过多种途径收集数据资料和信息,并对此进行系统的分析并形成具有一定实际应用价值的调研报告;参加技能实习实践,了解金融市场、金融行业发展历史与趋势及其对人才的需求与要求,学习金融市场的构成及市场交易规则、主要金融工具、当前主要业务及创新业务,以及市场分析的基本方法。力求让学生贴近现实,从实践中寻求真知。

(三) 整合校内优质科研教学资源,搭建本硕数理金融人才贯通式资源共享平台

突破教育教学资源的"藩篱",不断完善配置机制,一方面保证资源最大效能的发挥,另一方面为人才培养各个环节的顺利开展提供了重要依托。校外导师资源实现了数理金融学本科创新实验区、金融硕士专业学位学生的全覆盖及实习基地资源基本全覆盖,搭建不同类型的学生社团共同开展多种类型活动,实现活动交叉、人员交叉,加强校内外学生之间以及师生之间的交流。举办各类公益项目,共同为区域内的高校大学生打造的青年人才培养计划,旨在深入落实区校合作战略,促进青年人才培养,为校企、社校联动打通"最后一公里",同时也为落实高校立德树人根本任务,培养德智体美劳全面发展的社会主义建设者和接班人提供了有力保障,实现了资源整合、互联互通。

五、创新教学模式,形成师生多层次互动

《周易》云:"君子以厚德载物。""德"之不"厚",难以保持不竭的学习动力。高校学生须将"个人的理想追求融入国家和民族事业中"。

(一) 引入"三环联通"模式,实现专业知识和思想教育有机融合

"课程思政"的全新教学理念的提出,是新时期思想政治教育发展的重要跨越,真正彰显了国家所倡导的"全员全程全方位育人"的教育目标。课程思政观念,并非将思想政治教育强加在专业课程授课过程中,而是要将思政教育一点一滴融入严谨求实的专业理论与技能学习中,在严肃认真的科学精神中感受人文精神的润养。通过实施"专业教育—思

政育人—实践贯通"的"三环联通"培养模式,引导学生对客观自然运行规律的感性把握。坚定的信仰不会天然地产生,需要建立在科学理论的基础上。[4]将严谨理性的科学精神和感性的人文精神二者有机结合,时刻提醒学生在进行不懈科学探索的同时,以人为本,以国家为先,以人民为核心,做新时代有温度、有情怀、有信仰的社会主义青年。

(二) 知行合一,学思结合,强调实践技能的培养

按照习近平总书记对思政课提出的"八个统一"的要求,打通第一课堂和第二课堂,系统构建有利于教师推进课程思政的创新、交叉、开放、共享的管理平台。[5]坚持理论学习和实践育人相结合,整合各类资源,将思政育人工作延伸至学生实践全过程,开展"培育和弘扬社会主义核心价值观行动"系列活动、"'两学一做'主题党日活动"为代表的思政专项活动。同时,构建了思政引领的文艺活动、志愿者活动及暑期社会实践的高质量思政文化体系,激发学生的家国情怀与奉献精神,使其为社会主义建设贡献力量。引导毕业生赴基层、重点领域就业创业,宣传鼓励优秀大学生毕业奔赴国家建设的基层前线提供支持。结合当前我国经济金融存在的痛点与难点,充分利用社会资源构建全方位实践基地与实验平台,培养了解实际问题和建设中国特色社会主义事业的专业金融人才,达到多方位合力育人,实现育人资源共享,育人力量汇聚。

(三) 利用现代科技手段构建教学平台,实现传统教学与科技信息手段结合

立足长远的教育引领科技进步,而科技进步反哺教育教学革新。先进的教学工具和教学平台的产生,给高等教育带来全新的活力。除了以往的黑板授课和单一的演示文档展示,教师们应当利用好各大高校的优势资源,合理配置教学时间,建立多种教学工具混合的新技术教学模式,增强课堂教学的多样性,调动学生学习积极性,提高学生摄取知识的主观能动性,满足学生自主选择的需要。随着当今大数据和人工智能技术的快速发展,未来教学有着更多样、更便捷的选择空间,但广大教育工作者仍应以知识传授为主,教学工具为辅,合理使用多样化信息技术手段。

六、结语

高校作为教育界的先行者,在培养高知识、高水平、高素养人才方面也必须承担起相应的责任,肩负培养社会主义接班人的使命,心怀"勇于创新、迎风破浪"的担当。同济大学作为首批入选教育部金融学一流本科专业建设"双万计划"的高校,坚持思想价值引领,从基础着手,建立以课程思政为核心的金融教学模式。建立教师全员培训常态化机制,从源头形成育人强磁场效应。根植于思政文化,整合实践平台。构建阶段式、递进式的全过程思政文化体系,实现思政文化全方位育人。以价值观塑造为关键环节,形成节节贯通的人才培养链条。以思政引领教育、文化、实践的全方位育人长效机制,将思政教学向立体、多维转变,致力于形成思政育人格局与氛围,构建课程体系—教师建设—实践平台—教学模式的专业课程思政体系,达成多方位合力育人目标,实现育人资源共享和育人力量汇聚。

参考文献

[1] 习近平:用新时代中国特色社会主义思想铸魂育人　贯彻党的教育方针落实立德树人根本任务[N].人民日报,2019-03-19.

[2] 加强党的领导　办好人民满意的教育[N].光明日报,2018-09-12.

[3] 习近平在全国教育大会上强调:坚持中国特色社会主义教育发展道路,培养德智体美劳全面发展的社会主义建设者和接班人[N].人民日报,2018-09-11(01版).

[4] 曲建武,王雅瑞.着力建设好高校思想政治理论课教师队伍[J].中国大学教学,2020(1):65-69.

[5] 孙燕华.创新教学管理　推动高校课程思政改革与探索[J].中国大学教学,2019(5):55-59.

新技术经济背景下会计高等教育的转型与发展

杨 柳 佟爱琴

（同济大学经济与管理学院）

摘 要：新技术新经济时代，会计行业岗位需求发生了巨大变革，对会计人才胜任能力提出了新的要求。会计高等教育迎来诸多新的机遇和挑战。本文分析了新经济背景下会计需求的变化和会计教育面临的挑战，从会计高等教育人才培养目标、师资队伍建设、教学模式创新等方面，提出了会计教育转型的路径，为我国高校培养复合型高端会计人才提供有价值的参考。

关键词：新技术；会计高等教育；转型与发展

Abstract: In the era of new technology and new economy, great changes have taken place in the post demand of accounting industry, which puts forward new requirements for the competency of accounting talents. Accounting higher education is facing many new opportunities and challenges. This paper analyzes the changes of accounting demand and the challenges of accounting education under the background of new economy, and puts forward the transformation path of accounting education from the aspects of talent training objectives, teaching staff construction and teaching mode innovation, so as to provide valuable reference for colleges and universities to cultivate compound high-end accounting talents.

Keywords: new technology; higher education on accounting; transformation and development

一、前言

改革开放以来，中国经济发展取得了世界瞩目的成就。会计在引导社会价值创造、促进资源有效配置、优化经济结构中发挥着重要的作用。随着信息科学进步与数据技术革新，互联网、大数据、人工智能与实体经济深度融合，市场需求不断拓展，会计教育逐步落后于新技术经济的快速发展，会计人才传统的知识框架和专业技能被迅速颠覆并替代，会计人才面临严峻的冲击与挑战。

当今世界正处于百年未有之大变局，世界高等教育也正处于深刻根本性变革之中，高等教育要在中华民族伟大复兴战略全局、世界百年未有之大变局中，主动适应我国高等教育进入普及化阶段的新形势新要求，全面振兴本科教育，全面提高人才培养质量。会计高等教育应如何进行改革，才能应对新技术新经济日新月异的发展以满足职业发展需求，培养出适应现代市场经济需要的高素质会计人才，是会计高等教育必须面对、思考和解决的现实问题。

二、新技术新经济背景下会计专业的挑战

（一）智能化时代会计需求的跃迁

技术进步与产业升级产生的人才需求是推动高等教育变革的根本驱动力。继蒸汽技术革命（第一次）、电力技术革命（第二次）、信息技术革命（第三次）之后，人类进入了以人工智能为代表的第四次工业革命，企业财务工作也经历了从工业化到信息化再到数字化的过程。[1]

工业化是指财务工作的标准化、专业化和流程化。企业通过专业化深度分工，将财务工作细分为会计核算、资金管理、税务管理、预算管理、绩效管理、成本管理等环节，实现标准化运行。工业化变革下的财务岗位需要会计人才具有扎实的财务专业知识，熟练掌握会计信息归集、记录和报告的要求与流程，确保财务报告数据的准确性。

信息化是指运用各种各样的信息化技术手段，实现对业务信息的快速处理和实时共享。财务部门完成了信息化再造和工业化再造，建立财务共享中心，突破财务与业务的组织边界，实现财务服务与业务运行深度融合，即业务财务相融合、战略财务的组织转型。信息化变革下的财务岗位需要会计人才在财务专业知识的基础上，掌握统计学分析工具和基本的计算机编程技术，运用财务机器人从集约化和共享化的业务模式中选取所需的各类数据，通过智能数据分析建立企业经营决策的数字神经网络，最终制定科学有效的经营决策。

智能化和数字化就是人工智能对收集到的海量企业经营管理数据进行挖掘和加工处理，最终实现数字化赋能与可视化展现。人工智能的关键在于具备学习能力，具有计算机视觉、自然语言处理、文本识别、人机交互等技术特点，财务机器人只是在模仿人的操作技术和产业组织模式升级，使传统的供应链上的企业形成网络协同关系，通过数字化财务和智能财务平台，应用人工智能、物联网、机器人流程自动化、区块链和协作网络等技术，完成智能审核，打造智能预测、智能预警、自动化报告和交易、前瞻性生态伙伴管理，助力企业降低成本和管控风险，并发掘新价值来源，将财务部门打造成企业新的价值创造中心和赋能平台。智能和数字化变革下的会计岗位需要会计人才成为精通财务、擅长管理、熟悉IT、洞察业务、具有战略远见的复合型财务人员，才能参与企业的大战略、大决策，为企业守护和创造价值。

（二）智能化时代会计教育的挑战

企业会计人才职业岗位需求的深刻变革必然对会计教育产生巨大影响，但现有会计

教育逐步无法适应社会会计环境的转型升级，导致人才培养与社会需求错配发生[2]。

1. 会计人才培养目标需要调整

随着经济活动复杂性和不确定性的上升，与“大智移云物”相伴随的全新商业生态、商业模式、组织模式等的出现，会计信息反映职能面临着前所未有的挑战，会计目标从受托责任逐步转变为决策有用。工作内容从会计确认、计量、报告转变为价值评估与风险预测，对于会计价值管理职能的需求愈发凸显。2016 年纽约大学一位教授出版了一本书 *The End of Accounting and the Path Forward for Investors and Managers*，书名直译就是《会计终结与投资者和管理层的出路》。书中用大量的实证案例证明了在过去 20 年，传统的财务会计信息对利益相关者的参考价值正在丧失。然而，目前大多数高校的会计教育还是在培养“专业型”会计人才，还没有完全转化为培养“复合型”高端管理会计人才，会计人才整体结构严重失衡。据统计，全国 70%财务人员依然在从事“票、账、表、钱、税”的基础财务工作。

随着自动化与区块链技术在财务运营领域的不断渗透，非接触式交易将成为大趋势。财务部门不会因为数字化冲击而消失，但运营性财务职能（订单到现金，采购到付款，业务类会计工作）将会大大减少，财务部门需要具备系统搭建和互联互动能力的人才，传统流程及相关流程壁垒将不复存在，常规的预测将通过算法实现。

2. 专业课程内容单一，缺乏知识模块的交叉融合

一直以来，囿于工业经济思维，我国在本科生教育阶段对会计专业人才知识构成的安排偏重会计对经营信息的反映和对单一领域知识的介绍，人为将会计割裂为财务会计、财务管理、管理会计等若干次级学科，不同课程模块之间严重脱节。即便开设信息技术方面的课程，信息技术与专业课程的融合仍然严重不足。目前，实践教学体系基本处于会计核算层，大多停留在以纯粹会计知识为基础的内容上，侧重于日常业务账务处理，对应变能力、沟通协调能力、预测决策能力、创新能力的培养未能起到应有的作用。

这种碎片化知识体系正因受到当代信息技术和商业变革的挑战而趋向融合。财务会计与管理会计“同源分流”。财务会计的原理和知识及其应用仍然是管理会计的必要基础。管理会计将成为会计变革的重点，会计知识体系与先进信息技术融合能力培养成为发展趋势。

3. 对会计职业的道德教育不够重视

党的十八大首次明确把“立德树人”作为教育根本任务，道德教育是全面素质教育的重要组成部分，会计职业道德教育对会计人才培养的作用是潜移默化的，但目前会计职业道德教育现状不容乐观。

会计技术的灵魂是“职业判断”，智能技术无法取代高技术的会计人。例如，会计对收入的确认标准是“客户取得了商品控制权”，客户“取得了商品控制权”的细化条件是“商品上的风险和报酬已经转移给了客户”，而计算机则很难“客户取得了商品控制权”。但会计职业判断权重的增加也导致了会计舞弊和会计造假的频繁发生。我国目前会计价值观发展存在短视与严重的“功利主义”倾向。在信息全球化背景下，大量数据信息呈现在互联网用户面前，思想较为活跃、渴求标新立异的大学生群体极易受到负面消极的影响。会计德育教育的目的不是传授给学生规章，而是传授给他们具备合理的、有道德的商业实践和

决策行为的真正能力。会计专业教学过程中存在的问题是，课程思政教育投入时间严重不足，对思政教育理解过于狭隘，思政教育方式落后，方法单一，专业教师并未真正承担起育人任务。

4. 教学模式无法满足人才需求

会计专业传统教学形式仍大多局限于填鸭式，注重教师的单向授课；教师教育理念比较守旧、自身知识广度不足，难以将新兴业务案例和国际化案例应用到教学过程中。现行教学模式过于闭塞，没有形成学校与企业、市场的有机互动，对专业技术性能力的训练也过分强调会计的规则性，弱化了会计职业判断和决策后果。会计专业教师学科背景较为单一，大多为经管专业毕业，本科、硕士研究生、博士研究生阶段始终保持着一种专业性质，跨学科现象较少，不利于学科交叉融合，不利于技术的集成与转化，不利于培养知识复合、能力复合和思维复合的创新型人才。

5. 教学评价方法仍不够科学完善

随着信息技术与教育深度融合，以“学生为中心”的多元学习模式随之发展起来。信息化手段的应用，大大延伸了以教室为主要场所的课堂，打造出跨时空的教学环境，给予了学生根据自身需求学习的时间、空间、内容，甚至给予了教师和学习伙伴自行选择的权利。强调学生在教学过程中的重要地位，要求教学应满足不同学生的学习需要。因此，策略评价的标准也应该“个性化”和“多元化”。测评标准和模式也要允许学生根据自身状况进行自主选择，并且评价来源和主体也应是多元的，包括教师评价、同学互评、课上评价、课下评价，而且对学习的评价不应限定为对学习内容的评价，还应包括对学习动机、学习准备、自我学习认知、情感态度价值观等多角度的综合评价。只有学习评价的标准及模式多元化，才能满足多元学习模式的要求。

目前，尽管很多高校已经不再单纯以期末成绩作为评价指标，而是加入多个评价因素，开始逐渐向建立完整评价体系的方向发展，但是从目前教学评价的实施来看，由期末考试一张卷改为“平时成绩＋期末成绩”模式，依然摆脱不了对期末试卷的倚重和忽略学生平时学习状况的现实，导致部分学生过分追求考试成绩，而忽略了对实践能力的培养。

虽然德育教育是提升教育质量的核心，目前的教学评价指标中也加入了一些教育性指标，但在实际评价操作中只是一种软指标，没有真正将其融入教学方法和教学效果评价中。

三、新技术背景下会计教育的重构逻辑

2017 年 5 月起，以德勤、普华永道、安永、毕马威为代表的国际会计师事务所相继上市财务机器人，由机器人替代高度重复的手工操作，紧随其后的企业应用云计算、大数据、图像语音识别、区块链等人工智能技术，开始为企业提供多场景、全方位的智能财务服务。一时间，“会计要被机器人取代”“会计专业是否会消亡”等话题引发社会各界高度关注和讨论。

（一）会计管理的重点转向价值管理

回归会计本质，看待会计发展问题。我国著名会计学者杨纪琬和阎达五教授于 1980

年首次提出了“会计管理”的概念，这一思想在之后逐渐发展成为经典的会计理论——“会计管理活动论”。会计本质是一种管理活动，并主要体现为价值管理。会计作为一种管理活动，除了核算和监督两大基本职能，还具有预测、决策、控制和分析等职能。国内外会计实践的发展趋势已经有力印证了这一理论的正确性。经济活动的日益复杂和信息技术的快速发展，既给会计工作带来了严峻的挑战，也带来了全新的机会。这种机会主要体现在“管理活动论”所倡导的价值管理职能日益重要。首先，随着经济活动复杂性和不确定性的上升，以及与“大智移云物”相伴随的全新商业生态、商业模式、组织模式等的出现，需要充分发挥会计预测、分析、控制、评价、监督的价值管理职能。也正是在这个大背景下，近年来财政部大力推进管理会计体系建设，旨在更好借助会计的价值管理职能，助力企业价值创造，更好地促进经济高质量发展。其次，大数据、机器学习、人工智能等技术的发展，也为会计展开财务分析、业绩评价、管理决策等提供了充足的数据和分析技术条件。商业模式变革对传统会计活动的冲击，也更加凸显了管理活动论对会计本质的洞察力。[3]

（二）会计人才需求迈向国际化、高端化

党的十九大报告明确指出，中国开放的大门不会关闭，只会越开越大，要以“一带一路”建设为重点，坚持“引进来”和“走出去”并重，遵循共商共建共享原则，加强创新能力，开放合作，形成陆海内外联动，东西双向互济的开放格局。这对财会行业来说也是非常积极的信号，立足全新国际会计环境，面对大数据、人工智能等高新技术对会计行业的影响，要加大对国际化会计人才培养研究工作的投入力度，致力于构建与完善国际化会计人才培养的科学体系，积极引导国际会计教育良性发展。同时，中国会计要主动将优秀的中国会计文化、理念等向国际会计界输送，促进国际会计界吸纳优良中国会计元素，不断完善国际会计理论体系和标准体系。《国家中长期人才发展规划纲要（2010—2020 年）》已经明确将金融财会列入 12 大经济重点领域，将会计高端人才列入专业技术人才的重点培养队伍。高校的首要任务是培养人才，作为“双一流”大学，就应该培养复合型高端会计人才。

历史经验告诉我们，新技术革命在提升生产力、减少人工投入的同时，也会带来新的职业需求。只要社会发展与企业决策需要财务信息支撑，会计学的逻辑、程序与方法符合经济活动规律，会计便不会消亡。企业实践证明专业领导技术，会计职能只是从监督走向服务，从计量走向预测，从财务信息到数字化的报告趋势转变。为此，会计教育需要与经济发展和科技进步协调一致，会计人才培养过程必须进行重构。

四、复合型高端会计人才培养方案构建

会计教育变革的起点是转变人才培养的理念与目标，并在此目标下进一步明确知识、能力与素质架构，进而对课程内容与教学模式进行重构与再造，最后设计符合知识能力要求的考核体系，确保学习成效满足人才培养目标的实现。

（一）明确复合型高端会计人才培养目标

培养既具有前瞻性国际视野和扎实本土底蕴，又具有精深专业知识和人文素养；既具

有战略思维，又具备智能化信息技术和科技洞见能力；能够引领并实现智能化时代财务的战略价值，具有全球竞争力和社会责任担当；能够引领社会发展和行业发展的跨界复合型高级财务管理人才和未来商业领导者。

（二）建立多学科交叉的课程体系

目前的会计专业课程体系，应当以融入多学科交叉特色，注重对会计专业外延性的扩充，将跨学科、跨界的思想渗透到会计专业课程作为转型改革的重点。

第一，财务会计类的核心课程仍需要全部保留（必修），财务会计与管理会计同源分流，转型管理会计，财务会计仍然是基础。第二，构建智能财务课程体系（必修），如人工智能基础、XBRL可扩展商业报告语言、审计数据分析、财务共享服务系统原理与应用、大数据与商务智能等核心课程。一些管理类通识课程可以适当删减。第三，增加个性化课程（选修），如数据挖掘与机器学习、非结构化数据分析与应用、通信与计算机网络、互联网风险控制、国际战略财务管理等。第四，增加商业伦理与职业道德课程（必修），建立道德建设的教育机制是大学生树立道德信仰的保障。要发挥课堂育人的主渠道作用，有效地传递核心价值观，实现知识传授与价值引领的协同育人效果。技术无论如何发展都很难取代教师的育人作用，因为教师与学生可以实现心与心的深入沟通。

（三）创新与变革传统教学模式

新技术背景下会计教育的困境之一就是那些容易教的知识已经数字化和自动化。因此，会计教育的重点必须转向帮助学生构建自身知识体系，让学生能够用已有知识进行创新和创造，提高学习能力以应对未来发展和变化的需要。教学模式是实现会计高等教育目标的重要手段，传统的教学方法与教学内容必须真正进行变革。

1. 以学生发展为中心

将传统“以教师为中心”的教学方式，真正转向“以学生为中心”，构建以“学习主动、问题驱动、教师导动、多元互动”为特征的教学方式，强调发挥学生在教学中的自主性、能动性和创造性，激发学生强烈的学习愿望、高昂的学习热情、认真的学习态度。通过问题驱动培养学生通过表面现象揭示事物本质特征的能力，提高学生分析问题、解决问题的能力，并且引导学生在多元的政治、经济、文化中进行正确的价值判断与价值选择。

互联网技术与教育的深度融合使学生享受个性化、差异化的教育体验成为现实。慕课、微课、翻转课堂等多种互联网教育方式的普及化，可以强化学生在“以学为中心”的课堂教学中的主体地位，可以使课堂形式更加灵活化，课程知识更加多样化，培养模式更加个性化。

2. 教学内容应强化各课程模块间的知识融合

要真正实现复合型人才的教育理念，就要实现课程横向与纵向的整体融合，构建综合性财务知识体系。横向上，将管理会计与财务会计、财务管理、公司理财等相关学科进行融合，并结合统计学、经济学、数学、计算机科学等学科，充分运用各自的处理方法与技术，实现理论、技术与实践的融合，推进管理体系创新与一体化建设；纵向上，以战略导向及价值链为基础，将价值链会计、战略管理会计与传统的管理会计进行整合，三者本质上都是实现企业的价值提升的，相互统一、促进，形成新管理会计综合体系。

3. 打造一支高水平、专业背景多元化的师资团队

安德烈亚斯·施莱歇(Andreas Schleicher，经合组织教育技能司司长)指出，技术的运用可以优化卓越教学效果，但是再伟大的技术也不能拯救糟糕的教学。优化师资团队应作为会计教育转型的重中之重，师资队伍水平的高低、结构的优劣，决定了教育的成败。多学科交叉融合是高校各学科发展的大势所趋，会计专业人才培养也应当将多学科交叉融合作为核心举措，注重“老中青”和“国际国内”结构的人才梯队构建；充分吸纳具有计算机、统计学、金融等多元背景的教师；聘请具有丰富企业经验的专家担任实践导师，加强对教师团队理论知识的升华，鼓励教师积极参加学术交流、学术培训，不断更新自身的会计知识，适应新技术新经济下的社会发展。

(四) 搭建智能化模拟教学云平台，强化实践教学模块

校企共建实践课程，建设全球化财务云实验室。将全球化、信息化时代的全新会计核算与财务管理模式全面系统引入会计人才培养计划中。实践教学的组织实施需要大量的教学资源进行支撑，而对于像云计算和大数据实践教学来说，需要的不仅仅是计算资源，还有教学系统和经验丰富的工程师的支持。校企合作协同育人，企业将得到优秀人才，学校能获得资源和技术支持，学生能获得实践技能，实现学校与企业优势互补、资源共享、互惠互利、共赢发展。智能化实践教学平台，也方便教师运用理实一体化教学法，使专业课上课时间得到合理运用，避免了由于理论课与实习课单独教学而造成的内容重复、衔接不上的问题，最大限度地发挥了课堂教学效能，实现财务核心教育、创新教育以及专业培训并行。

五、结论

本文的主要结论为：第一，明确会计专业变革与转型目标。新技术背景下会计教育应全面重构人才培养目标与知识架构，变革人才培养体系、教学内容、实践平台等育人机制。第二，指出智能化时代会计教育转型的逻辑及面临的挑战。明确会计存在的重要价值，科学技术发展改变了会计的存在形态和表现形式，形成了会计理论发展的新基础，但并没有根本地改变会计的性质和作用。信息技术促进了会计确认、计量和报告生成方法的突破，同时促进了管理会计对决策支持发挥更加巨大的价值，管理会计将成为会计教育转型的重点。第三，明确高等会计教育转型的路径。高等会计教育应打造高水平、多元知识背景的教师团队，积极推进以学生发展为中心的教学改革，搭建智能财务实验室等，将会计教育转型发展落到实处、发挥实效。

参考文献

[1] 周守亮，唐大鹏.智能化时代会计教育的转型与发展[J].会计研究，2019(12)：92-94.
[2] 苑泽明，李田，孙钰鹏.互联网新技术时代会计高等教育的改革路径[J].会计研究，2018(8)：80-86.
[3] 叶康涛，刘金洋，曾雪云.会计管理活动论的当代意义[J].会计研究，2020(1)：5-14.

大数据环境下基于行动学习法的信管专业教学改革探讨

冯　睿　朱茂然　李沁芳

（同济大学经济与管理学院）

摘　要：信息管理与信息系统是一门有关信息技术和管理科学的交叉性学科，以培养既懂计算机信息处理技术，又懂管理知识的复合型高级人才为目标，十分适合当下信息爆炸的大数据时代。然而在许多高校的实际教学培养中，存在着教学内容过时、缺乏理论联系实践等问题，导致许多信管专业的毕业生无法快速融入当前的大数据环境。为此，本文首先分析了大数据环境下社会对于信管专业人才的需求，然后对信管专业课程的教学问题进行总结，最后结合行动学习法理论，对信管专业教学改革提出了一些看法与建议。

关键词：大数据；行动学习法；信息管理；教学改革

Abstract: Information management and information system is an interdisciplinary subject related to information technology and management science, whose goal is to cultivate compound senior talents who understand both computer information processing technology and management knowledge, which is very suitable for this information explosion of big data era. However, in the actual teaching and training of many colleges and universities, there are many problems such as outdated teaching content and lack of theoretical connection with practice, which makes many graduates of information management major unable to quickly integrate into the current big data environment. Therefore, this article firstly analyzes the society's demand for information management professionals in the big data environment, then summarizes the teaching problems of the information management courses, and finally combines the theory of action learning methods to put forward some opinions and suggestions on the teaching reform of the information management major.

Keywords: big data; action learning method; information management; teaching reform

一、引言

由于信息技术的快速发展，信息的产生与日俱增，信息的流通速度日益增进，各种各样的信息交流也越发密切。在这样信息爆炸的环境下，无论是个人、企业乃至国家，都对信息管理有着极大需求，而信息管理与信息系统专业的诞生就是为了迎合社会对于此类信息管理人才的需要。通常，信息管理与信息系统（Information Management and Information System）专业简称为“信管专业”，该专业的学生需要学习计算机科学、经济学和管理学等多个领域的知识，从而具备使用先进的信息技术为企业进行科学决策的能力，在提高企业管理运营效率的同时，还要帮助企业实现利润最大化，是一个对计算机技术实力和管理知识都十分看重的专业领域。

但实际上，在许多开设信管专业的高校中，信管学生普遍存在“两手都要抓，但是两手都抓不稳”的现象，即在同时学习计算机知识和管理知识的过程中，学生往往对计算机知识一知半解，对管理知识也只停留在概念背诵和案例分析阶段，无法满足大数据时代下企业的信息管理需求。此外，在信管专业的教学中，还存在理论高于实践、考核手段单一、学生学习热情不高以及教师资历不够等问题。[1]综上可见，为了适应现在的大数据环境，信管专业的教学必须与时俱进，教学改革势在必行。

信管专业的教学改革应该重点关注如何提高学生的学习兴趣、如何培养学生的计算机技术实际操作能力以及如何提升学生应对现实中企业信息管理问题的处理能力等内容，使得信管专业的教育工作者能够充分调动学生的学习激情，培养出能够勇于实践、敢于创新的复合型人才。为此，本文通过引入行动学习法来对传统的信管专业教学模式中存在的问题进行深入探讨，并对大数据背景下的信管专业教学改革提出一些相关建议。

二、社会对于信管专业学生的需求

随着信息资源的不断膨胀，社会各个领域的信息流通量都呈指数型上升。企业对于信息资源的管理与应用早已成为企业管理中重要的一部分，无论是近些年新兴的电商行业和互联网行业，还是教育机构、政府部门和传统企业，都在探究如何将自己在运营过程中积累的海量数据进行统计分析和数据挖掘，并从中提取出对自己有价值的信息。[2]此外，不单单是进行数据处理，企业还希望这些进行数据分析的人才能够将分析结果应用到企业管理中，从而协助管理部门科学地制订计划，提高企业的同行竞争力。

教育部最早对信管专业的培养目标为培养具有现代管理学理论基础、计算机科学技术知识及应用能力、掌握系统思想和信息系统分析与设计方法以及信息管理等方面的知识与能力，能在国家各级管理部门、工商企业、金融机构、科研单位等部门从事信息管理以及信息系统分析、设计、实施管理和评价等方面的高级人才。[3]由此可见，信管专业的学生十分符合当前大数据环境下的社会需求，尤其对于大型企业而言，由于日常业务所产生的信息数量十分巨大，他们十分需要信管专业方向的学生来进行信息维护与管理。

三、大数据背景下信管专业教学中存在的问题

(一) 教学内容过时

当前，大多数高校在信管专业课程的设置上，都只安排了一些管理学、经济学以及计算机科学中较为基础的课程，例如管理学概论、微观经济学、数据库原理和编程语言等，这些基础课程对于学生而言固然重要，但由于基础课程所涉及的教学内容都较为浅显，会导致学生难以接触到更加前沿的知识。实际上，随着社会发展，很多企业内部的信息管理模式都发生了一定的变化，而学生们在课程上学习到的内容却没有跟上外界变化，导致他们步入社会后才发现自己在大学期间学到的内容早已被时代抛弃。

(二) 重视理论知识，而轻视实际应用

信管专业的教师在教授非技术类的专业课程时，例如管理学课程，主要是基于课本上的概念和理论，最后课程考核形式也多以考试为主，考试内容主要为名词解释、简答和案例分析。这种教学和考核模式虽然能让学生对管理产生一定的认识，但是并不能提升学生实际的管理能力，只会让学生所学知识脱离实际，学习效果并不理想。

(三) 没有专业特色

信管专业是一门横跨管理学、经济学、计算机科学等多个领域的交叉型专业，它既强调学生的管理能力又强调学生的计算机技术水平，但现在很多信管专业出生的学生都面临着两头不讨好的情况，即管理能力不如管理专业的学生，计算机技术又不如计算机软件学院的学生。缺乏专业特色是现在信管专业的巨大弊端，根据 2019 年教育部公布的《2018 年度普通高等学校本科专业备案和审批结果》显示，有 11 所高校因为专业相似度过高而撤销了信管专业，这样的趋势需要相关教育工作者重视。

(四) 教师资历不够

由于我国才进入大数据时代不久，许多信管专业的教师并没有相关的从业经历和实践经验，他们虽然有着丰富的理论知识和科研经历，但是如果没有企业数据分析的实战经验，就很难在教学中指导学生学习大数据环境所需要的知识与技能，难以培养学生的数据处理与分析能力。

四、大数据背景下的行动学习法

(一) 大数据背景

由于互联网技术的高速发展，设备终端之间的信息交换变得越发容易，无论是个人生活还是企业运营活动，都会不经意间在互联网上产生大量的数据，大数据就是在这样一种情况下诞生的。大数据可以看作是一种规模大到在获取、存储、管理、分析方面大大超出

了传统数据库软件工具能力范围的数据集合,[4]它的特点在于数据规模巨大、数据流通速度快、数据类型复杂和有效价值比例低。当前,从海量数据中挖掘有效信息被各行各业看作是提升自身行业竞争力的重要方式之一,要想争夺自身行业领域的高地,就必须积极引入大数据相关的人才,学习大数据前沿技术。

(二) 行动学习法

行动学习法是一种最早产生于欧洲的课程参与模式,它需要课程组织者提出一个十分困难的题目,这个题目通常不会是课程参与者熟练掌握或者深刻理解的内容,然后课程参与者需要自行组成学习小组,评选组长,并在规定时间内通过小组成员的共同努力来完成课题。这种学习模式一方面需要小组成员的相互配合与交流来找到解决问题的方法,另一方面也强调课程参与者通过实践的方式来克服某个实际问题。

利用行动学习法可以有效培养学生的团队合作能力和实践能力,国内和国外已经有很多教育者对该方法进行了研究。Currie 和 Biggam 等人[5]讨论了护理领域的学生使用在线行动学习方式后的学习效果,并发现行动学习法能够让学生学习到与他人共享经验的好处,从而有效提升学习效率。Sanyal[6]发现行动学习法能够培养经理和领导者分析和解决复杂管理问题的能力。Brook[7]通过行动学习法对 HE 和 NHS 的从业者影响的研究发现,利用行动学习法,他们能够通过实践与团队合作来克服某个棘手的难题。韩茂源[8]通过对行动学习法进行解读,发现该方法是高校教学改革中的庇佑之路。贾清萍和史利琴[9]认为行动学习教学法是缓解大学课堂"低头族"现象的重要手段,是一种值得提倡的新型课堂教学模式。任汝娟和岳峰通过借鉴行动学习法,提出利用行动学习法来培养经管类研究生的创新能力。[10]

综上可见,行动学习法的实用性在国内外都已经得到了充分的检验,其对于提高学生学习质量、培养学生创新实践能力和团队合作能力有着十分显著的作用,已经受到了许多教育工作者的高度重视。当前大数据背景下的诸多信管专业教学问题,完全可以通过引入行动学习法来解决。

五、基于行动学习法对信管专业课程改革的建议

(一) 教学内容与时俱进

信管专业的教育工作者应该充当学生的领路人,在不抛弃课程基础知识的情况下,积极引导学生接触和学习与信管专业相关的前沿知识。近几年,人工智能正处于蓬勃发展的黄金时期,其在大数据环境中的应用可以说是五花八门,情感分析、推荐系统还有知识图谱等研究方向都和信管专业有着密切的联系,作为信管专业的学生应该紧跟潮流,积极汲取这些前沿的知识。同时,教师应该根据学生的情况,提出一些符合大数据背景的课题来让学生解决,从而让学生及时跟进学术热点,培养学生利用所学的知识解决实际问题的能力。

(二) 教学需联系实际应用

由于信管专业的课程繁杂且具有很强的实践要求,在教学的过程中,应该注重理论联

系实际，而不是一味地向学生灌输理论知识。在大数据时代，社会迫切需要那些对数据有着敏锐洞察力，并能够通过运用相关技术来对其进行综合分析的人才，这就要求教务部门在指定信管专业的培养方案时，注重市场需求，强调实践能力的培养，并为学生提供一些能够进行实践学习的机会。

（三）教学模式改革

在信管专业的教学过程中，应该引入行动学习法，让学生亲自参与实际问题的处理过程。以信管专业最具代表性的管理信息系统课程为例，教师在进行教学时，可以根据理论知识的教授进度，提出一些具有挑战性的课题来让学生解决。比如，利用两周时间来亲自构建一个音乐推荐系统。然后学生需要自行组队，并在合理的小组人数下，通过沟通与交流，在有限的时间内合力完成课题。最后，不同的小组通过展示自己的成果，进一步促进学生之间的沟通与交流，从而取长补短，提高知识的传播效率。

（四）改善课程考核体系

在制定课程考核体系时，考核标准不应该拘泥于传统的出勤率、课后作业以及考试成绩，还可以借鉴行动学习法，让老师提出一些有实际意义的小组课题，根据课题的完成度、创新度和完成质量等多个方面来对小组的整体表现进行打分，并根据小组成员的贡献度与参与度来对每个成员的学习情况进行考核。

此外，在大数据背景下，有许多能够反映学生课程参与度的手机软件，不同于以往口头式的课堂问答，学生可以将自己的观点通过电子文本的形式上传，教师能够很方便地收集到学生对于课堂知识的看法和学习情况，从而有助于之后的课程考核。

六、结语

信息管理与信息系统是一门有关信息技术和管理科学的交叉性学科，在大数据时代，它本应为社会输送大量既懂信息技术又懂信息管理的复合型高级人才，但是由于课程设置过于繁杂、课程内容不够深入以及理论与实践相脱离等原因，信管专业学生的信息技术水平和管理能力都难以满足社会的用人需求。

本文基于行动学习法对信管专业课程教学中存在的问题进行了一定探讨，并提出了对于课程改革的建议。行动学习法作为一种看重学生团队合作、实践操作以及创新能力的教学模式，十分适合用来解决当前信管专业的诸多课程教学问题，若能将其合理运用到教学实践、教学考核和教学内容中去，学生发现问题、分析问题和解决问题的能力都将有明显的进步，并最终成为大数据环境下社会所需要的人才。

参考文献

[1] 闫娜.大数据视角下信息管理与信息系统专业建设研究[J].图书馆学研究，2013，(11)：9-12.

[2] 姜世超，张颖，聂士钦.浅谈大数据背景下信管专业人才培养模式研究[J].课程教育研究，2018，(11)：36-37.

[3] 付琳.大数据时代背景下信管专业人才培养模式的探讨以财经类院校为例[J].科技视界，2019，(25)：207-208+204.

[4] 贺玉珍，张海江.大数据视角下信管专业人才培养研究[J].中国管理信息化，2016，19(21)：241-242.

[5] Currie K，Biggam J. Participants' Engagement with and Reactions to the Use of On-line Action Learning Sets to Support Advanced Nursing Role Development[J]. Nurse Education Today，2012，32(3)：267-272.

[6] Sanyal C. Learning，action and solutions in action learning：investigation of facilitation practice using the concept of living theories[J]. Action Learning，2018，15(1)：3-17.

[7] Brook C. A protean practice? issues in the uses and practice of action learning amongst practitioners and academics. 5th international conference of education[C]. Research and Innovation，2012：4733-4738.

[8] 韩茂源.行动导向教学法的理论释义及实践解读[J].黑龙江高教研究，2011，(6)：146-148.

[9] 贾清萍，史利琴.行动学习：大学课程教学模式创新研究[J].教育教学论坛，2017，(51)：180-181.

[10] 任汝娟，岳峰.在经管类研究生创新能力培养中应用行动学习法的思考[J].教育现代化，2018，5(13)：32-34.

信息管理专业开设大数据方向的可行性分析

——跨院协同的视角*

朱苑珺　王洪伟　曹晓玲　徐德华

（同济大学经济与管理学院）

摘　要：随着大数据应用的快速普及，各行各业对大数据人才的需求正在急剧增长，教育部和各大高校已逐渐意识到培养大数据人才的重要性。本文首先对国内各高校大数据管理与应用专业建设现状进行归纳梳理，其次分析了信管专业目前跨学院开设大数据方向专业所具备条件，最后结合上述分析讨论结果，对大数据管理与应用专业的课程体系建设提出可行建议。

关键词：大数据管理与应用；专业优化；可行性分析；信息管理与信息系统

Abstract: With the rapid growth of big data industry, the demand for related talents is increasing sharply. The Ministry of Education and universities have gradually realized the importance of cultivating big data talents. This article firstly summarizes the development of Big Data Management and Application in domestic universities. Secondly, it analyzes the current conditions for the establishment of Big Data Management direction and discusses whether it is possible for the discipline of information management to complete construction through college cooperation. Finally, combining the above analysis and discussion results, the article provides feasible suggestions for the construction of the curriculum system.

Keywords: Big Data Management and Application; specialty optimization; feasibility analysis; Information Management and Information System

一、引言

信息技术与经济社会的交汇融合引发了数据迅猛增长，大数据为社会各行业带来机遇与挑战。深化大数据应用已成为推动经济发展、调整产业结构的必然选择。[1]各行各业对大数据人才的需求正在急剧增长，由领英发布的中国互联网最热职位人才库报告指出，

* 2021年度上海高校市级重点课程“管理信息系统”（线上线下混合式课程）。

在研发工程师、产品经理、人力资源、市场营销、运营和数据分析这六类职位中，数据分析类人才最为稀缺，供给指数仅为0.05，属于高度稀缺。[2]

教育部和各大高校也已意识到了大数据人才的短缺，新增了数据科学与大数据技术、大数据管理与应用等相关专业以满足人才需求。其中，大数据管理与应用专业隶属于管理科学与工程学科，为近年经教育部批准新开设的5个重点新型扶持专业之一。该专业以管理学、计算机、数理统计等学科为基础，旨在系统培养同时掌握经济管理基础理论、大数据分析方法和计算机技术的复合型高级管理人才。[3]

尽管大数据管理与应用为管理学下设专业，但从其培养目标来看，仅依靠管理学院显然无法实现对这类复合型人才的培养。因此，各学院跨院协同合作不可避免。其中，数学学院提供数理基础课程，电信学院注重大数据相关信息技术教学，最后落实到管理学院，培养学生精准管理、智能管控的能力，通过建设多学科交叉融合的课程体系，实现理、工、管相结合的学科建设标准。

信息管理与信息系统专业是目前管理科学与工程学科下与大数据管理与应用最为相关的专业之一，该专业以培养学生同时具备管理学知识和计算机技术，掌握系统思想和信息系统分析与设计方法以及信息管理等方面的知识与能力为目标。在企业信息化发展初期，社会对于这类信息系统管理设计人才需求量较大，使信管专业毕业生供不应求。[4]但是，随着信息化普及度的不断提高，相关人才需求逐渐减少。在大数据时代背景下，企业和政府组织更需要的是能够利用大数据共享和分析能力改造重构传统企业和政府组织的信息化流程，突破组织内部局限的管理人才。大数据管理与应用为信息管理专业的优化提供了发展方向，在信息管理的人才培养上，高校必须与时俱进，培养学生以大数据视角，进行企业流程优化及管理决策。[5]

从高校相关专业建设情况来看，目前采取的形式主要有两种：一是在传统专业增加大数据方向；二是开设专门的大数据新专业。对于第二种形式，在建立全新专业时，高校很有可能会陷入过度追求大而全的专业建设怪圈。[6]院校在大数据人才的培养定位上往往会过于宽泛，要求学生同时具备数据分析、数据管理、大数据商业决策、大数据技术应用等诸多能力，最终导致在专业培养方案上缺少清晰主线、在课程设置上难以实现广度和深度的平衡，违背专业建设初衷。

就同济大学而言，鉴于我校信息管理专业具有悠久历史，并已形成了较为成熟的课程体系和培养方案，可为大数据专业建设提供借鉴，同时应考虑盲目开设全新专业可能面临的诸多问题。笔者认为，在专业建设形式上，同济大学管理学院更适合在传统信管专业基础上增设大数据方向，在保持原有专业特色的同时，培养学生利用大数据技术优化企业信息化流程、精准管理的能力。

二、大数据管理与应用专业发展现状

大数据管理与应用专业为管理科学与工程学科下设专业，该专业授予管理学学士学位，学制四年。以“互联网”+和大数据时代为背景，大数据管理与应用专业致力于培养学生从大数据的角度出发，创造性地解决经济、金融、管理等领域的数据科学问题。

大数据管理与应用专业与信管专业同属管理科学与工程学科，具有较强相关性，都强调培养学生利用信息技术来解决商业应用中的实际问题。相较于信管专业，大数据管理与应用专业更侧重于如何使用数据分析方法和技术手段解决管理中的问题，以大数据的视角进行管理决策；而信管专业则强调信息系统的分析、设计、实施、管理和评价，以及企业组织内部管理系统的建设规划。[7]

2018 年教育部公布首批 5 所普通高校成功申报大数据管理与应用的本科专业，分别为西安交通大学、哈尔滨工业大学、东北财经大学、南京财经大学和贵州财经大学。[8] 截至 2020 年，共有 81 所高校获批开设大数据管理与应用专业，同时涵盖了综合性、财经类、理工类等各类性质院校。[9-10] 部分高校专业开设情况如表 1 所示。

表 1　　高校大数据管理与应用专业培养体系

学校	培养目标	院系设置	主干课程
哈尔滨工业大学	培养具有创新意识、实践能力和国际视野的经济管理创新人才	经济与管理学院	管理学基础、运筹学、应用统计、计量经济学、商务数据分析、多元统计分析与 R 建模、时间序列分析方法、人工智能与机器学习、大数据基础设施、数据库系统、数据仓库与数据挖掘、文本分析与文本挖掘、量化金融方法等
西安交通大学	善于利用大数据分析技术对商务数据实现智能化商业决策的复合型人才	管理学院	以管理学大类课程为基础，增设大数据分析技术、统计机器学习、商业人工智能、社交网络与文本分析、数据可视化、数据质量与数据治理、商业模式分析等核心课程
吉林大学	具备数据分析技术、数据挖掘技能，掌握信息分析工具的复合型高级数据分析和数据管理人才	管理学院	大数据导论、面向对象程序设计、数据结构、数据库系统应用与开发、R 语言基础、Python 语言与应用、多元统计分析、数据决策与分析模型、机器学习与文本挖掘、数据可视化、云计算、大数据治理、行业大数据案例分析、智能制造与工业大数据等课程
中央财经大学	兼具创新精神和实践能力的数据驱动型复合领军人才	管理科学与工程学院	高等数学、高等代数、概率论、数理统计、Python 程序设计、C++程序设计、数据库原理与应用、多元统计与数据挖掘、机器学习、人工智能、Spark 系统、大数据治理与服务、运筹学、最优化方法、量化投资、金融科技等
东北财经大学	具备运用大数据技术和软件工具，为财经领域相关部门，进行商业分析、量化管理的卓越财经人才	管理科学与工程学院	高等数学、概率论与数理统计、微观经济学、管理学、大数据平台基础、大数据存储原理、统计学、运筹学基础、商业数据分析、数据挖掘概论、Python 程序设计、人工智能、金融大数据分析、系统工程与决策分析、风险管理、大数据项目综合实践等
南京财经大学	可承担政府管理部门和电子商务环境下企业的大数据管理应用工作的复合型、应用型高级专门人才	信息工程学院	大数据安全管理、大数据分析方法、大数据存储与处理、信息检索原理、数据挖掘、管理运筹学、电子商务与网络经济学、现代电子商务网站设计与管理、网络信息资源检索、计量经济学、推荐系统导论、大数据可视化、Python 及大数据分析应用、商务智能与 R 语言等

（一）培养目标

不同高校在人才培养定位和方向上略有不同，总体可分为大数据商业分析、商务智能、数据管理与治理、大数据系统开发与维护这几类。对于具备较强的大数据管理能力和技术应用能力的毕业生可以在金融科技企业、政府管理部门等各级各类组织中从事大数据管理、数据分析、信息资源管理和管理决策工作，主要岗位包括大数据管理工程师、大数据分析师、商务智能决策分析师、数据科学家等，也可在相关院校和研究部门从事教学、科研等工作。

（二）院系设置

传统的互联网人才培养往往集中于软件学院或信息学院等技术类学院。然而，大数据在商业中广泛应用、在商业决策中的辅助作用，为经管学院参与大数据人才培养提供可能。

在大数据管理与应用专业人才培养方面，学生除了要掌握必备的计算机及数学基础知识外，对于管理学、金融学、市场营销等经管理论知识的了解也十分重要，这些经管类理论知识有助于其在复杂的商业环境中理解相关行业的业务类问题，这使得经济管理学院成为大数据专业建设的重要推动者。[11] 对目前已开设大数据管理与应用专业的高校进行梳理，我们发现有超过九成的高校将大数据管理与应用专业设置在经管学院内或是有经管学院参与的交叉学科研究院中。

（三）课程体系

大数据管理与应用专业旨在培养既具有经济与管理知识又掌握新兴 IT 技术的复合型高级管理人才。因此，在专业教学上，需要不同学院打破传统教育壁垒、整合资源、协同合作，使教学具有前瞻性和可操作性。

对大数据管理与应用的人才培养，多数高校都采用了交叉融合的课程体系。经济与管理学院提供了在商业决策时所需的管理学、经济学理论知识的教学；数学学院从数学理论方面介绍了大数据分析需要的数学理论和知识；电信学院则注重大数据相关信息技术的培养。具体课程开设情况如表 2 所示。

表 2　　各学院主要课程

所属学院	主要课程
经管学院	微观经济学、宏观经济学、管理学基础、会计学、运筹学、管理信息系统、金融大数据分析、商务智能、大数据营销等
电信学院	C++程序设计、数据库原理与应用、面向对象程序设计、大数据平台基础、操作系统等
数学科学学院	高等数学、高等代数、概率论与数理统计、多元统计分析与 R 建模等

三、可行性分析

大数据管理与应用专业作为管理理论与信息技术相互渗透的综合性学科，具有庞大的市场需求，高校必须紧紧瞄准市场对人才的需求，提高教育的针对性，积极开展大数据专业人才培养工作。目前，同济大学已具备下列条件，有能力开展大数据管理与应用专业教学。

（一）办学经验准备

为了满足大数据人才的社会需求，国内外高校纷纷开始增设大数据相关课程。大数据专业最早可追溯至2007年美国北卡罗来纳州立大学设立的数据分析硕士学位。在国内，自2014年以来，许多大学信息管理与信息系统专业在本科阶段也陆续开设了面向经济管理的数据分析方向。2015年，由我国管理科学与工程类专业教学指导委员会设立的“新专业建设研究”调研课题组经过详细调查，研究了国际教育动态和国内商务数据分析人才需求情况后，建议增设大数据管理与应用专业，目前已有超过80所高校获得了开设资格。在研究生教育方面，西南财经大学、中国人民大学等多所高校也设置了与大数据相关的二级学科和交叉学科，开设了大数据分析硕士等项目。[12]

尽管各高等和高职院校的教育类型、教育层次不同，但它们在办学方面都锐意进取、开拓创新，形成了各具特色的办学模式，其培养方案、课程体系等都具有十分重要的借鉴意义，为大数据管理与应用本科专业的建设提供了许多宝贵的办学经验。

（二）成熟师资团队

同济大学管理科学与工程系成立于1984年，由信息管理、物流管理等多专业交叉整合而成。管理科学与工程系师资力量雄厚，共有教师37人，多位教师具有海外留学或访问研究背景。

随着大数据分析理论与方法在商业决策中的重要性日益凸显，信管专业教师已积极开展大数据专业相关研究，指导、主持、参与了多项以大数据为背景的科研项目，发表多篇高质量的科研成果。丰厚的科研成果确保信管专业教师具备充足的科研教学经验，能够承担文本挖掘、大数据营销、互联网金融等新课程的教学任务。

（三）跨院协同教学

高校在进行跨院协同教学时，需要从根本上认识跨学科教育对创新复合人才培养的重要性，实现不同学科知识的有效融合，而非仅仅满足多学科研究的需要。[13]否则，很有可能会使协同培养浮于表面，不同学院、不同学科专业之间形式上融合而实质上割裂，导致学生对专业培养目标的认同感不足，违背复合型人才培养的初衷。

同济大学目前已开设了一系列交叉学科创新实验区，如工程—法学创新试验区、中德机械与能源工程创新实验区、数理金融创新实验区等，并取得了令人满意的建设成效。其中，数理金融创新实验区便是由数学科学学院与经济管理学院联合开设，旨在培养具有金融信息分析与数据处理能力的应用型人才。因此，经管学院对于打破学院壁垒、跨院协作，培养复合型人才已具有丰富经验，具备合理推进开设交叉学科课程体系的能力。

四、课程体系构想

大数据管理与应用课程在原信管专业课程基础上，对部分课程进行升级优化，增设与大数据相关的原理理论及前沿技术课程，以满足大数据时代下企业对于复合型管理人才的需求。根据其培养目的以及专业特点，在课程体系的设计规划上应注意到以下几点。

(一) 构建跨院协同课程体系

从国内其他院校的专业建设情况来看，该专业以管理学、计算机、数理统计等学科为基础，在大数据背景下，培养学生综合运用管理学理论、信息技术方法为现代企业和政府等组织管理提供决策的能力。

从培养目标来看，单一学院可能无法实现对这类复合型高级管理人才的培养。因此，面对这类交叉学科，高校在课程体系设置时，跨院协同合作不可避免。其中，数据结构、运筹学、管理信息系统、应用统计、商务数据分析、数据治理、大数据营销、财务管理等课程可由经济与管理学院开设；数学分析、高等代数与解析几何、概率论与数理统计、离散数学、计量经济学、统计机器学习将由数学科学学院开设；数据库技术与应用、操作系统、大数据基础设施(或云计算导论)、Java 语言程序设计等计算机相关课程则由电信学院开设。

跨院协同课程体系为学生拥有扎实的数学、管理学、经济学、统计学、运筹学及信息技术能力奠定基础，有助于实现培养大数据创新人才的目标。

(二) 注重专业化培养

完成通识基础课程的学习后，学生将会进入专业课程的学习。在这一阶段，学生主要学习与大数据相关的原理理论及前沿技术。由于大数据人才的专业方向多样，包括商务数据分析、系统维护优化、商业智能决策等，在专业课程设置上，可根据不同培养目的，安排相关领域知识学习。[14]高校可将专业选修类课程分为大数据管理理论与方法、大数据应用、大数据技术三个方向，学生可根据未来职业发展规划进行自主选择，这一安排将有助于大数据人才的专业化发展。

(三) 加强实践教学

作为一门应用型专业，本专业更强调学生的管理与应用能力。综合全面的大数据应用技能培养需要通过系统的实践教学环节来保证，具体形式可包括课程实践、学期实训、企业实习等。[15]在实践课程上，通过学习使用各类管理软件，以及运用大数据工具，进行数据采集、数据清洗、数据存储，完成数据挖掘、数据建模和数据分析等任务，可以提升学生大数据技术的应用能力，同时，对于企业商业分析流程有更为直观的了解。借助学期实训，可以提升数据分析与挖掘模型的需求分析与建模能力，使学生具备一定的编程、测试、上线培训、编写技术文档的能力。通过企业实习，在现实环境中应用大数据技术对管理中的复杂问题进行决策分析则是最为高效也是最为实用的人才培养方式。高强度的实践教学环节使学生能够学以致用，成为更符合企业所期望的复合型人才。

综上所述，本文建议大数据管理与应用专业课程建设可以采取下列方案，如表 3 所示。

表3　　同济大学大数据管理与应用专业课程体系规划

课程分类	具体模块	主要课程
通识教育课程		形势与政策、思政类课程、大学计算机基础、C/C++程序设计、大学英语
大类基础课程	数理类	数学分析、高等代数与解析几何、概率论与数理统计
	计算机类	数据库技术与应用
	经管类	管理学概论
专业必修课程	数理类	计量经济学、统计机器学习
	计算机类	大数据基础设施(或云计算导论)、计算机网络与通讯
	经管类	数据结构、运筹学、管理信息系统、应用统计、IT项目管理与审计、商务数据分析、数据治理、财务管理、电子商务、经济法、
专业选修课程	大数据技术类	Java语言程序设计、操作系统
	大数据管理理论与方法类	文本分析、优化方法、ERP原理及应用、离散数学
	大数据应用类	商务智能、大数据营销、互联网金融
实践课程		技能实习、大数据应用案例写作、业务实习

五、小结

大数据管理与应用专业致力于培养学生从大数据的角度出发，创造性地解决经济、金融、管理等领域的数据科学问题，它的设立有利于促进不同学科间的交叉融合，增强创新人才培养，提升其社会核心竞争力。作为管理科学与工程学科的下设专业，其与信息管理专业在培养方案、课程体系上都有较强相关性，鉴于同济大学管理学院在信管专业的课程建设与教学培养方面已积累了丰富的办学经验，我院更适合于通过跨院协作在传统信管专业基础上开设大数据方向，以专业优化的形式增设大数据管理与应用专业。

本文首先从当前国内大数据管理与应用专业的培养目标、院系设置、课程体系三个方面对当前大数据专业国内高校的开设情况进行归纳梳理。其次，从办学经验准备、师资团队、跨院合作培养三方面分析目前同济大学管理学院已具备开设大数据专业条件，有能力培养既具有经济与管理知识，又掌握新兴IT技术的复合型高级管理人才。最后，根据上述分析结果，为大数据管理与应用专业的课程体系设置提供可行性建议。面对当前大数据人才短缺的现状，高校必须紧紧瞄准市场对人才的需求，提高教育的针对性，积极建设大数据管理与应用专业，助力我国大数据产业的健康发展。

参考文献

[1] 国务院.国务院关于印发促进大数据发展行动纲要的通知[EB/OL].2015-08-31.http://www.gov.cn/zhengce/content/2015-09/05/content_10137.htm.

[2] 数联寻英.大数据人才报告[Z]. 2016:7.

[3] 陈江林，姚继美，孙永香.数据科学与大数据技术专业人才培养目标与定位研究[J].电脑知识与技术，2018，14(35)：166-167.

[4] 尹燕芳，杨卫平，王卓鹏.信息管理与信息系统专业国际化人才培养研究[J].计算机教育，2015(05)：43-46.

[5] 李春灿.信息管理与信息系统专业毕业生就业现状分析及就业能力提升措施研究——以郑州航空工业管理学院为例[J].中国管理信息化，2017，20(21)：233-237.

[6] Ramamurthy B. A Practical and Sustainable Model for Learning and Teaching Data Science[J]. Proceedings of the 47th ACM Technical Symposium on Computing Science Education，2016：169-174.

[7] 彭珍，董宇，王晓伟.大数据管理与应用专业及其课程体系研究[J].中国现代教育装备，2020(07)：49-51.

[8] 中华人民共和国教育部.教育部关于公布2017年度普通高等学校本科专业备案和审批结果的通知[EB/OL]. 2018-03-21.http://www.moe.gov.cn/srcsite/A08/moe_1034/s4930/201803/t20180321_330874.html.

[9] 中华人民共和国教育部.教育部关于公布2019年度普通高等学校本科专业备案和审批结果的通知[EB/OL]. 2019-03-25.http://www.moe.gov.cn/srcsite/A08/moe_1034/s4930/201903/t20190329_376012.html.

[10] 中华人民共和国教育部.教育部关于公布2020年度普通高等学校本科专业备案和审批结果的通知[EB/OL]. 2020-02-21.http://www.gov.cn/zhengce/zhengceku/2020-03/05/content_5487477.htm.

[11] 蒋再兴.经管类本科院校大数据专业课程建设研究[J].科技视界，2019(34)：45-46+37.

[12] 李树青，曹杰，刘凌波.大数据管理与应用专业建设路径思考[J].黑龙江教育(高教研究与评估)，2020(01)：25-29.

[13] 刘晓璇.研究型大学研究生跨学科培养模式研究[D].浙江：浙江大学，2018.

[14] 高全义，陈加洲，王乐乐.大数据人才类别研究[J].软件工程，2019，22(9)：50-52.

[15] 徐晓敏.大数据管理与应用新专业建设探索与实践——以北京信息科技大学为例[J].教育教学论坛，2020(31)：229-231.

MOOCs 学习进度预测研究

吴　冰　李沁芳

（同济大学经济与管理学院）

摘　要：本文以 Coursera 课程讨论区为研究对象，对 MOOCs（Massive Open Online Courses）学习者的学习进度进行预测研究。首先，通过描述性统计分析对各数据项进行初步分析。其次，根据模型适用性以及数据集特性，依次使用逻辑回归、决策树以及 BP 神经网络三种常用模型对数据集进行建模训练。最后，使用准确率、精准率、召回率和 f1 值四个指标对各模型的预测效果进行评估，并对实验结果进行对比分析。研究结果表明，BP 神经网络模型对学习者的学习进度预测较好。通过逻辑回归和决策树模型进行特征影响分析发现，被点赞数、被浏览数和被跟帖数对分类预测结果产生较大影响。由此，为 MOOCs 平台提高学习进度提出了管理建议。

关键词：MOOCs 讨论区；学习进度；分类预测；神经网络

Abstract: Coursera discussion forum is taken as the research object to conduct classification prediction research on learning progress of MOOCs(Massive Open Online Courses) learners. Firstly, each data item through descriptive statistical analysis is made a preliminary analysis. Secondly, according to the applicability of the model and the characteristics of the data set, three commonly used models of logistic regression, decision tree and BP neural network are applied to model the data set, respectively. Finally, four indicators of accuracy, precision, recall, and f1 are used to evaluate the prediction effect of each model, and the experimental results are compared and analyzed. The research results show that the BP neural network model performs best on the prediction. The logistic regression and decision tree model are used for feature impact analysis to find that the number of likes and the number of views and the number of replies have a greater impact on the classification results. As a result, management suggestions are put forward for the MOOCs platform to improve the learning progress.

Keywords: MOOCs Forum; learning progress; classified prediction; BPNN

一、引言

近年来,全球陆续涌现了诸多 MOOCs(Massive Open Online Courses)平台,相对于传统的课堂教学,MOOCs 有以下几个特征:课程数量多、种类多、参与人数多;向全球开放的在线学习;自主性学习和个性化学习。[1-2]因此,MOOCs 是对传统课堂运行模式的一种颠覆,打破了时空限制,降低了教育资源获取的门槛,使得人们能够更容易接受到更多优质的教育资源,让教育变成世界共享的财富。[3-4]

MOOCs 具有传统课堂无法比拟的优势[5],但同时也存在课程完成率非常低的问题[6],由此会导致后续学习和教学的许多问题。例如:无法得到学生对课程的正确反馈,讲师的积极性下降,优质课程资源浪费等。MOOCs 课程讨论区是学习者互相交流、提出疑问、交换意见的地方,课程讨论区上发帖和回帖的交互数据,通常能直接反映学生的情感、态度和参与度,并且 MOOCs 课程讨论区的社交归属感能够极大提高学习者的积极性。[7]因此,有必要对 MOOCs 学习者在 MOOCs 课程讨论区上产生的大量学习行为数据进行分析,[8]评估学生的学习效率、预测学习进度,进而采取有针对性的管理措施。

二、文献综述

(一) MOOCs 在线学习行为研究现状

随着互联网和计算机技术的发展,在线学习成为越来越多人的选择[9],且相较于传统课堂,有着不受时空约束、资源丰富、个性化等许多优势。不仅如此,基于互联网的特点,学习者在线学习过程中产生的行为数据更便于收集、挖掘和分析,为推进在线教育提供了充分的数据支持和理论基础。[10]

通常在线学习行为包括视频观看行为、讨论区参与行为和学习测试行为。[11]视频观看行为是在线学习最直接的表现方式,也是学习者的主要学习手段。通过观看视频,学习者获取理论知识,提升知识水平和能力。视频观看行为产生的数据包括视频的长度、评分、观看人数、快进比例等。学习者在讨论区交流知识和答疑解惑,讨论区参与行为产生的行为数据包括发帖数、回帖数、点赞数等。学习测试行为是指随着教学的推进,检查学习者对课程的掌握程度,提高课程证书的价值,测试产生的数据包括测试的题目、数量、答题时间、分数、准确率等。[12]

由此,在线学习行为相较于传统线下学习行为有以下三个特征:形式多样,维度丰富;数据易收集;数据量大。目前对在线学习互动行为的研究[13],根据学习行为数据类型可分为点击流数据研究、日志数据研究和内容文本数据研究。

(二) MOOCs 辍学预测研究现状

通过统计分析方法和机器学习技术挖掘影响 MOOCs 辍学的影响因素已成为国内外研究的焦点。[14]

统计分析方法主要应用于研究课程学习进展和辍学预测。[15]通过使用生存模型评估辍学率，验证不同课程之间的辍学率有很高的相关性，揭示预测辍学的影响因素，进而预测学习者的辍学行为。从 MOOCs 在线学习过程出发构建衡量学习行为的若干指标，基于逻辑回归模型深入研究学习者的课程参与度和完成度，最终发现学习者的学习动力越强，在讨论区表现越活跃、参与度越高，越有可能学完课程。[16]

机器学习技术将辍学预测看作分类问题进行研究。[17]使用逻辑回归作为分类器，根据学生第一周的测验分数和社交网络的交互参数预测其获取不同种类证书的概率；通过对 MOOCs 学习者建立早期预警模型，用来识别已经辍学或有辍学趋势的学习者，发现学习者有辍学倾向的阈值。根据论坛参与度将学习者进行聚类，找出辍学学习者的共同行为特性，使用分类器对已有数据集进行训练，尝试识别将辍学的学习者。[18]随着近年来人工神经网络的发展，神经网络开始应用于研究辍学率的预测问题，研究包括以深度学习为基础的自然语言处理技术对学习者在讨论区中的帖子内容进行文本挖掘，以及采用循环神经网络处理学习者具有时间序列特征的交互数据。使用自然语言处理技术评估讨论区中帖子内容的动机和价值，结合点击流数据，可以预测哪些学习者将完成在线课程。使用学习者在不同时间点的视频观看数据和成绩数据，提取影响辍学的特征，研究发现学生个人因素、课程内容因素和 MOOCs 平台因素均会对辍学行为造成影响，其中，学生个人因素影响程度最大，由此可以应用神经网络预测学习者学习的时间序列。

三、研究数据

本文通过对比分析国内外几大 MOOCs 平台，最终选择 Coursera 平台作为研究对象。Coursera 平台中每门课程都有课程论坛，注册了课程的学习者可以在课程论坛创建新主题帖，也可以参与已有主题帖的讨论，在课程论坛上进行交流互动，寻找自己感兴趣的话题与其他学习者、助教和教师一起探讨。本文获取了 Coursera 平台“机器学习”课程学习论坛数据，经预处理后得到 10 000 条数据，具体的数据项及其描述性统计，如表 1 所列。

为了减少表 1 中的数据范围及分布偏差对模型带来的影响，本研究对数据进行标准化处理，通过计算各数据项的均值和标准差，对每个特征进行标准化。

表 1　　描述性统计

数据项	平均值	中位数	标准差	最大值	最小值
用户发帖总数	4.50	3	6.25	222	1
用户回帖总数	3.13	2	6.59	344	1
被点赞数	1.49	0	6.66	349	0
被跟帖数	3.96	2	5.77	131	0
被浏览数	75.95	25	250.54	18 466	0
被回帖平均间隔	9.27	0	50.77	1 153	0
用户学习进度	57.59	61	24.35	100	0

根据学习者的学习进度分布，本研究选择三分位数，将学习者的学习进度划分为低、中、高三种完成度，划分方式和数量如表 2 所列。由此，将实验数据集划分为 70%的训练集和 30%的测试集，即 7 000 条记录用于模型的训练拟合，3 000 条记录用于验证模型的效果。

表 2　学习者的学习进度分类

标签类型	划分方式	数量
低完成度	小于 1/3 分位数 48	3 290
中完成度	大于 1/3 分位数 48，小于 2/3 分位数 70	4 181
高完成度	大于 2/3 分位数 70	2 529

四、分类模型构建与分析

根据数据集的特点，本研究应用常见的逻辑回归模型、决策树和 BP 神经网络，分别构建分类模型并对分类预测结果进行比较。

（一）逻辑回归模型

逻辑回归将各个特征转换为各类别的概率，并依此进行分类，此外可以通过逻辑回归系数解释各个特征对目标分类的影响程度，对进一步分析和解释各个特征的影响，起到较大作用。本研究采用多项式回归，根据逻辑回归相关系数绝对值从大到小依次进行排序，排列前三的特征及系数，如表 3 所列。被点赞数、被浏览数和被跟帖数对学习进度产生了较大的影响，由此说明学习进度较高的学习者发布的主题帖的价值相对较高，受欢迎程度也较高。因此，不同学习进度的发帖人与回帖人具有聚集性特征。

表 3　逻辑回归中的三个显著特征

类别/特征项	被点赞数	被浏览数	被跟帖数
低完成度/1	0.12	0.03	0.04
中完成度/2	0.23	0.21	0.23
高完成度/3	1.34	0.35	0.31

（二）决策树

决策树通过在每个节点上寻找最优特征的方式，根据条件概率对数据集进行划分，对离散数据的处理能力更好，适合本研究中具有离散特征的数据集。此外，由于其训练过程可以形成决策分支，因此，可以方便地获取每种特征对数据集划分的影响程度，直观且解释性很强，但由于决策树对特征空间的分割使用矩形，特征映射非常单调，因此容易造成过拟合的现象。

本研究构建多分类决策树模型，研究结果与逻辑回归类似，被点赞数、被浏览数和被跟帖数对学习进度产生了较大的影响。

(三) BP 神经网络

BP 神经网络的优势在于对非线性数据的映射能力，此外，BP 神经网络具有很强的自学习以及泛化能力，对具有噪声的数据也能进行有效的判别，不容易导致过拟合的现象，但由于其“黑盒”的处理过程，难以对拟合结果做出进一步的解释。

本研究将隐藏层数设为 1 层，在此基础上，隐藏层神经元的个数需要通过不断的尝试进行确定，如式(1)所示。其中，N_i 为输入层神经元的个数，N_o 为输入层神经元数量，N_s 为训练集的样本数，α 为 2 到 10 中的任意自然数。经过训练，本研究使用隐藏层结点数 20 和学习率 0.2 作为最终模型的参数。

$$N_h = N_s/\alpha(N_i + N_o) \tag{1}$$

(四) 预测效果比较与分析

三种模型训练集与测试集上的评价指标如表 4 所列，整体差异不大，拟合度以及预测指标均处于 0.68～0.70。

表 4　　三种模型训练集与测试集上的评价指标对比

数据集	模型	准确性	精确性	召回率	综合 f1
测试集	逻辑回归	0.632	0.653	0.673	0.675
	决策树	0.635	0.655	0.682	0.686
	神经网络	0.694	0.695	0.684	0.699

五、总结与展望

(一) 研究总结

本研究针对 MOOCs 平台课程讨论区中讨论行为的数据，选取国际知名的 Coursera 平台，根据研究数据集的特点，选择逻辑回归、决策树以及 BP 神经网络，分别构建预测模型，对 MOOCs 学习者的学习进度进行预测并对预测结果进行比较。

研究结果表明，基于 MOOCs 课程论坛中学习者的交互讨论行为数据，可以挖掘出学习进度的影响因素，其中，被点赞数、被浏览数和被回帖数对分类预测产生了较大的影响，体现了课程论坛中学习者之间的交互可以促进学习者的学习进度提升。采用分位数将 MOOCs 学习者的学习进度分成高、中和低三类，区分学习者的课程完成情况。在此基础上，探寻逻辑回归、决策树以及 BP 神经网络对研究预测学习者学习进度的适用性，BP 神经网络预测效果相对较好，决策树有过拟合现象，各模型预测效果差异较小。

因此，通过对 MOOCs 学习者的学习进度分析预测，可以制定相应的学习干预策略。例如：对于预测完成度为不高的学习者，MOOCs 平台可以适当采取激励措施，提高 MOOCs 学习者的学习积极性，并且进一步征询这些学习者的意见和建议，加强 MOOCs

教师、助教与学习者的沟通，进而优化课程设计；对于预测完成度为高的学习者，可以鼓励其在课程论坛中积极参与交互，带领学习兴趣和学习能力欠缺的学习者共同进步。

（二）研究展望

本研究基于 MOOCs 学习者在课程论坛的交互行为数据对学习者课程学习进度进行预测，研究数据来自 Coursera 平台的一门课程，后续的研究可以考虑更多课程，以及不同平台的数据集。由于数据集中的连续变量和离散变量并存，本研究对研究变量进行了统一标准化处理，因此，后续研究可以根据研究变量的定义、分布、类型等因素进行针对性的处理。

参考文献

[1] Rasheed R A, Kamsin A, Abdullah N A, et al. A Systematic Mapping Study of the Empirical MOOC Literature[J]. IEEE Access, 2019: 124809-124827.

[2] Wang T. Developing an assessment-centered e-Learning system for improving student learning effectiveness[J]. Computers in Education, 2014: 189-203.

[3] Morenomarcos P M, Alariohoyos C, Munozmerino P J, et al. Prediction in MOOCs: A Review and Future Research Directions[J]. IEEE Transactions on Learning Technologies, 2019, 12(3): 384-401.

[4] Li W, Gao M, Li H, et al. Dropout prediction in MOOCs using behavior features and multi-view semi-supervised learning[C]. International Joint Conference on Neural Network, 2016: 3130-3137.

[5] Lo J J, Shu P C. Identification of learning styles online by observing learners' browsing behaviour through a neural network[J]. British Journal of Educational Technology, 2005, 36(1): 43-55.

[6] Xie T, Zheng Q H, Zhang W Z. Mining temporal characteristics of behaviors from interval events in e-learning[J]. Information Sciences, 2018, 6(447): 169-185.

[7] 王羽.基于行为日志数据的在线学习行为分析[D].北京:中央民族大学, 2019.

[8] 徐振国,张冠文,石林,等.MOOC 学习者辍学行为的影响因素研究[J].现代教育技术,2017,(9): 100-106.

[9] Liu Z, Brown R, Lynch C F, et al. MOOC Learner Behaviors by Country and Culture; an Exploratory Analysis[J]. International Educational Data Mining Society, 2016.

[10] 侯明良.MOOC 讨论区数据挖掘与应用[D].济南:山东大学,2016.

[11] 李曼丽,徐舜平,孙梦嫽.MOOC 学习者课程学习行为分析——以“电路原理”课程为例[J].开放教育研究,2015(2):63-69.

[12] Xie Z. Modelling the Dropout Patterns of MOOC Learners[J]. Tsinghua Science and Technology, 2020,25(3): 313-324.

[13] 宗阳,孙洪涛,张亨国,等. MOOCs 学习行为与学习效果的逻辑回归分析[J].中国远程教育,2016,(5):14-22.

[14] Goglio V, Parigi P. The Social Dimension of Participation and Completion in MOOCs[J]. Educational Technology & Society, 2020, 23(4): 106-123.

[15] Xing W L, Du D P. Dropout Prediction in MOOCs: Using Deep Learning for Personalized Intervention[J]. Journal of Educational Computing Research, 2019, 57(3): 547-570.

[16] Yang T Y, Brinton C G, Joe-Wong C, et al. Behavior-based grade prediction for MOOCs via time series neural networks[J]. IEEE Journal of Selected Topics in Signal Processing, 2017, 11(5): 716-728.

[17] Sunar A S, Abbasi R A, Davis H C, et al. Modelling MOOC learners' social behaviours[J]. Computers in Human Behavior, 2020, 107, 105835.

[18] Huang J R. Phenomenography-based Study on MOOC Deep Learning Mode[J]. Eurasia Journal of Mathematics Science and Technology Education, 2017, 13(11):7599-7604.

教学改革

JIAOXUE GAIGE

基于创新型人才培养的“系统工程理论与方法”课程教学改革探索与实践*

王效俐　辛　旭　刘妙慧　卢鹏羽　陈海潮　王兰君

（同济大学经济与管理学院）

摘　要：如何培养新时代亟需的创新型人才，是现阶段教育工作者面临的关键问题。本文以“系统工程理论与方法”课程为研究对象，针对其教学体系、教学内容、教学模式和考核形式的现状开展调研分析。从引入“课程思政”元素、融合学科前沿进展、尊重学生主体地位、依托教师科研平台和建立系统考核体系五个方面，给出创新型人才培养教学改革实践的具体举措。

关键词：创新型人才；人才培养；系统工程；教学改革

Abstract: How to cultivate innovative talents urgently needed in the new era is a key issue facing educators at this stage. In this paper, “System Engineering Theory and Method″ course is seen as the research object. Investigation and analysis on the status quo of its teaching system, teaching content, teaching mode and assessment form is conducted. Specific measures are given in five aspects: introducing courses for ideological and political education, integrating the frontier progress of disciplines, respecting the status of students, relying on teachers' scientific research platform and establishing a systematic assessment system.

Keywords: innovative talents; talent training; system engineering; teaching reform

一、引言

长久以来，培养人才是高校的本质使命。发现、培养创新人才更是高校和教育工作者的天职。党的十九大报告提出，要“培养造就一大批具有国际水平的战略科技人才、科技领军人才、青年科技人才和高水平的创新团队”。因此，如何实现课程教学改革，以改革与新时代“同频共振”，实现在课程教学过程中锻炼、提升学生的创新思维，培养新时代亟需

* 基金项目：本文系 2020 年同济大学研究生课程思政建设项目（KCSZ2008）的阶段性成果。

的创新型人才，便成为教育工作者必须回答的关键问题。

“系统工程理论与方法”是管理科学与工程、工业工程等工科专业研究生的核心课。它从辩证唯物主义、历史唯物主义中汲取深刻的哲学思维；从历史的、系统的观点出发，立足整体、聚焦系统，提供了丰富的方法论和世界观。大到治国理政中的思维和决策，小至起居饮食中的选择，无不体现着系统的思维与方法。“系统工程理论与方法”课程有助于实现对大学生创新思维的持续培养，能使学生以更加宏观的、发展的眼光看待问题，有利于高校创新型人才的培养。

本文将围绕目前“系统工程理论与方法”课程的教学现状开展分析。系统梳理教学体系、教学内容、教学模式、考核形式等方面的现状，提炼目前教育教学中存在的不利于学生创新思维与能力培养的问题，并对标高校创新型人才培养要求，提出课程未来的改革实践路径。

二、“系统工程理论与方法”课程教学现状及问题

(一) 教学体系不完善，缺乏系统性思考

创新人才的培养，离不开课程体系的系统性、结构性优化，它同样是一项复杂的系统工程。[1]可以说，“系统工程理论与方法”课程建设的本身便是一个系统工程的实例——既涉及课程授课学期、授课课时、教学大纲的设计，还包含案例库建设、指标体系、评价体系、保障体系等要素的丰富与完善。在上述系统中，要素之间、要素与整体之间、整体与环境之间存在着有机的联系与影响。

基于“理、工、管”的创新教学思想，系统工程类课程在定位之初便需要学生掌握较为扎实的数理知识等前置知识，以便为定量分析能力和信息化能力的培养夯实基础。没有掌握这些前置知识的学生容易产生畏难心理，甚至产生厌烦心理，影响学生创新能力的发挥。[2]“系统工程理论与方法”涉及内容广泛，对学生的综合素质要求较高，并且知识模块之间足以成为独立的研究领域，甚至有很多分支。这就使得在实际教学中，教师难以在课程章节内容的深度和广度上取得平衡，不能较好地展现系统工程的多样性、复杂性和广泛性。此外，由于课时限制，在课程实际教学中存在着对知识模块的讲授过于独立、前后顺序安排不合理、章节不连贯等问题，暴露出教学中缺乏对章节知识之间的相关性和层次性等的强调[3]、不能将系统工程理论知识联系起来等问题。这样，难以使学生的脑海中形成课程知识全貌，难以涵养学生的系统思维，难以使学生用联系的、全面的、系统的观点开展定性分析和定量分析，影响了教学的效果和质量，难以实现培养学生系统思维及实践应用能力和培养创新型人才的教学目标。

(二) 教学内容陈旧，与知识前沿尚存在一定差距

“系统工程理论与方法”课程内容比较抽象，理解起来比较困难，因此，要达到理想的教学效果，对课程内容设计和教师来说都是很大的挑战。

一方面，在目前的系统工程学科教学过程中，高校教师已逐渐形成了具有自身鲜明特

色的教学风格——教学课件、案例库、参考文献等课程资源已基本固化;加之科研工作会分散教师大量的时间和精力,教师往往会沿袭以前的教学路径、教学模式与方法,使得课程教学与时代脱轨,与前沿知识存在一定差距。[4]例如,在课程的案例库建设中,都江堰水利工程、技术引进及其消化吸收的系统分析等经典教材中引用的案例被广泛使用。虽然这些经典案例具有很好的分析和学习意义,但是案例库内容太过陈旧,缺乏引用结合前沿知识的时代案例。没有引入“新鲜血液”的课程案例库,将在很大程度上使得学生难以把握科学技术的前沿方向和时代环境,难以激发也不利于培养学生的创新思维。

另一方面,不同学科的思维有所差别,多学科之间往往能够碰撞出创新的火花,一旦交叉融合成功,常常是“质”的改变,会极大地推动社会进步和科技发展。但“系统工程理论与方法”课程教学内容,仍然缺乏与其他学科的交叉融合,不利于培养学生的发散思维,也难以培养和提升学生的创新能力。[5]

(三) 教学模式传统,创新度缺失、学生参与度较差

“系统工程理论与方法”课程本身的主要定位是一门“专业课”,教学方式也以传授课本知识为主。这种课程性质在某种程度上会将上课内容限制在课本之中、课堂之内。教师单方面把控课程进度以及教学内容,容易缺乏与学生的互动、交流以及信息的反馈。这就使得学生往往陷入“被动”接受知识的状态。[6]加之本就抽象的课程内容,学生们往往只是在课堂上“似乎懂了”,实际上并没有真正理解课程框架以及知识之间的有机联系,更难以做到学会利用系统的和历史的角度去发现、分析和解决问题。

这样的传统教学模式还会带来诸多其他问题。一是创新性缺失,这里说的创新性缺失包含两层含义。一方面,授课本身缺乏创新,按部就班、效仿前人的授课方式更为“稳妥”。但随之而来的结果是,“系统工程理论与方法”课程会逐渐丧失时效性,不能够与时俱进,也不能很好地顺应时代的发展和学生需求的变化,最终丧失有效性。另一方面,落后的教学观念和以老师讲解为主的单一教学模式也难以有效培养学生的创新能力。[7]“填鸭式”的授课方式会压制学生的个性和天赋,约束学生的想象力,创造不出激发学生创新能力的环境,最终难以培养出具有独立思维和创新意识的综合人才。二是传统的教学模式会导致学生在课堂上的参与感和活跃度不高。不难想象,学生被动接受知识的课堂会不自觉地走向“沉默式课堂”。在本应是激发学生头脑风暴和创新思维的场所,学生“抬头率”尚且不高,更不用说与老师的互动、主动发言和创新思维、创新能力的培养了。[8]学生们的课堂参与度有限,就很难保证知识的传达能够顺利进行。老师难以掌握学生的理解情况,也就无从进行有针对性的讲解。这样,学生在课程中想要学会如何以系统、开放、动态和创新的眼光来看待、分析和解决问题,便绝非易事了。

(四) 考核形式化、被动化,考核目标不完善、内容单一

课程的有效性需要通过考核来检验。作为检验学生学习成果和刺激学生学习的有力手段,科学的课程考核方式可以客观、公正地衡量学生的学习水平,激发学生主动学习的积极性,还具有一定的教育导向作用。[9]现有的“系统工程理论与方法”的考核呈现形式化、被动化的特点,考核的目标不完善,考核的内容也具有局限性。[10]

具体而言,考核的“形式化”主要体现在对学生的考核往往只侧重期终考试。虽然平时成绩也以一定比例纳入总成绩,但由于选课学生人数多、课时短等客观原因,平时成绩很难真实、客观地反映学生全面、全过程的学习状况。而考核的“被动化”,是指学生通常只是为了完成既定课程和拿到学分而参加考核,缺乏学习知识的主观能动性。被动式学习,然后被动地参加考核,学习效果不好、创新能力差也就不足为奇了。

考核目标不完善。一门课程的考核目标应该是全面的、多维度的。“系统工程理论与方法”的课程考核不应该只以检验学生对课本知识的理解程度为目标,还应该致力于将学生培养为有系统思维、创新思维、全局观念的综合性人才。当前的考核过于重视学业能力的评估,忽略了学生的个体差异与个性化发展需求。这样的考核目标可能会误导学生“死读书”,而不能将知识活学活用,实现创新能力、创新思维的提升。

考核内容单一、具有局限性。考核内容应该是为完成考核目标和教学目标服务的。因此,培养目标的多维度便同步决定了考核内容的多元性。当前以考察记忆知识为主的课程考核方式,会压抑学生的学习积极性,考前临时突击背诵的内容在考试后也很快就会忘记。将考核的范围局限于课本之上,就很难使学生发散思维、形成新视角,成为创新型人才。

三、“系统工程理论与方法”课程教学改革

(一) 引入课程思政元素,提升学生使命感认同感

习近平总书记于 2019 年 3 月提出:“要成为社会主义建设者和接班人,必须树立正确的世界观、人生观、价值观。”而课程思政便从我国教育的优良传统——“育人先育德,注重传道授业解惑”出发,将包括思想政治教育的理论知识、价值理念以及精神追求等融入各门课程中,潜移默化地影响学生的思想意识、行为举止,以实现知识传授、价值塑造和能力培养的多元统一。在“系统工程理论与方法”课程中引入课程思政内容,就是要发挥其价值引领作用,引导和帮助学生们树立正确的世界观、人生观和价值观,提升学生的使命感和认同感。[11-12] 让学生们在学会用系统的观点看问题、看世界的同时,成为道德高尚、有理想信念、有家国情怀的国家建设者和接班人。

爱因斯坦曾指出:“优秀的性格和钢铁般的意志比智慧和博学更为重要。”大学生活相比高中生活而言,更需要实现自我管理、自我教育,但是很多学生在经过高中学校严格的约束和繁重的学业之后,到了大学开始变得迷茫。将“课程思政”理念融入课程之后,可以进一步增强师生之间的互动,充分发挥教师在教学中的价值引领作用。教师不仅要能传授知识和技能,更要用自己的道德风尚和人格魅力当好学生们的人生导师。[13] 通过在“系统工程理论与方法”课程中引入思政元素,将意志品质培养和锤炼与教学、实践紧密结合,从而有效提升学生的意志品质。

(二) 融合学科前沿进展,拓展知识广度和深度

作为面向高等学校管理等相关专业的研究生开设的专业基础课,“系统工程理论与方

法”课程内容涉及诸多概念、方法、案例和模型，目的在于让学生通过此门课程的学习，学会用“整体”的概念和“系统”的方法来处理复杂性问题。随着科学技术的进步和社会经济的发展，世界的复杂性不断增加，必须通过不断更新和融合学科前沿进展，拓展学生知识广度和深度，帮助他们了解和掌握科学技术的前沿方向，激发他们的创新思维。[14]

首先，要适时更新课程中涉及的案例库，结合学科前沿，总结整理出具有时代特性的典型案例，并设计出与课程教材配套的相关案例问题，让案例与教材知识紧密结合，启发学生的思考。同时，通过分享课程学术前沿的方法，为学生的论文撰写等创新工作打开更多的思路。与学生建立多渠道的交流机制，加强师生相互的反馈，并适时对教学内容进行调整。

此外，要重视学科之间的交叉融合，从项目设计和主题设计两个路径着手对原有的课程资源进行整合，这也要求教师具有较强的知识积累。设计涵盖多学科交叉内容的项目任务，让学生的主体性和创造性得到充分发挥，并增进学生对知识的理解和应用，培养学生的创新思维与能力。[15]

（三）尊重学生主体地位，激发学习主观能动性

受传统教育的影响，“系统工程理论与方法”课程在教学实践过程中只关注理论知识的单向灌输，容易造成教师“反客为主”的局面。在这种教学实践下，学生变成一味被动地接受老师讲授的知识，而不愿意自己去发现、探索问题，容易形成惰性，不利于学生创新精神的激发与创新能力的养成。[16]

现代教育理念尤其注重强调创新教育。创新教育的主要目标是使学生能够形成必要的创新意识，具备一定的创新能力。在教学活动改革的过程中，创新所涉及的不仅仅是教学目标的合理设定，同时也是“以生为主”的教学思维重构。在课程改革的实践中，一方面要坚持以学生为主体。高校对于创新型人才的培养的核心，是实现学生自身创新思维、创新能力的全面发展。“系统工程理论与方法”教学模式的改革以及教学理念的更新，自然也须围绕着学生本身展开。教师应将更多丰富的、科学的实践教学内容融入主体教学环节，依托诸如翻转课堂、小组交流、研究性学习等丰富的教学载体，辅以如“互联网＋”、大数据等现代化、信息化的教学手段，在引导和鼓励学生的过程中，让学生逐渐意识到个人在课堂上能够发挥主体价值，激发学生学习的主观能动性，使学生积极主动地完成各项教学安排。

另一方面，由于学生的个体化差异，每个学生的发展路径是不同的，因而在坚持学生主体地位的过程中，教师应积极落实以“生”为本、“因材施教”的教学理念，与学生之间形成双向沟通。教师可以根据学生的能力为其分配相适应的作业和实践任务，实现不同学生的分层培养。教师还应为学生安排“项目式”学习任务，引导学生在项目组内扮演不同的角色，为学生提供更多的选择机会，并提升他们的独立思考、团队协作、解决实际问题的能力。总之，在新时代面临教育全面深化改革的今天，需要将学生放在整个教学体系、教学环节的主体核心位置，树立以创新理念为核心的新时代教学理念，以期为培养创新型人才做出贡献。[17]

(四) 借助教师科研平台,注重发展科研兴趣小组

“系统工程理论与方法”是一门以系统为研究对象,以现代系统理论和系统性方法为主要内容的管理学课程,课程内容与科研工作密切相关。传统的教学模式往往是“一对多”,学生只能被动地接受老师授课内容,无法很好地把握自己喜欢的研究内容与方向。“兴趣是最好的老师”,兴趣最能够引导学生自主学习。事实上,只要学生找到了自己感兴趣的研究方向,便会投入时间和精力去学习,其学习动机便“由内而发”。这是学生实现自主学习的基本条件。为加强培养学生的创新能力,使学生具备自觉进行科研创新的习惯,教师可以考虑在“系统工程理论与方法”课程的教学实践中建立科研兴趣小组,培养学生的创新能力和科研思维。

要注意,教师只是起到引导作用。教师可以预先设定科研兴趣小组课题的大方向,但不对具体的内容做出要求,这样学生可以思考和尝试的空间会更大。在该过程中,学生也可以尽早地发现自己的科研兴趣和创新能力,为以后的科研工作进行铺垫。同时,教师应积极引导学生进行科研成果转化,及时形成学术论文、专利等成果,并鼓励学生积极参与各类科技创新竞赛。学生如果对科研的内容感兴趣,便能自发性地开展科学探索。[18]在科研兴趣小组活动中,从项目的选题、文献收集、资料数据分析,到最终论文、展示幻灯片的完成,小组全体成员均应全过程参与,在经历了整个流程之后,学生可以对科研工作形成更直观、清晰的认识,学生的科研求知兴趣和创新思维与能力得到激发。[19]

(五) 建立系统性考核体系,全面评价学习质量

针对“系统工程理论与方法”课程考核目标单一、内容具有局限性、考核维度不全面的问题,为进一步培养具有创新思维的新时代高校学生,必须实施改革探索,建立健全科学、全面、客观、有效的考核体系,从而全面提升教学质量,助力创新性人才培养。

首先,考核应该是全过程的考核。科学、全面的考核体系不能只依赖临时突击就能通过的期末考试和模棱两可的平时成绩。教师应将考核融入整个教学过程中,教学理念和培养目标都应该体现在考核之中。为了实现全过程的考核,一方面可以增加学期中阶段性测验的次数。阶段性测试不仅可以激励学生为了学分和成绩而学习,还是一种有效的教师与学生之间进行沟通和互动的方式。要注意的是,考试应该更为灵活和开放,具备思考性、挑战性、创新创造性的问题可以更为有效地激发学生的创新活力。[20]另一方面,可以通过开放性的论文或小组展示,让学生利用系统工程理论研究自己感兴趣的系统。特别是应鼓励、支持和引导学生针对校园的系统(物流系统、交通系统、社会系统)开展探索和优化。让学生根据自己的兴趣进行作业设计,可以提升他们查阅资料、主动学习的欲望,实践也可以帮助学生更好地掌握系统思维、创新思维和合作能力。

其次,有效的考核体系不会仅仅只是考核,教师可以有针对性地对不同考核结果的学生进行激励。可以说,每次考核的成绩都是学生向教师的反馈,教师需要回应从而激励学生在下一个阶段进行更有效的学习。美国管理学教授斯蒂芬·P.罗宾斯(Stephen P. Robbins)将激励方式分为四类:正强化、负强化、惩罚和自然消退。[21]教师应根据学生的个人特点和状况“因材施教”,为他们选用合适的激励方式,并且关注激励的效果。

此外，恩格斯在《自然辩证法》中说：“由矛盾引起的发展或否定的否定——发展的螺旋形式”。通过对否定之否定规律的把握，新时代“系统工程理论与方法”课程的考核体系应形成“激励—考核—再激励—再考核”的螺旋上升循环。教师应设计科学合理的考核体系，使学生摆脱被动学习，开始主动学习、有效学习、快乐学习，在收获知识和成绩的同时，收获创新思维、创新能力，全面促进创新型人才的培养和学生的自由发展。

四、结语

中国特色社会主义已进入新时代。培养新时代创新型人才，成为高校的重大使命。当前，“系统工程理论与方法”课程的教育过程中仍存在诸如教学体系不完善、教学内容陈旧、教学模式传统、考核形式化被动化等现实问题。教育工作者应涵养系统思维，通过科学的教学目标设计，引入更多的“思政元素”，培养学生的情感态度和价值观；定期调整教学内容，融合知识前沿，激发学生兴趣，适度拓展授课内容的深度与广度；“反客为主”，尊重学生主体地位与差异，综合运用各类教学载体，激发学生的主观能动性、创造性；聚合各类科研平台，为学生开展科学研究等创新性工作创造条件；系统重构考核体系，客观、准确评价学生的学习效果和创新能力。

参考文献

[1] 王凤肆，王顺，王春迎，等.基于社会网络分析的大学本科课程体系研究——以系统工程专业为例[J].信息系统工程，2018(5)：165-167+169.

[2] 刘闯，邱秀伟，张亚卿.“系统工程”课程教学改革与研究.信息系统工程，2010(10)：34-35.

[3] 暴洪涛.《系统工程》课程现状分析与改革探索[J].科教导刊—电子版(下旬)，2020，(4)：124-125.

[4] 唐泳.《管理系统工程》课程教学探讨——路径依赖与体系重构[J].中国市场，2016(15)：154-155+159.

[5] 胡辉，魏翔.“中国制造 2025”——“互联网+制造”模式下的高职计算机专业创新型人才培养方式研究[J].计算机产品与流通，2020(10)：204+214.

[6] 谭学杰，田燕，邢殿香，等.“互联网+”背景下课程教学模式改革与探索[J].教育教学论坛，2020(38)：201-202.

[7] 刘建峰.经管类大学生创新能力培养的对策[J].老字号品牌营销，2020(9)：105-106.

[8] 盛君.高校课堂“抬头率”不高的问题归因及提升策略[J].品位·经典，2020(8)：81-82.

[9] 黄雪红.关于高校学生考核改革的探讨[J].漳州职业技术学院学报，2008，10(4)：131-132.

[10] 柴晓东.高校学生考核方式的现状与改革策略[J].长江工程职业技术学院学报，2016，33(04)：29-32.

[11] 谭兵.试论“知识传授·能力培养·人格塑造”三位一体的硕士研究生素质教育模式[J].海南师范学院学报：社会科学版，2007，20(1)：129-134.

[12] 李岩，侯菡萏，霍云艳.创新创业人才培养中“课程思政”的作用研究[J].中国商论，2020(19)：180-182.

[13] 陈玉芳，王艾青，张艳林，等.课程思政视域下高职护理学导论课程教学改革研究[J].卫生职业教育，2020，38(19)：40-41.

[14] 胡秀华，王长元，王亚文，等.基于学科前沿与实践应用的人工智能课程教学改革研究[J].计算机教育，2019(9)：159-163.

[15] 张元国.基于学生核心素养探索学科融合教学的路径选择与方法创新[J].开封文化艺术职业学院学报,2020,40(1):202-203.

[16] 赵锴,袁晓玲,岳真.国外高校创新人才培养经验分析及中国特色创意阶层发展[J].教育教学论坛,2019(34):6-9.

[17] 刘颖,冯年平,林晓,等.药剂学教学中"三位一体"教学模式的探讨[J].药学教育,2016,32(1):53-55.

[18] 邵光辉,潘政旭.大学生科研能力培养途径的探索[J].教育教学论坛,2019(01):75-76.

[19] 李恒业,邢晓平,奚新国.基于科研素养构建研究生创新能力培养体系的研究[J].教育教学论坛,2020(38):79-80.

[20] 朱海燕.聚焦新西兰高校学生考核制度[J].教育与职业,2013(31):100-101.

[21] 斯蒂芬·罗宾斯,玛丽·库尔特.管理学[M].北京:中国人民大学出版社,2017.

基于人工智能背景下会计专业教学培养改革研究*

徐　勤　邵宏轩

（同济大学经济与管理学院）

摘　要：在人工智能技术以及“互联网+”的背景下，会计数据的运用得到了前所未有的提升，会计从业模式以及会计人才的需求发生了巨大的结构性转变。因此，为使会计专业培养的人才符合当今社会经济发展的需要并能够胜任会计工作，本文以人工智能技术对会计行业的影响以及会计从业人员遇到的挑战为切入点，探索人工智能背景下的会计教育新模式，最后从完善课程体系，实现“财务会计”与“管理会计”课程融合转型、转变师生角色，探索现代信息技术的创新教学方式、丰富实践教学，促进综合能力提升以及优化教师队伍建设、加强管理会计理念培养四方面提出了会计专业教学的改革策略。

关键词：人工智能；会计专业；教学改革

Abstract: Under the background of artificial intelligence technology and Internet plus, the application of accounting data has been improved unprecedentedly, and the accounting profession mode and the demand for accounting talents have undergone a huge structural change. Therefore, in order to make the accounting professional training of talents in accordance with the need of the social and economic development and to be able to do the accounting work, based on the artificial intelligence technology to the influence of the accounting profession and accounting practitioners challenges as the breakthrough point, explore new model of artificial intelligence under the background of accounting education, and finally from the course system, to achieve the integration and transformation of “financial accounting” and “management accounting”, change the roles between teachers and students, to explore innovative teaching methods of modem information technology, enrich practical teaching practice teaching, promote the comprehensive ability to enhance and optimize the teachers team construction, strengthen the concept of management accounting training four accounting

* 课题：2019 年同济大学研究生教育研究与改革重点建设项目“人工智能时代会计硕士培养改革研究”结项成果（ZD19070307）；2020 年同济大学研究生教育研究与改革项目“‘双一流’建设驱动下专业学位硕士论文考评管理创新模式研究”（2020GL03）中期成果。

major teaching reform strategies are put forward.

Keywords: artificial intelligence; accounting major; the teaching reform

随着“互联网＋”的技术模式迅猛发展，人机交互系统正以极其迅猛的态势发展，通过人类对大数据的整合与利用，人工智能技术也逐渐走入人们的日常生活，对于简单的数据整合、运算、筛选、统计都有着较为明显的速度和能耗优势，这种新兴技术有利于企业的智能化管理和生产成本的降低，从而也导致了人工智能逐渐取代单纯人力劳动的趋势。2018 年 09 期的 *The Economist* 通过对 67 个行业、超过 3 000 名受访者进行调研后指出，今后 10～20 年内最有可能被人工智能所取代的行业为制造业中的生产劳动、单项业务销售、基础会计等，而会计从业群体也是受重击最为严重的行业之一。[1] 在人工智能的背景下，会计专业教学工作也将迎来重大变革。因此，为使会计专业培养的人才符合当今社会经济发展的需要并能够胜任会计工作，本文以人工智能技术对会计行业产生的影响以及会计从业人员遇到的挑战为切入点，探索人工智能背景下的会计教育新模式，并提出了会计专业教学的改革策略。

一、人工智能的开端及其技术应用原理

“人工智能”是计算机利用大数据平台进行数据分析后探索、延伸、扩展人类劳动行为以及行为思考模式的以智能理论模式、方法研究、技术应用为基础的系统技术科学。[2]“人工智能”一词最早在 1956 年达特茅斯大学的研究会议上提出。自此之后，研究人员围绕技术的发展衍生出相关理论和原理研究，“人工智能”的概念逐渐被认识和扩展。

从学科的角度来说，人工智能是计算机科学以及软件工程的一个研究方向，它试图通过编码的方式让机器运用人类的思考模式去工作，并能够以一种模拟人类的智能方式做出处理事务的反应，涉及此领域的研究内容包括机器人学习、模拟语言识别及应用、图像文字识别处理、自然语言模拟构建和专家系统等。[3] 此外，人工智能是基于大数据平台设置模仿人类的生物神经网络进行思考反应的工作原理、分布式表征以及人类大脑网络处理信息。人工智能更加适用于图像技术、影像识别以及声音分析等结构化的数据采集。与过去不同，人工智能技术不仅可以分析和比较定量操作的数据，还可以考虑自我学习、非监督学习和预测学习等。由此看出，人工智能本质上是对大数据分析出的人类思维信息过程的模拟。对于人类的思维模拟可以从两个方面进行：一是结构模拟，仿照人脑的结构机制，制造出“类人脑”的机器；二是功能模拟，暂时撇开人脑的内部结构，而从其功能过程进行模拟。现代电子计算机便是对人脑思维功能的模拟，是对人脑思维的信息过程的模拟。[4]

二、人工智能技术对会计行业产生的影响

（一）会计基础业务信息处理能力大幅提升

目前，我国会计行业存在着大量信息不对称以及信息偏差的问题，而此问题产生的根

源则是由人力主管操作，而人力作为操作的主体有一定的概率会导致数据偏差、运算失误甚至徇私舞弊、恶意篡改数据主观，从而从源头上造成数据错误的产生。可以看出，目前造成会计基础行业信息偏差最重要的原因则是人为因素。根据目前人工智能的测算能力以及技术的更新，人工智能对于数据的处理可以很好地避免因为人工运算错误出现的数据偏差，也能够很好地减少数据的失真性；人工智能处理数据不带有任何主观和感情色彩，很大程度上可以杜绝人为篡改数据或者降低造假数据产生的可能性，从而提升会计基础业务信息处理能力。[5]

（二）人工智能有利于增加会计核算中的有效数据

有效数据指的是会计核算中真实有效的数据，并且此数据的来源真实有效，没有经过人为的"加工"。但是，就目前会计行业的发展来看，最大的问题在于会计数据的失真率较大，从而导致会计核算中的有效数据丢失率较高。这种情况的出现，最为直接的因素是工作人员在利用数据进行会计核算的时候为了获取有利于自身的数据结果，人为地进行数据的再加工处理或者对数据进行凭空的编造。从短期来看，虽然企业可以获得较为满意的数据结果，但是这样不仅使得原始数据出现误差，造成有效数据流失，而且从长远来看，不利于数据的正确导向性和企业的健康发展，并且，数据造假行为已经触及国家法律。为了能够从根本上杜绝此问题，保证数据的有效性、正确性、真实性，最为直接的方法就是减少人为参与数据加工的次数，增强人工智能在会计数据中的应用范围和使用频率，这样不仅能促使人力资源成本降低，而且可以有意无意地提升会计核算的有效数据占比，从根本上减少会计数据的失真率，保持数据天然真实的属性，并且通过真实数据进行预测判断，可以更好地辅助公司制定有效的市场战略。以人工智能技术作为铺垫建设会计核算系统，已经是各大会计师事务所和大型企业的战略根本，通过前期科学的数据测定和数据公式的有效录入，进而可以科学地对数据进行高效的核算处理和分析，在没有人为参与的情况下生成核算报告和预测报告，并且可以有效利用 MySQL 的特性启动数据监察系统，追查数据库异常频率和数据更改等行为，有效地控制数据造假的出现，对有心进行数据加工的人起到警示作用。[6]在人工确认程序启动时，可以根据数据的不同维度、不同结构、不同属性，进行数据自检业务，从而在新的数据核算前，对原始数据都要进行快速自检，使用迭代的检验方式可以更好地避免无效数据的产生，这样可以增强错误数据的检出率，确保有效数据在容许的范围，减低人为更改数据行为给企业长远利益带来的损失，并且从宏观角度来讲，可以保障会计行业的健康成长，提升中国会计核算在国际中的品牌竞争力。

（三）提升会计行业工作效率，降低企业人力资源成本

目前，已经有会计师事务所开始采用财务软件来替代人工，实现基础数据的运算以及会计核算业务，例如德勤会计律师事务所已经在 2016 年开始引进人工智能的相关财务软件，将数据中较为单一、基础、重复率高的基础运算业务全部交给人工智能软件来完成，优点显著：首先，大大提升了会计核算业务的效率和质量；其次，审计部门也可以利用协议相同的审计软件来进行数据审核，这样不会涉及人工的介入，从而从根本上杜绝人为对数据的干扰，可以提高运算效率和数据质量。[7]软件的运算能力远远超过人力的运算速度，这

样可以帮助企业降低人力成本，并且还可以通过软件对各类报表进行数据整合以及全面分析，在最短的时间内得出风险评估报告，并且顺利找出数据存在的问题，从而提高会计审计的效率和准确性。

目前，我们在会计核算和审计的业务上花费大量的人工和时间成本，尤其是在审计的业务上，需要对会计数据核算的结果进行多重的校验，企业也会将业务分包给会计师事务所，以及企业自己培养的内审人员。以中粮集团为例，其北京总部的内审人员达到了20余人，其劳动量大，重复性工作在高强度地运转，企业把部分审计工作外包，但是无论从财力、物力、人员时间的协调来看都是一笔不小的开销，而且还有可能存在企业数据泄露的风险，而人工智能则能够很好地解决这些问题，将基础核算和审计工作全部交由人工智能，从而有效地将工作效率提升70%，[8]并且可以降低企业的人力成本，同时杜绝因人为因素造成的企业会计数据外泄。

（四）建立数据溯源风险预测系统，防范企业风险

企业对于人工智能技术的应用不仅可以是处理大量的数据运算，通过运算结果进行评估报告，还能够利用预设的数据模型建立相应的审计样本数据库，通过审计样本数据库的比较，可以对数据进行有效的持续跟踪分析，并且结合市场数据，对企业各类的数据进行整合分析，对于重大的金融投资项目和盈利项目进行数据上的监管和实时的风险监控，从此可以看出比较人工单线程的操作模式和工作能力，人工智能的合理应用有着更加科学的信息储备、运算、分析、预测、风险预警等能力。此外，根据人工智能技术配置可以结合企业预测系统为企业内部的市场风险以及金融危机的财务管理决策提供预警功能，并且可以建立适用于企业的风险预警模型，在非工作时间遍历企业财务数据，识别财务风险数据，尽早地发现安全漏洞，可以增强企业数据的安全性，并且可以增强企业的市场竞争力，减少企业安全隐患；人工智能可以设置市场数据抓取模块，可以对上市公司的公开数据进行有效的抓取分析并对比本公司的企业数据，这样可以保障快速地获取市场第一手信息资料，进行有效的财务信息分析，准确地转化财务信息为决策信息，保证企业财务的健康发展，并且可以通过人工智能将数据分析结果反哺给企业战略部门，根据数据的变化进行有效的战略调整，从而可以规避企业在市场的风险，增强企业的市场渗透率，可以帮助企业健康快速地发展，并且做出优质的战略部署。

（五）促进基础财务工作模块化提升

针对现有企业的财务核算、数据审核业务，大部分的企业只是按照财务工作的基本流程和工作属性来规划工作人员的有效配置，而人工智能的出现不仅可以有效地解决烦琐的财务核算、程式化的工作流程、高频率的重复性工作，还对现有的基础财务工作进行模块化的合理分配，并且可以分类财务和审计两个重大模块，将财务核算和审计有效地结合，做到边核算边验证，并结合有效数据进行预警，很大程度上取消人工记账、核算等重复性基础财务工作，相关的人工岗位可以转化为会计工作实现的管理人员，精简重复性岗位的工作人员，将现有的从业人员进行模块化提升。人工智能不仅会影响到财务模块，还会同样影响到审计模块，重现结构化审计和会计人工格局，需要增加精通财务软件或者是审

计软件的技术人员，或者在企业内部进行有效的培训，将现有的基础性职能人才转化为会计管理及技术复合型人才，从而企业需要考虑人工智能以及大数据的状况下产生的新问题、新情况的应对措施，合理地调整企业会计和审计的人员组成机构，提升基础财务工作的模块化进程，有效地适应社会对人工智能的应对能力，达到创新型企业的目标。

三、人工智能背景下会计专业教育的新模式

（一）重塑会计教育理念

人工智能技术的快速发展将会计的职能和重心从传统会计的核算逐渐转变为管理和决策。在会计工作中，应更多关注财务资源共享、财务信息整合，强调企业战略思维。在教育理念上，将人的智慧同机器人的高性能信息处理相结合，注重培养学生的人性化管理和人工智能管理，以“人机”互动为核心来培养会计人才。在人工智能背景下，会计专业人才必须具备管理、数据处理和分析、战略决策等能力，具备在复杂的情境中分析并解决问题的能力。[9]

（二）重构会计学科结构

从人工智能技术对会计行业发展的影响来看，人工智能技术与会计专业的联系日益紧密，会计专业的学科结构需要重构。智能化会计、云会计、大数据会计等交叉学科的融合成为一种新的发展趋势。[10]人工智能与会计学科的有机融合使得人工智能新技术在会计领域获得广泛的应用，同时又能够使会计学科寻求新的发展和突破。因此，在会计专业教育教学课程改革中，应调整和优化课程体系，删除一些传统落后的课程，设置与人工智能兼容的新课程，如“云会计”“大数据在会计中的应用”“企业业务与财务共享中心”“电子发票应用”等。还可以通过鼓励学生参加相关科技前沿的讲座来拓宽视野。另外，管理会计随着人工智能的发展在决策实践中的运用不断得到强化，从注重“核算”的财务会计逐渐向注重“管理”的管理会计转型。新技术的推进促使会计行业向多元化和资源整合的方向发展，会计工作的岗位、工作方式和工作环境等也发生了改变。为了适应复杂多变的环境，需加快推进财务会计向管理会计转型发展，相应会计学科也需转向管理、决策型会计。

（三）促使会计人才转型

人工智能作为科技和产业变革的新引擎，迫切要求高校培养出复合型创新型的人才，将新技术灵活运用到会计领域并不断完善和创新。相关研究表明，机器人产业并非都是“高精度”，在很多基础生产和应用环节，高校会计专业培养的人才是完全可以胜任的。智能化的生产系统并不能完全将人排除在外，而在一些灵活的生产过程中需要更多的人，它并非完全排除技能操作，需要的是高技术复合型人才，[11]这也为人工智能背景下会计专业人才培养提供了有益的启示。人工智能与会计的日益融合将促使高校会计专业教育人才培养的转型，培养出既能熟练掌握会计专业的理论知识，又能够紧跟科学技术发展的脚步，掌握计算机相关的知识和技能操作，巧妙地将人工智能技术与会计专业相结合，具备

持续学习能力和综合分析能力的复合型创新型的人才。

四、人工智能背景下会计专业教学改革策略

(一) 完善课程体系,实现“财务会计”与“管理会计”课程融合转型

在人工智能背景下,会计学专业中的财务会计与管理会计将趋于融合。高校课程体系的设计应当以培养“基础知识扎实、知识面广、综合能力强”的复合型会计人才为出发点,注重培养学生的总体预算管理能力、业务流程管理能力和基于战略目标的成本管控能力。因此,课程体系应转向以“管理会计为核心,财务会计为辅助”,在掌握财务会计基础性理论的基础上,鼓励学生运用管理会计分析数据,解决问题,并合理规划企业资源。该课程体系应当包括:“预算管理”“业务流程管理”“成本管控和风险管理”“绩效评价与激励”“内部报告设计”“决策支持系统”。[12]

此外,还应加强学生信息技术的培养,会计人员需要掌握相关的知识,以便在互联网、大数据等技术条件下更好地与人工智能一起工作。为确保数据的安全性和可靠性,会计人员除了具备过硬的会计知识,还需具备相关的信息技术与人工智能技术能力。随着人工智能功能的逐渐强大,应用领域也在不断扩大,要求会计人员参与相关技术的研究和开发,因此,需要开发相关跨学科的信息技术及与人工智能技术相结合的课程。同时,随着全球化进程的加快,会计专业人员除了掌握专业知识外,还应精通一门外语,加强学科之间的融合与渗透,鼓励跨学科边界学习,培养复合型和创新型的会计人才。

(二) 转变师生角色,探索现代信息技术的创新教学方式

传统的“填鸭式”课堂教学方法难以调动学生的学习积极性和主观能动性,为保障课堂效果,强化学生对人工智能会计知识的理解与吸收,需要对传统的教学手段和教学方法做出改变,也需对教师和学生的角色做出相应的调整。在人工智能的背景下,现代信息技术的发展使得实现多样性的教学方式和教学手段成为可能,它改变了以教师为主体的教学模式,并将其转变为以学生为中心的体验式个性化教学模式。[13]教师授课的目的不仅是传授学生专业的理论知识和技能,更多的应该是传授一种理论和思想体系。教师的工作应着眼于探索先进的教育理念和教学方法,即如何采用更好的教学模式,调动学生的参与度和积极性,如何引导学生学会提问,分析问题的本质,并用独特的批判性思维解决问题。在学习过程中,注重调动学生学习的主观能动性和自我激励性,实现内驱式的学习模式。

此外,可以灵活运用案例教学、小组自学和讨论、竞赛、翻转课堂或者 MOOCs 教学等多种教学方法,采用线上线下相结合的教学方式,让学生能够积极主动地学习,并通过移动学习提升学习的趣味性。[14]在案例教学中,使用在真实工作情境中的真实案例授课,采取案例互动式教学来提高学生的学习积极性,培养他们对于企业案例中相关问题的敏感性,锻炼学生独立分析问题和解决问题的能力;通过小组讨论,培养学生的团队合作精神和沟通协调能力;采用角色扮演的方法来模拟商业生态环境,让每个学生都能在扮演不同角色的过程中,增强理解,了解如何去做出企业的每一个决策,并对实践产生极大的兴趣。

同时,还可以充分利用信息技术和相关软件完成作业批阅、测试评判等重复性低价值的工作,以及结果的分析。教师根据分析结果,对每个学生的个性特征和学习需求有了更好的掌握,从而可以有针对性地个性化辅导学生,处理教学过程中的问题,提高教学效果。

(三)丰富实践教学,促进综合能力提升

会计专业的实践性较强,在人工智能背景下,在夯实专业理论知识的同时,还需注重培养学生的实践能力,强化学生综合能力素质的培养。在会计专业的实践教学中,应弱化单一课程的实践比例而增加财务会计、管理会计、沙盘推演、企业风险分析与战略规划等融合一体的综合性课程实训,提高学生的业务能力和预测管理能力,减少核算和财务会计的知识,为学生提供更多的实践机会,让他们接触社会和企业的业务流程。

此外,还需丰富校外的综合类实践课程,通过认知实习增加低年级学生对会计专业领域的感性知识,并巩固所学理论知识;通过专业实习,组织高年级学生进行实际操作练习,经过场景模拟与岗位分工,全方位地体验企业的不同业务与财务的紧密联系,让学生了解实际工作中遇到的问题,提高他们分析和解决问题的能力。同时,加强校外合作项目,夯实校外实习课程质量,针对在会计人才实践能力培养过程中面临的障碍,各高校应当采取措施改善基础设施建设。如建立集教学、实验、应用、运作为一体的会计审计实验室、沙盘模实验室,以及与企业、政府和相关组织建立多种类型的实践教学基地,为学生提供广泛的实践机会,让学生能够在真实的工作情境下进行实践训练。[15]此外,高校还可以通过学科竞赛的方式实现生产和教育相结合来培养会计人才,学生可以接触到企业现阶段需要解决的管理问题,并主动学习相应的技能知识。通过学科竞赛,可以大大提高学生进入名企实习的可能性,实现企业、高校与学生的共赢,提升学生在就业和创业方面的竞争力,适应时代发展的需求。[16]

(四)优化教师队伍建设,加强管理会计理念培养

教师是教学环节和教学过程的实施者和引导者,从某种意义上说,师资力量和水平直接影响了培养学生的质量。建设一支专兼结合、理论功底深,实践能力强的教师队伍,是在人工智能背景下推进会计专业教育快速发展的根本保证。

其一,在高校教师中普及互联网思维。通过定期举办大数据以及人工智能方面的专业培训,更新知识共和技能,提高其计算机软件编写和硬件维护等基本知识,提升其计算机知识水平。其二,鼓励青年教师加入专业管理会计师组织。通过一线实践,青年教师可以积累实践工作经验,从而丰富教学内容。[17]其三,强化兼职教师培训,扩大兼职教师比例。积极聘请人工智能领域的技术骨干和能工巧匠,丰富人工智能教学团队,实现校内外资源共享,为校内专业教师提供培训,并作为学生校外的“智能导师”,将教师指导、教学和督学有机结合而形成集群式的教学模式。其四,鼓励教师运用慕课、微课、翻转课堂现代教育模式,使用线上丰富的学习资源,结合实际情况,不断优化完善自己的教学内容,树立持续学习、终生学习的理念。其五,加强高校系部之间或联盟院校之间的合作与共享,将校内精通计算机编程的专家和工程师、精通数理统计和数据挖掘技术的高级教师组织起来,组建一支高水平的研究团队。

参考文献

[1] 陈婷蔚.人工智能在会计领域的应用探析——以德勤财务机器人为例[J].商业会计,2018(10):77-78.

[2] 王玉萍.浅谈人工智能对会计行业的影响[J].南方农机,2018,49(5):101+116.

[3] 杨静.财务机器人时代会计人员面临的挑战与应对策略[J].中国市场,2018(1):183-184.

[4] 闫志明,唐夏夏,秦旋,等.教育人工智能(EAI)的内涵、关键技术与应用趋势——美国《为人工智能的未来做好准备》和《国家人工智能研发战略规划》报告解析[J].远程教育杂志,2017,35(1):26-35.

[5] 王志宏,杨震.人工智能技术研究及未来智能化信息服务体系的思考[J].电信科学,2017,33(5):1-11.

[6] 克里斯·席蒂.人工智能时代会计业的应对之道[N].中国会计报,2017-11-17(11).

[7] 陈婷蔚.人工智能在会计领域的应用探析——以德勤财务机器人为例[J].商业会计,2018(10):77-78.

[8] 宫莹."阿尔法狗"会取代财会人? [N].中国会计报,2016-03-18(001).

[9] 许昊,陈怡斐,潘慧凡,等.人工智能背景下会计学专业人才培养模式的创新与改革[J].改革与开放,2018(1):59-60+69.

[10] 李秀娟,陈元艺.人工智能背景下会计人才需求与培养路径研究[J].吉林广播电视大学学报,2018(5):91-92.

[11] 张兴亮.人工智能背景下会计学专业教学改革初探[J].商业会计,2018(11):128-129.

[12] 方烨.人工智能背景下管理会计人才培养及课程改革探索[J].产业创新研究,2019(2):108-109.

[13] 尹夏楠.人工智能背景下应用型会计专业人才能力培养及实现路径[J].教育现代化,2019,6(9):4-6+10.

[14] 云虹,王俊霞.基于人工智能的会计人才培养模式构建[J].知识经济,2019(3):119-120.

[15] 孙雨涵,任姝静,刘彩铃.人工智能时代下高校会计人才培养的探讨[J].中国管理信息化,2019,22(9):76-77.

[16] 黄晓蓓,简妙如.人工智能背景下会计教学改革研究[J].时代经贸,2019(1):97-98.

[17] 吴媛媛.人工智能时代会计人才培养新模式探究[J].时代金融,2018(35):192+210.

新形势下智能会计教学改革探索

佟爱琴　王薇羽　何德宏

（同济大学经济与管理学院）

摘　要：随着智能时代的到来，人工智能在会计领域的应用越来越广泛，会计从业人员由传统的核算型会计向分析决策的智能型会计转型已成必然趋势。作为会计行业人才重要来源的高等院校，应深化产教融合，进行智能会计教学改革，实现教育链、人才链与产业链、创新链的有机衔接。本文根据由理念落实到实践的路径，分析高校在新形势下进行智能会计教学改革的方法途径，以期为正在进行智能会计教学改革探索的高校提供参考和借鉴。

关键词：人工智能；智能会计；教学改革

Abstract: With the advent of the intelligent era, the application of artificial intelligence in the field of accounting has become more and more extensive. It has become an inevitable trend for accounting practitioners to transform from traditional accounting to intelligent accounting. As an important source of accounting talents, colleges and universities should deepen the integration of industry and education and carry out the intelligent accounting teaching reforms to realize the organic connection of the education chain, the talent chain, the industrial chain, and the innovation chain. According to the path from concept to practice, this paper enumerates the methods and approaches for colleges and universities to carry out intelligent accounting teaching reforms under the new situation, in order to provide reference for colleges and universities that are exploring intelligent accounting teaching reforms.

Keywords: Artificial Intelligence; intelligent accounting; teaching reform

一、引言

2017 年 12 月 19 日，国务院办公厅印发的《深化产教融合的若干意见》中指出：深化产教融合，促进教育链、人才链与产业链、创新链有机衔接，是当前推进人力资源供给侧结构性改革的迫切要求，对新形势下全面提高教育质量、扩大就业创业、推进经济转型升级、培育经济发展新动能具有重要意义。[1]这为高等院校深化教育教学改革，培养高素质创新人才，实现人力资源协同发展指明了方向。

随着我国经济的迅猛发展和科技水平的不断提高，大数据、云计算、区块链以及人工智能等现代信息技术在各个行业和领域得到广泛应用，改变了人们的思维模式和工作方式，智能时代悄然来临。智能时代下，人工智能赋能会计正推动会计行业转型升级，会计所依赖的技术手段和服务对象发生了巨大变化。根据国务院关于教育体制产教融合的要求，高等院校作为会计行业人才的重要输入端，需通过教育教学改革，推动传统的核算型会计向分析管理决策型的智能会计转型，以满足新形势下会计行业对人才培养提出的新要求和新标准。

二、新形势下人工智能对会计的影响

人工智能具有图像识别、自然语言处理等功能，其能够长期保持稳定、高效率运作的特点为人们的工作和生活带来极大便利。随着智能时代的到来，近年来人工智能赋能会计的研究与实践愈发受到关注和重视。国际四大会计师事务所自 2016 年开始先后引入智能财务机器人，将人工智能应用于会计工作中，将会计推向一个智能高效的领域，对智能会计的发展产生重大影响。

（一）人工智能以高效、准确与低成本的优势挑战传统会计核算

智能财务机器人能够以更高的效率替代会计人员操作财务数据录入、业务核算等传统的财务会计流程，并且由于减少了人工参与，人力成本降低，人为失误导致的会计差错也大大减少，人工智能以高效、准确、低成本的优势向从事简单重复、技术含量低的传统簿记核算工作的会计人员发起挑战，对会计职业产生巨大冲击。由此引发大量关于人工智能是否会取代会计职业的讨论和调查：BBC 基于剑桥大学研究者的数据体系分析了 365 种职业在未来被人工智能替代的概率，传统会计以 97.6%的高替代率位居第三。在《经济学人》杂志关于未来 20 年最有可能被机器人替代的岗位调查结果中，会计岗位排名第三。[2] 从这些研究和调查结果可以看出，人们并不看好未来传统会计行业的发展，会计人员亟待转型以适应时代发展。

（二）会计发展新阶段人工智能助力“传统会计”转型“智能会计”

如图 1 所示，我国会计工作的重点自 1978 年至今大致经历了四个阶段[3]：

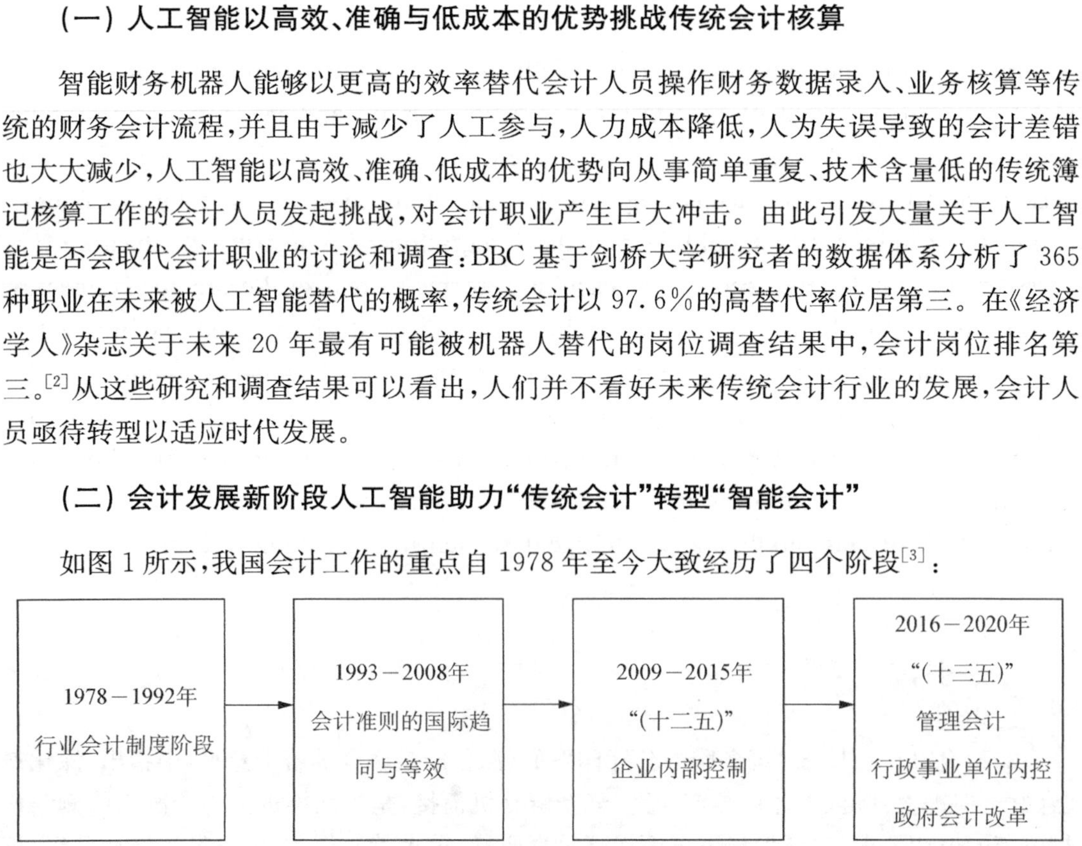

图 1　我国会计改革重点的发展路径[3]

由会计发展历程可见，会计改革重点与所处宏观政治经济环境息息相关，新形势下，由于人工智能的冲击，预计“十四五”时期甚至更长的一段时间，会计将向智能化转型。[3]

（三）会计专业人才面临新技术挑战

通过分析人工智能的工作模式，可以发现，人工智能虽然能够高效处理简单重复性的工作，但由于其程式化的事件处理模式，在面对突发性以及非常规性的事件时便暴露出其局限性，这为会计从业人员后续由数据录入、核算的传统基础会计向分析、管理和决策的智能会计转型提供了另一有力证据。同时，面对新技术的挑战，会计人员还需掌握和应用编程技术，理解人工智能技术的内在逻辑，“驾驭”人工智能，使其成为工作助手而非被其取代，从而使得会计在被人工智能赋能的新形势下发挥更强大的监督、反映和决策的职能。

由于会计行业人才需求的变化，高等院校作为会计行业人才的重要来源，其会计专业的人才培养应据之做出调整，探索智能会计教学改革，推动会计专业教学转型升级，培养具备经济、法律、计算机等多学科领域专业知识并且能够基于财务数据进行分析、管理和决策的综合性高端会计专业人才。

三、新形势下智能会计教学改革路径

智能会计，就是在人工智能、大数据等现代信息技术的支持下，实现业务、财务、法务、战略等多维度信息的实时共享，同时对该过程进行监督，并在此基础上做出最优决策。由此可见，智能会计并没有改变会计监督、反映和决策的基本职能，而是借助强大的现代信息技术更有效率地发挥会计的职能。

高校在会计智能化的新形势下，应积极探索智能会计教学改革，高校可以按照由理念转变到实践落实的改革路径，最终实现产教融合，培养符合新形势下会计行业发展需要的专业人才。智能会计教学改革路径如图 2 所示。

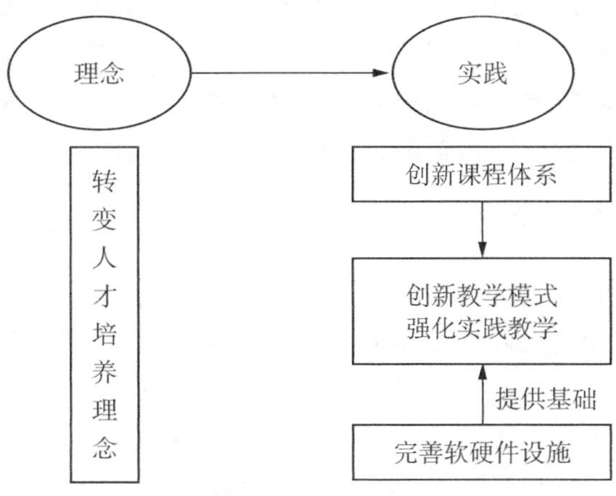

图 2　智能会计教学改革路径

（一）转变会计人才培养理念

《国家中长期教育改革和发展规划纲要（2010—2020 年）》中指出：高校应当在教学实践中提高学生的科学研究能力，培养适应时代要求的创新型人才。[4] 目前高校传统的会计专业人才培养以会计基础人才为主，对于能够进行分析、管理和决策的中高级会计专业人才培养的重视度不够。新形势下随着人工智能在会计领域的日渐普及，会计专业作为应用型学科，应当顺应新形势下人工智能的发展趋势，转变会计人才培养理念，进行智能会计教学，将人的智慧与计算机的高性能相结合，贯彻以人为主、人机结合的会计培养理念[5]，提高学生将会计专业知识与计算机编程技术结合的能力，将人的智慧融入机器，实现机器协助人而非替代人，将人与机器有机结合。同时，新形势下高校还应当侧重于学生分析、管理和决策能力的培养，树立“算为管用”“析为管用”的精神[5]，促使会计由核算反映型为主向智能决策型为主转型[6]，培养满足新形势下人工智能发展需要的综合型会计专业人才。

（二）推动课程体系完善和创新

目前，高校会计课程体系以财务会计课程为主，会计学基础、中级财务会计和高级财务会计等财务会计理论课程占据会计专业学生较多的时间和精力。新形势下，高校智能会计教学应与会计人才培养理念相适应，完善和创新当前课程体系，在确保学生掌握会计学知识原理的基本前提下，为学生设置进阶类课程和跨学科课程，培养学生的大数据思维和数据分析能力，设置如人工智能基础、数据分析与可视化、数据结构、云会计、会计智能化软件应用、会计信息系统、大数据与会计应用等课程，同时加强学生管理和决策能力的培养，适当合理压缩会计理论类课程时间，增设如模拟商赛、企业实习、高级财务软件程序设计等实践类课程项目。

此外，由于当下人工智能在会计领域的应用及实践尚未达到成熟阶段，其潜在的数据安全风险仍威胁到相关企业和部门的运营，并且会计从业人员需“驾驭”人工智能，使人工智能技术辅助其工作才能有效避免被取代和淘汰，鉴于此，高校需加强对会计专业学生计算机编程能力的培养，增加相关课程的学时和难度，使学生更好地学习和掌握计算机编程语言，成为具备较高计算机水平和编程能力的复合型人才，以应对和处理在工作实践中突发的由人工智能带来的潜在风险，提高自己的核心竞争力。

（三）完善教学软硬件设施

随着科技的进步和人工智能的不断发展，人工智能已经成为会计从业人员工作中的必备元素。因此，会计专业人才的培养离不开人工智能的大背景，为使学生的学习实践更贴近现实，高校应当将人工智能元素加入到教学软硬件设施中，关注智能财务软件研发机构的前沿动态趋势，推进以人工智能为基础的各种现代先进软硬件教育教学设施的建设与应用，为智能会计教学创造良好的基础条件，为实践教学提供支持，从而使创新化的课程体系得到更为有效的落实，如建设人机互动智慧教室及实验室、学习环境中增设人工智能交互设计的环境、实现人工智能会计场景化教学等。

（四）通过创新教学模式强化实践教学

目前会计教学模式仍以教师课上讲授会计学相关理论知识为主，随着人工智能时代的到来，智能会计教学应改变以往传统的教学模式，注重与外界信息的交流，强化实践教学，落实产教融合。

首先，智能会计教学应结合当下技术及业务处理发展状况及时调整教学内容，改变书本知识滞后于时代发展的现状，培养学生与时俱进、不断创新的学习习惯和素养，增强学生用理论知识结合当下经济财务热点话题进行分析的能力。

其次，强化实践教学和案例教学，增进与外部企业的合作和交流，为学生提供更多去企业相关业务部门实践的机会，使其能够在具体的财务实践中应用理论知识，促使学生在毕业后尽快适应身份转变，提高用人单位人才评价，同时避免书本式教学固化学生思维，提升其创新能力。

此外，智能会计教学应基于智能化后的教学软硬件设施，将人工智能融入教学环境，运用机器人辅助教学，同时，教师应弥补机器人无法向学生提供的情感沟通和人文关怀，注重学生的思想政治觉悟和职业道德培养，帮助学生树立正确的会计职业观[6]。

四、智能会计教学改革的价值

（一）提高会计专业学科建设水平

通过智能会计教学改革，培养与时俱进的会计专业人才，实现产教融合，使培养的会计专业学生更好地满足当下经济发展需要，从而提高用人单位人才评价，提升学生就业质量，促进高校会计专业学科建设水平的提高。

（二）促进经济可持续发展

通过智能会计教学改革培养的具有分析、管理和决策能力的高端会计人才能够更好地借助智能科技发展的东风增强会计在企业部门运营中的监督、反映和决策职能，帮助企业在危机中育先机，于变局中开新局，促进经济的可持续发展。

参考文献

[1] 国务院办公厅关于深化产教融合的若干意见[J].中国对外经济贸易文告，2018(8)：6-12.

[2] 黄晓蓓，简妙如.人工智能背景下会计教学改革研究[J].时代经贸，2019(1)：97-98.

[3] 温素彬.智能会计人才培养的探索与南京理工大学的应用实践[EB/OL].[2020-11-05].https：//mp.weixin.qq.com/s/aN3qg0iWDqEMNaAANj3InQ.

[4] 国家中长期教育改革和发展规划纲要(2010—2020 年)[J].中国德育，2010，5(8)：5-22.

[5] 邹玲莉.人工智能背景下会计人才培养面临的挑战与对策[J].经贸实践，2017(7)：237.

[6] 熊文铱.人工智能时代会计行业变化与高职会计教学改革策略研究[J].黄冈职业技术学院学报，2019，21(6)：68-71.

课程建设

KECHENG JIANSHE

本科生经济学专业博弈实验课程的设计与应用研究

阮青松

摘　要：基于同济大学经济学专业本科生的博弈实验课程试点，以及对博弈实验的理论分析，本文对博弈实验在本科生经济学课程中的设计与应用进行深入研究和探索。首先，本文从理论教学、实验教学、z-Tree 教学平台、实验反馈、成绩评定与教学考核五个层面阐述了“博弈实验经济学”的课程设计；进一步地，文章对本科教学的经典博弈实验模型进行了论述；最后，结合课程试点，文章指出了“博弈实验经济学”课程应用中需要注意的问题。

关键词：本科生；经济学；博弈实验；课程设计

Abstract: Based on the experiment of the game theory course for undergraduates majoring in economics in Tongji University and the theoretical analysis of game experiments, this paper makes an in-depth study and exploration on the design and application of game theory experiments in the economics course for undergraduates. Firstly, this paper expounds the course design of Game Theory Experimental Economics from five aspects: theoretical teaching, experimental teaching, z-Tree platform, experimental feedback and performance assessment. Furthermore, the classical game theory experiment model for undergraduates is discussed. Finally, combined with the course pilot, this paper points out the problems needing attention in the course application of Game Theory Experimental Economics.

Keywords: undergraduates; economics; game theory experiments; course design

一、引言

随着我国经济发展的转型升级，企业发展越来越现代化、规模化、复杂化、效率化，从而也对创新型、应用型的经济专业人才培养提出了更高的要求。传统的经济学专业存在教学方法陈旧、创新能力不足、理论与实践脱节等问题，显然不利于培养当代社会急需的全方位高层次经济专业人才，不能适应现代经济发展的要求。因此，现代经济的发展迫切需要启发式教学、体验式教学和研究式教学，为国家的经济发展培养具有创新精神和创新能力的高层次应用型人才。

开设经济学实验课程，可以改变经济学课程主要以课堂讲授为主的单一教学模式，使理论知识动态化、具体化、过程化，使学生真实感受到所学知识的真实性和实用性，增强对相关经济理论的深刻理解和融会贯通，提高解决实际问题的能力，激发主动创新精神，有效提高学生参与竞争的实力。经济学实验课程的开设，是我国高等院校经济学及相关学科教学观念、教学手段、教学方式改革与创新的重要途径之一。

博弈实验就是实验经济学的重要组成部分。萨缪尔森曾如此描述博弈论："如果想成为现代社会中博文广识的人，你必须对博弈论有某种程度的了解。"足见学习博弈论的重要意义。作为微观经济学的一个组成部分，博弈论研究多人互动情景下的均衡行为。它以纳什均衡为基础，在一步步贴近现实的过程中逐渐放松假设。[1]本文着力构建以思维培养为核心，以专业化软件为工具的开放性博弈实验课程体系，在提高学生学习兴趣和研究能力的同时，培养实践型与创造型的经济学类专业人才。同时，本科生经济学专业博弈实验课程的改造研究有利于经济学类专业学生全方位提升综合素质和创造能力，对推动同济大学经济学类专业建设具有重要意义。

二、"博弈实验经济学"的课程设计

"博弈实验经济学"与物理、化学实验一样，主要包括实验设计、选择实验设备和实验步骤、分析数据和报告结果等环节。具体来讲，经济学实验课程的设计，需要首先打好理论基础，与时俱进调整教学内容；接着确定研究的经济问题，并依据问题进行案例教学、创建实验条件。这个过程需要确定实验条件的一些基本要素，并且选择和确定哪些因素应作为需要处理的因素，哪些因素会干扰实验结果，如何对其进行控制等。进一步地，需要根据实验条件准备"实验说明"，使学生能够充分理解实验的目的、条件和操作的具体过程。为了对实验设计的有效性进行检验，应先进行测试性实验，并根据测试的结果改进实验条件和实验说明。

（一）与时俱进的博弈论理论及算法教学

博弈论假设每个决策主体都是理性的，以最大化自己收益为决策目的。任何一方采取的策略都是对其余所有方采取策略组合下的最佳对策；当所有其他人都不改变策略时，为了让自己的收益最大，任何一方都不会（或者无法）改变自己的策略，这个时候的策略组合就是一个纳什均衡。博弈论是用严谨的数学模型来研究现实世界中冲突对抗条件下最优决策问题的理论，博弈的标准表达，是函数形式和集合论形式的表达。博弈论的研究方法和其他许多利用数学工具研究社会经济现象的学科一样，都是从复杂的现象中抽象出基本的元素，对这些元素构成的数学模型进行分析，而后逐步引入对其形势产生影响的其他因素，从而分析其结果。因此，"博弈实验经济学"课程的基础就是博弈论理论知识，以及相关数学算法的教学。同时，博弈论是一门相对年轻、充满活力的学科，所以在讲解清楚教材中基本经典理论知识的同时，还要立足学术前沿，关注学科发展，在课堂上有重点地补充介绍博弈论发展的前沿性问题，让学生了解博弈论的最新动态及最新研究成果。

（二）深入浅出的博弈论案例教学

博弈论是根植于新思维方式的方法论，从新的角度反映了经济行为人的互动关系，为研究人类行为提供了全新的视角和坚实的基础。博弈论课程的最终教学目的是要把理论的学习融入对经济活动实践的研究和认识之中，紧密联系实际，教会学生分析案例，解决实际问题，切实提高分析问题、解决问题的能力。

因此，丰富的案例介绍将博弈论理论与实践相互印证，有利于学生深入地理解博弈论并提高运用博弈论分析问题和解决问题的能力。博弈论中有很多有趣而富于哲理的经典案例，如经典的囚徒困境、智猪博弈、斗鸡博弈等，在充分应用经典案例的同时，还应基于现实经济生活中的热点问题，根据各章节的理论内容，选择和提炼相关的案例。而对于案例的选择应遵循以下原则。[2]

首先，案例选择要简单。博弈论案例教学通常是在理论学习的基础上进行的，是理论知识的具体化。案例教学的目的是为了让学生对所学理论知识有直观的认识。案例如果选得过于繁杂，会转移学生的注意力，而且也会造成理解上的困难。案例的选择应以理论知识的深度和广度为准，某种意义上讲，越简单越好。经济学的学生应该学会从复杂的经济现象中抽象出规律性，简单的案例在某种程度上更能说明问题。

其次，案例选择要契合实际。用于博弈论教学的案例，有些是经济、社会、政治、国防、管理和日常生活中的博弈现象，有些是自编的。不管是哪种方式取得的案例，都应该注意契合实际。例如，在讲解帕累托上策均衡时经常会用国家之间关于战争与和平的选择的博弈模型，如果两个国家的决策者都是理性的，那么在帕累托上策均衡时两个国家都不应该发生战争，(和平，和平)将应该是这个博弈的合理结果。但是，学生会明显感觉到这个结果不是非常契合实际，因为世界历史上有太多的战争发生。那么教师应该从决策者考虑短期利益、个人或小集团利益更多，以及决策者缺乏理智和理性等现实因素出发，对帕累托上策均衡适用性进行解释。因此，教师在进行案例教学时，应该考虑更多的影响因素，使得案例分析能够更加符合现实。

再次，案例选择要有针对性。现实中的很多问题都可以当作博弈问题进行研究，选择案例时最好以教学目标为依据，与所要讲解的博弈论知识点相对应。例如，从经典的“海盗分金”引入动态博弈中的逆向归纳原理，用“旅行者悖论”引入对逆向归纳法的有效性的讨论，使理论教学更加生动，学生理解更加深刻。

最后，案例来源要多源化。目前，博弈论已逐渐跨越多个学科，广泛应用于经济学、政治学、哲学、商业和国际关系的分析之中，成为理解人类行为的有力工具。随着社会的发展，必然还会出现更多新的博弈论研究领域和应用空间。因此，教师在选择案例时，应该尽可能地覆盖所涉及的各个学科，在引用经济学和管理学案例的同时，也要列举一些非经济领域的实际案例，如战争、体育比赛、日常生活等；在引用国外博弈论成熟案例的同时，也要关注我国社会发展进程中的案例，如历史故事、文化现象、军事谋略等；引用的案例既要反映博弈论已经成熟的理论，也要向学生指出学科发展的前沿。

(三)基于 z-Tree 程序的课堂博弈实验

结合同济大学经管学院自身特色，本文在经济学专业本科班进行试点，改革传统“灌输式”教学模式，通过 z-Tree 程序来设计适当的博弈模型，通过开放式的课程设置，引导学生对于经济学类课程学习的积极性，增强学生的创新能力；也可以通过变量控制，来分析影响博弈的因素及其相互关系。[3] z-Tree 程序(Zurich Toolbox for Readymade Economic Experiments)最早由瑞士苏黎世大学的 Fischbacher 开发[4]，具有全员参与、降低学生个体因素干扰、实验过程与实验结果的数据可保存、实验可重复进行等诸多优点。

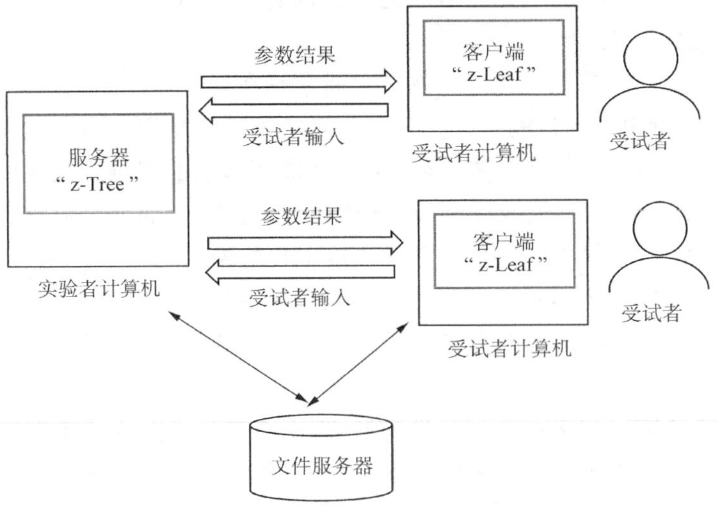

图 1　基于 z-Tree 的博弈实验运行原理

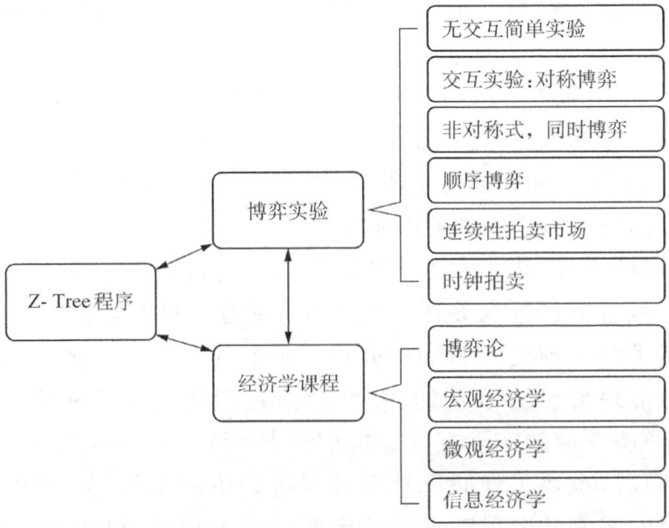

图 2　基于 z-Tree 程序的博弈实验经济学课程体系设计

软件 z-Tree 的作用，是构建一个开展实验的虚拟环境。它分为 z-Tree 和 z-leaf 两个子程序。z-Tree 用于主机，z-leaf 用于客户端。在进行一个经济学实验的时候，实验设计者需要在一台电脑上运行 z-Tree 程序，这台电脑作为主机，而其他一系列的实验电脑上则运行 z-leaf 来进行，并且实验参与者可以在 z-leaf 界面中输入自身的决策。这些 z-leaf 端口通过局域网可以链接到主机所在的 IP 地址，这样实验组织者就可以利用主机来对 z-leaf 进行控制，以使实验按照实验设计者的计划运行，实验组织者利用主机可控制实验的时间、实验进行的轮次以及对实验进行随机分组等，功能十分齐全。z-leaf 程序在运行的时候，能够记录实验参与者的所有决策数据，并且直接生成在一个 Excel 工作表中，省去了一般经济学实验中，实验组织者人为记录实验数据的环节，十分方便。不止如此，在 z-Tree 中还可进行问卷调查。

因此，"博弈实验经济学"课程的重要教学内容之一就是 z-Tree 程序的搭建。此外，在博弈实验的设计和模拟中，z-Tree 具备自己特定的编程语言，我们可称之为 z-Tree 语言，可用来编写各种经济学实验，所以需要在平台搭建的基础上进行程序编程的教学。值得一提的是，z-Tree 程序不需要很强的编程基础，因此本科生比较容易学习和应用。

（四）博弈实验结果分析及报告撰写

开创博弈论实验课可以提高管理类本科学生学习的主动性和积极性。在博弈实验结束后，任课教师可就实验结果提出问题供同学讨论，要求同学们总结实验数据、实验过程和实验结果，撰写分析报告。

（五）课程考核及成绩评定方式

"博弈实验经济学"课程采用案例阐述与课程内容书面考试相结合的评价与考核方式，对学生所学理论与应用能力进行综合评价。案例阐述以课堂表现、课堂回答问题、课堂讨论为依据，重点考核学生的学习效果、参与程度和学习态度；考试以期末闭卷考试为依据，重点考核学生对博弈论基础知识，以及纳什均衡数学推导方法的掌握。

三、"博弈实验经济学"课堂经典实验教学案例

在本科教学过程中，主要介绍经典博弈理论，在经济类专业中开设的"博弈实验经济学"课程中主要的理论模块包括：完全信息静态博弈、完全信息动态博弈、不完全信息动态博弈、不完全信息静态博弈、重复博弈、演化博弈以及合作博弈等。[5]在课堂内容讲授过程中可以学习几种经典的博弈实验案例，如最后通牒博弈、海盗分金博弈、二级价格拍卖博弈、苏比克拍卖等。

（一）最后通牒博弈

最后通牒博弈是一个极度简化的博弈模型。[6]参与人 A 和 B 就交易中的 100 元收益价值进行讨价还价。参与人 A 出价 x 元（$0<x\leqslant100$）给参与人 B，留给自己 $100-x$ 元。参与人 B 接受，则参与人 B 得到 x 元，参与人 A 得到 $100-x$ 元；参与人 B 拒绝，则双方什

么都得不到。如果参与人 A 和参与人 B 都是完全理性的，则当参与人 A 出价 x 元给参与人 B，参与人 B 将选择接受，因为选择接受能够得到 x 元，选择拒绝则什么都得不到，能够得到 x 元比什么都得不到要好。参与人 A 知道参与人 B 从个人利益最大化考虑，不论出价多少都将接受，因此参与人 A 出价 x 就会尽量得少，而使自己所得利益达到最大。参与人 A 按最小出价单位（比如 1 元）出价，参与人 B 接受是该博弈的唯一子博弈精练纳什均衡。

（二）海盗分金博弈

假设 5 个海盗抢得 100 枚金币进行分配，分配的规则为：他们按抽签的顺序依次提方案，首先由 1 号提出分配方案，然后 5 人表决，超过半数（含半数）同意该分配方案，则算通过，按照该方案进行分配；否则他将被扔入大海喂鲨鱼。1 号海盗方案没有通过，则由 2 号海盗提出方案，依此类推。问题是：在完全理性假设下，1 号海盗该如何设定分配方案使得自己收益最大，而且能获得通过？

（三）二级价格拍卖

也叫维克瑞拍卖、二级价格密封拍卖、第二价暗标拍卖。在这种拍卖中，竞买者以密封的形式独立出价，商品出售给出价最高的投标者，获胜者支付的是所有投标价格中的第二高价，所以它被称为第二价格密封拍卖。在课堂实验教学时可以设计以下博弈规则：老师以 10 元纸币为拍卖对象，每个同学写下他们的出价交给老师，出价最高的同学得到拍卖物品，但他只需要付出次高的价钱。其余人未得到物品，也不付钱。理性的结果应该是出价为其对物品的评价，即同学的理性出价为 10 元。

（四）苏比克拍卖

该博弈来源于耶鲁大学教授马丁·舒比克（M.Shubik）设计的经典"1 美元拍卖"案例。在某个大型场合，一位拍卖人拿出 1 张 1 美元钞票，请大家给这张钞票开价，每次叫价的增幅以 5 美分为单位，出价最高者得到这张 1 美元，但出价最高和次高者都要向拍卖人支付出价数目的费用。在课程实验设计时，老师也可以拿出 10 元纸币进行拍卖，同学出价最高得到 10 元，当然，出价次高的也要支付出价相应的金额。

四、"博弈实验经济学"课程应用的注意问题

（一）注重实验过程与程序

博弈实验经济学课程的设计，不仅要注重实验的具体操作步骤和实验的最终完成，还要注重实验的前期准备和实验的后期评估。将课前准备、课中控制、课后总结联系起来，做到理论与实验的有机结合。[7]

1. 课前准备

一是实验所涉及的相关理论和相关资料（或道具）的准备，通过导入经济学基本理论

和典型案例,引出所要实验的项目和问题,使学生明确该次实验的目的;二是准备一些热身练习,检验学生对理论的掌握程度和对实验要求的理解程度。

2. 课中控制

经济学实验一般是以学生在模拟市场中自由交易的方式进行,并以此得出实验结果。所以,实验过程中秩序的维护和实验环节的控制对最终的实验效果至关重要。教师应该在实验的每一环节中及时提醒学生完成自己的任务,为整个实验过程营造一个规范有序的氛围和环境。

3. 课后总结

实验结束后,教师应及时总结实验,将学生参加实验的感受和理论联系起来,使学生加深对经济理论和分析方法的理解和掌握。否则,学生可能由于沉浸在实验的兴奋中,过于关注实验本身而忽略了实验目的。实验总结最好采用讨论方式,请学生根据实验数据总结规律,并解释这些规律,教师可以列举各种理由支持或反对学生的解释,引导学生得出有价值的结论。

(二) 实验设计简短明了

实验时间应控制在 1 小时内。较短的时间容易使学生的大脑处于高度兴奋集中的状态,又不至于疲劳。实验时间过长会分散学生的注意力,降低学习兴趣,影响实验教学效果。

(三) 选择适当的报酬激励形式

为了在实验中形成受控的经济环境,适当的报酬激励是必不可少的。支付报酬的目的是激励学生,调动学生参与实验的积极性,使学生真实地投入实验,更好地模拟真实的经济环境下参与者的决策行为,减少学生行为的变异性,降低甚至排除随机行为带来的干扰,使实验结果更加可靠。考虑教学的具体情况,可以使用学分、成绩、表彰、虚拟等级、虚拟职位等作为实验报酬的支付手段。不仅可以调动学生学习的积极性,活跃课堂气氛,还可以在教学中增添一定的竞争意识。

(四) 实验信息无偏化

实验指导书是具体指导学生如何参加实验的文件,应包括实验的重要信息,如实验目的、实验制度、学生可能采取的行动等。实验指导书的编写和宣读要做到正确、明确及易于理解,如果不遵循逻辑规范,就有可能引起歧义,而学生的错误理解必然会影响实验结果,使实验失真。实验时,不能给学生任何暗示,即不使学生感觉到某种行为是正确的或被预期的。因为,即使微小的、无意的暗示,也可能影响学生的决策,从而影响实验结果。

参考文献

[1] Spraggon J M, Oxoby R J. Game theory for playing games: Sophistication in a Negative-Externality experiment [J]. Economic Inquiry, 2009, 47(3): 467-481.

[2] 张燕.经济学本科《博弈论》课程教学改革探索[J].当代教育论坛(综合研究),2011(1):101-102.

[3] Hawkins R X D. Conducting real-time multiplayer experiments on the web [J]. Behavior Research Methods, 2015, 47: 966-976.

[4] Fischbacher U. z-Tree: Zurich toolbox for ready-made economic experiments. Experimental Economics, 2007, 10(2): 171-178.

[5] 官华平.《博弈论》课堂实验教学探析[J].统计与管理,2015(6):175-176.

[6] 卿志琼.认知偏差与理性选择——基于“最后通牒博弈”实验的认知博弈[J].南开经济研究,2005(1):17-24.

[7] 孙畅.经济学实验课程设计的探索性研究[J].实验科学与技术,2014,12(4):179-182.

基于“行动学习”的“电子商务”教学探索

刘义理　王洪伟　朱茂然　徐德华　张艳霞

（同济大学经济与管理学院）

摘　要：针对当前电子商务教学面临的时代新要求和“互联网＋”实践背景，设计了新的教学目标和教学内容。通过比较，指出当下教学中主要使用的案例教学更注重分析能力的培养，而问题解决能力的培养则需要“行动学习”的新方法。进而根据学习者特征，构建了基于行动学习的教学设计。最后给出了基于行动学习的电子商务教学所面临的主要困难。

关键词：行动学习；电子商务；案例学习

Abstract: In response to the new era requirements and the “Internet +” practice, new goals and content of e-commerce teaching are designed. Through the comparison between case teaching and action learning, it is pointed out that case teaching mainly used in current teaching pays more attention to the cultivation of analytical ability, while action learning cultivate problem-solving ability. According to learners' characteristics, this paper constructs a teaching structure based on action learning. Besides, this paper states the main difficulties faced by e-commerce teaching based on action learning.

Keywords: action learning; electronic commerce; case teaching

一、引言

随着我国经济社会的发展，电子商务正成为提升大学生时代素养、支撑大学生创新创业的重要课程。习近平总书记在十九大报告中指出，在实现“两个一百年”奋斗目标和中华民族伟大复兴的中国梦征程中，将以建设“网络强国”“数字中国”和“智慧社会”等作为我国创新发展的目标，并建立“以企业为主体、市场为导向、产学研深度融合的技术创新体系”。李克强总理指出，“互联网＋”为大众创业、万众创新提供了广阔的舞台，让科技精英、企业家乃至亿万草根都能够发挥聪明才智，表现他们的独特价值，从而推动我国经济社会生活发生深刻变化。所有这些，都要求当代大学生既要学习和掌握最新的互联网技术，又要构建将这些互联网技术应用到创新创业实践的能力和素质。而这正是电子商务课程的历史使命和现实责任。

面对时代呼唤，电子商务教学需要与时俱进，为学习者提供符合新时代要求的课程内容及学习方式。回顾早期的电子商务教学，将主要精力投入互联网技术介绍和网站这一技术平台建设当中，课堂讲授和上机开发实习成为学生主要的学习方式；随后随着技术应用和市场导向的强调，商科学生的电子商务教学将重点转移到网上商店的运营，学生以网店运营的技能学习和实践为主要学习方式。新时代的发展对电子商务课程的授课对象和授课内容都提出了新要求。电子商务不再仅仅是商学院学生的专业课程，更成为所有专业拓展社会视野，支撑大学生创新创业的重要公共课程。电子商务也不应仅仅教授学生网站设计和网店运营技能，更应该帮助学生建立战略性思维，在社会大潮当中找到互联网新技术应用的机会和场景，并具备将创意转化为创业实践的素质和能力。在此背景下，行动学习方法的引入是提升电子商务课程教学效果的有效探索。

二、教学目标和教学内容

我国的“互联网＋”实践引发了全新的电子商务 2.0 时代的到来。与以前的教学目标不同，当代大学生的电商素质亟需兼有“术”和“道”，以服务创新创业为主要目标。具体而言，新时代电子商务教学的“道”需要提供以下三方面的价值贡献。

(1) 知识贡献：帮助学习者掌握电子商务的概念和理论体系，以便对电子商务有全面和深入的认知。

(2) 能力贡献：帮助学习者具备运用所学理论和方法进行电商机会识别、业务分析和解决现实问题的能力；

(3) 素质贡献：帮助学习者建立互联网思维，建设批判性思维，树立积极的创新创业观念和热情。

新时代电子商务教学的“术”则需要提供以下三方面的价值贡献。

(1) 探视行业实践：瞩目中国实践，聚焦中国电商的发展之路，深入了解中国电子商务发展的“土壤”，方能扎根中国大地，结出创新创业之果。

(2) 建立系统思维：构建技术、商务、社会三位一体的系统化思维逻辑，将新技术的技术属性与社会需求结合在一起，建立符合社会大环境的商业模式和业务开展战略战术。

(3) 求解电商之“道”：从中国电子商务实践入手，将中国探索总结为中国经验，并尝试从中国经验中构建电子商务的原理和知识。

课程的内容设置包括四个部分。

(1)“抬望眼：电子商务概论”。本部分包括对电子商务基本概念的定义，电子商务课程学习方法的说明，并将重点放在中国电子商务发展的历史回顾，以“瀛海威(张树新)”“8848(王峻涛)”和“ebay 易趣与淘宝之争”为里程碑事件，总结中国电子商务发展的三个至关重要的原则。

(2)“三十功名：电子商务行业实践”。本部分以“互联网＋行业”为基本逻辑，分别探讨了“互联网＋零售业”(在线零售)、“互联网＋旅游服务业”(在线旅游)、“互联网＋职业招聘业”(在线招聘)和“互联网＋教育行业”(在线教育)四个典型，并给出结合新互联网技术的行业实践探讨，包括“移动技术＋电子商务”(移动商务)和“社交计算＋电子商务”(社交商务)。

(3)“八千里路:电子商务创业技能”。本部分以培养大学生进行基于电子商务的创新创业技能为主线,内容包括商业模式设计及方法、电子商务营销、电子商务物流服务、电子商务法律环境,并特别提供了电子商务扶持政策(从国家、上海市和同济大学层面)介绍,以及大学生电子商务创业大赛技能介绍。

(4)“驾长车:新技术与电子商务未来”。本部分从商务的角度着重介绍了最新的互联网和信息技术,包括人工智能与电子商务、大数据与电子商务、推荐系统与电子商务和区块链与电子商务等专题,引领学习者从更高的技术层次看待当下和未来的电子商务创新创业。

这样的课程设计与课程目标非常一致,然而其中的最大困难之一,就是如何将“道”与“术”的学习和应用连接起来,如何实现从书本、课堂到企业实践,如何不让学生有“屠龙之术”的困惑。

三、教学探索

目前的案例学习方法不能提供学习者检验学习成果的情境。因此,需要探索新的有效的教学方法,将“道”与“术”的学习和应用连接起来,实现从书本、课堂到企业实践,避免学生有习得“屠龙之术”的困惑。

(一) 案例学习和行动学习

案例学习是目前工商管理情境教学体系的重要构成模式之一。以开放和互动为特色的案例教学法(case teaching method),可以将真实的企业管理情境呈现给学员,从而极大激发学员的学习兴趣,通过学员的主动思考来提高思考、分析和解决问题的能力。[1]根据联合国教科文组织的调查,案例教学法更加有利于提升问题的分析能力,对解决问题能力的培养作用则较弱。[2]事实上,教学案例虽然来自真实的企业实践,但限于篇幅,不能提供学习者完整的情境信息,这就给学习者设计解决方案和策略造成了困难。此外,学习者的方案和策略无法应用到企业实践,也就无法检验该方案和策略的有效性,容易造成学习者对所学知识的效用产生怀疑,影响教学效果。

行动学习(action learning method)是个人和组织发展的一种方法,参与者可以一起去解决一些重要的组织问题,并通过以尝试改变原来习惯的实践活动来进行学习。[3]行动学习始于对原有案例学习方法的批判。行动学习是由英国管理学家 Revans 开发的一种管理教育方法。他质疑从美国引进的案例教学方法的价值,认为管理教育更应该在行动学习的路线上进行,以帮助管理者学习如何解决自己的问题。Dutta 就明确提出课堂讨论无法弥补“现实世界”的体验学习,“管理案例可能传达了一种扭曲的现实感,可能会损害学习和解决问题的能力”。[4]尽管行动学习相比案例学习,在解决问题的能力培养上有了明显提升,但是由于诸如教师联系企业存在难度、课程知识点对应往往有偏差、时间安排和衔接复杂以及教学效果一致性较低等问题,行动学习虽然在企业培训中取得良好效果,在我国商学院实施过程中的可操作性及可推广性还有待进一步探索。[5]

（二）教学对象

新时代的大学生被称作是互联网时代的“土著”居民，从技术基础来看，他们对于诸如计算机、互联网乃至时新的人工智能技术等都有一定的了解；从技术应用来看，他们熟悉常规的互联网操作，熟知各种各样流行的互联网商业平台和移动 App，其所知在很多时候都远超课堂上所讲解的经典案例；从学习心理来看，他们独立且有主见，思维的发散性与跳跃性较强，对课堂讲授的电子商务理论知识有一定的怀疑。因此，电子商务课程不仅要贴合当下大学生的年龄特点与成长规律，同时还要与时俱进，引起学生的学习兴趣与关注。决不能只注重学生的课堂体验与感受，忽视学生技能的现实应用指导和实践机会提供，以致学生认为课程实践性不强，没有获得感。因此，需要采用行动学习的方式，充分发挥学习者主体作用，在电子商务创业实践中调动他们的学习兴趣，促进学习者主动学习，有效地整合知识与技能。

（三）教学设计与实践

行动学习法是学习知识、分享经验、创造性地提出问题、以实际行动解决问题四位一体的创新学习与工作方法。行动学习能激发人的创新思维与人的创新能力；它对创新型人才的培养极具效率。课程组将行动学习法引入到教学当中，对教学活动进行了设计，设计逻辑如图 1 所示。

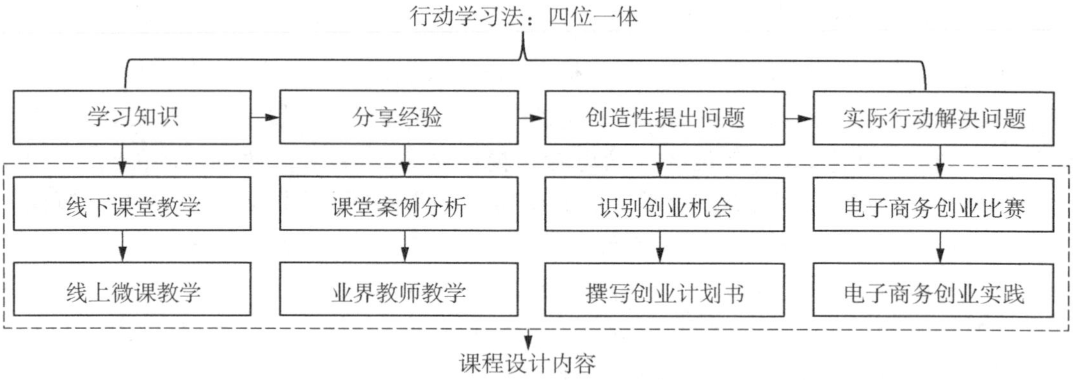

图 1　基于行动学习法的教学设计

在知识的传授方面，构建线上线下一体化的体系，既提供课堂面授，也提供在线的微课学习环境，让学生可以随时随地学习和复习，特别是线上的学习环境，提供及时而详细的学习中检查，让学生可以集中注意力，并了解自己的知识学习效果。实践证明，在疫情的特殊环境下，学生在线学习的热情比较高涨，由于在线微课的知识点明确集中，基本都是干货，有的学生甚至停不下来，能在一个星期之内就看完一个学期的教学视频。同时，由于提供了学习过程中的测试和测验，学生循序渐进，一步一个脚印，在网络平台上进行的期末考试中的表现也非常优异。

在经验分享方面，要求学生组合成小组，承担指定的案例分析任务，并在班级中进行公开陈述，分享小组成员对知识的理解应用和对案例所提问题的解答，同时，也邀请业界的专业老师进行授课，与学员分享行业实践的真实经验和做法。

在创造性提出问题方面，要求学生以小组为单位，识别新时代电子商务的创业机会，并应用所学方法撰写创业计划书。

在实际行动解决问题方面，鼓励学生以自己的电子商务创业创意参加“国创”“上创”和同济大学创新创业比赛，在比赛中发现自己创业计划中存在的问题，并应用所学知识加以改进，更鼓励学生将自己的创业方案付诸实施，在创业实践中培养和提升解决实际问题的能力。

在整个行动学习过程中，教师团队将全周期全过程进行指导，帮助学生进一步夯实知识基础，构建实践所需的能力，并尽力提供可能的资源，保证学生创新创业实践的有效开展，降低大学生独立创新创业的风险。

四、结论

考虑到电子商务课程所面临的现实背景，设计一种有效沟通知识和实践的教学方法是当务之急。行动学习法强调学生“在干中学”的基本思想使之成为当下电子商务教学方法的最可行选择。基于行动学习的电子商务教学设计主要在经济与管理学院各个专业的教学中实施，取得了一定的效果，学生在创新创业比赛中有较好的成绩，也有学生开始了自己的创业实践。

但是应该看到，基于行动学习的电子商务教学还处于探索阶段。目前面临的困难主要是学习成果和经验反思的可迁移性和标准化问题。针对某个创意实践的知识很难以规范的形式应用到其他的创新创业实践，影响了学习成果的普遍价值生成，对于知识体系的建立和完善造成了困难。此外，全周期全过程的指导给课程授课团队带来了很大的工作量，对教师造成了一定的压力，对后续的教学实施产生了负面的影响。因此，建立合理的教学课时和课程资源获取是需要进一步研究的课题。

参考文献

[1] Merseth K K. Case studies and teacher education[J]. Teacher Education Quarterly, 1990,17(1):53-62.

[2] 谢晓专.案例教学法的升华:案例教学与情景模拟的融合[J].学位与研究生教育,2017(1):32-36.

[3] Pedler M, Abbott C. Am I doing it right? Facilitating action learning for service improvement[J]. Leadership in Health Services, 2008,21(3):185-199.

[4] Dutta K. Solving wicked problems: Searching for the cognitive trait[J]. International Journal of Management in Education,2018,16:493-503.

[5] 汪金爱,吴柏均.MBA情境化教育的新思路——行动学习的发展及国内外典型应用案例分析[J].管理案例研究与评论,2014,7(6):511-528.

基于“四维耦合”金融类专业混合式“金课”建设模式*

李　永　张梓仪

（同济大学经济与管理学院）

摘　要：“金课”建设是一项具有系统性、复杂性的教育教学改革工程，对于我国高校提升教学质量、培养高素质人才具有重要意义。结合金融类专业课程教学的特点，在对现阶段专业教学现状分析基础上，提出了“四维耦合”的金课建设模式，包括在线课程平台技术、教师团队、师生合作学习、实验实践学习四方面，供我国高校金融类专业金课建设借鉴。
关键词：金课；教学质量；产学研合作；人才培养机制

Abstract: The construction of “Golden Course” is a systematic and complex education and teaching reform project, which is of great significance for improving teaching quality and cultivating high-quality talents in Chinese universities. Combining with the characteristics of the teaching of financial professional courses, and on the basis of analyzing the current professional teaching status, a “four-dimensional coupling” golden course construction model is proposed, including online course platform technology, teacher team, teacher-student cooperative learning, and experimental practice learning. It can be used as a reference for the construction of financial professional “Golden Course″ in Chinese universities.
Keywords: “Golden Course”; teaching quality; University-Industry-Research Cooperation; talent training mechanism

在新冠肺炎疫情防控期间，我国高校“金课”建设工作的必要性与紧迫性再一次显现。为做好开学复课和校园疫情防控工作，全国高校发挥各自优势开展线上教学，最大程度降低了疫情对教学进度的影响。在 2018 年 6 月份召开的“新时代全国高等学校本科教育工作会”上，教育部部长陈宝生就提出，高校要把“水课”转变成有深度、有难度、有挑战度的“金课”。教育部随即印发了《关于狠抓新时代全国高等学校本科教育工作会议精神落实

* 基金项目：2019 年上海高校课程思政教育教学改革试点重点示范课程项目“货币金融学”；2019 年同济大学教学改革项目“金融学微专业建设方案设计与实践研究”、2020 年同济大学课程思政教育教学改革项目“新时代经济学课程思政教学方案设计与实践”。

的通知》，指出各高校要全面梳理各门课程的教学内容，淘汰水课、打造“金课”，切实提高课程教学质量[1]。随后，教育部又分别出台了《教育部关于一流本科课程建设的实施意见》《教育部办公厅关于开展 2019 年线下、线上线下混合式、社会实践国家级一流本科课程认定工作的通知》等文件，为切实打造线上“金课”、线下“金课”、混合式“金课”、虚拟仿真“金课”、社会实践“金课”“五大金课”明确了任务与方向。

在 2020 年 5 月 14 日举行的教育部新闻发布会上，对未来高校课程“金课”建设提出了建议，认为再也不可能、也不应该退回到疫情之前的教与学状态。在线教育仍然可以和课堂教学并行，也即采用混合式教学，引导学生探究式与个性化学习，使教学从单纯的知识传递向知识、能力、素质的全面培养转变。线上线下混合式“金课”对人才培养有其独特的教学手段与场景要求，必将在我国高校金融类专业建设与人才培养中发挥重要作用。

一、“四维耦合”混合式“金课”的背景与组成

（一）现阶段金融类课程教学需要“三个”更新

金融行业日新月异，不仅需要从事金融研究和顶层设计的高级人才，而且需要大量从事基层管理和实际操作的技术人才。金融类专业课程多建立在管理学、经济学、行为学、现代科学基础之上，课程本身重视全面性、应用性、实践性[2]，要求高校实现理论环节和实践环节的贯通。因此，第一，教学理念需要更新。当前教学理念正在向“以学生为中心”逐步倾斜，但由于学生规模、教学投入成本等等客观因素的制约，教学模式仍未成熟，并且金融类专业课程还存在教学方法单一，理论内容繁冗，案例教学少，缺乏讨论课、研究环节以及实验实践环节等问题。第二，教学内容需要更新。随着有中国特色的社会主义市场经济改革的不断深入，区块链金融、大数据金融、互联网金融等快速涌现，而传统课堂讲授中的“教材＋板书＋PPT”教学模式，注重传统金融理论模型的分析，但对于金融最新动态缺乏关注等问题将被进一步放大，会导致学生缺乏对于金融前沿理论与实践的敏感性，缺乏主动性思考与实际操作能力，难以满足我国高校金融人才培养目标。第三，考核形式需要更新。课程评价体系比较单一，缺乏针对课程特色的设计，考核方式上存在“重理论，轻实践；重知识，轻能力；重记忆，轻创新”等问题，缺少多维度综合评价体系设计。

（二）“四维耦合”混合式“金课”的组成

线上线下混合式“金课”建设顺应了社会对金融人才培养的需要，也将极大地转变我国高校金融类专业的传统课程构成与授课模式。本研究提出的“四维耦合”混合式“金课”模式主要由四部分构成，这四部分交互影响，互相促进，保证课程系统处于综合优势状态。具体包括：以在线课程平台为依托，构成课程模式的技术基础；以持续性学习为主线，构建高素质的教师团队，构成课程模式的核心竞争力；保证师生两类主体间的有效互动机制的畅通，形成互相协调促进的合作学习关系，构成课程模式的中心环节；通过实验实践学习实现课程知识的应用与拓展，构成课程模式的外延空间。四个板块构成了课程模式的有机整体，在教学实践中持续改进与优化（图 1）。

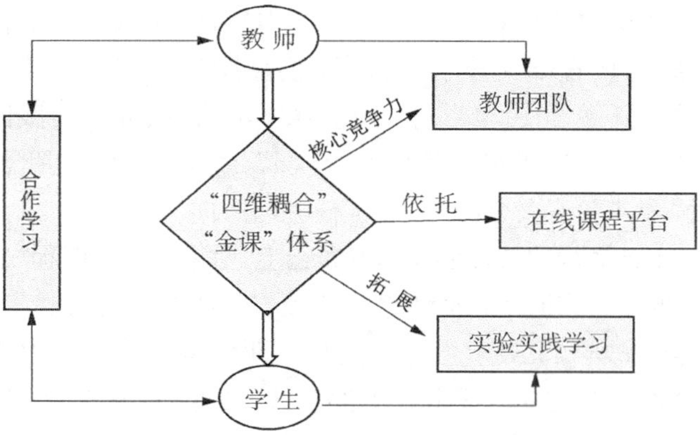

图 1 "四维耦合"金课建设模式

二、跟踪人工智能技术发展，推动"金课"平台升级

我国高校正经历着利用信息技术转变教学模式，促进课程质量与影响力的提升。现阶段，我国高校线上课程多采用"互联网＋教育"——慕课（MOOCs）形式，即大规模开放在线课程，已经成为我国高校开展线上线下混合"金课"教学的主要形式。相比传统课堂，慕课的内容有精品化、碎片化特点，学习者可以根据自身需要进行快进、快退、倍速播放等。同时，慕课在课程体系的基础上将知识点进行了有机梳理。由于具有在线开放式特点，来自不同学校、不同层次的学习者都可同时学习，体现了"有教无类"的教育公平思想。相比于静态资源的公开课等资源，慕课更加重视师生互动，系统的自动评分可以给学习者提供即时反馈。在实践中，教师可以灵活采用翻转课堂、微课堂等形式开展线上线下混合学习，学生可以针对课程相关问题在社交网络上进行提问，及时得到老师和助教的帮助，还可以组织各种形式的讨论活动。

随着科技的发展，人工智能或将成为未来线上课程平台的重要技术支撑力量。人工智能应用于教育教学是将计算智能、感知智能与认知智能三类智能技术逐渐引入各类教学系统中，并分别代表了三个层次的智能教育应用：智能辅导系统（Intelligent Tutoring System，ITS）、适应性教育系统（Adaptive Educational Systems，IES）和认知计算系统（Cognitive Computing Systems，CCS）。在云计算、大数据、物联网、互联网、智能识别、知识管理等新技术新理念快速发展和经济社会需求的双重驱动下，人工智能技术将可能极大地改变在线课程教学模式，可以更好地实现教学精准化、学习个性化、管理科学化。

三、提高教师团队素质，增强课程核心竞争力

教师应该坚守为社会主义事业培育优秀的接班人的初心和使命，作为传道授业解惑者，加强对自身人格塑造，用高尚的人格魅力和崇尚真理的科学精神感染学生，以德传道、以德育人、以德授业，做好学生的领路人、筑梦者。同时，向上线下混合式"金课"需要在教学中投入更多创造性思维与精力，教师不仅要结合学科前沿发展，通过加入创新特质的素

材进行课程设计，而且也需要对新技术手段具有较强的应用能力。

长期以来，国内高校教师招聘与职称晋升制度偏重于对候选者理论与科研背景的审核，因而任课教师基本来自高校，“重理论、轻实践；重学术、轻应用”的现象较普遍，特别是在一些应用性较强的专业课程上，部分教师捉襟见肘，这一现象在研究型大学则更为突出。有条件的高校可以实施金融高端人才柔性引进计划和校内师资整合，具体包括引进实验课程师资、校企合作办学、企业导师进课堂、企业岗位培训、共建实习基地等多种举措，在理论学习和操作能力基础上，促进教师专业素养和业务能力的提升。

教师对学生的评价，应由原来的以期末考试卷面成绩为主的评价方式转向形成性评价和终结性相结合、课内教学与课外自主学习相结合的全程评价，可以采用课后作业、小组问题讨论、随堂小测、项目训练（小论文、小设计等）、社会调查等多样化的考核形式，全面评价学生的课程理解情况。学生对教师的评价，应采用客观量化评价和“质”层面的感性评价相结合的方式[3]。

引导教师树立“终生学习”的观念，组织学术带头人、教学负责人、教学经验丰富且教学成果突出的教师等开展示范课堂观摩等交流活动，鼓励教师之间共享最新科研与教学成果、教学案例等教学资源。支持教师参与教学培训与交流活动，不断学习新的教学理念、教学方法与手段，提升教学效果。

四、开展师生合作学习，优化课程中心环节

（一）师生合作实践

与商业银行、证券公司、保险企业、信托公司、会计师事务所等实务单位和组织合作，推动教师团队与有关行政部门、科研部门和相关企业等展开教学科研合作，实现科研与教学互相促进，共同进步。通过社会服务、社会实践调研、现场观摩教学、移动课堂、夏令营等多种合作形式，由传统的教师向学生单向输出的模式转化为互动式协作学习，增强教师实践教学的能力，倡导研究与发现、接受与体验相结合的互动合作学习方式，使师生之间的合作意识不断增强。

（二）参加学科竞赛

竞赛的方式可以考查学生对于金融学科基本理论知识的掌握程度和解决实际问题能力。学科竞赛作为课堂理论知识的扩展，已经成为实践教学的重要内容，同时也是改革创新型人才培养模式的热点内容。教育部出台了鼓励实践教学改革和鼓励培养创新型人才的政策措施，有效地推动了学科竞赛的发展。学科竞赛在教学互动、培养动手实践能力以及培养创新能力等方面都起到了重要作用，尤其是在实践教学效果相对不明显、实践教学环节相对较弱的金融专业更为明显[5]。通过竞赛活动，实现了师生合作学习，促进了师生之间的沟通交流，提高了学生的合作能力，实现了竞教良性互动的放大效应。

（三）申请创新创业项目

大学生创新创业项目是国家为了提高本科生的教学质量而提出的重大改革举措，是

高校培养人才改革的创新的一步，提高了大学生的学习积极性和应用能力，综合提高了大学生的合作能力、交往能力、自主学习能力。大学生创新创业项目主要包括创新训练项目、创业训练项目和创业实践项目三类，按其设立的层次可分为国家级、省级、校级及院级项目。通过创新创业项目，帮助学生提早接触就业问题，激发创新创业思维，提前培养学生就业所需要的能力和特长，为学生就业提供助力。教师通过指导大学生创新创业项目，可以更加了解学生对金融课程知识的掌握情况及综合运用能力，实现对调教学过程中的侧重点，更加贴近学生们的认知水平。

五、融合实验实践学习，拓展课程外延空间

第一，健全金融实验室功能，搭建功能完备的银行业务实验平台、证券投资实验平台、保险业务实验平台和金融工程实验平台。其中，银行业务实验平台用于模拟开展银行业务中储蓄业务、信贷风险预警控制与债权管理业务、不良资产与呆坏账核销等实验；证券投资实验平台模拟开展证券交易功能，便于学生掌握证券投资业务；保险业务实验平台是使学生能通过操作软件模拟保险业务的实际运作流程，掌握个险和团险的区别的平台；金融工程实验平台可以配置金融研究数据库以及金融建模研究类软件，开展金融衍生产品设计、金融数据处理、金融建模、金融风险管理等方面的学习与操作。

第二，建立金融实验教学课程体系。面向学生开设计算机网络以及编程、统计、数据库等软件实验课，结合教师的教科研项目或学生申请的创新创业项目等，开展小组合作性质的综合性实验，促使学生将专业基本理论和技能融会贯通，调动学生的兴趣和积极性，培养金融类专业学生的专业素养和能力，提高创新能力和合作精神。

第三，校企合作拓展校外实践平台。学校可以利用自身的优势，积极与企业建立广泛的联系，甚至筹建金融类专业相关的学生校外实践、实习基地。与商业银行、证券公司、信托公司、审计部门、会计师事务所等单位合作建立实习基地，鼓励并带领学生熟悉各种金融业务的流程，提升专业素养和实践能力，为毕业后顺利投入工作做好准备。学校还可以组织开展公益性质的社会服务活动，引导学生进行校外素质拓展，为学生提供多元化的实践平台选择，多维度提升学生的课外实践能力。

参考文献

[1] 中华人民共和国教育部.关于狠抓新时代全国高等学校本科教育工作会议精神落实的通知[Z].2018-08-27.

[2] 潘晔华.线上线下混合式市场营销学“金课”建设研究[J].电子商务，2020(4)：95-96.

[3] 陆长平，姜锐，邓庆山.构建探究式教学课程评价指标体系[J].中国大学教学，2013(6)：76-78+88.

[4] 朱鹏威，曹烨帆，董天舒.“互联网+”视阈下高校信息化教学资源共享平台建设研究[J].情报科学，2016，34(12)：133-136.

[5] 庞海峰，张燕，王尊.基于学科竞赛的高校金融专业实践教学改革研究[J].金融理论与教学，2018(1)：84-86.

课程思政视阈下“系统工程理论与方法”课程创新型人才培养路径探究*

王效俐　辛　旭　刘妙慧　卢鹏羽　陈海潮　王兰君

(同济大学经济与管理学)

摘　要：本文探究了课程思政和创新型人才培养之间的辩证统一关系。基于课程思政视阈，对标“三全育人”理念，对“系统工程理论与方法”课程培养创新人才的现状进行系统分析。梳理课程在教学方法设计、教学目标与内容规划、教学载体利用等方面存在的问题，并从全员、全过程、全方位三个层面给出当下课程培养创新型人才的路径与方法。

关键词：课程思政；“三全育人”；创新性人才培养；教学改革；系统工程

Abstract: In this paper, the dialectical and unified relationship between courses for ideological and political education and the cultivation of innovative talents is explored. Based on the perspective of courses for ideological and political education and benchmarking against the concept of “Three-wide Education”, the current situation of the training of innovative talents in the “System Engineering Theory and Method” course is systematically analyzed. The problems existing in the design of teaching methods, teaching goals, content planning, and the use of teaching carriers are discussed. The methods for cultivating innovative talents in current courses from three levels (i.e., full people, full process and all-round) are finally proposed.

Keywords: courses for ideological and political education; Three-wide Education; innovative talent training; teaching reform; system engineering

一、引言

“课程思政”的理念于 2014 年萌发。它的理论雏形缘起于上海市部分高校对于教育改革的探索。“课程思政”的本意是希望通过全面开展课程建设，解决大学生思想政治教育的“孤岛”问题，特别是大学生的思想政治教育与思想政治教育课之外的课程出现的“两

* 基金项目：本文系 2020 年同济大学研究生课程思政建设项目(KCSZ2008)的阶段性成果。

张皮”现象。2020 年 6 月，教育部进一步印发《高等学校课程思政建设指导纲要》(教高〔2020〕3 号)，要求“课程思政”建设要实现在所有高校、所有学科专业全面推进[1]；并对课程思政建设的目标要求和内容重点、课程思政教学体系设计等方面提出了明确要求。上述文件为高校创新推动“思政课程”与“课程思政”双轮驱动、协同育人，扎实开展课程思政建设提供了理论依据和根本遵循。

“系统工程理论与方法”这门课兼具专业课、实践课、创新课的性质。它既要向学生教授系统科学的基本理论、基本方法；又要求学生通过对于系统工程方法论的把握，学会使用历史的、系统的思维和观点发现实际问题、提炼科学问题并解决问题。《高等学校课程思政建设指导纲要》中明确要求，对于这类课程，要“注重学思结合、知行统一，增强学生勇于探索的创新精神”“注重让学生‘敢闯会创’，在亲身参与中增强创新精神、创造意识”。[1]上述观点体现了“系统工程理论与方法”课程思政建设与实现创新型人才培养目标之间的辩证统一关系。换言之，在新时代背景下，“课程思政”追求的目标更广，其内涵包含了在人才创新培养方面的要求。

作为落实“立德树人”根本任务的一大战略举措，[2]“课程思政”建设的过程离不开“三全育人”这个有效抓手。习近平总书记在全国高校思想政治工作会议上指出，“要坚持把立德树人作为中心环节，把思想政治工作贯穿教育教学全过程，实现全程育人、全方位育人”。[3]“课程思政”建设应牢牢扭住“三全育人”这个核心，通过三个维度的协同推进，实现对学生的价值塑造、知识传授和创新能力培养。

鉴于此，本文将在“课程思政”视阈下，对标“三全育人”理念，对“系统工程理论与方法”课程创新型人才培养的构建问题进行具体分析。首先，梳理“课程思政”的建设与创新型人才培养的内在辩证关系；而后对照“三全育人”的内涵与标准，对当前课程建设存在的问题进行梳理；最后从三个方面给出“系统工程理论与方法”课程创新型人才培养的方法路径。

二、课程思政和创新型人才培养之间的辩证统一

(一) 课程思政与创新型人才培养融合的理论基础

课程思政与创新型人才培养二者相互联系、相互融合，具体表现在两个方面。一方面，是思想政治教育渗透理论。渗透教育是一种隐性教育，[4]它是一种以自然的、潜移默化的方式为主的教育模式。借鉴上述思路，“课程思政”也可划分为显性课程思政和隐性课程思政。“系统工程理论与方法”课程属于隐性课程思政范畴。在这类课程中引入“课程思政”的理念，便需要充分利用思想政治教育渗透理论，将理想信念教育、工匠精神教育“渗透”到课程对学生创新能力的培养之中；将职业道德、爱国主义情怀教育“渗透”到创新精神的激发中；将意志品质教育“渗透”到课程创新实践中，培育以中华民族伟大复兴为己任的社会理想。将“课程思政”理念引入课程教育中，将有助于学生将个人的理想信念和社会的发展、国家的强盛联系起来，培育出一大批具有崇高的思想境界、良好的政治素养、优异的创新创造思维与能力的创新型人才。上述成效与创新型人才培养的目标不谋而合。

另一方面，是马克思关于人的全面发展理论。马克思主义哲学中的“人学原理”指出，确立思想政治教育目的时，应该把促进人的自由全面发展作为终极追求和价值取向。马克思主义关于人的全面发展理论为培养创新型人才提供了理论支撑。因此，创新型人才培养与课程思政建设辩证统一、同向同行。实施课程思政建设，无疑有助于重新审视高校创新型人才的培养方法与路径。

（二）课程思政与创新型人才培养的内在一致性

高校的课程思政与创新人才培养在目标、教学内容等方面具备一致性。

一是在教育目标上的内在契合性。新时代高校思想政治教育的根本任务是“立德树人”，培养的是“有理想、有本领、有担当”的中国青年。创新型人才的培养目标则是培养具有创新思维、具有较高的综合素质的全面发展的开创型人才，其面向的对象是所有学生而不仅是有意愿从事创新工作的学生。二者都是以素质教育为核心，追求人的全面发展，突出了“育人”这一根本目标。

二是教育内容上的相互贯通性。课程思政建设为创新型人才培养提供了前进的方向[5]，创新型人才培养则为课程思政提供了实践的机会。二者相互促进、相互耦合、相辅相成。思想是每个人行动的先导，要利用好课堂这个主渠道，开展课程思政建设，帮助学生树立正确的世界观、人生观和价值观。当前，部分大学生在创新活动、学术工作过程中表现出急功近利、心态浮躁，缺乏对自我的认识，以个人需要为中心的心理。通过实施课程思政教育，可使得大学生认清自我，明辨自身的优缺点，从而帮助大学生树立正确的创新价值取向，端正科研态度。此外，课程思政的有效落实离不开实践。只有实践不断地发展，才能为认识的发展提供必要与可能。创新型人才的培养为课程思政的实践提供了载体，学生在科技创造、学术活动中丰富认识，强化了自身对于自我、科学研究的认知。

三、课程思政视域下“系统工程理论与方法”课程面临的问题

（一）人才培养观念落后：授课教师孤军奋战，课程思政难以推进

传统的人才培育观念认为，课堂是人才培养的主阵地，教师是培养学生、实现学生成长成才的主体。提升学生的学识、能力和品行等工作都是授课教师的责任。[6] 面向新时代，在“系统工程理论与方法”课程教学中，教师既需要传授专业知识和理论，又肩负着“立德树人”的使命，还要注重“有教无类”和“因材施教”，往往孤立无援、独木难支。课程思政则是连接思政教育与专业理论和方法的桥梁，力图使思想政治理论课和其他方面共同发力、形成合力，实现学生多维度培养，将学生培养成具有系统思维和大局观念的创新型人才。这种培养显然离不开“全员”的参与。

现代教育理念认为，将学生培养成有作为、敢担当的创新型人才不仅仅是课程老师的责任，家庭教育、社会教育、同辈扶持乃至个人的努力都格外重要。“父母是孩子的第一任老师”，家庭环境以及父母的言传身教都在潜移默化地影响着子女的价值观，因而思政教育应始于家庭。[7] 然而，当前家庭思政教育不受重视，甚至严重缺失，这就使学生的进步与

成长缺少了重要一环。另外,社会教育也没有发挥出应有的积极作用。在融媒体时代,"信息茧房"和"回声室效应"使得在本应呈现多样化、多视角的网络空间中,大学生的想法只能在一个封闭的小圈子中被逐渐加强。[8]这一点与系统工程理论中所提到的开放、动态变化的系统论是相悖的,同质化的思想和信息也会使学生逐渐走向局部和片面,不利于学生认识的发展。再从朋辈的角度看,同龄压力对学生的成长呈现出正反两种不稳定的影响。同辈压力容易使学生产生从众心理。一方面,同辈群体中的消极因素会减弱学生本就不强烈的学习积极性、创新性;另一方面,其中的积极成分也会刺激学生向着更好的方向去努力。[9]此外,系统工程类的课程涉及大量的科学方法论,具备丰富的哲学内涵、较强的理论性,存在较多记忆性质的理论与知识。这种学科特点容易使学生丧失积极性,学习动力不强,努力程度也有限,难以做到创新,阻碍了创新型人才的培养。

(二)教学目标与内容:缺乏系统性设计,与课程思政结合不够紧密

第一,"系统工程理论与方法"课程缺乏基于思政教育的整体性和系统性设计,没有牢牢把握和贯彻落实"三全育人"中的时间要素,即"全过程育人"的核心思想。教学工作是一个长期过程,并不是一蹴而就的。"全过程育人"长期性的特点及其长效性的内涵,意味着要深刻把握唯物辩证法中"质量互变"的基本规律,基于时间维度培养人才,达到"量变—质变—新的量变"的效果。然而,目前对"系统工程理论与方法"课程的教学设计,往往只关注课程总体目标的规划,而没有基于"时间维度"构建详细的、具有内在系统联系的、存在充分逻辑关联的阶段性目标体系。这使得当下的教育教学工作,在阶段性层面存在教学目标不明确的问题[10],甚至在实际教学中存在课程内容并未与总体目标相联系的现象,造成课程系统性不强,难以提升学生的创新能力。同时,在课程教学的过程中,对具有差异性的学生采取的是同一套教学内容,处于不同身心素质和发展阶段的学生没有得到针对性的、适合自己的教育内容。

第二,课程的教学内容缺乏与思政元素的结合或者思政元素碎片化,缺乏对学生情感、态度、价值观的教育,不利于创新人才的培养。传统教学中,专门设立思政教育课程不能使得其他课程与之协调行动,这种单一的育人主渠道观念已经落后,难以落实"立德树人"的根本任务。习近平总书记指出:"要用好课堂教学这个主渠道,其他各门课都要'守好一段渠、种好责任田',使各类课程与思想政治理论课同向同行,形成协同效应。"[11]在"三全育人"纵深推进的大环境下,高校进行课程思政教育改革是大势所趋。而目前"系统工程理论与方法"课程还没有做到将思政教育元素系统地融入教学的全过程,缺乏对思政教育体系的系统性思考[12],难以激发学生"知行合一、勇于探索"的创新精神。

(三)教育形式缺乏创新:缺乏对学生的文化浸润,未能利用好现代教育技术资源

课程思政建设同样要求高校立足"全方位"育人,注重对学生的文化浸润,坚持以文化人、以文育人,让学生的精神世界蕴含丰富"营养"。而在高校课堂推进课程思政的本质也是为了对标"立德树人"根本任务,引导学生树立正确的世界观、人生观和价值观,充盈学生的精神世界。在世界格局动荡不安、国际环境波谲云诡的当下,强化爱国主义教育,提升学生的文化素养和家国情怀更是实现"立德育人"的关键。目前,"系统工程理论与方

法”课程内容未能从“全方位”的角度出发，做到与课程思政理念紧密契合。授课内容仅限于单一的教材讲授，内容更新迟滞、形式与载体缺乏创新。而新时代创新型人才的教育应该把传授知识与树立正确“三观”、坚定理想信念结合起来，把继承传统与开拓创新结合起来，努力培养德智体美劳全面发展的复合创新型人才。

此外，达·芬奇指出，“理论脱离实践是最大的不幸”。在现阶段的课程教授过程中，教师容易忽视教学中的实践环节，教学过程中缺乏对具体方法在实际生活和案例中应用的指导。事实上，“系统工程理论与方法”课程的目标就是要让学生学会用“系统”的思维分析问题，并最终可以应用系统评价、系统决策和系统模型相关的方法去分析问题、解决问题，但是实践过程的缺失使得课程效果大打折扣。[13]而本课程所教授的分析方法实际操作难度较大，仅通过课堂的讲授和课下自主学习，学生无法完全掌握这些方法，需要教学软件、机房、网络课程等现代教育技术的支持，强化学生的实际操作，通过线上线下联合培养的方式，加深学生的理解力和对方法的掌握程度。在飞速发展的时代，以传统教学模式为主的第一课堂已经不能满足时代对创新型人才的要求，应该注重培养学生的综合素质和能力，做好第一课堂和第二课堂的衔接工作，让学生将创新的想法落实于实践。[14]

四、课程思政视阈下“系统工程理论与方法”课程创新人才培养模式

（一）全员层面：打造课程思政建设“共同体”、革新课堂教学形式

推进“系统工程理论与方法”课程的思政建设需要教师、学校、家庭、社会、同辈以及学生自己的共同参与，因此，有必要打造一个囊括所有人员和要素的“思政共同体”。所有参与者勠力同心、群策群力，才能有效推进课程思政建设，培养创新型综合人才。

在“系统工程理论与方法”课程思政建设共同体中，学生为共同体中心，课程教师为教育的主体，学校、家庭、社会和同辈各司其职，发挥自身应有的积极作用。教师负责专业知识教导和思想引导，引导学生发散思维、接受不同，用多样化的视角分析问题。学校要做好“管理育人、服务育人”，将自身纳入“大思政”教育格局中，找准育人的切入点，做好思政宣传和文化活动建设，简化事务流程，创造轻松、活力、鼓励差异化以及多元化的校园氛围和环境[15]。家庭应该汲取中华五千年优秀传统文化的精华，让优良的家风对子女思想观念形成春风化雨的作用。高校学生常居学校，家庭更要做好对其的心理梳导，发挥应有的辅助作用。社会要宣扬正确的价值观，培养学生待人接物、为人处世的能力。学生在进行社会实践时，应当予以其包容和教导，让其在实操中“动脑想、动手做”，“纸上得来终觉浅，实践才能出真知”。朋友以及同辈之间应相互鼓励和促进，在协作间养成团队意识。同龄压力不可避免，但应发挥其积极作用，在竞争中收获友谊、收获进步。很多创新活动就是在这种竞争中开始的。最重要的是学生个人，学生是课程思政建设共同体的中心，是与其他所有成员和要素的交汇点。学生要接收共同体各方提供的知识和思想引导，善于把握各方携手创造的有利环境，积极进取、敢于创新。

教学形式上，为实现“系统工程理论与方法”课程创新型人才的培养，还应革新原有的教学方式，打造轻松愉悦、畅所欲言的课堂氛围，让学生成为课堂的“主角”。例如，学生利

用课本知识和教师的课件研究身边感兴趣的系统并在班级分享，教师只负责答疑和指正[16]。这种“翻转课堂”的教学形式可以提升学生课堂参与度和活跃度，激发学生学习的动力，帮助学生打开自主学习、开拓创新的大门。

（二）全过程层面：构筑全生命周期的培养目标、科学合理设定教学内容

首先，聚焦前沿知识和内容科学，构筑明确的、考虑学生全生命周期的培养目标，探索系统任务驱动的体系构建，彰显学科特色，培养学生创新能力。例如，在“系统工程理论与方法”课程教学过程中，可以以学生成长发展为课程教学设计主线，根据不同的学习阶段，不同的思想素质水平和成长发展阶段为不同层次的学生安排、设定不同的创新培养目标和学习内容，将专业知识与基于学科前沿的阶段任务相结合，设定差异化的教学安排，牢牢把握“三全育人”中“全过程育人”连续性原则。这样，学生通过独立分析或小组交流可以加深对子任务所涉及的知识点的理解，最后将子系统任务汇总整理并进一步分析，可以引导学生形成系统的和联系的观点，提高学生分析问题和解决问题的能力，培养学生的系统思维和发散思维，同时在学生对前沿知识的学习过程中逐渐培养学生的创新思维[13]。

其次，“显性教育”和“隐性教育”相结合，构建课程思政教育体系，培养学生正确的价值观。在“系统工程理论与方法”课程教学过程中，要注重将思政元素引入课程，将课程专业基础知识和能力培养的“显性教育”和“立德树人”及创新型人才培养的“隐性教育”结合起来[17]，同时，作为思政理念载体的“系统工程理论与方法”课程要深入挖掘思政建设元素，并将课程思政看成一个系统，结合系统的时序性、整体性、层次性以及动态性等特点，通过对外部子系统和内部子系统的深入剖析[12]，重构课程思政体系，将思政元素特别是创新精神、创造意识的培养贯穿于课程全过程中，解决思政元素碎片化问题，以达到“潜移默化、润物无声”的教学、育人效果。

（三）全方位层面：建立课上课下联动培养新模式，培养全面发展的创新人才

更新授课内容，为学生的精神世界增加“营养”。教师在授课过程中除了要将教材内容讲授清楚，还要从丰富学生精神世界的角度出发，设计一些与国家发展或者国家重大项目相关，或是与学生生活息息相关的案例。通过将知识与民族文化、日常生活相结合的形式，提高学生的课程参与兴趣，激发学生的创新创造能力，提升学生的民族自豪感，潜移默化地发挥德育作用。

结合先进的教育技术，加强学生的实践操作。“系统工程理论与方法”课程的内容涉及大量的管理类专业的分析方法，这就需要在学生的培养过程中更加注重操作训练，帮助学生更好地掌握所学的科学技术。例如，可以利用 MOOCs、网易公开课等授课平台推出网络课程，让学生在课前提前预习、课后复习所学知识，加强记忆；另外，利用机房或者推出配套软件操作课程[18]，帮助学生通过实际操作更好地掌握所学理论知识，解答他们在操作过程中遇到的难题，提升学生的软件操作水平，增强学生发现问题、分析问题和解决问题的能力。

开展第二课堂，校内校外联动，加强对学生创新能力的培养。可以为学生提供一些围绕管理学专业展开的，具有较强针对性和方向性的创新项目或社会实践。让学生在实践

中将理论知识活学活用，在实际项目活动中得到真实的感受和反馈，及时意识到自身的不足，提高自身能力。[14]同时，第二课堂的开展也能更好地帮助学生对所学专业有更加深刻的认识，并尽早开展职业生涯规划。而且，第二课堂的开展更有利于培养学生的创新思维和科技创新能力，帮助学生提升综合素质，通过提高学生对社会现实的认识，增强其对国家和社会的责任感。

五、结语

2020年印发的《高等学校课程思政建设指导纲要》对高校开展课程思政提出了更高的要求。本文基于课程思政与创新型人才培养之间的辩证统一关系，梳理出当下“系统工程理论与方法”课程中授课教师孤军奋战、教学目标与内容缺乏系统性设计、教学形式缺乏创新等问题。从“三全育人”理念出发，高校应在全员层面注重打造课程思政建设“共同体和教学形式革新；在全过程层面注重从全生命周期的维度构筑学生培养目标、实现教学内容的合理设计；在全方位层面则应探索建立课内课外、网上网下联动的人才培养机制，实现全面发展的创新型人才培养。

参考文献

[1] 教育部印发《高等学校课程思政建设指导纲要》，全面推进高校课程思政建设[J].新教育，2020(19)：32.

[2] 张荣军，汤云晴.深化“思政课程”到“课程思政”的立德树人观[N].贵州日报，2020-10-06(003).

[3] 把思想政治工作贯穿教育教学全过程[J].共产党员，2017(2)：5.

[4] 雷雪芹，魏东.课程思政视域下高校创新创业教育路径探究[J].淮阴师范学院学报(自然科学版)，2019，18(3)：254-258.

[5] 李兰晶.对创新创业教育融入高校思想政治教育的思考[J].学校党建与思想教育，2018(10)：79-81.

[6] 周承娟.数字化时代的大教育观刍论[J].大学教育，2020(2)：7-10.

[7] 蒋春艳.基于高校思想政治教育视角的大学生家庭教育探讨[J].作家天地，2020(13)：123+127.

[8] 王迪.“回声室效应”对传播的影响探究[J].传播与版权，2018(10)：13-14+17.

[9] 张融，杨芳.思想政治教育视域下大学生同辈压力问题的研究[J].当代旅游(高尔夫旅行)，2018(7)：262.

[10] 于天奇.立德树人视阈下高校“三全育人”的创新路径研究[D].石家庄：河北科技大学，2019.

[11] 习近平在全国高校思想政治工作会议上强调：把思想政治工作贯穿教育教学全过程开创我国高等教育事业发展新局面[N].人民日报，2016-12-09(01).

[12] 孙佳佳，杜冰.一般系统论视域下通信原理课程思政体系的建构研究[J].北京科技大学学报(社会科学版)，2020，36(4)：112-118.

[13] 付沙，肖叶枝，周航军，等.系统工程课程教学改革的研究与探讨[J].科技创新导报，2020，17(8)：173-175.

[14] 侯桂革，吴锦涛，施逸凡，等.第二课堂对培养药学专业学生综合能力的作用[J].卫生职业教育，2020，38(19)：12-13.

[15] 韩天炜.“三全育人”背景下高校办公室聚焦育人根本任务的创新管理研究[J].大众标准化，2020

(18):210-212.

[16] 任远坤.探讨翻转课堂在高校教育学中的应用[J].科学咨询(教育科研),2020(10):46-47.

[17] 张荣军,汤云晴.贵州师范大学马克思主义学院.深化“思政课程”到“课程思政”的立德树人观[N].贵州日报,2020-10-06(003).

[18] 黄秋爽,荀烨,马妍.系统工程理论、方法及应用课程教学改革研究[J].科教导刊(中旬刊),2012(1):29-30.

“课程思政”背景下“财务管理学”教学改革探索

佟爱琴　程　点　杨　柳

（同济大学经济与管理学院）

摘　要：作为管理学框架下一门重要的专业课程，财务管理学与课程思政融合既是课程思政的本质要求，也是财务管理学课程的内在需要。本文通过探讨传统的财务管理学课程在教学理念、教学内容和教学方法上的不足之处，提出了以加强法制教育和底线思维教育、加强社会责任感的树立、加强教学内容的丰富和加强教学方法的应用能力为着手点，继而在具体措施上采取将底线思维与社会责任感教育有机融入教学内容，并用教学方法的科学运用来巩固教学内容的方法，来使课程思政真正发挥作用。

关键词：课程思政；专业课；财务管理学

Abstract: The integration of financial management, an important professional course under the framework of management, and course's ideological and political education is both the requirement of the nature of course's ideological and political education and the inner need of financial management course. By discussing the shortcomings of traditional financial management course in teaching idea, teaching content and teaching methods, this paper puts forward to strengthen the education of legal system and the bottom line thinking education, strengthen social responsibility, enrich the teaching content and strengthen the application ability of teaching methods. In terms of concrete measures, we should integrate the bottom-line thinking and social responsibility education into the teaching content organically, and consolidate the improvement of teaching content with the scientific application of teaching methods, so that the course's ideological and political education can actually works.

Keywords: course's ideological and political education; professional courses; financial management

一、引言

自 2016 年习近平总书记首次提出“各类课程与思想政治理论课同向同行”以来，课程思政逐渐发展为高校加强和改进思想政治工作的重要抓手。财务管理学是本科会计学及工商管理等专业的核心专业课程，上承会计学，下启中高级财务管理学，具有专业性强与应用性强的特点。该课程主要以企业的资金运动管理为研究对象，其目的是培养具备财务管理及相关的管理、经济、会计与金融等方面知识，富有创新精神、法律意识与职业操守，德智体美劳全面发展的复合型人才。作为我国社会主义高校教育教学新的指导理念，课程思政将成为破解人才培养质量难题的有力武器，从而落实新时代教育立德树人的根本任务。

二、课程思政的内涵、意义及专业课与其融合的必要性

（一）课程思政的内涵

经教育部党组会议审议通过，由教育部印发的《高等学校课程思政建设指导纲要》指出，立德树人是高校工作的根本任务，全面推进课程思政建设是人才培养的必备内容和战略举措。课程思政，就是要把思想政治教育融入青年学子课程教育的方方面面，不让思政课程成为思想政治教育的“孤岛”，而是通过课程思政来实现“全员全过程全方位”的育人。[1]课程思政来自建设中国特色社会主义的现实需要，来自培养德智体美劳全面发展的社会主义建设者和接班人的现实需要，来自保障“全员全过程全方位”育人的现实要求。[2]课程思政彰显了中国特色社会主义大学的特征，展现了社会主义核心价值观，表明了我们立足现实、主动转变、不断创新的教育理念。

（二）课程思政的意义

课程思政建设是落实立德树人根本任务的战略举措，是全面提高人才培养质量的重要任务。通过课程思政，能引导学生塑造独立人格，形成良好的道德品性，为学生进入社会安身立命打下坚实基础，在培育公共精神上起着重要作用。在全体高校、全部专业中推行课程思政，意味着我国高校学子能在日常学习中浸润于先进的思想理念，能够将青年学子应有的责任与担当内化。“少年强则国强，少年智则国智”，重视思想政治教育和理想信念的树立是高校教育中不可缺失的一环，对国家未来发展战略有着举足轻重的作用。

（三）专业课与课程思政融合的必要性

1. 课程思政的本质要求

做好高校的思想政治工作要紧抓课堂教学这一主要渠道，每门课都要守好一段渠、种好责任田，要充分挖掘各类课程中所蕴含的思想政治教育元素，梳理各门课程所承载的思想政治教育功能，以形成“三全育人”的教学体系。[3]全面推进课程思政建设要求高校紧抓课堂教学这一主渠道，要求高校在工作上围绕全面提高人才培养能力这个核心点，在内容上紧紧围绕坚定学生理想信念这一理念，把思政教育融入专业课程教学的细微处，融入专业课教学的教材与教学大纲中，融入课堂教学过程与课程的评价考核体系当中，从而形成专业课教学和思政课教学相互协同的局面。

2. 专业课程的内在需要

当下,培育社会主义建设者与接班人对高校人才的思想政治素质、法律素养和职业道德等综合素质都提出了较高的要求,而现实情况是企业缺乏社会责任感乃至违背行业准则和法律法规的例子屡见不鲜,但传统的专业课程培养理念和方式仍然以理论教学和技能培养为主,缺乏实务与理想信念上的引导,导致人才培养不能够适应新时代人才需求的变化。因此,与课程思政融合是专业课程的内在需要。

三、传统财务管理学课程及其不足

(一) 财务管理学课程内容与教学目标

财务管理学隶属于管理学的框架,侧重于企业的价值管理,是一门应用性很强的学科。该课程主要包含的板块有财务管理的基本理论、财务管理基本方法、企业资本的取得、资本的运用、收益分配的财务运作理论和方法以及企业的并购与重组等。财务管理学这门课程在知识与能力层面主要旨在使学生了解财务管理的基本理论,理解时间价值与风险价值的含义并能灵活运用和计算;掌握资本成本的含义、熟悉企业融资工具并能进行相关计算;把握财务杠杆、经营杠杆、复合杠杆的含义、计算和作用;掌握资本结构决策的理论和方法;掌握企业投资的决策方法如动态决策方法以及固定资产更新的决策方法;把握股票、债券投资的风险、价值评价方法、了解资本资产定价模型;掌握现金、存货、应收账款的决策方法,等等。

(二) 财务管理学课程传统教学的不足之处

1. 教学理念上的不足

传统的财务管理学在授课理念上的关注点主要停留在知识与能力层面,这导致传统的课程教学缺乏对职业精神的培育,更缺乏对社会责任感和实践过程中底线思维的树立,忽略了全方位育人的精神品质和道德情操等方面。高校学子较缺乏实践经验,对在实务中理论知识所涉及的社会责任认识不足,而社会责任感与底线思维的教育在传统教学中的体现也尚有不足,因此,高校需要在课程中改进教学和育人理念,重视相关方面的培养和教育,为未来祖国的建设培养出高素质的生力军。

2. 教学内容上的不足

传统的财务管理学的授课主要侧重知识目标——理解财务管理的基本内容,掌握财务管理的基本理论、基本模型和各种计算分析方法及能力目标——掌握财务管理的业务方法且具有一定的财务分析和解决财务管理问题的能力,常忽略社会责任感与底线思维相关内容的加入,缺乏社会责任相关的案例介绍和分析,而这些内容是形成高尚情操的鲜活的内容基础,不是精炼后的思想政治教育术语所能代替的。

3. 教学方法上的不足

传统教学在方法和维度上也相对单一,主要是通过教师讲授知识点,学生被动接收和知识点练习为主,缺乏对学生学习主观能动性的激发。许多课程引入了案例分析教学法和研讨式教学法等方法，但运用效果却不理想，甚至沦为了形式主义，为课程徒增课时压力。因此，在课堂教学上强调实质重于形式，科学有效地运用相关教学方法也显得十分必要。

四、“课程思政”背景下“财务管理学”课程教学改革探索

（一）课程思政背景下财务管理学教学改革着手点

1. 加强法制教育和底线思维教育

课程思政为财务管理学课程的改革提出了新的思路与指导，《高等学校课程思政建设指导纲要》指出了课程思政建设的目标要求和重点，其中就包括要深入开展法治教育。对于财务管理学课程而言，我们应帮助学生更多地了解专业和行业领域的国家战略和法律法规政策，强化准则意识，引导学生养成知敬畏、守底线的职业操守，鼓励学生主动维护社会主义市场经济秩序。[4]

2. 加强社会责任感的树立

大学不是为了培养社会主义事业的旁观者，而是要培养社会主义事业的建设者与接班人，那么，在课程教学中涉及的伦理道德问题、人文社会问题、职业精神等问题便不能跳过，并且简单的陈述和灌输也是远远不够的，要让学生从理智与情感上都由衷地认同，教师就需要提升自身的政治素养，给学生讲清缘由及其影响和意义以便为学生解惑，或采用文本案例、视频案例等多种方式使学生对社会责任感有充分的认识。

3. 加强教学内容的丰富

对于专业教育课程，应当合理拓展课程的广度、深度和温度，要提升课程的引领性、时代性和开放性。财务管理学是一门应用性很强的学科，这不仅要求学生动手实操，也要求课程为学生提供有代表性的、能跟上时代发展的案例，更要求老师的教学紧跟时代发展，带领学生贴近现实甚至将眼光投向未来，关注专业和行业现状，关注专业相关的前沿理论与技术。

4. 加强教学方法的应用能力

随着教育学的发展，各种各样的教学方法为大家所知和追捧，但不同的教学方法在不同的课程甚至不同教师的运用下，其效果都是不尽相同的，合适的教学方法能使教学成果事半功倍，科学而灵活地选取和运用各种教学方法能够切实推进课程思政改革的进程。

（二）课程思政背景下财务管理学课程教学改革措施

1. 在教学内容上有机融入底线思维与社会责任感教育

基于教学大纲，财务管理学课程内容主要可划分为财务管理概论、两种价值观念、资本成本与资本结构、筹资投资和利润分配以及财务预算、控制和分析，该课程以企业的财务活动为研究对象，因此，底线思维与社会责任感教育将会贯穿整门课程的教学，其间也会穿插一些其他的思政元素，另外，根据每一教学板块基本内容的不同，思政元素融入的具体方式和侧重点也会不同。如在财务管理概论部分，以委托代理问题入手，引导学生讨

论各方利益关系，并由此推导如何完善企业制度以使企业承担起社会责任。在筹资管理部分通过扩展国家和行业的相关法规知识，向学生强调应遵循相关法律法规，依法履行法律法规和投资合同约定的责任，合法合规筹资，依法披露信息，维护各方的合法权益。又如在财务预算、控制和分析部分引入某品牌咖啡财务造假案例，以现实反例引发学生对不做假账、维护好社会经济秩序的底线思维的重要性的思考。具体每一板块的教学内容及在其基础上可融入的课程思政内容及融合方式可见表1。

表1　　课程内容与思政元素及其融入方式

<table>
<tr><th>教学板块</th><th>基本内容</th><th>思政元素与融入方式</th></tr>
<tr><td>财务管理概论</td><td>财务管理的概念、目标与内容</td><td>研讨委托代理问题与相关方利益冲突，并讨论如何通过企业制度保证社会责任的履行</td></tr>
<tr><td>两种价值观念</td><td>资金时间价值的概念与各类终值现值的计算和应用；投资风险的基本概念和风险价值的计算与应用</td><td rowspan="2">在理解资金时间价值、风险价值和财务杠杆与财务风险关系的基础上，通过案例讨论来认知：只顾获取财务杠杆利益，无视财务风险而不恰当地使用财务杠杆的做法最终将损害投资人的利益，而投资人作为利益相关方是企业社会责任的一部分</td></tr>
<tr><td>资本成本与资本结构</td><td>资金成本的概念和相关计算以及最优资本结构和降低成本的途径</td></tr>
<tr><td>筹资管理</td><td>筹资的概念与原则、各种筹资方式的优缺点及合理的筹资决策</td><td rowspan="3">1. 布置小组任务鼓励学生独立搜集并梳理筹资、投资和利润分配的相关资料——包括筹资的方式、原则、制度、程序和其他规定，投资类型、企业注册条件等，以及利润分配的程序、原则和管理制度等。
2. 通过课堂展示加深学生对该板块内容的印象，使原本枯燥的知识点变得更易接收
3. 在自主学习的方式下加强学生对政策法规和管理规定的认知，引导学生做有底线、有高尚情操与职业精神的人</td></tr>
<tr><td>投资管理</td><td>项目投资的概念、特点、分类与决策，现金流量的概念与相关计算；证券投资管理的概念、程序及风险和收益的计算</td></tr>
<tr><td>利润分配管理</td><td>收益分配政策的影响因素、评价与选择以及分配程序</td></tr>
<tr><td>财务预算</td><td>财务预算的概述与编制方法</td><td rowspan="3">引入瑞幸咖啡财务造假案例，通过课堂研讨，以现实反例引发学生对拒绝财务造假，维护好社会经济秩序的底线思维的重要性的思考</td></tr>
<tr><td>财务控制</td><td>财务控制的种类与意义</td></tr>
<tr><td>财务分析</td><td>财务指标分析的各个方面，财务综合分析的两种方法以及杜邦体系分析法</td></tr>
</table>

资料来源：由笔者整理而成。

2. 在教学方法上巩固教学内容的改进

目前使用较广的教学方法包括案例教学法、互动式教学法和研讨式教学等，但这几种方法在运用过程中也暴露了一些值得改进的问题。常见的是课程的案例分析环节沦为形式主义，这主要是由于一些案例质量较低或已然过时，又或叙述不清、缺乏必要情境，造成案例缺乏趣味或学生缺乏分析案例的必要信息。因此，案例的选择与准备是案例教学的重点，用于案例教学的素材应该具备必要的信息量，并且或新颖、能代表当下业界热点，或具有代表性和启发意义等。研讨与互动式教学本身过程控制性较低且耗时，受课时所限，这类教学方法在运用当中难以发挥应有的成效，更谈不上在研讨互动结束后，还应当花时间复盘总结，这样方能达到提升思维能力的效果，而不是课堂上热烈讨论过之后，学生在各种观点的包围下思绪混乱。另外，研讨与互动式教学方法要求课堂具有较高的现代化水平，即在讨论过程中，学生应当能够并被鼓励随时利用互联网自我补充需要的讯息，并准备足够的资料——这本身也是一种学习的过程和一个信息时代学习者应有思维，而不是让学生仅仅利用自身相对薄弱的专业素养，在心有余而力不足的情况下分析问题。总而言之，选取合适的教学方法，并科学地运用各种教学方法能让课程思政事半功倍。

（三）课程思政背景下财务管理学的教学考核方案

基于课程思政的全面育人思想，在引入了思政元素的课程内容和对教学方法提出了更高要求的情况下，财务管理学课程教学考核的进一步完善是必然要求。除课程考试、日常作业和出勤率外，小组作业、课堂讨论与课堂发言也是重要的考核情景，这些情景能切实鼓励学生积极参与，开拓思维和提升团队合作能力，并使学生在主动参与和思考的过程中将所学所感内化，这对学生的各方面素养与情操有着良好的培育作用。

五、结语

培养什么样的人，是教育的首要问题。“课程思政”就是要实现全方位育人，培养社会主义的建设者与接班人，“课程思政”背景下，全部专业所有课程都应当尽一份力。财务管理学作为管理学框架下重要的专业课程，肩负着授业解惑与立德树人的双重重任。在“课程思政”背景下，本文论述了财务管理学课程教学改革需要将教学内容与思政元素有机结合、科学利用各种教学方法提升教学效果，以及与上述两种措施相配合的教学考核措施。课程思政是一种新的教育理念与教育实践，彰显了社会主义大学新的课程观，只有充分把握课堂教学这一主渠道，才能保障理想的全方位育人的成功实践。

参考文献

[1] 习近平在全国高校思想政治工作会议上强调把思想政治工作贯穿教育教学全过程，开创我国高等教育事业发展新局面[N].人民日报，2016-12-09.

[2] 刘鹤，石瑛，金祥雷.课程思政建设的理性内涵与实施路径[J].中国大学教学，2019(3)：59-62.

[3] 杨国斌，龙明忠，课程思政的价值与建设方向[J].中国高等教育，2019(23)：15-17.

[4] 张莉.财务管理专业推进“课程思政”建设的策略[J].学校党建与思想教育，2019(18)：55-56.

“非营利组织管理”课程双师“对话式”教学初探*

邹珊珊　杨蓓蕾　许　洁

（同济大学经济与管理学院）

摘　要：“非营利组织管理”是一门理论与实践结合非常强的课程。双师（校内主讲老师和校外非营利组织实务工作者）“对话式”教学实践，通过课前、课中、课后三大环节展开。课前主讲教师进行充分的课程准备，精心选择适合课程的校外师资；课中校内校外双师通过对话方式铺展课程，学生积极参与对话，与双师互动交流和讨论；课后进行课程反馈，了解双师“对话式”教学的实际效果。经过1个学期的探索和实践，双师“对话式”教学获得良好的课程效果。学生课程兴趣得到激发，对理论和实践有了更深入的认识；非营利组织实务工作者学到更多的理论知识和宏观视野，优化了其项目管理流程；校内主讲老师获得了丰富的实践知识和看问题的不同视角，收获了相关领域的发展前沿和实务经验。

关键词：非营利组织管理；“对话式”教学；双师教学

Abstract: The management of non-profit organization is a course with strong combination of theory and practice. The “dialogue” teaching practice is carried out through three steps: before class, during class and after class. Before class, the lecturer should make full preparation for the course and carefully select the teachers outside the school suitable for the course; during the class, the double teachers inside and outside the school unfold the course through dialogue, and the students actively participate in the dialogue, and interact and discuss with the double teachers; after class, the course feedback is carried out to understand the actual effect of the “dialogue” teaching of the double teachers. After one semester of exploration and practice, the “dialogue” teaching of double teachers has achieved good results. Students' interest in the curriculum has been stimulated, and they have a deeper understanding of theory and practice; the practical workers of non-profit organizations have learned more theoretical knowledge and macro vision, and optimized their project management process; the lecturers in the school have gained rich practical knowledge and different

* 此文是同济大学经济与管理学院教学改革研究与建设项目“非营利组织管理课程‘对话式’教学创新研究”的阶段性成果。

perspectives to see problems, and have gained the development frontier and practical experience in related fields.
Keywords: non-profit organization management; "dialogue" teaching; double teacher teaching

一、引言

"非营利组织管理"是一门理论与实践性非常强的课程，既有丰富的理论和概念框架，又有很多实务操作的内容。由于学生较少接触到非营利组织具体管理实务，因此，以往的教学安排，往往是邀请非营利组织实务工作者给学生做讲座，在讲座后设置提问互动环节。然而，在一堂课上，如何更好地把理论知识和实践知识贯穿在一起，并且与学生有更多的互动交流，让学生对相关知识有深入了解并能有自己的洞见，是个重要的课题。在2019—2020学年"非营利组织管理"的课堂上，我们尝试了双师（校内主讲老师和校外非营利组织实务工作者）"对话式"教学，取得了令人满意的效果，获得了学生们的好评。

二、双师"对话式"教学的含义

"对话式"教学原是指教师和学生之间的对话教学，是教学主体与受体之间基于一种平等的关系，在一种对问题或话题的共同探讨中实现对真理的认知并达成共识的过程。[1]对话式教学的倡导者，著名教育家保罗·弗莱雷强调，在教学中，对话是一种创造活动，对话的双方共同去揭示这个世界、去改造这个世界。[2]实践中，对话式教学常在一些实务操作较强的课程中运用，并由两位老师合作进行。比如清华大学公共管理学院MPA的"非营利组织管理"课程便是由校内主讲老师和资深非营利组织实务管理者对话式进行，取得了较好的成果并且出版了教材。

本课程采用的双师"对话式"教学，是指校内主讲老师和校外实务工作者同时在课堂上讲授课程，两位老师通过对话探讨的形式，阐述课程的理论部分和实践部分。目前，探索双师教学的主题是实操性较强的内容，一个是非营利组织项目管理，一个是非营利组织创设，课时为4课时。"对话式"教学并不仅局限于双师之间的交流，也包括与学生进行平等对话交流，以帮助学生对相关主题有更深入的了解和形成自己的洞见。

三、双师"对话式"教学的师资挑选和确定

选择到合适的校外老师，是双师"对话式"教学授课成功的基础。由此，校外师资的确定，就显得非常重要。在确定校外师资时，需要考虑到社会组织的美誉度、校外师资能力与课程内容的匹配度、校外师资参与备课、授课的可行性等因素。

以2019—2020学年"非营利组织管理"课程的"项目管理"的主题为例，课程首选了获得全国五一劳动奖状、全国社会工作服务示范单位的非营利组织——YZ社会工作服务中

心(以下简称 YZ 中心)为合作机构。该组织在 2011 年由民间发起,机构扎根社区,携手社群,致力于通过本土实践与研究,探索社会工作方法在儿童、青少年、家庭、城市新移民服务等领域的应用,汇集社会资源,推动社区发展。本年度课程校外师资人选则定为 YZ 中心的资深项目经理 S 老师。S 老师也曾是大学老师,有良好的授课经验,主要负责的项目曾获 A 区妇联、团委颁发的多个奖项。经过沟通后,S 老师非常愿意和校内大学生分享,并积极参与备课,而且参与课程的时间有保证。

四、双师“对话式”教学的实施和效果

对话式教学强调主体之间的互动,让知识流淌起来,有益于形成师生共同体[3]。在“非营利组织管理”的课程上,“对话式”教学主要在双师之间和师生之间互动,课程教学取得校内主讲教师、校外实务教师、课程学生多方受益的良好效果。

(一) 课程准备

双师联合备课。在课程准备方面,一方面是两位老师的准备。校内主讲老师将以往的授课课件发给非营利组织实务工作的老师,而实务工作的老师则把近几年来相关实务资料和培训资料分享给校内的主讲老师。根据双方的资料,充实并确定了课件的主要内容模块。然后双方面对面一起梳理课程的主要理论要点、实务工作中的经验和存在的问题,进一步完善课件。最终,双方就各自要阐述的部分进行了分工,明晰了对话探讨的主要内容和知识要点。比如此次课程中有关项目设计的部分,理论部分校内主讲老师主要阐述项目设计的要点:一是基于组织使命,二是满足服务对象特定的需求。非营利组织实务工作者就这些要点,介绍了 YZ 中心基于组织的使命,挖掘来沪工友职业适应的需求,来设计“城市新移民服务”项目的过程。

学生课程准备。学生在课程准备上也需要下功夫。在双师“对话式”教学前两个月,学生们已经接受了非营利组织自创项目设计的作业。因此,每个学生应在阅读相关项目设计和管理的资料后,带着自己在项目设计和项目运作管理方面的理论和实践问题来参与课程。

(二) 双师“对话式”教学

双师“对话式”教学的课堂开展。在课堂上,双师按照之前准备的课件,由校内主讲老师主讲一些概念和理论,校外实务工作者贯穿着阐述实务部分,一起对话探讨理论与实践之间的关系和知识要点,此次课程涉及项目设计、项目组织实施和控制管理等内容。比如,非营利组织选择做什么项目究竟是基于什么原因,使命驱动和基于服务对象尚未满足的需求分析该如何进行,双师根据现实中一些问题及自己的实践经验进行分析,在对话中彼此补充和开启,将课程主题的内容呈现得丰富立体。

师生“对话式”教学的课堂实践。有效对话发生的前提在于平等、安全的氛围。因此,对话式教学应注重氛围营造,激活学生对对话的渴望。[4]而讨论自己关心的议题和想法,能够让学生“终于感觉到他们像是自己思想的主人。”[5]因此在课程中,强调鼓励师生对

话，允许学生随时表达自己的观点，并且探讨自己关心的话题。学生在上课时会要求老师对他们关注的点进行进一步阐述，同时根据自己的项目追问探讨更多的内容，而老师则一一回应讨论。

（三）双师“对话式”教学的效果

学生的课程收获。2019—2020学年“非营利组织管理”课程双师“对话式”教学收到较好的效果。在课堂上，学生参与热情较高，实时与老师互动。学生们在带着自己思考的问题与老师对话中，常有恍然大悟的收获，也启发了他们自己的创设项目。他们反馈的是“自己整个思路跟得很紧”“大大激发课程兴趣，提高上课质量”“理论与实践相结合，更好将理论知识运用到实际工作中去”“明白了很多”。

校内主讲教师的课程收获。对于校内的主讲教师而言，通过与实务工作者一起备课和讲课，前期交流资料时就收获了相关领域的发展前沿和实务经验，面对面备课过程中又对一些实务问题有了深入的了解，并对一些理论的适用性有了更进一步的反思。在课堂上与实务工作者的对话，以及和学生的对话，既提高了课堂的掌控能力，更明确了课程主题的理论与实践结合。

非营利组织实务工作者的课程收获。2019—2020学年“非营利组织管理”课程的校外非营利组织实务工作者S老师的反馈是，通过此次教学，她系统梳理了一些实务经验，而校方提供的一些理论知识，拓展了她的宏观视野，也有助于优化其项目管理流程。

五、结语

2019—2020学年“非营利组织管理”课程双师“对话式”教学的初探，通过选择合适的师资，课前进行充分的课程准备，课中双师进行对话讨论，师生互动对话，最终获得了良好的课程效果。课程探索实现了多赢，学生课程兴趣得到激发，对理论和实践有更深入的认识。校内主讲老师获得了丰富的实践知识和看问题的不同视角。实务工作的校外老师，则通过参与备课授课的过程，学到了更多的理论知识，并拓宽了宏观视野。

当然，课程还是有考虑欠周的地方。2019—2020学年“非营利组织管理”课程双师“对话式”教学教室的选择不尽如人意。适合“对话式”教学的教室课桌应该排放成圆形或椭圆形，既方便双师对话和与学生交流探讨，又能体现对话中的师生平等。然而，此次双师教学是在传统的教室中进行的，桌椅是不可移动的，因此，教学中老师和学生无法围坐在一起平等地面对面交流。未来如果要进行“对话式”教学，教室选择是个重要的考虑因素。

参考文献

[1] 谢瑜.“自然辩证法”对话式教学的实践与思考[J].自然辩证法研究，2016，32(2)：108-113.

[2] 黄志成，王俊.弗莱雷的“对话式教学”述评[J].全球教育展望，2001(6)：57-60.

[3] 余文森.新课程教学的基本走向[J].福建师范大学学报(哲学社会科学版)，2008(6)：139-142.

[4] 高洁.思想政治理论课对话式教学的“乔哈里窗”机制探索[J].思想教育研究，2019(8)：112-116.

[5] 弗莱雷.被压迫者教育学(30周年纪念版)[M].顾建新，等，译.上海：华东师范大学出版社，2014.

“外汇模拟交易”精品实验项目建设的探索*

——基于同济经管学院国际金融课程实践

叶 欣

（同济大学经济与管理学院）

摘　要：为了适应大数据分析和量化策略构建等金融投资管理发展的最新方向，全面提高学生的专业技能以及创新实践能力，2019 年起同济经管学院在国际金融专业课程中开始建设“外汇模拟交易”精品实验项目。本文总结了“外汇模拟交易”精品实验项目的建设思路、实验教学要求、实施条件、实验模块以及考核制度等研究设计工作，并结合实验项目满意度的问卷调查结果分析了精品实验项目实施的成效和存在的问题。总体上而言，“外汇模拟交易”精品实验项目取得了阶段性的教学成果，获得了同学们的高度认可。在此基础上提出三点改进建议，即进一步完善实验指导资料、更新交易软件和编程、融合发展线上+线下实验模式。

关键词：国际金融；外汇模拟交易；精品实验项目；量化投资策略

Abstract: In order to adapt to the latest development direction of financial investment management, such as big data analysis and quantitative strategy construction, and improve students' professional skills and innovative practice ability, School of Economics and Management in Tongji University began to build the high-quality experimental project of simulated foreign exchange transactions in the course of international finance from 2019. The paper summarizes the construction ideas, experimental teaching requirements, implementation conditions, experimental modules and examination system of the high-quality experimental project of simulated foreign exchange transactions, and analyzes the effectiveness and existing problems of the implementation of the high-quality experimental project combined with the results of the questionnaire survey of the satisfaction of the experimental project. In general, the "simulated foreign exchange transactions" high-quality experimental project has achieved periodic teaching results and won high recognition from students. On this basis, three suggestions for improvement are put forward, that is, to further improve the experimental guidance materials, to update the trading software and programming, and to develop the integration of online and offline experimental mode.

---

* 本研究得到同济大学第十二期精品实验项目资助。

Keywords: international finance; simulated foreign exchange transactions; high-quality experimental project;quantitative investment strategy

一、引言

实践是高校教学中不可缺少的环节,是高等院校育人和综合素质培养必不可少的重要内容,也是衡量高校育人质量最主要的方面。为适应时代发展对金融人才培养的需要,在高校课程建设中需要切实增强实践教学内容,不断完善课程体系。“国际金融”作为经济金融类专业的核心课程,一直强调理论与实践教学并重,通过课程教学使学生明确国际金融学科的研究对象,牢固掌握国际金融的基本概念,熟悉国际金融的基本业务,并能进行国际金融的基本业务操作[1]。其中,最具实践操作性的就是外汇交易这部分内容,包括外汇报价、外汇走势分析、外汇即期和远期交易、外汇风险管理等。近年来,国内高校逐步在国际金融课程中引入模拟交易教学、外汇实训等环节,取得了较为丰富的实践经验[2-3]。

同济大学经管学院经济与金融系于 2014 年开始在“国际金融与管理”课程中引入体验式实践教学改革,2014—2018 年连续五年面向贸易、金融、数理金融专业本科生开设外汇模拟交易实验,受到学生们的普遍欢迎。为了适应大数据分析和量化策略构建等金融投资管理发展的最新方向,2019 年开始,在原有实验项目基础上建设“外汇模拟交易”精品实验项目。通过探索在国际金融专业核心课程中开设“外汇模拟交易”精品实验项目,全面提高学生量化分析、投资策略构建和市场操作的专业技能,切实推进鼓励学生创新和实践的实验教学目标。本文主要对精品实验项目的建设思路、内容设计、实施效果进行了系统性分析,并在此基础上提出了持续改进的建议。

二、外汇模拟交易精品实验项目的建设思路

(一) 精品实验项目的建设背景

经济与金融系于 2014 年开始在本科生课程“国际金融与管理”中引入体验式教学改革,2014—2018 年连续五年面向贸易、金融、数理金融专业本科生有序开展了外汇模拟交易实验。针对外汇这一重点学习模块,将外汇基础知识、外汇决定理论、外汇交易方式、外汇风险管理等理论知识与外汇交易实际工作环节结合起来,设计具体的实验项目,选用成熟的外汇模拟交易软件(钱龙模拟交易系统),搭建可行的实验操作平台系统(包括硬件环境、账号管理等),撰写实验指导书(包括实验准备、实验项目和步骤、实验测试),并建立实验课程考核指标。

通过五年的实际运行,外汇模拟交易实验教学受到了学生们的好评,取得了一系列的实践成果,但仍存在一些不足之处。主要体现在原有的实验项目侧重外汇实盘交易的体验式教学,实验内容设计较为简单,难以满足学生日益增长的对量化分析专业能力提升的要求。而大数据分析和量化策略构建是金融投资管理发展的最新方向。因此,2019 年开

始,课题组密切结合国际金融学、金融市场、投资学等课程所学理论知识,突出实验项目的综合性和设计性,在原有实验项目基础上建设“外汇模拟交易”精品实验项目。该项目将体验式教学的模拟实验教学方法和数据分析、量化策略构建等理论实践教学方法结合在一起,让学生更加贴近金融发展的现实环境、更加深入地了解外汇投资的现状,全面提高量化分析、投资策略构建和市场操作的专业技能。

(二) 精品实验项目的创新思路

“外汇模拟交易”精品实验项目侧重数据收集、指标分析、量化策略的构建,在已有的外汇模拟交易实验中融入趋势分析、择时交易、交易策略等创新内容,在实验教学模块设计中鼓励学生自创投资策略并实际操作检验。本项目的实验教学使数理金融、金融和贸易等专业的本科生能够更加深入地掌握外汇交易的基础知识和基本实践技能,同时掌握创建量化策略的基本方法和操作过程,切实推进鼓励学生创新和实践的实验教学目标。

精品实验项目建设思路的创新之处包括:①构建创新的实验内容,本项目在原有实验基础上侧重量化分析和策略构建在外汇交易中的实际应用,符合金融投资管理发展的最新方向,具有综合性和设计性的显著特点,包含与以往侧重交易体验的实验项目不同的创新内容。②突出量化分析特色,构建一个有效的量化投资策略,需要深入了解相关理论,收集整理大量的金融市场数据,熟练掌握指标分析、趋势分析、相关性分析等技术,在此基础上进行科学量化分析和建模,本项目侧重量化分析内容的设计和考核,对学生量化分析专业技能的提高具有显著效果。③鼓励学生创造性思维,本项目不局限于外汇交易软件的简单应用,在指导学生掌握基本方法后,鼓励学生独立设计量化分析指标和自创量化交易策略,创造性地将其应用于外汇市场操作,并通过组织外汇投资大赛等活动验证策略的有效性,这对培养学生的创新能力和实践能力具有很好的推动作用。

三、外汇模拟交易精品实验项目的内容设计

精品实验项目主要基于量化分析技术,对外汇模拟交易实验的教学要求、实施条件、实验内容和考核制度进行系统化设计。

(一) 精品实验项目的教学要求设计

首先,专门制订面向量化分析技术的外汇模拟交易教学大纲和教学计划书,以便对整个实践教学环节加以规范和指导。安排专门的课时和融和数据资源的专业金融实验室进行课内实验。学生应按时完成实验的各个环节,按教师要求学习实验指导资料,进行量化策略构建和模拟交易操作,提交各个实验环节的文件。

其次,为了更好地激发学生的创新能力和实践能力,本项目采用多种实验教学手段,在国际金融课程课内安排专业实验室集中进行外汇模拟交易实验,由老师进行讲解、演示和指导,帮助学生全面了解和掌握外汇模拟交易操作和量化策略构建流程。同时,利用课余实践组织学生进行外汇投资量化策略创意大赛和外汇模拟交易实训,鼓励学生自创策略并开展实际操作。通过本项目的实施,营造更加丰富有趣的实验教学氛围,切实提高学

生的专业技能和创新能力。

(二) 精品实验项目的实施条件设计

一方面,编写面向量化分析技术的外汇模拟交易实验操作手册。系统收集关于量化投资策略和金融市场交易操作的专业书籍、文献资料、培训素材等,组织具有较深理论功底和丰富实践经验的中青年骨干教师编写包含量化策略构建流程的外汇模拟交易实验指导书,具体包括外汇交易基础知识、市场基本面和技术分析指标、趋势分析、量化投资策略构建流程等内容。这些教材将完全体现实验操作的风格,框架严谨,线索清晰,步骤明了,让学生按部就班地体验策略构建和外汇投资业务的操作流程。

另一方面,建设融和数据库资源的金融模拟实验教学环境。基于量化分析技术的外汇模拟交易实验项目需要专业实验室进行硬件和软件建设,安排专职老师进行系统维护和实验准备。目前,经管学院已经在本部建立了大数据金融专业实验室,配备了国泰安和Wind等金融专业数据库。同时,在嘉定建立了经管学院综合实验室、网络行情接收系统以及模拟操作系统的先进计算机设备。可对现有的两大实验室进行整合,建设融合数据资源的外汇模拟交易实验室。

(三) 精品实验项目的实验模块设计

表1　　外汇模拟交易精品实验项目的模块内容

课内	实验模块	实验内容
(1)	模拟交易软件安装与使用	熟悉钱龙外汇模拟教学软件的安装、登录、账户管理和各模拟交易模块的操作流程,掌握止损和止盈挂单方式
(2)	外汇行情解读	熟悉外汇交易币种、直盘和交叉盘汇率,读懂主要货币对报价,熟悉分时走势图等
(3)	外汇走势分析	掌握K线图、移动平均线、经典技术分析指标(MACD/KDJ/RSI/BOLL/DMI等),掌握宏观基本面分析指标(国际收支、利率、经济增长、财政赤字等)和跨市场相关指标(美元指数、黄金价格、货币期货期权等)
(4)	数据库的使用	熟悉国泰安、Wind等金融专业数据库的内容,掌握数据的提取和整理、指标的选择、趋势分析和相关性分析等
(5)	量化投资策略构建	初步掌握量化投资策略的构建步骤和基本方法,熟悉相关指标,收集整理数据,采用基本面分析、技术分析、趋势分析以及相关性分析等方法,构建货币对选择、择时交易、统计套利等量化投资策略
(6)	量化策略的检验	熟悉MT4外汇模拟交易软件的策略构建模块并能进行编程操作,对构建的量化投资策略进行参数优化和回测检验
课外	实验模块	实验内容
(1)	外汇模拟交易实训	采用钱龙外汇模拟交易系统,进行课余外汇模拟交易实训,鼓励学生在交易中采用量化分析技术及量化投资策略,进一步提高学生对外汇市场的感知能力和实践能力
(2)	外汇量化投资策略创意大赛	组织学生开展外汇量化投资策略创意比赛,通过论文形式提交策略设计创意,提高学生构建创新性量化交易策略的实践能力

(四) 精品实验项目的考核制度安排

在考核制度安排上，加大对创新性交易策略和实战操作业绩的考察。除了传统的实验报告考核形式外，还需要对学生构建的量化交易策略进行投资理论、数据分析和操作绩效的全面评价。每学期安排举行外汇模拟交易实训、外汇投资量化策略创意大赛等活动，综合考虑计入总成绩。具体的考核内容包括两方面：

(1) 在国际金融课程中安排课内学时进行规定实验项目，目的是帮助学生掌握基本的外汇交易操作方法和量化策略构建流程，采用传统的围绕具体实验内容的实验报告考核形式，在实验报告的项目设计中纳入数据、指标、基本策略等量化分析内容，实验报告的完成质量占实验项目总成绩的 50%。

(2) 课外学时组织举行的外汇模拟交易实训和外汇投资量化策略创意大赛，目的在于鼓励学生创新和实践，需对学生构建的量化交易策略进行投资理论和操作绩效的全面评价。策略创意大赛聘请业内专家对量化策略进行评价和排名，对实际操作业绩，按照盈利指标、成交量指标和风险指标等，综合考虑计入总成绩的 50%。

四、外汇模拟交易精品实验项目的实施结果

(一) 精品实验项目的实施情况

2019 年开始严格按教学计划进行“外汇模拟交易”精品实验项目建设。2019 年下半年初步完成基于量化分析技术的“外汇模拟交易”精品实验项目的教学要求、实施条件、实验内容和考核制度的研究工作。首先，收集研读量化投资策略和外汇市场交易操作的专业书籍、文献资料、培训素材等，组织课题组成员编写包含量化策略构建流程的外汇模拟交易实验教学资料，包括外汇交易基础知识、市场基本面和技术分析指标、趋势分析、量化投资策略构建方法和步骤等具体内容，初步完成了外汇模拟交易实验教学课件的制作。其次，进行外汇模拟实验教学环境的建设。基于量化分析技术的外汇模拟交易实验项目需要专业实验室进行硬件和软件建设，在嘉定校区的经管学院综合实验室建立了包含网络行情接收系统以及模拟操作系统的先进电脑设备，安排专门的老师进行系统维护和实验准备。通过实际调研和反复论证，确定外汇模拟交易软件采用钱龙软件，外汇量化策略软件采用 MT4 软件。

2019 年 10 月首次安排来自金融学、数理金融、贸易专业的本科生(39 人)在国际金融与管理课程中进行了两次(6 个课时)上机实验。一方面组织学生在嘉定校区的经管学院实验室完成课内实验内容，由教师主讲、演示并对学生进行上机操作指导。另一方面安排学生利用课外时间继续进行为期一个月的外汇模拟交易(个人)和量化策略交易(分组)。外汇模拟交易采用钱龙模拟交易软件，外汇量化策略交易采用 MT4 软件。学生根据外汇模拟交易和量化投资策略，整理实验数据，总结投资决策过程和投资绩效，以及完成模拟交易实验报告和量化投资策略报告。教师根据最后的两份实验报告给出个人成绩和小组成绩。最终，所有学生均顺利完成个人外汇模拟交易实验报告，有 12 组提交了自己设计

完成的外汇量化策略交易报告。第一次尝试在外汇模拟交易实验课程中纳入量化投资策略的构建，学生有一个熟悉的过程，课后开展了基于基本面和技术分析的外汇模拟交易实训和初步的量化投资策略分组报告，但没有开展量化投资策略交易大赛，后续积累经验后会再推进。

（二）精品实验项目的满意度调查

2020 年 1 月课题组对参与 2019 年秋季学期外汇模拟交易实验的学生（包括金融、贸易和数理金融三个本科专业）开展了网络问卷调查，以及时了解项目实施的效果，并反馈意见。问卷设计了 20 道选择题和 2 道开放性问题，共回收 39 份有效问卷。

从统计的结果来看，通过参与基于量化分析的外汇模拟交易精品实验项目，绝大部分同学掌握了外汇交易知识、熟悉了软件操作、制定了自己的交易规则。其中，58.97%的同学认为对提升专业能力有很大帮助，38.46%的同学认为有帮助，整体满意度达到 97.43%。其中，学生收获最大的是外汇基础知识和外汇实盘交易，其次是量化投资策略。可见，精品实验项目对外汇交易基础知识的资料准备充分，外汇实盘模拟交易也积累了丰富的经验。外汇量化投资策略是新加入的内容，由于实验资料还不够成熟，学生对量化投资策略的构建过程和 MT4 软件尚不熟悉。在开放性问题的回复中，学生提到的主要困难包括技术指标分析、交易策略构建和执行、实验课时较为有限等。

五、外汇模拟交易精品实验项目的改进建议

（一）精品实验项目指导资料的完善

目前，完成了外汇模拟交易和量化策略实验的主要教学资料，制作了近 200 页的教学课件，但还有一些配套教学资料需要完善。“外汇模拟交易”精品实验项目可提供一套完整的教学资料，包括实验教学大纲、实验项目指导书、实验教学课件及实验考核标准等。后续根据学生反馈的意见，进一步调整实验教学大纲、实验指导书和考核标准等。特别是要结合实验模块内容的设计，编写更精细化的实验指导书，对实验过程和内容、难点进行更详细的阐述，让学生能实现在线自主学习，也方便教师在线下实验操作时给予学生有针对性的指导。

（二）交易软件的更新和编程学习

外汇实盘模拟交易这部分内容发展比较成熟，主要采用钱龙模拟交易软件；而外汇量化投资策略构建和检验是比较有挑战性的新内容，市场上没有现成的模拟交易软件，MT4 的模拟交易模块可提供部分基于技术指标的策略构建。学生第一次接触外汇量化投资策略，普遍反映策略构建的过程和编程实现比较困难。下一阶段需要结合目前的 MT4 软件运行情况，调整这部分实验教学内容和实验难度，循序渐进，先易后难，明确量化策略实验的步骤和考核标准。同时，对创新型量化策略编程实现这部分内容，鼓励学生进行编程软件的学习和跨专业的合作，教师也应提供一些编程指导和资源支持。

第6题： 你是从哪些渠道开始了解外汇交易的知识? [多选题]

选项	小计	比例
A课堂	36	92.31%
B书籍	19	48.72%
C朋友或家人	8	20.51%
D网络	27	69.23%
本题有效填写人次	39	

第8题： 在外汇模拟交易实验中，是否能熟练掌握软件的具体操作？ [单选题]

选项	小计	比例
A非常熟练	10	25.64%
B一般熟练	26	66.67%
C不太熟练	3	7.69%
本题有效填写人次	39	

第16题： 你是否建立了自己的交易规则，并遵照执行? [单选题]

选项	小计	比例
A建立并执行	8	20.51%
B 建立有时执行	18	46.15%
C 建立没有执行	1	2.56%
D没有明确的交易规则	12	30.77%
本题有效填写人次	39	

第19题： 通过外汇模拟交易实验,对你的专业能力的提高是否有帮助? [单选题]

选项	小计	比例
A有很大帮助	23	58.97%
B帮助一般	15	38.46%
C没有帮助	1	2.56%
本题有效填写人次	39	

第20题： 外汇模拟交易实验哪方面内容给你收获最大? (可多选并排序) [多选题]

选项	小计	比例
A外汇基础知识学习	26	66.67%
B外汇实盘交易	26	66.67%
C外汇量化策略	13	33.33%
D三者都有	16	41.03%
本题有效填写人次	39	

图 1　调查问卷结果统计

（三）线上学习＋线下实验的融合

“国际金融与管理”课程是经济金融类本科生的专业核心课程，教学内容较丰富，教学方式多样化，包括案例教学、实验教学等。现阶段安排了6个课时的实验教学，学生普遍反映实验内容较多，在实验室学习操作的时间比较有限。由于新冠肺炎疫情，大部分课程转为在线教学，老师和学生都开始日益熟悉在线教学环境。对精品实验项目而言，在课时有限的条件下，今后可以考虑线上学习＋线下实验的方式，既能有效利用现有的资源，又能最大限度地提高实验课程的教学效果。如把与外汇模拟交易、基本面分析、技术分析、量化投资策略构建步骤等知识性教学内容放到网络上，学生可以随时进行在线学习，并提出问题，与教师进行更充分的沟通，教师也可以为学生提供更全面的指导；把需要模拟交易软件、数据库和编程操作的部分放到线下实验室进行，在操作前阅读实验指导书了解相关知识，做好实验的资料准备，现场提供更多的操作指导和问题讨论。未来，还可以进一步借鉴模拟投资竞赛在证券投资课程中的实施经验[4]，使用竞赛软件功能，开展基于各种量化分析和策略构建的外汇模拟交易大赛，让学生实现线下指导和线上竞赛互动的全方位实践学习。

六、结语

综上，在同济大学第十二期精品实验项目资助下，“外汇模拟交易”精品实验项目立项1年时间以来，已初步完成实验项目的教学要求、实施条件、实验内容和考核制度的研究设计工作，2019年秋季学期在本科生“国际金融与管理”课程中进行了6个学时的基于量化分析技术的外汇模拟交易上机实验，并进行了针对实验项目满意度的问卷调查，获得学生们的普遍认可，总体满意度超过97%，取得了阶段性的教学成果。

将量化分析和投资策略构建引入外汇模拟交易实验，是一个从无到有、不断探索的过程，在教改实践中充满了挑战性。回归精品实验项目立项的初心，为了实现实验教学改革的目标，后续还需要进一步完善实验教学和指导资料，更新量化策略构建的编程软件，推进线上＋线下实验的融合，开展专家讲座和交易大赛，使学生得到更加全面、深入和细致的实验指导，激发学生的创新思维和主动学习能力，切实提高学生量化分析、策略构建和交易操作等金融投资的专业素养。

参考文献

[1] 沈军，王聪.国际金融教学内容体系研究[J].金融教学与研究，2009(2)：75-77.
[2] 周光霞，徐吉祥.模拟实践教学在国际金融教学中的应用分析[J].大学教育，2018(3)：129-131.
[3] 吴燕.外汇实训在国际金融学教学中的应用——基于南大金融学院的实际教学[J].科技资讯，2017(19)：208-209.
[4] 黄军成.基于模拟投资竞赛视角下证券投资学实践教学研究[J].大学教育，2016(3)：159-161.

在线教育常态化探索

——以“财务管理”课程为例

王鹿瑶　宋晓满　兀云波

（同济大学经济与管理学院）

摘　要：受新冠肺炎疫情影响，在教育部“停课不停教、停课不停学”的号召下，在线教育常态化进程加速推进。本篇将探析何为在线教育，结合财务管理课程实践经验分析在线教育现状，指出在线教育存在授课环境不良、师生实时互动程度低、课堂“搭便车”的问题。并从持续提升网络安全水平、深入推进“智慧校园”建设、建设新型信息化教育服务体系、创新在线课堂互动方式四方面，提出推动在线教育常态化建设的对策。
关键词：在线教育；高等教育；财务管理；新型基础设施

Abstract: Affected by the COVID-19 epidemic, the normalization process of online education has been accelerated in China for responding to the MOE's call of "Non-stop teaching and non-stop learning". This paper explores what is online education, and takes the course of Financial Management as an example to analyze the current situation of online education. We point out the problems facing online education, including poor teaching environment, low real-time interaction between teachers and students, as well as "hitchhiking" in class. Finally, the countermeasures are put forward to promote the normalization of online education by the following ways: improving network security, optimizing smart campus, building a new information-based education service system and innovating the interactive mode of online classroom.
Keywords: online education; higher education; financial management; new infrastructure

一、引言

2020年伊始，新冠肺炎疫情的暴发严重威胁着人们的健康与生命安全，全球范围内人们的日常生活乃至社会经济均受到前所未有的挑战。[1]疫情防控取得成效后，社会复工复产、高校恢复开学。但学校因为控制上课学生密度以及滞留境外的留学生不可入境返校等原因，仍然沿用“线下＋线上”兼顾的教学模式，在线教育迎来常态化发展趋势。

本篇以财务管理课程为例，在实际教学中，在线教育既有效地解决了时空局限、促进了高校组织形态的创新、提升了师生信息化技能水平，同时又存在教学环境不良、教学互动性低等问题。因此，如何解决现阶段在线教育在实践中遇到的瓶颈，对深入推进高校在线教育常态化发展具有重要意义。

二、在线教育常态化背景

（一）在线教育概述

20 世纪 90 年代末，随着互联网的发展与普及，在线教育席卷全球，从北美、欧洲迅速扩展到亚洲地区。20 多年来在线教育发展迅速，拓宽了人们获取知识的途径，形成时时、处处、人人可学的教育形态。

一般来说，在线教育分为直播教学和非直播教学。除此之外，还包括虚拟仿真实验课、在线研讨、混合式教学等创新方式。

表 1　　热门在线教育形式

教学类型	形式	使用软件
直播教学	视频会议直播	腾讯会议、ZOOM、全时云会议、TalkLine 等
	社交软件直播	微信、QQ、抖音、钉钉等
	直播平台直播	斗鱼、虎牙直播、一直播、YY 直播等
	课程平台直播	腾讯课堂、云班课、课堂派、雨课堂等
	电视台直播	CETV、各地方教育频道等
非直播教学	在线学习平台	MOOCs、学而思网校、知到、学习通、腾讯课堂、学习强国等
	视频播放器	哔哩哔哩、爱奇艺、腾讯视频等
	个人课程录播	百度网盘、腾讯微云等

（二）比较分析传统教育与在线教育

随着人们生活水平的提高，家长对子女教育的重视程度越来越高，要求更加高效、高质量的教学方式。且在线教育具有便捷、可自主选择、性价比高等特点。因此，中国教育市场在线教育的规模日趋增大，使得在线教育市场规模增速远远高于传统教育。新冠肺炎疫情危机下，在线教育打破时间、空间限制的优势愈发突显，加速了在线教育发展黄金时代的到来。

表 2　　传统教育与在线教育的区别

类型	传统教育	在线教育
学习时间	固定时间	任何时间
学习空间	固定地点	任何地点
课程设置	学校固定设置	个性化设置

（续表）

类型	传统教育	在线教育
教学对象	在学学生	任何学习者
学习体验	集体学习为主，个别辅导为辅；现场学习，互动程度高	集体学习为主，个别辅导为辅；在线学习，互动程度低
授课对象	在校老师	任何授课者
办学条件	教室、常用教具	电脑、移动设备

（三）在线教育迎来常态化趋势

新冠肺炎疫情防控期间，高校积极响应教育部“停课不停教、停课不停学”的号召，开展在线教育，在线教学、在线办公、在线答辩、在线复试等日程有序开展。由于高校师生的信息素养相对较高，学生自主学习与自我管理能力也优于中小学生，因此高校对在线教育的接受程度明显高于中小学。[2]两个季度以来，高校师生已经逐步习惯了数字化学习与办公的模式。

疫情防控期间的在线教育实践经验，为在线教育常态化发展积累了弥足珍贵的经验。新型基础设施建设的不断完善、高校数据治理水平的不断提升、教师信息素养和在线教学能力的不断提高，将为在线教育常态化发展奠定更加良好的基础。

三、在线教育现状——以“财务管理”课程为例

（一）在线教育的作用

1. 在线教育具有时空分离的本质优势

在线教育打破了传统教与学的时间、空间的局限性，上课时间、地点不受局限，为师生的教与学提供极大的灵活性与主动性。[3]从财务管理在线课程实际经验来看，在线教育一定程度上弥补了疫情防控期间，校园封闭、学生无处上学的窘境。同时，对于非全日制学生来说，在线教育更加节约时间成本，可以更好地平衡学业与工作。

2. 在线教育促进了高校组织形态的创新

疫情冲击背景下，大规模在线教学对高校治理能力提出了考验。许多学校为此成立在线教学领导小组，斟酌在线教育形式与应用软件，对教师在线教学技能进行培训，并实施在线教学质量督导。基于大数据等技术对教学全过程进行质量监控，保障在线教学顺利开展。从财务管理在线课程实际经验来看，课程助教会加入“同济——在线教学技术支持群”，无论在课程前、课程中、课程后遇到技术问题，都可以第一时间得到专业帮助，解决问题。

3. 在线教育提升师生信息化技能水平

在线教育促使师生提升信息技术能力，促进教育与教学的深度融合。教师提升信息化技能水平可以最大限度地优化学生在线学习环境，更好地构建以学生为中心的在线课

堂;同时,学生提升信息化技能水平也可以最大程度地融入在线课堂,提供学习效率。从财务管理在线课程实际经验来看,教学管理老师在上课之前向授课老师及助教学生发送《在线课堂平台使用指南》,使老师及学生提前掌握教学软件的使用方法,以便更好地开展教学活动。

(二) 在线教育存在的问题

1. 在线教育课程环境问题频出

疫情防控期间在线教育需求量爆炸式增长,随之而来的是客户端频频崩溃、网络延迟、师生操作 App 不熟练、课程中关闭摄像头、未经授权私自打开语音、师生上课形象不佳、学生偷工减料式听课等窘态。课堂教学环境问题频出使得在线教育备受诟病,未达到理想的授课效果。从财务管理在线课程实际经验来看,使用 ZOOM 或腾讯会议时,均有学生随意开启语音功能,导致其他师生受到杂音干扰。且每节课除了半小时考勤签到外,其他时间绝大多数学生选择关闭摄像头,老师无法得知学生上课情况。另外,由于每个同学的上课环境不同,每个人的网络质量也不同,个别学生因网络卡顿、延迟等问题无法观看课程,需要助教全程录课,以备不时之需。

2. 在线教育师生实时互动程度低

有效的师生互动是评价高校教学质量的关键因素之一。[4]当前,在线教育多为老师单一方向讲授的模式,很难实时跟进学生对课程学习的反馈。学生不能及时反映自身学习疑惑、分享观点,授课老师无法及时解答学生疑惑、引导学生形成良性互动交流的氛围。老师难以激发上课热情,学生感到缺乏课堂参与感与关注度。从财务管理在线课程实际经验来看,前期使用 ZOOM 时,可以通过分组讨论功能让学生参与到课堂讨论中,头脑风暴、分享观点,解决老师提出的问题,提升师生课堂互动度与现场教学感。同时,老师可以进入各个讨论组,观察学生讨论情况,随时解答学生疑惑。但后期使用腾讯会议时,由于没有分组讨论功能,只能一对一回答,老师、学生课堂互动程度明显下降。

3. 在线教育出现"搭便车"行为

课程类型包括公共课、专业课、理论课、实验课等多种类别,在 12 个学科门类中,每个门类都开设了注重培养学生实践能力的课程,但是现阶段在线教育技术条件难以达成锻炼每位学生实践能力的培养目标。从财务管理在线课程实际经验来看,财务管理作为一门应用学科,案例教学法是其重要的实践方式,在线教学每组派一名同学总结观点,导致出现"搭便车"行为,不能锻炼每名同学的实践能力。

四、在线教育常态化建设的对策

在线教育常态化趋势下,为更好地提升学生科研学术能力与综合素养,就要充分发挥信息技术驱动、引领作用。为更好地推动在线教育常态化,工作重心将集中体现在以下四层面。

(一) 社会层面应持续提升网络安全水平

一是全面加强网络安全统筹能力，构建多方联合的网络空间综合治理机制。

二是抓好网络安全等级保护，落实网站和信息系统分级、分类管理。

三是严密打击、防范网络犯罪，保护师生在网络空间的合法权益。

(二) 高校层面应深入推进“智慧校园”建设

一是高校应全面推进新型基础设施建设，支持人工智能、云计算、大数据分析、5G 等技术的深度应用。

二是推动虚拟校园建设，实现校园虚拟空间和物理空间的统一。

三是促进信息技术与教育教学的深度融合，构建以学生为中心、线上线下相结合的创新交互式学习环境。[5]

(三) 高校层面应建设新型信息化教育服务体系

一是持续优化人才培养、人力资源保障，建设专业的信息化技术和管理并重的人员队伍。

二是持续拓展服务外包的范围和层次，与相关学科团队、第三方专业机构，在技术开发、安全攻防、教育培训等方面进一步深入合作，不断优化高校管理服务水平，加快推动在线教育常态化的变革。

(四) 授课教师层面应创新在线课堂互动方式

一是可以在课堂上插入随堂练习，既可以检验当堂的听课效果，又可以督促学生认真听课，同时，随堂练习的缴交情况也可以作为出勤率的重要参考依据，规避学生上课挂机的情况。

二是教师要设计运行和支持良好的学习活动，促进与学生之间的双向互动，从而使得在线教育更加真实、有层次，提升师生双方体验感。

五、结语

高校在线教育已然成为一场长期的教学革命，相关部门应及时把握这一契机，持续提升网络安全水平、深入推进“智慧校园”建设、建设新型信息化教育服务体系、创新在线课堂互动方式，解决在线教育教学瓶颈，确保在线教育良性、高效地发展，让常态化在线教育模式更好地为学生服务，实现更高质量的教育培养。

参考文献

[1] 教育部应对新型冠状病毒感染肺炎疫情工作领导小组办公室关于在疫情防控期间做好普通高等学校在线教学组织与管理工作的指导意见[EB/OL]. 中华人民共和国教育部，2020-02-04. http://www.moe.gov.cn/.

[2] 王运武，王宇茹，李炎鑫，等.疫情防控期间提升在线教育质量的对策与建议[J].中国医学教育术，2020(3)：106-113.
[3] 张端鸿.在线教学是一场长期教学革命[N].中国科学报，2020-02-18(005).
[4] 余胜泉，在线教育会常态性融入学校教育之中[EB/OL].中国教育和科研计算机网，2020-09-10. https：//www.edu.cn/.
[5] 张四海，疫情让构建信息化治理体系更加迫切[EB/OL].中国教育和科研计算机网，2020-07-10. https：//www.edu.cn/.

基于课程思政视角的企业财务管理目标教育

何德宏　佟爱琴　周　炜　张延洁

（同济大学经济与管理学院）

摘　要：财务管理教学首先以财务管理目标教学为逻辑起点，向学生传授科学合理的财务管理目标观点，是财务管理课程教学初心使然。结合企业财务管理目标特点，分析现有财务管理目标教育存在的问题，从课程思政角度，对财务管理目标教育重新梳理，有助于学生正确理解和掌握社会主义企业应该确立怎样的财务管理目标。

关键词：课程思政；财务管理；目标教育

Abstract: The financial management course must take the teaching of financial management objectives as the logical starting point firstly, and impart scientific and reasonable views of financial management objectives to students, which is the original intention of the teaching of financial management course. Combined with the characteristics of enterprise financial management objectives, this paper analyzes the problems existing in the existing financial management objectives education, and reorganizes the financial management objectives education from the perspective of curriculum ideological and political education, which helps students correctly understand and master what kind of financial management objectives socialist enterprises should establish.

Keywords: course's ideological and political education; financial management; target education

一、企业财务管理目标及特点

企业财务管理是企业为了实现其既定目标，依据国家政策和法令，遵循资金运动的特点和规律，有效地组织资金运动，正确地处理相应经济关系的系统。根据系统论观点，一个良好的系统首先要有合理的系统目标。系统的目标决定了系统的组织。财务管理目标的确定，决定了财务管理的组织。判断财务管理目标的科学性和合理性，必须理解财务管理目标的特点。

(一) 企业财务管理目标特点

企业财务管理目标主要具有以下几个特点。

第一,阶段性。企业财务管理目标是企业在一定历史环境下,结合自身经营情况所要达到的财务目的。因此,在不同的历史环境和企业自身不同发展阶段,企业财务管理所要达到的具体目的是不一样的。以我国社会主义经济建设发展过程来看,从表1中可以看到,在我国社会主义经济"计划经济—有计划的商品经济—社会主义市场经济"这一演进过程中,企业财务管理目标也因应变化——"产值最大化—利润最大化—股东财富最大化"。另一方面,就企业自身发展来看,一般的企业会经历"初创—发展—成熟—衰退"这四个阶段,针对企业所处的不同发展阶段所确定的具体财务目标也是不一样的。一般来说,初创阶段的企业以实现生存为基本目标,因此,营销上以获取更大的市场份额为目标,财务上以实现销售最大化为基本目标。处于发展阶段的企业,其基本财务目标是实现企业可持续的利润最大化,从而满足股东财富最大化要求。进入成熟期的企业,则以相关利益者利益最大化,实现企业总价值(包括经济价值、社会价值和环境价值)最大化为目标。进入衰退期的企业,则应调整战略目标,以实现战略转移为目标。因此,企业财务管理目标是随着社会经济发展而不断变化的。

表1　　我国宏观经济发展历史不同阶段下财务管理主要目标

历史阶段	经济模式	财务管理目标
改革开放前(1949年—1978年)	计划经济	产值最大化
改革开放初期(1978—1992年)	有计划的商品经济	利润最大化
改革开放深化(1992年至今)	社会主义市场经济	股东财富最大化

第二,稳定性。在企业所处的客观社会经济环境没有发生根本性改变的情况下,其财务管理目标一般应该保持相对稳定不变。因为,企业财务管理目标,是企业使命在特定历史环境下的具体财务体现,对于企业经营管理来说具有方向性和指导意义。如果财务管理目标随便改变,则会失去在企业管理中的积极激励作用。财务管理目标的稳定程度,也反映出面对激烈的市场竞争变化,企业和其管理者的耐心和意志力。"有志者立长志,无志者常立志",这句古语用于个人和用于企业是一样的道理。

第三,多元性。企业财务管理目标既然是一个系统的目标,必然是这个系统具体目的的综合体现,而系统的多元性决定了其目标也具有多元性特点。财务管理目标体现的不是企业某一利益人的利益诉求,应该是兼具企业各方面利益人的不同诉求,既有经济方面的,也有社会和环境等方面的。

第四,层次性。目标的实现不是一蹴而就的,尤其是作为一个系统的目标,更应有一定的实现难度,所以企业财务管理目标具有一定的层次性,使其实现具有一定的梯度,可以以渐进的方式实现。财务管理目标的层次性体现在企业根据社会经济环境确定其总目标,并根据财务管理的具体对象和职能环节将总目标分解,落实到企业经营管理的每一个方面,形成具体目标,比如,按企业财务管理的对象和内容划分的融资目标、投资目标、营运目标和分配目标。企业财务管理的目标是由总目标和各具体分部目标组成的一个目标体系。

第五，可计量性。区别于企业管理的其他方面，财务管理是一种价值管理，它以资金为手段对企业各方面进行价值管理。因此，企业财务管理的目标应具有可货币计量的特性。目标的可计量，也有助于实现目标的可验证与考核，更加具有激励作用。

（二）财务管理目标观点

目前关于财务管理目标的主要流行观点是利润最大化、股东财富最大化和企业价值最大化。

表 2　财务管理总目标的主要观点

目标	内容	观点来源
利润最大化	以实现企业利润最大化为目标。理论上当企业边际收入等于边际成本时，企业利润最大	部分企业
股东财富最大化[1]	企业由股东创办，对于股东来说企业存在的价值是实现其财富最大化理想，当企业失去为股东创造财富的作用时，也就失去存在的价值	投资界、股东、部分学者
企业总价值最大化（相关者利益最大化）	企业存在不仅是为股东创造经济价值，还为社会和环境发展做出积极贡献，满足与其由利益关系（包括经济利益和非经济利益）的各方利益诉求	部分学者、社会责任感较强的企业

二、现有财务管理目标教育的问题

（一）忽视财务管理目标的阶段性特点，没有从发展的角度分析

现有财务管理目标观点呈现多观点并存，而且很多国内教材都将各种观点同时罗列，比如，中国注册会计师协会编写的注册会计师全国统一考试辅导教材《财务成本管理》2016 年版就在介绍“利润最大化、每股收益最大化、股东财富最大化”三种观点基础上，补充分析了利益相关者的要求对财务管理目标的影响。[2]财政部会计资格评价中心编写的全国会计专业技术资格考试辅导教材《财务管理》2017 年版罗列了“利润最大化、股东财富最大化、企业价值最大化、相关者利益最大化”四种观点，并对它们之间的关系做了分析，然后分析了利益冲突与企业的社会责任。[1]其他各大专院校学者所编写的财务管理教材也大多如此。国外版本财务管理相关教材，则多数直接以创造股东财值为目标，兼顾分析考虑社会因素和代理关系，如 Eugene. F. Brigham 等著的《中级财务管理（第 8 版）》[3]。在国内颇具影响力的 Stephen A. Ross 等著的《公司理财》则只提到了创造股东价值和代理关系问题[4]。这些教材都没有能够从每一种财务管理目标产生的历史背景去做分析，而仅做观点介绍或简单对比，没有结合历史背景去比较，所得结论往往是不全面的。如果学生以此类教材为本进行学习，教师以此类教材教学，不进行深化背景研究，学生和教师都会受到一定的影响。

（二）忽视企业社会责任，没有考虑相关者利益

不可否认，企业存在的基本属性是其经济性，即为其投资者创造价值。但我们知道企业财务管理目标具有多元性的特点，企业还具有社会属性，有承担社会责任的义务。如果每一个企业都只强调其经济属性，忽视其社会属性，那么所有企业都将失去其存在的社会基础，其经济属性也将不复存在。所以，现有以“股东财富最大化（或创造股东价值）”为财务管理基本目标的理论，不应该只从代理关系去分析股东、经营者和债权人之间的利益平衡，而忽视更多相关者的利益。

（三）只重视总目标研究，忽视具体目标的影响

目前财务管理教材一般都有关于财务管理总目标的分析研究，但是对财务管理各环节的具体目标分析则很少。在财务管理课堂教学中，也存在类似情况。根据我们对上海几所高校财务管理课程教学所做的问卷调查（共发出问卷 150 份，收回有效答卷 123 份），学生在学习完“财务管理”课程后，能够清楚并准确合理地回答出财务管理各层次目标的情况，归类分析见表 3。相对于总目标能够清楚了解（即“很清楚”和“比较清楚”）的达到 93%比例，各具体目标的清楚比例明显低得多（融资管理目标清楚的占比 60%，投资管理目标清楚的占比 56%，营运管理目标清楚的占比 55%，分配管理目标清楚的占比 48%）。这在一定程度上反映出对财务管理目标层次性教育的不足。实践证明只有明确做好了每一项具体目标，才能保证总目标的顺利实现。

表 3　　财务管理目标熟悉和了解程度

财务管理目标类型	很清楚	比较清楚	一般	不清楚
总目标	85%	8%	4%	3%
融资管理目标	45%	15%	18%	22%
投资管理目标	34%	22%	20%	24%
营运管理目标	35%	20%	25%	20%
分配管理目标	28%	20%	22%	30%

（四）过于强调财务管理目标的可计量性，影响现代财务管理目标观点推广

由于会计计量的局限，企业相关利益人的非经济利益往往无法货币量化反映，因此，企业存在的社会责任目标和环境责任目标，目前会计难以量化，从而限制了其被纳入财务管理目标考核评价范畴。作为价值管理的财务管理，可计量性是其可操作性的重要保障，但是，离开了可计量性并不意味着财务管理就不能展开工作。财务管理以资金管理为主要手段，它还会辅之以实物管理、信息管理等手段[5]。技术上的局限不能变成现代财务管理目标观点推广的阻碍，否则会给经济社会发展带来不利影响。

三、基于课程思政视角的财务管理目标教育

习近平总书记提出我们的教育要思考“为谁培养人、培养什么样的人”。同样，财务管理目标教育也要思考这一问题。社会主义高等教育的本质是为社会主义事业建设培养人才。“办好中国特色社会主义大学，要坚持立德树人，把培育和践行社会主义核心价值观融入教书育人全过程”。从课程思政角度，财务管理目标教育可以从以下四方面展开。

（一）经济转型升级过程中财务管理目标的选择教育

我国经济增长模式已经由单纯地追求经济增长向追求有质量的增长转化，追求更高质量的发展是未来发展的主基调。经济发展模式的转变，给政府和企业都带来了很大的影响。对于政府来说，经济增长不再是其业绩的主要考量，节能减排等社会和环境考核也成为关键指标。对于企业来说，在宏观经济转型升级过程中，其财务管理目标必将发生转化。以上市公司来看，从 2009 年开始，中国证监会即要求上市公司必须披露社会责任报告（简称 CSR 报告），要求上市公司将其履行社会责任的理念、战略、方式方法，其经营活动对经济、环境、社会等领域造成的直接和间接影响、取得的成绩及不足等信息，进行系统的梳理和总结，并向利益相关方进行披露。企业社会责任报告是企业非财务信息披露的重要载体，是企业与利益相关方沟通的重要桥梁。

企业之所以选择发布社会责任报告的方式进行非财务信息披露，是因为企业身处的经营环境越来越复杂。传统的以股东价值最大化为财务管理目标的运营方式所带来的雇员福利问题、环境污染问题、产品质量问题等越来越引起社会各方面的关注，由此带来的压力要求企业对除股东之外的更广大利益相关方负责，以实现可持续发展。

（二）培养合格的职业经理人应具有的财务管理目标意识教育

财务管理课程教育是为社会主义市场经济建设培养所需要的合格的职业经理人，培养的是敬业、有担当和家国使命感的经济管理人才；培养的是为广大工农群众、为广大人民谋幸福的社会主义建设人才，不是为资本家培养人才。所以，财务管理目标教育不能一味地只强调“股东价值最大化”，要兼顾企业各方共同利益，使企业各方利益关系协调平衡，以实现长期利益最大化。因此，学者在编写“财务管理”相关教材时，应该结合社会主义企业的使命，对财务管理目标展开分析。教师在课程教学过程中，引进国外“财务管理”相关教材时，要注意对其财务管理目标分析加以补充说明，尤其是要注意不要流于形式只分析代理关系和代理问题，还要分析企业其他利益相关者和企业社会责任。

（三）重视对企业财务管理具体目标的分析教育

从企业财务管理对象和内容来看，财务管理包括融资管理、投资管理、营运管理和分配管理，要对各部分具体目标教育加以重视。比如融资管理中融资方式和资本结构的选择，要将企业社会责任因素纳入考虑因素，企业融资不仅是解决自身的资金需求，还要履行其社会责任担当；企业投资项目决策既要考虑企业经济效益，还要考虑社会和环境效

益;包括营运过程中的供、产、销各环节的企业社会责任以及分配过程中相关利益者的利益协调与平衡。

(四)克服可计量性方面的不足对财务管理目标选择的影响

在日趋复杂的经营环境中,以货币的方式对企业的历史经营活动进行计量的财务信息无法将企业面临的机会和风险充分反映出来,也不能将企业的价值充分体现出来。企业社会责任报告所披露的非财务信息弥补了这一不足,二者的结合可以更好地反映企业未来的财务状况。因此,越来越多的企业在投资者、消费者等利益相关方的压力下,同时从企业内部运营的需要出发,选择了发布企业社会责任报告。对技术上的不足的克服,影响了对财务管理目标的选择,积极改变了现代企业财务管理目标观点的推广局面,使更多的人接受财务管理目标不仅仅是为股东创造价值,还为更多的人创造价值。

四、结语

在社会主义教育发展过程中,我们的教育是为广大人民群众服务,不是为资本服务,是培养社会主义事业接班人。“财务管理”课程不是培养“唯利是图”的商人,而是培养有社会责任担当的社会主义经济建设人才。因此,结合当前经济转型升级的背景,根据财务管理目标特点,对财务管理目标教育进行梳理,从而更好地实现课程育人的目标。

参考文献

[1] 财政部会计资格评价中心.财务管理[M].北京:中国财政经济出版社,2017.

[2] 中国注册会计师协会.财务成本管理[M].北京:中国财政经济出版社,2016.

[3] Eugene F Brigham, Phillip R Daves. Intermediate Financial Management.北京:中国人民大学出版社,2013.

[4] Stephen A Ross, Randolph W Westerfield, Jeffrey F Jaffe. Corporate Finance.北京:机械工业出版社,2008.

[5] 周炜,宋晓满.财务管理学.上海:立信会计出版社,2015.

教学研究

JIAOXUE YANJIU

基于认知心理学的房地产金融课程情境教学研究

唐代中　施建刚　刘梦兰

(同济大学经济与管理学院)

摘　要：为适应新常态下房地产行业人才需求，强化情境教学在专业课程体系培养中的作用已成为重要共识。本文基于房地产金融课程情景教学满意度的调查，运用 fsQCA 方法检验了学生认知心理在课程表现与教学满意度方面的作用路径。研究结果表明，具备较强认知能力与情绪行为的学生整体表现出课堂的高参与度及课程评价的高满意度。条件构型组合验证了认知与情绪在课程情景教学中的辅助作用，同时，优质完备的教学设施与良好的教学效果是实现高满意度的核心条件，体验感的获得进一步强化了学生的满意度。课程成绩与满意度逐渐脱钩，师生期望目标已跃迁至更高维度，不单以成绩评价作为课程培养目标。据此提出课程情境教学的优化方向与路径，以期为房地产专业课程改革提供借鉴。

关键词：认知心理；房地产金融；情境创设；定性比较分析(QCA)

Abstract: To adapt to the talent demand of the real estate industry under the new normal, it has become a significant consensus to strengthen the role of situational teaching in professional curriculum system training. Based on the survey of the satisfaction of the situational teaching of real estate finance course, this paper utilized the fsQCA approach to examine the role of students' cognitive psychology in the course performance and teaching satisfaction. The results indicated that students with strong cognitive ability and emotional behavior perform high participation in class and high satisfaction with course evaluation. The combination of conditional configuration verified the auxiliary role of cognition and emotion in situational teaching. Moreover, high-quality and complete teaching facilities and sound teaching effects are the core conditions to achieve high satisfaction, and the acquisition of the sense of experience further strengthens students' satisfaction. With the gradual decoupling between curriculum achievement and satisfaction, the expected goals of teachers and students have shifted to a higher dimension, and the goal of curriculum development is not only based on achievement evaluation. This paper discussed the orientation and path to optimize the course situational teaching that could provide some insights for curriculum reform of real estate majors.

Keywords: cognitive psychology; real estate finance; situation creation; Qualitative Comparative Analysis(QCA)

一、引言

在“国内大循环、国内国际双循环”的市场背景下，房地产行业也迎来新常态，面临新的机遇与挑战。传统的学科边界受到颠覆式冲击，人才培养目标和培养范式遭遇根本性挑战，对人才的需求呈现多元化态势，传统房地产课程教学方式的不足之处愈发凸显。从教学模式上看，传统房地产课程的教学模式多以教师课件授课的方式为主，学生被动接收知识，课堂的拓展延伸性不够，在一定程度上阻碍了学生逻辑思维的扩展和创新思维能力的拓展。此外，在授课过程中，教师多偏重理论知识的传授，而忽略了对学生实践能力的培养，导致教学理论与实践的严重脱节。[1-2]在此背景下，如何创新课程教学模式以有效接轨新形势下房地产专业人才培养需求已成为当前房地产教学改革亟需解决的问题。

情境教学法是指教师基于师生互动的基本理念，根据教学需要和教学目标，有目的地引入或创设具有一定情绪色彩的、以形象为主体的生动具体的场景，带给学生一定的情境体验，以帮助学生理解教学内容的一种开放式教学方法。[3]该方法由英国应用语言学家帕默尔和霍恩比在 1930 年代到 1960 年代发展形成，具有实践性、互动性、协作性、趣味性等特点。构建主义学习理论是情境教学法的主要理论基础，即学习是学习者通过运用自己的经验去主动积极地建构自己对知识的理解，而不是去消极被动地理解那些以组织好的形式传递给他们的知识。[4]有关情绪心理学研究表明，个体的情感对认知活动至少有动力、强化、调节三方面的功能。[5]情绪教学法创设的情境则能够让学生在高度仿真的情境体验中多感官吸收和内化知识，有效调动学生的学习积极性，并让学生主动运用所学知识解决实际问题，从而提升学生的创造思维和实践能力。该方法有效弥补了传统授课方法的不足，实现理论与实践、素质教育与社会需要的接轨[6-7]，获得了国内外教学研究的广泛关注。

欧美高校自 20 世纪 90 年代起就开始对基于情境学习的教学设计、教学模式、教学策略进行探讨，并进行了一系列的课程开发尝试。[8]研究的突破主要表现在情境学习与课堂教学、情境学习的评价以及一些案例研究与开发等方面。[9-10]学者们普遍认为将情境教学法引入课堂中具有提高教师的理论素养和教学技能、提升学生求知欲望和创新动机的多重效果。[11-13]国内则于 20 世纪 70 年代开始情境教学法的研究探索，经过广大学者和教师数年的研究教学实践，情境教学法现已渗透到多个教学领域，并取得了丰富的教学及研究成果。有的学者对情境教学法的构建要素进行了研究，认为情境教学需具备问题性、指向性、交互性和内部逻辑性。[14]有的学者则从不同视角对教学情境类型进行了深入分析，如基于教学情境的表现形式，可分类为案例情境、影视情境、表演情境、实地情境[15]；基于教学情境中的主体体验水平差异，可分类为体验性情境、动机性情境和问题性情境。[16]此外，学者对实施情境教学的具体方式进行了探讨，并将其应用到了课堂中。如在“房屋建筑学”课程中利用实际建筑和施工现场创设教学情境，借助三维建模软件或虚拟仿真平台虚拟模仿各种房屋构造节点模型，让学生更好地理解建筑内部构造及生产过程；通过设立真实项目、角色扮演、建筑模型制作等实现理论教学与实践应用的有机结合，有效提升了学生的创新思维和实践能力。[17]

国内外关于情境教学的研究均证实了情境教学法的积极意义，并取得了较多颇有价值的研究成果，但较少有研究将认知心理因素纳入情境教学的设计实践中，深入探究学生的认知心理对情景教学效果的影响路径。情境教学法的本质特征在于激发学生的积极心理情感，进而推动学生学习活动的进行。因此，本文拟基于认知心理学理论，运用心理学实验的方法，剖析学生的认知能力和情绪行为，设计相应的情境策略并将其应用到房地产金融课堂中，通过对教学效果进行实证分析，探析认知心理因素的作用机理及对情境教学效果的提升情况，进而提出能够切实提高房地产金融课程教学效果的对策建议，以推动房地产课程教学模式革新，接轨新形势下房地产专业创新型、复合型、应用型人才培养需求。

二、数据采集与描述性统计

（一）问卷调查与数据采集

房地产金融课程作为一项跨学科融合的课程，其根植于同济大学新工科人才的培养体系之中，兼具国际前瞻性与实务操作性，该课程有助于其从行业发展趋势和产业新兴模式等更广阔的视角切入，深入理解房地产投融资的核心逻辑，提高本科生的专业素养。教学相长与师生互动是推动课程改革创新的核心驱动力，其中，学生对课程的感知是促进教学优化的内源，课程传授效果需要学生反馈的进一步检验。基于此，笔者针对参与房地产金融课程学习的同学开展了线上问卷调研，探究房地产金融课程的情境教学体验及满意度，以期适应新时期的学生多元化特征与行业人才培养需求，推动房地产金融课程的教学改革创新。

（二）描述性统计分析

为客观分析学生对房地产金融课程的心理认知及情境教学的满意度，基于41份样本数据的初步描述统计，勾勒选修本门课程的学生的个体特征与共性需求，针对学生反馈确定基本改进方向。问卷内容涵盖基本资料、满意度评价、期望和总体满意度、意见建议等模块，较为细致地刻画了学生参与本课程学习的过程感知和效果反馈。

个体特征：认知能力与情绪行为。从学生对自我的认知能力与情绪行为的观察来看，本科生的自我认知表现出一定的客观性与自信力，学生的理解力、程序记忆与判断力整体上处于优秀水平，具备了课程情景教学参与的基本能力与专业素质。对情绪行为的考察，在于勾画个人特质与情景教学的匹配度，反映学生情景课堂参与度积极性，现有研究表明情绪行为的调动是影响课程情境教学效果和满意度的关键要素。

课程参与及综合成绩。从课程参与度来看，学生积极性较高，九成以上学生能够按时上课，有着较为完整的课程情境体验，表明该门课程本身具备一定的吸引力，也从侧面表现出学生对专业课程的重视程度，以及学生自我营造出的听课情境"这门课有必要听"或者"我对这门课有兴趣"，这是房地产金融课程情景教学营造的价值共识与重要基础。综合成绩一定程度上反映了学生的课程学习效果，以及教师对学生学习的综合评价衡量状况。从学生端反馈的信息来看，教师评价整体较好，师生已在课程探索实践中逐渐形成教学相长的共同体。根据课程设置的目标，该门课程的评价导向强调过程型，侧重学生对相关知识的接收、理解、拓展与应用，综合成绩只是课程阶段学习的单一维度评价，无法直观反映学生掌握情况。相比之下，学生参与则是情景创设围绕的核心主体，较高的课程参与度能够提升课程活性。

情景教学满意度评价。在课程满意度层面，通过 Likert 五分量表对情境教学设施、课程教学体验和效果进行评价，度量学生在多大程度上满意或者不满意情境教学的相关体验及上课效果。结果表明，学生对情境教学设施（如投影、音响、角色扮演设施、多功能教室等设施）数量的满意度超过 80%，说明教学设施基本能满足学生需求，但是对更高层次需求的学生而言，教学设施仍有一定的优化空间。从学生感知的情境教学课程氛围及活跃度来看，八成以上学生对该门课程情境教学的上课体验比较认可（4 分及以上），较少部分学生的体验感有待加强。进一步，对教学效果的评价表明，在知识点记忆、知识点理解与认知方面，超过 80%的学生呈现出较高的满意度，而在知识点灵活应用方面学生认知相对"保守"，25%的同学评价为"一般"及以下，说明拓展课堂内外、做到知行合一仍是该课程需要强化的方向。

课程期望与总体满意度。学生对课程的期望一定程度上影响了学生的课程满意度，调查结果表明，学生对该课程的期望整体较高，说明学生对该课程的重视程度与主观能动性较高。与此同时，学生对课程的总体满意度较高，评价"满意"以上超过 90%，课程情境教学能够较好回应学生的预期满意度与理想满意度，相比预期满意度，理想满意度有待提升。在满意度反馈机制层面，学生有较为畅通的反映渠道，包括教务部门、社交媒体或亲友等，这些共同构成了情境教学的监管机制，是推动情境教学规范化开展的重要抓手。

对课程情境教学的意见或建议。在开放式提问环节，近 1/4 学生就课程硬件设施优化、双语课程提前预习、以案例实战模拟丰富课程情景、行业人才培养前瞻等内容提出了房地产金融课程培养的优化方向，学生的积极反馈表明对该课程的更高期望值，这是推动房地产金融课程持续创新的动力源所在，对于该课程有针对性地持续改进创新具有重要借鉴意义。

三、基于认知心理的房地产金融课程情景教学满意度：fsQCA 方法的应用

（一）方法适用性与基本假设

定性比较分析（QCA）作为一种定性与定量分析相结合的方法，在解决定量分析的深

度不够和定性分析的外部效度缺乏问题上具有显著优势。究其根本，其一，在方法上突破单一因素路径分析而转向多种因素的条件组合，契合本研究探索课程情景创设与本科生特质的组合作用的整体思路。其二，QCA 方法能够开展小规模样本的比较分析，本研究共回收了 2 个班级、41 名学生的问卷，有效问卷 37 份，属于中小样本规模。故本研究采用 QCA 方法进行研究具有很好的适用性。根据现有研究，结合教学培养团队的经验总结，提出以下基本假设：

H1：较好的认知能力更易实现对情景教学的高满意度；

H2：较好的情绪行为更易实现对情景教学的高满意度；

H3：较高的课程成绩更易实现对情景教学的高满意度；

H4：良好的教学设施更易获得较高的课程满意度；

H5：优质的课程体验更易获得较高的课程满意度；

H6：良好的上课效果更易获得较高的课程满意度。

（二）数据校准

问卷调查结果得出的课程参加情况表明，“很少参加”和“从不参加”问卷共 4 份，将其剔除后得到的应用于 fsQCA 分析的有效问卷为 37 份。数据校准是将常规变量转化成模糊变量，首先设定三个锚点：完全隶属、交叉点和完全不隶属，参考 Ragin 等人[18]的研究成果发现，在校准锚点选择过程中，需要充分考虑研究所基于的理论基础和样本案例的数据分布情况，目标集合变量校准过程中常用分位数如表 1 所示。

表 1　　情境教学特征及满意度变量分位数分析

		认知能力（coa）	情绪行为（emb）	综合成绩（cor）	教学设施（tef）	上课体验（cex）	上课效果（cef）	上课满意度（csa）
有效		37	37	37	37	37	37	37
缺失		0	0	0	0	0	0	0
均值		3.08	3.07	2.54	3.16	3.27	3.23	3.24
百分位数	10%	2.00	2.00	0.00	2.00	2.50	2.20	2.20
	20%	2.33	2.00	2.00	3.00	3.00	3.00	3.00
	25%	2.67	2.25	2.00	3.00	3.00	3.00	3.00
	50%	3.00	3.00	2.00	3.00	3.25	3.33	3.33
	75%	3.67	4.00	4.00	4.00	4.00	4.00	4.00
	80%	3.67	4.00	4.00	4.00	4.00	4.00	4.00
	90%	4.00	4.00	4.00	4.00	4.00	4.00	4.00

针对本研究，在充分考虑样本数据分布特点的基础上，确定选取目前国际上较受肯定的 Fiss（2008）等人所提出的以上下四分位数和均值作为三个锚的值的校准方法。各变量的具体锚点数值如表 2 所示。

表 2　　各变量校准锚点具体取值

变量类型	变量	目标集合	完全隶属	交叉点	完全不隶属
前因	认知能力	高认知能力	3.67	3.08	2.67
前因	情绪行为	良好的情绪行为	4.00	3.07	2.25
前因	综合成绩	综合成绩高	4.00	2.54	2.00
前因	教学设施	高评价的教学设施	4.00	3.16	3.00
前因	上课体验	高评价的上课体验	4.00	3.27	3.00
前因	上课效果	高评价的上课效果	4.00	3.23	3.00
结果	上课满意度	情境教学上课的高满意度	4.00	3.24	3.00

（三）实证分析与结果讨论

1. 必要条件分析

前因条件是否为结果的必要条件的程度通过必要条件的一致性来体现，而有多少案例可以解释前因条件的必要性存在可通过覆盖率来体现。当一致性为 1 时，前因条件和结果存在完全相符的子集关系，即前因条件是结果的绝对必要条件，但由于社会科学数据往往难以实现完美的子集关系，故一般设置 0.9 的基准线，即当前因条件必要性、一致性超过 0.9 时，就可认为其是绝对的必要条件。分析结果如表 3 所示，前因变量对结果变量均具有一定的解释力，表现在覆盖率值基本上大于或者接近 0.6，说明前因变量对结果变量具有一定的解释力，综合成绩高或者综合成绩低，覆盖率均为 0.5～0.6，说明该变量的解释力度一般，需要在条件构型组合分析中进一步讨论。所有条件的一致性均小于 0.9，说明结果变量（上课满意度）受这些因素的影响较小，前因条件并不能完全解释结果变量，需要开展进一步的条件构型组合分析，以探究影响课程满意度的条件组合；综上，样本前因条件的必要性检验通过。

表 3　　情境教学满意的必要条件分析

条件变量	一致性	覆盖率
认知能力（coa）	0.589702	0.593886
情绪行为（emb）	0.635230	0.611053
高综合成绩（cor）	0.498103	0.547024
非高综合成绩（～cor）	0.566938	0.517822
教学设施（tef）	0.687263	0.892958
上课体验（cex）	0.791870	0.834857
上课效果（cef）	0.816802	0.830303

2. 条件构型组合

构建真值表进行分析，综合考虑本研究所涉样本案例分布特点，设定一致性门槛值为

0.85,频数门槛值为1,通过对真值表进行标准分析得到模型的三类解:复杂解、简化解及优化解。对三类解的前因条件构型进行分析,其中核心条件是指在简洁解和优化解中同时包含的条件,得到如表4所示的房地产金融课程情境教学满意的前因条件构型组合。

表4　　课程情境教学满意的前因条件构型组合

	构型1	构型2	构型3
认知能力(coa)			辅助条件存在
情绪行为(emb)		核心条件存在	核心条件存在
综合成绩(cor)		核心条件不存在	核心条件不存在
教学设施(tef)	核心条件存在		核心条件存在
上课体验(cex)	辅助条件存在	辅助条件存在	
上课效果(cef)	核心条件存在	核心条件存在	核心条件存在
RCV	0.41	0.06	0.04
CS	0.97	0.90	0.99
SCV	0.72		
SCS	0.96		

注:RCV—原始覆盖率,CS—一致性,SCV—总覆盖率,SCS—总一致性。

表5　　课程情景教学满意度的假设检验结果

编号	基本假设	检验结果
H1	较好的认知能力更易实现对情景教学的高满意度	支持
H2	较好的情绪行为更易实现对情景教学的高满意度	支持
H3	较高的课程成绩更易实现对情景教学的高满意度	不支持
H4	良好的教学设施更易获得较高的课程满意度	支持
H5	优质的课程体验更易获得较高的课程满意度	支持
H6	良好的上课效果更易获得较高的课程满意度	支持

3. 结果讨论

由表4可得,实现学生对情境教学的高满意度共有3条构型,所有构型的总覆盖率达0.72,总一致性为0.96,说明所有构型对实现学生课程评价高满意度的解释程度为0.96,且能解释72%的案例。3条构型中每条构型的一致性均达到0.9以上,说明这些构型与被解释结果之间存在很好的子集关系,对被解释结果具有很高的解释力。下述对各类构型及其组合展开分析,对前文提出的课程满意度影响因素的假设进行验证,验证结果如表5所示,除H3外,其他假设均得到支持。

构型1(tef * cex * cef)的结果表明,除了教学设施优良与良好的上课效果两个核心条件之外,同时还需具备较好的上课体验,才能获得学生对课程的高满意度。表明学生关注体验感的获得,除了满足学生对情境教学硬件设施的需求,还需着重提升课堂体验和上课效果，教师需要紧密围绕课程相关知识，增强情境教学的内容供给，以满足学生的课程体验期望。

构型2(emb * ～cor * cex * cef)的结果表明，学生较强的情绪行为控制能力与优质的课堂效果展现构成了情境教学课程高满意度的核心条件，辅之以丰富的课堂体验，才能达到学生对情境教学的高满意度。此类场景下综合成绩表现与学生情境教学满意度之间不存在条件关系，假设H3未得到支持，一定程度上反映出情境教学的培养目标多维化已成为学生的共识。

构型3(coa * emb * ～cor * tef * cef)的结果表明，在情绪行为、教学设施和上课效果三个核心条件存在的前提下，学生还需具备良好的认知能力，更易实现对情境教学的高满意度。例如，结合专业课程双语教学的特色，可通过课前预习与课后复习相结合的方式，在课程前端提升学生的认知能力，完成对课程本身的心理建设，更好匹配课堂活动中的参与体验，才能最终提升满意度。

对构型2和构型3的组合分析表明，在不考虑综合成绩的情况下，高认知能力与积极的情绪行为是实现情境教学的高满意度的重要路径，在教学设施条件一般的情况下，教师通过特定的场景设计营造良好的上课体验感，可一定程度上消除由于设施得不到满足引致的低满意度，这对于整体满意度提升具有重要意义。

综合三类构型来看，上课效果(cef)是课程满意度评价的核心需求，其次情绪行为(emb)、教学设施(tef)是实现高满意度的关键需求，认知能力(coa)与上课体验(cex)则作为课程情景教学的辅助需求，同时考察发现综合成绩高低对学生的课程评价满意度没有显著影响。fsQCA分析得出的构型组合能够支持除H3外的其他基本假设，可见综合成绩不是影响课程高满意度的前因条件，房地产金融情境教学的全过程培养体系已逐渐摆脱分数的桎梏，在这点上师生目标基本达成一致，即学生专业知识的吸收与应用才是课程的驱动导向。

四、结论与建议

基于对房地产金融课程情境教学效果及满意度的调查，并运用fsQCA方法检验了学生认知心理在课程表现与教学满意度方面的影响路径，结果表明，具备较强认知能力与情绪行为的学生整体表现出情境课堂的高参与度与课程评价的高满意度，三种构型分析验证了认知与情绪在课程情境教学中的辅助作用，同时优质完备的教学设施与良好的教学效果是实现高满意度的核心条件，体验感的获得进一步强化了高满意度。另外，课程成绩与满意度已逐渐脱钩，表明师生的期望和目标已经摆脱了分数本身，更加注重挖掘课程在提升学生专业技能与就业特质等方面的潜力，这与房地产金融的课程培养目标基本一致。同时，该研究表明，当前房地产金融还需进一步强化学生的认知能力提升与情绪行为的调动，增强学生的自主性与参与感，通过多样化的情景创设引导学生深化对专业知识与拓展技能的认知，并内化为情绪调控，增强学生的学习体验，促进授课效果高效优质，进而提高学生对情境教学的满意度。据此，我们提出以下几点对策及建议：

(1) 配套设施保障先行，为情境教学提供优质服务。优先保障教学设施，推进智慧教室建设，营造智能化、舒适化、个性化的教学场景，同时，通过培训让师生熟悉教学环境设施，方可物尽其用。除线下设施外，还要强化线上优质资源的补充，通过建立开放、合作、共享机制，建设一批优质的网络课程，促进学生自主学习，推动情境教学的线上延伸。

(2) 合理设置教学情境，基于问题导向、案例分享、实战模拟等内容融合创新，丰富情境教学的内涵，提高学生自主学习探索的积极性与参与情绪，营造一种“我想学、我要学、我能学”的课堂学习氛围。同时，应鼓励学生参与课外探索与实践，教师层面可尝试建立常态化的实践基地，发挥第二课堂在巩固第一课堂与拓宽多元场景方面的作用，丰富课程体验。

(3) 发挥学生在课堂前端的学习动力，可根据课程计划分模块、分阶段，提前布置预习任务，引导学生熟悉课程内容，增强其在情境教学中的参与感和体验感。强化学生的主体意识，课堂上师生之间要建立起良好的互动提问机制，引导学生从被动接收到主动获取的转变。

(4) 唯分数论的课程评价体系不能适应学生的多元需求，故教师在课程设计层面，可预先调查学生对课程的期望，针对学生的期望灵活创设课堂情境，以满足学生多元需求。基于学生心理认知的情境教学，可通过增强课堂互动、充实课堂体验、强化教学反馈等路径，进一步提升房地产金融课程的教学效果与满意度，进而推动实现教学相长的目标。

参考文献

[1] 王彩娟.房地产开发与经营课程的教学改革探讨[J].中国商贸，2013(35)：191-192.

[2] 郭奕宏.《房地产开发与经营》课程教学改革研究[J].智库时代，2019(19)：197+199.

[3] 戴国良，周永平.情景模拟教学研究与实践[J].南方论刊，2010(03)：106-107.

[4] 罗晓斐.商科理论课教学模式创新研究——基于构建主义学习环境下问题导向教学模式的应用[J].现代商贸工业，2019，40(11)：187-189.

[5] Gross J J. Emotion regulation: Affective, cognitive, and social consequences[J]. Psychophysiology, 2002, 39(3):289-291.

[6] 华洪珍.论情景模拟教学中教师的责任与角色定位[J].广西教育学院学报，2004(05)：10 13.

[7] 孔凡成.情境教学研究的发展趋势[J].教育评论，2005(01)：45-48.

[8] Haemin M. Inspiring Active Learning: A Handbook for Teachers.[J]. Association for Supervision & Curriculum, 1994, 210.

[9] Molinsky A. A Situational Approach for Assessing and Teaching Acculturation[J]. Journal of Management Education, 2010, 34(5): 723-745.

[10] Waite D. Instructional Supervision from a Situational Perspective[J]. Teaching and Teacher Education, 1992, 8(4): 319-332.

[11] Bernacki M L, Walkington C. The role of situational interest in personalized learning[J]. Journal of Educational Psychology, 2018, 110(6): 864-881.

[12] Lee H. Investigating the Effects of Student Learning of English Using COL Approach Based on Situational Theories[J]. Computers in Human Behavior, 2013, 29(6): 2211-2217.

[13] Wei P C, He F, Huang S. Effects of Instructional Multimedia Integrated Situational Approach on Students' Learning Achievement[J]. Eurasia Journal of Mathematics, Science and Technology

Education, 2018, 14(7): 3321-3327.
[14] 谭景凤,于波.问题情境的性质及其教育意义[J].教学与管理,2016(25):1-4.
[15] 冯达成.构建思想政治理论课情景教学模式的思考与实践[J].广西教育学院学报,2008(4):17-19.
[16] 张广斌.教学情境的结构与类型研究——结构功能主义视角[J].教育理论与实践,2010,30(13):57-60.
[17] 杨倩.体验式教学法在《房屋建筑学》课程改革中的应用[J].贵阳学院学报(自然科学版),2018,13(2):45-47+55.
[18] Ragin C C. Redesigning Social Inquiry: Fuzzy Sets and Beyond[M]. Chicago and London: The University of Chicago Press, 2008.

伦理教育:内涵与价值

傅世杰

(同济大学经济与管理学院)

摘　要:教育的根本宗旨是育人,育人的根本在于思想的教育、价值观的教育,伦理教育承载着这一重要使命。伦理教育是“善”的教育,也是“思辨”的教育,实质是“价值观”的教育,价值观是人与人之间差异的根本所在。在当下功利主义思潮泛滥的社会环境下,重视并广泛开展伦理教育具有重要的现实意义。伦理教育具有弘扬价值理念、增强责任意识、塑造独立人格和培育社会公德等积极意义。伦理教育并不是单纯的伦理学知识的教育,而是伦理思想的教育,伦理教育旨在培养学生道德的实践智慧和“知行合一”的践行者。
关键词:伦理教育;内涵;价值

Abstract: The fundamental purpose of education is to educate people. The fundamental purpose of education lies in the education of thought and values, in which ethics education carries important mission. Ethical education is not only the education of “goodness”, but also the education of “thinking”. In essence, it is the education of “values”, which is the root of the differences between people. In the current social environment where utilitarianism is rampant, it is of great practical significance to attach importance to and widely carry out ethics education. Ethics education has positive significance in carrying forward value idea, enhancing responsibility consciousness, shaping independent personality and cultivating social morality. Ethical education is not only the education of ethical knowledge, but the education of ethical thoughts. Ethical education aims to cultivate students' practical wisdom of morality and practitioners of “unity of knowledge and action”.
Keywords: ethics education; connotation; value

教育的根本宗旨是育人,但如何育人,育什么样的人,在教育思想上却存在着很大的差异。这种差异突出地表现在教育的价值理性与工具理性的矛盾与冲突上,即教育究竟是“成人”的教育,还是“成才”的教育。从教育的形而上出发,教育是培养“全面发展的人”,教育是实现“人的完成”的重要过程,因此,教育的本质是“成人”,人是目的。而从教育的形而下来看,教育则是推动科技进步、经济发展的重要力量,教育必然承载着“成才”的使命,由此,教育也具有了功利的目的,在这一思想下,人自然带有工具的属性。

协调教育的价值理性与工具理性的矛盾，避免教育的功利主义趋向，使教育真正回归“成人”的本质，需要在教育中注入伦理学的思想和内容。本文试从伦理教育的内涵与价值出发，阐述高等院校重视并广泛开展伦理教育的必要性及其现实意义。

一、伦理教育的内涵

伦理教育，顾名思义，就是伦理学思想的教育。伦理学，也称道德哲学，因此，伦理教育，也是道德哲学的教育。道德哲学是对“人之所以为人”的探究、反思与追问，因此，伦理教育本质上是有关“成人”的教育。如何“成为一个人”，不仅是哲学的基本问题，也是教育的终极使命。

笔者认为，伦理教育肩负着这一重要使命，因为，伦理教育内含着“成为一个人”的基本要素，它不仅是一种“善”的教育，更是一种“价值观”的教育，同时也是一种“思辨”的教育，伦理教育是“成为一个人”的基本要求。因此，重视并广泛开展伦理教育，不仅有助于提高学生的思想品德，更有助于培养学生的是非判断能力和独立人格，伦理教育在当今教育环境中具有重要的现实意义。

（一）伦理教育的主旨是“善”的教育

“善”是伦理学的核心概念。亚里士多德认为，伦理学是研究善的终极目的的学问，即至善的科学。善所要表达的是人类过上幸福（好）生活所需要的品行与情感，诸如，同情、友爱、诚信、公平正义等等，“善”是一种美德，是“成为一个人”的基本品质和要求。

《大学》开篇写道：“大学之道，在明明德，在亲民，在止于至善。”因此，“善”的教育是教育的首要任务。“善”的教育，核心是对人性的思考。在伦理学中，所谓善，是在终极意义上对人之为人的价值肯定，相反而行，即是“恶”。何谓人性？人性究竟是向善还是趋恶，哲学上是有争论的。辩证地看，人性是复杂的，人性中既有善的一面，也有恶的一面，并且人性还随环境的变化而变化。一般地说，恶是个体存活的需要，善是群体发展的需要。善与恶、个体与群体是在矛盾斗争中发展的。伦理教育，既要赞美善的价值，高扬人性之善，也要充分认识人性之恶，因为，抑恶是扬善的基础。

“善”的教育，是通过美德教育与规范教育来实现的。传统思想教育注重美德教育，美德教育是对“什么是好人”以及“如何成为一个好人”的思考，强调通过主体的内在自觉，达到对更高伦理价值的追求和完善，表现为善、良心、德性等伦理价值形式；现代伦理教育在肯定美德教育的同时，更强调规范教育，规范教育是对“人应当如何行动”的思考，强调通过具体普遍性的基本道德要求，达到对社会伦理价值的遵守和认同，表现为伦理价值的正当、义务等底线伦理的形式。

总之，“善”的教育，根本是提高人性，完善人格，涉及的是人的灵魂的教育，是教育本质的体现。正如莫言指出的，“教育本质：是一棵树摇动另一棵树，一朵云推动另一朵云，一个灵魂唤醒另一个灵魂。”“善”的教育，核心是人文精神教育，人文精神是人类的一种普遍的自我关怀，是对人的尊严、人格和命运的关切，是对人类崇高价值理想的追求。因此，理解人文价值、坚守人格底线、反省人生意义应当成为善的教育的基本内容。

(二) 伦理教育的实质是"价值观"的教育

价值观是人们在处理价值问题时,所持有的立场、观点和态度的总和。价值观是基于人的需要而产生的,人的需要不同,价值观就有所不同。在社会主义市场经济条件下,人们的价值需求呈现多元化的态势,人既有物质的需要,也有精神的需要,然而,人又是社会的人,因此,更有社会规范的需要。

价值观教育,核心是处理"价值选择"与"价值规范"的关系问题。"价值选择"与"价值规范"属于价值哲学范畴。"价值"如何选择?一般来说,在人类有意识的范畴中,"价值"与"应当"是一致的,即有"正价值"的事物是"应当"的事物,"无价值"或"负价值"的事物是"不应当"的事物。那么,"价值"又如何规范?价值观是个体的需要,具有特殊性,规范则是群体的需要,具有普遍性,人类为了群体发展的需要,应当且必须遵守一定的规范,伦理教育就是探讨和处理在价值多元化时代,如何达成规范共识问题的教育,因此,传授"什么样的价值"就成为价值观教育的核心问题。

从哲学上说,人是目的,价值就是人本身,"人是为了价值而活着的"。那么,人的终极价值是什么呢?是人的自我完成,就如马克思所说的"作为目的本身的人类能力的发展",即实现人的全面发展。因此,正确的价值观应当是有益于个体的心灵与人格养成、促进个体自由发展和提升个体生命情感的价值追求,同时,也是促进社会文明与和谐发展的价值追求。价值观的这种多元、复杂与情感化的生命体验特征,决定了价值观教育必定是一个长远的、缓慢的过程,是贯穿于生命全过程的教育,而不像知识的认知、理解、推理过程具有短暂性与有效性。

总之,价值观是人的思想的根本反映,是"人之为人"最本质的体现,从某种意义上说,人与人的差异本质上是价值观的差异。伦理教育是"成为一个人"的教育,人只有确立了自己的价值体系,才算成为一个真正的人。因此,伦理教育实质就是"价值观"的教育。

(三) 伦理教育的关键是"思辨"的教育

伦理教育是道德哲学的教育,所谓道德哲学,不仅要回答"道德之其然"的问题,更要探究"道德之其所以然"的问题。因此,伦理教育必然带有浓厚的哲学"思辨"色彩。"思辨"是人的一种理性能力,是通过演绎或归纳导出结论的一种逻辑思考能力。

"思辨"的教育,即是培养人的理性"思辨能力"的教育,正如爱因斯坦所说的:"大学本科教育的价值,不是学习很多事实,而是训练大脑去思考。""思辨能力"如何培养?逻辑思维与教育心理学应当有所探讨,但是,"思辨能力"的前提,是人的"自由思考"和"批判性思维"的能力。所谓"自由思考",即陈寅恪所说的"独立之人格,自由之思想",它是"批判性思维"的前提。而所谓的"批判",本意是指"澄清前提,划定界限",是一种科学的态度,是一种逻辑推理和理性的质疑精神,只有理性层面的怀疑和质疑才是探索真理的先导。因此,"思辨"的教育,是"思维"训练的教育,不是"知识"灌输的教育;"思辨"的教育,是激发人的创新精神,促进人的个性化发展的教育,不是因循守旧、千篇一律的教育。一句话,"思辨"的教育,是促进人的自由发展、培养人的自由思考和批判性思维的教育。

在伦理教育中,"思辨"的教育是对"是非""对错""善恶"的启发、引导、思考和判断,其本质是对价值合理性的思考。“思辨”的过程也是“道德认知”的过程，在人类的知识体系中，知识可分为“自然知识”和“道德知识”两类，自然知识是由概念、规律构建起来的，而道德知识则由人的观念、情感决定，更具主观性与复杂性。因此，道德价值的确认过程不是简单的自然知识的学习和认知过程，并非一蹴而就的，而是需要经历漫长的个体生命情感的体验与理性的思考。美国教育心理学家本杰明·布鲁姆在20世纪50年代就指出，最简单的认知技能是对知识的回忆，最复杂的认知技能是对观点的价值做出判断。由此来看，伦理教育需要“思辨”的教育，唯有这样才能真正确立起牢固的价值体系。

二、伦理教育的价值

从伦理教育的内涵来看，伦理教育是触及人的思想和灵魂的教育，是教育本质的体现，因此，伦理教育在“成人”教育中具有不可替代的作用。综观伦理教育的内容，其价值主要体现在如下几个方面。

（一）弘扬价值理性

理性，是人类的逻辑推理或分析判断能力。马克斯·韦伯从“合理性”概念出发，将合理性分为价值（合）理性与工具（合）理性。所谓价值理性，是以符合人的价值需要而达成目标的理性思考，是对行为的正当性、合理性、公正性的价值追求，而并不在意行为的结果。而工具理性则以目的的功利性、手段的有效性来达成意欲的目标，强调的是结果，而并不在意人的情感世界和精神价值。价值理性与工具理性是辩证统一的，缺一不可，前者是后者的精神引导，后者是前者的现实支撑，它们统一于人类的社会实践之中。

然而，在今天，工具理性明显占据主导地位，价值理性却被严重地遮蔽了，一切都变得技术化、程序化和世俗化，功利主义成为人们思考和行动的出发点，由此导致的道德滑坡、信念缺失的现象日益严重。教育也难以幸免，北大教授钱理群曾尖锐地指出，“我们的一些大学正在培养一批‘精致的利己主义者’。”这正是价值理性沦落的表现。

伦理教育是对价值合理性的思考，价值合理性本质上是价值的合道德性，因为，道德是人类一切价值的基础，例如，道德要为立法提供价值基础，为法律提供价值引导，因为“法是善良和公正的艺术”；道德要为政治提供价值基础，因为政治的最高境界是良心；道德也要为科技划定一条伦理底线，科技的使命是造福于人类；商业更是如此，缺乏诚信的商业终将成为尔虞我诈的战场。

总之，没有价值的世界是动物的世界。人只有确立了自己的价值体系，才算成为一个真正的人。正如学者李建华所说的：“伦理学的价值不在于提供物质财富或实用工具与技术，而是为人类构建一个意义的世界，守护一个精神家园，使人类的心灵有所安顿、有所皈依，使人格高尚起来。”因此，弘扬价值理性是对人类美好价值，诸如自由、平等、博爱、民主、公平正义的追求，其根本是对崇高、神圣的追求。

（二）增强责任意识

“责任”一词，具有“担当”与“回应”之意。现代意义上的“责任”有两层含义，一是指分内应做之事，二是指未做好分内之事而受到的谴责和制裁。前者是积极的责任，后者是消极的责任。责任是伦理学的一个关键概念，马克思·韦伯根据行动的取向把伦理学区分为责任伦理和信念伦理，认为信念伦理以终极价值为最高道德信仰；而责任伦理则是对可预见的行为后果的伦理追问，它要求行动者义无反顾地为自身的行为后果承担责任。显然，责任伦理是一种积极的责任与担当，是一种与生俱来的使命，并伴随人的一生。

伦理教育是一种责任教育，责任教育不仅要明确"谁负责""负什么责"等责任的基本问题，更要确立"对谁负责"的核心问题。"谁负责"，即责任主体是谁。责任主体包括了个人、集体和国家。在哲学家汉娜·阿伦特看来，"个人，而非集体或国家，才是责任的真正承担者。""负什么责"，即责任内容是什么。责任内容可分为客观责任与主观责任，客观责任，包括政治责任、法律责任和岗位责任等；主观责任，即道德责任。"对谁负责"，即责任对象是谁。不同的责任主体，承担着不同的责任对象，官员要对上级负责、对人民负责，企业家要对"利益相关者"负责、对环境负责。然而，无论是"谁负责""负什么责"还是"对谁负责"，都离不开责任主体的"伦理自主性"，即道德责任。所谓道德责任，正如美国行政伦理学家库珀所指出的，它是"根植于我们自己对忠诚、良心及认同的信仰"。由此可见，道德责任就是个体内心的责任权威，是个体承担责任的发自内心的根本动因，承担道德责任就是接受内心良知的拷问，而不仅仅是来自外部的客观责任，如岗位的、法律的、社会的、因舆论的约束而承担的责任。

总之，人类社会是一个责任社会，承担责任是每一个公民的基本义务，要使每个人的责任落实到实处，必须强化责任伦理意识，重视伦理教育。

（三）塑造独立人格

生理学家巴甫洛夫认为，人格乃是先天的生理特征和后天的生活环境结合的一种合金，是个体在其先天的生理特征的基础上，以一定的行为来应答环境影响的结果。因此，人格是由生理遗传和后天的经验共同作用而形成的，是人的一种相对稳定的独特的身心结构，并且能通过个体的心理特征和外在行为共同表现出来。

在伦理学中，人格是指做人的尊严、价值和品质的总和。简单地说，人格就是做人的"资格"，是"人之为人的资格"。那么，人应当具有什么样的人格呢？人格是由人的本质决定的，人的本质在于思想，思想的前提是人的独立自由的思考，正如美国人格心理学家奥尔波特所说的，"人格是个体内部决定其特征性行为和思想的身心系统的动力组织。"因此，独立性是现代人格的根本特征，陈寅恪"独立之人格，自由之思想"的倡导，可以看成是现代人应当具有的基本人格特征。

伦理教育的一个重要使命，是培养具有独立人格的现代公民。人的独立人格如何培养？德国洪堡大学的教育理念是，通过自由知识，而非实用知识的学习，通过个人的研究，而非灌输来形成。因此，自由的学习和思考是独立人格养成的重要途径。伦理教育是"思辨"的教育，强调的是自由思考和批判性思维，这正是个体独立人格养成不可缺少的教育方式。而传统教育则是"知识"的教育，强调的是知识的灌输和知识的记忆，在"知识"教育下，人更容易养成墨守成规和崇拜权威的思维习惯，从而形成依附人格和权威主义人格，丧失了独立性。

总之,独立人格的养成是现代教育的重要使命,也是文明社会人的基本素质和基本要求,伦理教育弘扬的是公共人格、责任人格、权利人格和自主性人格,这种具有独立性的人格特征是现代公民的重要标志。

(四) 培育社会公德

所谓社会公德,是相对于个人私德而言的。梁启超在《新民说》中有一个著名的说法:"人人独善其身者谓之私德,人人相善其群者谓之公德。"同时,他又指出,公德与私德固然有所不同,但就"涵义言之,则德一而已,无所谓公私",这即是说,"德"是内含于个体生命之中的品性与良知,无所谓公私之分,这一说法颇有见地。但是,对"德"的"公"与"私"的划分,却有助于我们进一步认识道德的发展状况、呈现方式以及治理途径。

一般而言,社会公德是指全体公民在社会公共生活中应当遵循的行为准则,它是使公共活动得以进行、公共善得到维护的德性或道德。因此,社会公德是与公民社会相联系的特定概念,社会公德教育也是公民意识和公民道德的教育。何谓公民?现代意义上的公民,是指具有一国国籍并依法享有权利和承担义务的人。因此,公民既是权利的实施主体,也是义务的履行者。社会公德教育,根本上说是公民的权利观与义务观的教育。

传统教育强调的是公民的责任和义务,注重个体道德意识的觉醒,而现代伦理教育则认为,个体道德意识觉醒的前提是个体自由意志的实现,自由作为一种私权利,是一切道德的基础,也是构成人类社会一切进步的基础,在这个意义上,私德是公德的基础。因此,要培育社会公德,首先要促进个体的自由信仰与自主选择。进一步来看,传统教育只把道德看成是个人的品行与操守,没有关注到道德存在的社会环境与结构。马克思指出,"人的本质并不是单个人所固有的抽象物,实际上,它是一切社会关系的总和。"因此,人的道德状况与公平正义的社会制度密切相关,因为,"正义是社会制度的首要美德",是保障社会存在与发展的基石。因此,社会公德的培育,关键是促进社会制度的公正性,社会制度的公正性的核心是人的权利与义务对等,只有权利与义务对等,才会提升人们的正义感,从而提升人们的社会公德意识,而社会不公则是道德沦陷的根源。

总而言之,伦理教育是教育的根本,也是"成人"教育的关键。现代伦理教育注重启发式教学,旨在培养学生的独立思考能力,教师只是材料和方法的提供者,然后引导学生去思考、去选择,并无统一的标准答案;现代伦理教育注重理论联系实际,旨在培养学生的实践智慧和"知行合一"的践行者,而不是单纯的伦理学知识的理解者和学问的研究者。因此,伦理教育,既可以通过形式多样、别开生面的通识教育课程展开,也可以结合专业课开设的应用伦理学课程展开。前者如哈佛大学的"公正"课,后者如清华大学的"管理决策与伦理价值"等课,都收到了很好的效果。总之,伦理学课程作为经典的人文学科在现代教育中具有不可替代的地位和独特的功能,应当成为大学通识教育的基础科目。

基于教学交互视角的云课堂教学效果评价及其启示

——以同济大学云课堂为例

臧漫丹　王雪莹

（同济大学经济与管理学院）

摘　要：随着教学交互在教学活动中的广泛使用，以在线开放课程、在线直播课程为主的云课堂学习方式逐渐成为现代教学模式中的重要方式，在新冠肺炎疫情期间更是发挥了不可替代的巨大优势。本文围绕教学交互理论，以此次疫情期间同济大学线上授课模式为背景，通过问卷调查的形式，探讨了在线开放课程、在线直播课程与传统教学模式相比的优势，并尝试将三者优势结合，构建了基于教学交互的“线上＋线下”混合教学模式场景，为未来混合教学模式的改革提供可参考的思路。

关键词：教学交互；云课堂；教学模式；混合教学

Abstract: With the widespread use of reciprocal teaching in teaching activities, cloud class learning methods based on online open courses and online live courses have gradually become an important method in modern teaching models, and it has played a huge and irreplaceable advantage during the COVID-19 epidemic. This article focuses on the theory of teaching interaction, with the online teaching mode of Tongji University during the epidemic as the background, and through the form of questionnaire survey, explores the advantages of online open courses and online live courses compared with traditional teaching modes, and tries to combine these advantages. This artical construct a scene of the “online + offline” blended teaching model based on reciprocal teaching, which provides a reference for the reform of the blended teaching model in the future.

Keywords: reciprocal teaching; Cloud Class; teaching mode; blended teaching

一、引言

目前，教学交互已经在世界各地的教学活动中广泛使用，我国也逐步将教学交互纳入提高教学质量的重要方式之一，网络学习日益成为现代教学模式中必不可少的环节。疫情突发期间，由于线下教学受到限制，网络学习发挥了其远程及时教学的优势，解决了师生无法面对面交流的问题，同时保障了教学计划稳步实施。如此长时间的、纯粹的云课堂教学鲜有发生，因此，本文以此次疫情期间同济大学云课堂教学模式为研究对象，基于教学交互的理论视角，对教学效果进行评估。

为了不断提高教学效果，适应互联网环境，教育部印发了《教育信息化 2.0 行动计划》。[1]其中明确指出，推动新技术支持下教育的模式变革和生态重构，推进信息技术和智能技术深度融入教育教学全过程。可以认为，结合新技术，不断创新教学模式，提高教学效果，对人才培养有着巨大的促进作用。可以预测，疫情结束后云课堂与传统教学模式相结合的线上线下混合教学模式会成为今后主流教学模式。教学交互理论是当前教改研究的前沿理论，本项目基于教学交互视角，调研和分析了疫情以来同济大学云课堂的教学实践，对云课堂教学效果进行评价，为今后已然成为主流的线上线下混合教学模式的开展提供有针对性的建议。

二、同济大学开展空中课堂、云课堂情况

停课不停教，停课不停学，为了不让 2020 年突如其来的疫情阻挡开学的脚步，同济大学广大教师积极探索特殊时期线上教学模式，化“危”为“机”，开展了空中课堂、云课堂的教学实践。[2]同济大学线上教学平台是基于 Zoom 会议系统开发的同济大学云课堂和基于开源软件 Canvas 建设的线上教学管理平台。教师以 Zoom 会议系统为主要载体，辅以其他线上教学工具，以直播或录播的形式开展教学活动。一方面，学生们可以根据教学进度安排自主完成线上视频和课件的学习，并进行资料和作业管理；另一方面，Zoom 直播可以替代原来拟在线下课堂中完成的教学内容，包括老师的讲解、课内练习、课内分组讨论、课内分组介绍等形式[3]，这些也是此次同济大学云课堂的主要内容。

疫情原因导致传统线下的面对面教学无法正常进行，基于网络互动的云课堂形式却帮助高校如期地开展了教学活动。不少教师以线上教学为契机，积极探索，并尝试将课程与直播和多种即时通信工具结合开展教学，取得了一定效果。同济大学云课堂有两种主要方式：一是依托直播间，采用“在线直播＋”模式；二是依托在线开放课程，采用“在线开放课程＋”模式。

（一）采用“在线直播＋”形式，各具特色

“在线直播＋”，即采用直播的形式实施教学活动，是一种利用网络直播技术实现教师与学生的沟通与交流的教学模式，其本质“是将直播教师现场发生的教学内容，以某种载体形式实时地（或适当延时）通过网络技术发布给学习者”[4]。在同济大学线上教学中，绝大多数老师采用的是坚持内容为主的“在线直播＋”形式。例如，老师们通过微信、QQ 及 Zoom 会议形式等展开课程教学，通过线上软件实现课件播放、问题反馈、举手讨论等教学内容。

(二) 依托在线开放课程,形成"在线开放课程+"模式

以"在线开放课程+"模式为依托的慕课等在线课程资源的在线课堂形式,以答疑和翻转课堂形式为主。目前,同济大学的多门课程利用已有的网络公开课进行了混合教学,依托在线平台,与兄弟院校进行交流与互动,共享学习资源,调整优化课程设计。例如,为了保证听课出勤率,老师们组建微信群提前"试课";或是为了巩固检验学习效果,尝试在慕课上布置作业;开设讨论区,及时答疑;安排助教、班长收集大家学习中遇到的各类问题,定期解答,等等。

二、基于教学交互视角的云课堂教学效果评价

(一) 教学交互概念及研究进展

交互式教学(Reciprocal Teaching)的概念最早是由美国教育心理学家布朗和帕林萨在支架式教学理论基础上提出的一种旨在改善学生阅读理解和自我学习能力的教学方法,之后又得到了进一步的研究和发展。教学交互的定义一般有三类。Wanger[5]沿用了一般交互的定义,将交互定义为个体与小组间的交互作用,并强调交互必须有两个物体和两个行动,但定义的结果缺少教育意义;Daniel 与 Marquis[6]从交互与独立的区别中去定义交互,提出远程学习中包括学生独自进行的学习活动和学生同其他人的交往活动;此外,Moore[7]通过描述交互的三种类型来定义应用较为广泛的交互,其内容主要包括学生与课程内容的交互、学生与教师的交互以及学生与学生之间的交互。

交互式教学的特点是着眼于培养学生特定的、具体的用以促进理解的策略。[8]其含义旨在教学活动中合理地运用多样化的教学方法,在教师与学生、学生与学生之间形成交流互动的合作关系,使学生完成由"乐学""好学"到"会学""学会"的转变。[9]从形式上看,交互式教学是在宏观教学情景下,在多点自由切入的教学平台上,教师的教与学生的学围绕某一个问题或课题进行平等交流和自主互动的一种教学方法。[10]学者刘振芳将交互式教学在形式上进行了四类划分:①计算机辅助教学(CAI)为特征的交互式课堂教学;②以"语言交流,情境教学"为特征的交互式课堂教学;③以"交互式电子白板"为特征的交互式课堂教学;④基于互联网的网络交互式教学。并对这四类教学形式进行了内容上的比较[11]。当前互联网环境下,应用范围较广的是网络交互式教学,例如钉钉、学习通等。此外,学者陈丽[12]指出了交互式课堂的多个特点,认为交互课堂应当明确学习的目的,包括学生的自主学习和师生之间的交流,且应当注重学生利用交互课堂进行自主学习,进一步评价其使用的效果。

作为交互式课堂的典型表现,互联网环境下的网络交互式教学使用率大幅上升。学者刘振芳对网络交互式教学的描述包括教师预先录制多媒体课程,并及时根据学习者需求给予反应。教师可以将预先制作的多媒体课件存放在特定的远程教学服务器中,供学习者在需要的时候下载学习,这种教学方式中,学习的一端是人,而提供教学内容的一端则为远程教学服务器,不受时间和地点的限制。随着多媒体技术和交互技术的发展,人们

也能在因特网上进行交互式学习，远程教学服务器可以根据学习者的需求做出相应的反应。[11]学者刘佳[13]认为，传统的线上录制学习较为枯燥，交互性不强，但现代化的直播教学方式则很好地弥补了这一点，并提出了“直播＋教育”，顾名思义就是采用直播的方式开展教育，利用直播技术实现教育者与学习者的连通，“直播＋教育”这样一种新的“互联网＋”学习形式，较好地弥补了线上学习交互性差的不足。这种线上的教学交互形式使得学习空间打破了物理空间的界限，实现了“线上＋线下”的无缝衔接，为教学交互活动的开展提供了有效支撑。

由此可见，互联网环境下的线上课堂能够更好地凸显教学上的“交互性”。这种基于师生、生生间的交互以及学生与资源环境的双向交互，在一定程度上影响着学生的认知情感状态以及课堂教学效果，因此需要对云课堂的使用情况进行效果评估。

（二）问卷调查情况与教学效果评价

云课堂作为网络交互教学的一种新型模式，仍然缺少持续性、大范围的使用经验。在此次疫情期间，同济大学的云课堂教学模式持续了近五个月，学生使用广泛，因此对云课堂教学效果的评估具有典型性。

本次调查采取问卷调查的形式，对象为同济大学经济与管理学院的学生，在119位调查对象中，本科生为82人，研究生为37人，接近80％的学生在线开放课程与在线直播课程均有参加，因此分析结果具有一定的对比效果。

考虑到云课堂作为一种教学形式，会对于教学效果及学生情感状态产生影响，因此本文在Awidi等[14]的学习体验问卷基础上进行了问卷设计，内容主要分为资源获取、参与合作、支持动机、评估反馈、知识建构及学习环境六个方面；并根据教学交互概念中的三种类型对问题进行描述，在“学生与课程”“学生与教师”以及“学生与学生”三个方面对问卷结果进行了总结。

首先，在学生与课程的交互方面，问卷主要囊括了获取学习信息与资源、知识体系架构、课程内容的丰富度以及学习压力四类评价。在获取学习信息与资源方面，36％的同学认为两种在线课程效果均良好，51％的同学认为两种在线课程中的某一种效果更好，只有13％的同学认为两种在线课程效果均不明显。在知识体系架构方面，认为二者效果均良好的学生占38％，55％的同学认为两种在线课程中的某一种效果更好。在课程内容的丰富度方面，认为两种效果都良好的同学占35％，60％的同学认为两种在线课程中的某一种效果更好。在学习压力方面，62％的学生认为在线开放课程的学习压力最小，只有10％的学生认为两种课程效果均不明显。

其次，在学生与教师的交互方面，问卷主要包括了学习过程和教师关注度两类评价。在学习过程方面，超过半数的学生认为在线直播课程的效果更好，只有12％的学生认为二者效果均不好。在老师关注度方面，64％的学生认为，在线直播课程能够得到老师更多的关注，18％的同学认为二者效果均不明显，总体占比并不高。

在学生与学生的交互方面，问卷主要包括了小组讨论及学习成果展示两个方面。超过半数的学生认为在线直播的效果更好，只有12％的学生认为两种课程效果均不明显。在学习成果展示上，认为在线直播课程效果更好的学生人数略多，约占34％，认为在线开放课程和在线直播二者效果均良好的学生占比几乎相等，为 27%和 28%，但总体而言，三者的人数占比区别不大。

最后，与传统面对面教学效果相比，认为在线直播课程效果更好的同学约占 35%，认为在线直播和在线开放课程效果均良好和均不明显的同学持平，占 24%。由此可见，在具体的交互内容上，学生在三种类型的交互方面都较为突出地选择了云课堂所具备的优势，仅有的区别只在于学生对于两种表现方式的不同偏好。但是对于云课堂的整体使用效果，仍有接近 25%的学生认为传统面对面教学具有更好的效果，因此，云课堂的使用并不能完全替代传统线下教学，但其具备的明显优势应当被进一步讨论。

(三) 云课堂教学模式的优势分析

在云课堂与传统线下面对面教学效果的整体评价方面，在参与了两种云课堂模式的 92 名学生中，有 74%的学生认为，与传统面对面教学模式相比，两种在线课程是更有效的。因此，两种类型的在线课程均具有一定的优势，可以展开分析。

1. 外接资源丰富，“生资”交互明显

首先，多样化的资源为学生提供了多种可能的学习选择。问卷调查发现，在学习资源和信息获取上，87%的学生表示其中一种或两种在线课程有效。开放、多样化的平台为学生获取学习资源提供了更多的自由，这一点在在线开放课程中体现得更加明显。目前我国大学生普遍使用的在线开放课程平台有“中国大学 MOOC”“超星尔雅”等，平台根据学校及科目等对视频课程进行分类，在一些视频网站例如哔哩哔哩、爱奇艺等平台中，也有学校老师将课堂教学视频进行录像并上传，并附有相应的文本资料和课件内容辅助学生学习，为学生在线观看录播学习视频提供了非常丰富的资源。

其次，不同老师的授课可以丰富学生的学习观点。不同平台的同一课程，在课程体系和课程内容上会各有侧重，一些知名专家学者，也会在视频网站不定期开设直播。学生一方面可以根据自己的需要选择适合自己的课程，另一方面也可以对比不同教师的观点和教学方式。这对学生，尤其是以研究型学习为主的大学生而言是非常有利的。学生能够在平台听到专家学者的讨论，也可以即时在弹幕或评论里发表自己的看法或提问，参与感大大提高，学生与线上教学资源的互动性明显增强。

2. 交流形式灵活，“师生”、“生生”交互活跃

云课堂教学中，不论是在线开放课程，抑或是在线直播课程，都有着良好的主体互动机制。

首先，在师生互动方面，在线开放课程设置有留言平台和课程测验，学生需要在规定时间内完成该课程的考核，才能获得网络课程学分和结课证书。以“中国大学 MOOC”为例，在一些论述题的评分上，需要学生进行互评，老师结合互评成绩进行最终评分。在这个过程中，学生可以通过阅读其他同学的作业和观点，达到比较与反思的目的。除此之外，老师还能够对学生的提问进行公开回复。而在在线直播课程中，学生可以以直接连麦的方式与老师进行交流，或是通过视频链接、屏幕共享等方式，展示自己的学习内容。在对学生上课状态的把握方面，老师可以通过学生视频窗口的排列得到直接的反馈，观察到每一位学生的上课状态。同时，直播课程中学生也可以观察到彼此，从而起到互相监督和

自我督促的作用。

在生生互动方面,学生可以通过线上软件随时开展课后讨论,随着平台功能的逐步完善,包括学习成果展示在内的一系列学生小组活动也能够正常开展。

3. 学习方式自由,时空限制被打破

首先,对于时间限制上的打破,在线开放课程具有更加明显的优势。一方面,在线开放课程采用"录制课程视频+上传"的方式,报名课程的学生可以选择在任何时间观看视频,学习时间更加自由。另一方面,可以反复回看也成为了在线开放课程独有的优势。与一些没有录屏的直播课程相比,开放课程是教师在完整的教学大纲指导下,录制的流畅的课程视频,学生可以在任何时间不限次数地进行播放。其次,在打破空间限制上,两种在线课程均支持在任意地点、利用各类移动端开展学习活动。

三、对搭建"线上+线下"混合教学模式的建议

混合教学模式[15]是指传统的课程教学中各种学习方式的结合——即运用视听媒体、幻灯投影、录音录像的教学方式与传统课程教学方式相结合,"计算机辅助教学、网络课程等"方式与传统的教师单一讲授方式相结合,以及学生自主学习方式与合作学习方式相结合等等。在探索混合教学模式的内容和形式方面,Harvi Singh 和 Chris Reed[16]认为:"混合式学习包括传统学习方式和网络学习的混合、离线学习和在线学习的混合、自定步调的学习和实时协作学习的混合、结构化和非结构化学习的混合、现成内容与定制内容的混合、工作和学习的混合"。他们还认为混合式学习的形式包括同步物理(教室)形式、同步在线形式和自定步调的异步形式。祝智庭[17]认为:"混合教学包括多种教学媒体的混合、多种学习模式的混合以及不同学习内容的混合。它并未抛弃传统的线下面对面式教学,而是在保留传统线下教学的基础上,辅助以线上网络教学模式,从而达到线下教学所达不到的更加高效、灵活、自由的教学模式。"

从本次调研结果来看,尽管云课堂教学模式拥有某些独特的优势,但尚且无法完全代替传统面对面教学模式,仍有不少学生和教师认为,在三类交互活动中,传统面对面教学具有云课堂无法比拟的优势。当前,疫情尚未结束,教学秩序也无法全面恢复,世界各地的高校也都在积极探索在传统教学系统中加入线上教学的可能性。这种"线上+线下"的混合教学模式,是疫情背景下的现实需要,也会成为今后高校教学的一种主流模式。

可以预测,未来高校不会单纯地采用线下或线上的教学模式,而会更倾向于采用线上与线下结合的教学模式。这种混合教学模式能够将二者的优势叠加,取长补短,实现教学效率的最大化。具体体现为,在不同的教学场景中,教师能够在线上、线下以及混合教学模式中自如切换,从而将云课堂的优势带进传统教学模式中,拓展教学方式。教师因此能够为课堂带去更丰富的课程信息,学生也能够收获更加多样化、立体的学习体验。

由于教学过程中的交互性将显著影响教学效果,在传统教学模式中加入线上云课堂,将进一步凸显此类混合教学模式中的交互性。因此,构建混合教学模式体系,应当着重考虑如何开展交互式课程设计,构建交互式课堂,将"线上+线下"教学模式在真实的课堂教学中落地。考虑到教学过程包括:课程设计、课堂教学及课程评价三个方面,本文将结合

云课堂教学模式的三种交互类型,尝试在教学内容及教学方法上,为"线上+线下"混合教学模式场景的构建提出改进建议(图 1)。

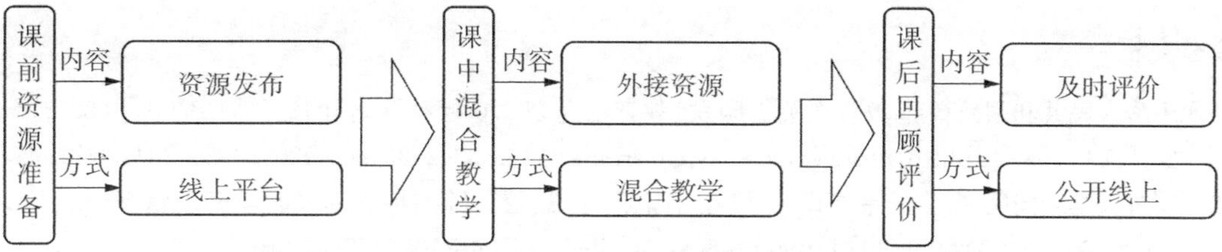

图 1　基于教学交互的"线上+线下"混合教学模式场景构建

来源:作者自制

(一)课前:线上平台课程设计

在课程内容的设计上,教师可以提前发布学习资料和预习要求,如基本知识要点概览、资料查阅等;或是通过线上平台与学生预约课程时间和课程安排,防止突发情况影响线下课堂教学[18]。以此次疫情为例,当线下教学无法开展时,学校便通过线上平台主动实施了线上直播与开放课堂,确保教学内容及时完成。

在课程设计的方法上,教师可以通过线上平台——例如微信群、教学系统或邮件与学生进行课程内容上的沟通。通过与学生沟通课程内容,教师可以及时收集学生意见,更新课程内容,学生也可以提前了解课程安排,从而向教师反馈相关建议。这种线上师生"交互"的手段,能够为课中的混合教学模式提供良好的实践基础。

(二)课中:混合模式课堂教学

在课堂教学的内容上,混合教学模式为传统线下课堂的教学内容带来了极大的丰富与拓展。线下教室硬件设施的更新,能够为课堂教学接入丰富的教学资源。教师可以通过网络向学生展示不同类型的教学资源,也可以邀请知名学者为学生开设讲座,进行多元化授课,展现云课堂所特有的远程交互内容。高校通过开发精品在线开放课程,形成强大的精品课程库,使学生接受线下教学的同时,继续享受线上课程"红利"。

在课堂教学的方法上,通过云课堂与传统面对面模式的结合,教师在授课的时间与空间上拥有了更多选择。混合教学模式实行后,当教师和学生因不可抗力无法参加课程时,授课便随时可以转换为云课堂模式。另一方面,教师可以将课程内容录制保存,供学生随时回看复习,将学习时间段扩展为"24×7"全天候学习模式,极大拓展了"生资""生生"交互的时间与空间。

(三)课后:线上模式课程评价

在课程评价方面,传统教学模式中,学生往往只在学期末对教师的整体授课情况进行打分,但在混合教学模式中,学生可以及时通过弹幕软件匿名反馈课堂教学内容,避免了传统评价方法的局限性和滞后性。混合教学模式将传统的滞后评价变为了实时互动,学生的及时反馈能够帮助教师迅速调整状态。这种丰富且立体的反馈能够让学生获得更好的学习体验,“师生”交互的效率也大大提高,最终达到提升教学效果的目的。

参考文献

[1] 中华人民共和国教育部.教育部关于印发《教育信息划 2.0 行动计划》的通知[EB/OL].(2018-04-25)[2019-06-01].http://www.moe.gov.cn/srcsite/A16/s3342/201804/t20180425_334188.html.

[2] 同济大学新闻网.线上开课首日,校党委书记方守恩、校长陈杰检查在线教学开展情况[EB/OL].(2020-03-02)[2020-9-30].https://news.tongji.edu.cn/info/1003/72834.htm.

[3] 同济大学新闻网.化危为机,空中课堂书声琅琅——记广大教师积极探索线上教学新模式[EB/OL].(2020-04-20)[2020-9-30].https://news.tongji.edu.cn/info/1003/72834.htm.

[4] 倪俊杰,丁书林.O2O 直播课堂教学模式及其实践研究[J].中国电化教育,2017(11):114-118.

[5] Ellen D. Wagner. In support of a functional definition of interaction[J]. American Journal of Distance Education,1994,8(2).

[6] Daniel J S, Marquis C. Interaction and Independence: Getting the Mixture Right[J].Teaching at a Distance,1979,14.

[7] Michael G Moore. Editorial: Three types of interaction[J]. American Journal of Distance Education,1989,3(2).

[8] 郝怀芳.语文交互式教学的理论及应用[D].山东师范大学,2007.

[9] 毛霞,陈健.以学生为主体交互式学习方法的初探[J].经济师,2003(8):84-85.

[10] 大学英语交互式课堂教学模式研究[J].当代教育实践与教学研究,2016(7):37-38.

[11] 刘珍芳.交互式教学研究评述[J].远程教育杂志,2009,17(6):49-51.

[12] 陈丽.术语“教学交互”的本质及其相关概念的辨析[J].中国远程育,2004(3):12-16+78-79.

[13] 刘佳.“直播+教育”:“互联网+”学习的新形式与价值探究[J].远程教育志,2017,35(1):52-59.

[14] Awidiit, Paynter M. The impact of a flipped classroom approach on student learning experience[J]. Computers & education,2018,128:269-283.

[15] 从 Blending Learning 看教育技术理论的新发展(下)[J]. 何克抗.电化教育研究,2004(4):22-26.

[16] Craig Barnum,William Paarmann.Bringing Induction to the Teacher:A Blended Learning Model[J]. T. H. E Journal,2002(9):56-64.

[17] 祝智庭,孟琦.远程教育中的混合学习[J].中国远程教育,2003(19):4.

[18] 杨宇翔,黄继业,吴占雄.线上线下混合教学模式实施方案设计[J].课程教育研究,2015(5):3-4.

结合翻转课堂的对分课堂模式在经济类课程教学中的应用

胡　靖　赵小翠

（同济大学经济与管理学院）

摘　要：在梳理翻转课堂和对分课堂的发展应用基础上，本文提出结合翻转课堂理念的对分课堂混合教学模式，并对该模式应用于经济学专业教学过程做出分析，包括与经济学的契合性，适用性，以及对应实际教学中出现问题的修正与调整，强调学习过程发生的主体是学生，教师教学只是辅助，目的在于帮助学生扎实掌握知识，调动学生学习的积极性与自主性，培养学生的自主学习能力和良好的思维习惯，期望能对经济学教学改革实践提供参考。

关键词：翻转课堂；对分课堂；混合教学模式；经济学

Abstract: On the basis of reviewing the development and application of the flipped classroom and PAD class, the paper makes the point of mixed teaching mode which combines the concept of flipped classroom with PAD class, and analyses how to apply the model into economics teaching practice, including the possibilities of the mode fitting with economics, the applicability, and the correction and adjustment in practical teaching when we face some problems, the paper emphasizes that students matters and that teachers are auxiliary, in order to help students grasp knowledge solidly, arouse their enthusiasm and autonomy about learning, cultivate their autonomous learning ability and develop good habits of thinking, we are expecting to provide reference for the practice of economics teaching reform.

Keywords: flipped classroom; PAD class(Presentation-Assimilation-Discussion Class); mixed teaching mode; economics

翻转课堂(flipped classroom)最早提出是在2007年，是美国教育学者萨姆斯和伯格曼(Sams. A, Bergmann. J)对传统高中课堂教学的一次颠覆性实践。不同于传统灌输式教学，其主要实践内容是将知识学习放在课前完成，课堂时间主要用于知识的答疑解惑，整个课堂完全翻转，学生需要充分完成课前课堂两部分学习内容才能更好地从中受益。在翻转课堂教学模式下，学生直接获取知识，教师更关注学生获取知识的过程和从中获得的能力，并且他们认为翻转教学模式之所以能实验成功，很大程度上依托于互联网技术的发展[1]。此后，翻转课堂理念传入国内，不少教学工作者对此模式展开了理论研究与教学实践，翻转课堂要颠覆的不仅仅是课堂的形式，更重要的是要将自定步调的个性化学习权利还给学生，让课堂回归思维碰撞和多维互动的本质[2]，让学生真切地参与和投入，孙崇勇等[3]以高中教学实践为依托，发现翻转教学能更有效地降低高中生认知负荷，提高学习成绩与学习效率。

对分课堂的概念最早是由中国复旦大学张学新教授于 2014 年基于当代大学生心理与学习规律提出来的一种交互式学习课堂教学改革模式[4]，旨在破解知识教育与能力教育的困境，强调教师和学生作为教学活动中对立统一的主体，要均衡“教”“学”权重，变革“教”“学”关系，让学习真实发生，将知识教育推进到能力教育。对分课堂的重点在于学生通过独学完成对知识的内化吸收和知识体系的构建，其基本模式是分配一半课堂时间给教师讲授，另一半给学生讨论，使其内化吸收，主要包括讲授（Presentation）、内化吸收（Assimilation）、讨论（Discussion）3 个阶段，因此，也被称为 PAD 课堂。对分课堂方案提出后，有教育工作者将之应用于课堂教学实践，林征等[5]将对分课堂模式应用于福建医科大学，采用以案例为中心、以问题为导向的对分课堂模式对临床医学康复专业本科生进行试点教学，改善了学生学习的主动性，拉近了师生距离，形成良好的学术讨论氛围。实践表明，对分课堂能够有效提升学生的自主学习能力，但是在实践中也应充分考虑学科本身的特点，改进教学方式，激发学生学习动力。[6]

可以说翻转课堂理念和对分课堂教学模式都是对传统教学的突破，对提升教学质量、强化学生的主动性等均发挥了重要作用。但在实际运用中也产生了不少新的问题，如何结合经济类课程特征，更好地发挥翻转课堂理念和对分课堂教学模式的优点，值得我们具体分析和进一步实践。

一、两种方法在实践应用中存在的问题

翻转课堂理念的核心是将学生自主选择个性化学习的权利还给学生，充分调动学生自主学习的积极性，课堂教学模式的翻转只是践行这种核心思想的手段。然而许多教学实践却机械化地执行 Sams 和 Bergmann 的流程，课前老师录制教学微视频或要求学生通过 MOOCs 平台观看指定的教学视频，上课时间专门用于老师的答疑解惑，就算是完成了一次翻转实践。这种实践学习的过程完全交由学生在课前完成，十分依赖学生的自觉性，如果在课前学习阶段学生不能充分发挥自主学习的积极性，那么教学效果将大打折扣，导致教学效果极不稳定。此外，上课过程缺少了老师对知识点的梳理讲解，导致一大部分学生无法进入深度学习，对知识浅尝辄止；当然，也存在缺乏信息技术设备无法进行翻转课堂教学实践的情况。所以翻转课堂理念虽然有助于提高教学质量，但是在具体实践中容易走入注重教学流程与形式而忽视学习深度以及过分依赖信息技术的实践误区[7]。本次疫情期间的线上教学也呈现出了学生自己通过视频学习的弊端和问题。

对分课堂模式与传统教学最大的区别在于对分课堂模式将老师与学生置于平等的地位，尊重学生的主体性，给予学生充分的自学时间来内化吸收。在教学实践中，常常将一

堂课分为两个时间段，前半节课堂时间让学生自主学习、讨论上节课的知识点，后半节课堂时间教师讲授新的知识，然后下次课的前半节用于讨论本节课的内容，留给学生在课堂外近一周的时间来自主消化吸收。完成一次课堂对分要跨越两周的时间，这种实践存在的最大的问题在于知识学习吸收的不连贯性，过于依赖学生的课外自觉性，如果学生在课外不能积极投入学习，或者由于时间跨度较长存在知识遗忘的情况，就十分影响课堂讨论参与度，从而不能达到比较满意的教学效果。

二、混合教学模式的课堂设计

针对上述实践中出现的问题，可以考虑将两种方法结合，取长补短，不断调整修正，以期达到较为满意的教学效果。

所谓混合教学模式，就是综合翻转课堂思想的新型对分课堂模式，具体来说，整个教学过程可以分为课前、课中和课后三个阶段。课前教师布置一个专业的基础性的问题，让学生带着问题去寻找答案，在此过程中把碰到的无法解决的问题反馈给老师，上课前写小纸条或者微信即时反馈都可以，等待老师解答。学生搜寻答案不拘于哪一种形式，可以是线上视频课，比如 MOOCs；可以是线上小视频科普，比如 B 站、抖音等平台；也可以是自学课本，如来自百度搜索、下载等方式，目的是使学生经过对这一问题答案的寻找逐渐形成对本节课程知识的大概认知。这个寻找答案的过程是需要学生投入精力和时间的，所以，课前教师布置的问题很关键，既不能过于简单，也不能难度太高，所以课前问题的提出需要一定的专业度。

课中采取对分课堂形式，前半节课堂时间为老师讲授时间，后半节课堂给学生进行内化吸收。前半节课老师的课堂讲授并不是将知识从头到尾、事无巨细地讲一遍，而是进行知识点串讲，帮助学生构建本堂课的知识框架，帮助学生把课前寻找答案时获得的零散知识点梳理成知识体系。同时，针对学生课前寻找答案过程中遇到的高频问题进行集中解答，针对课程的重难点进行深入讲解，这部分讲授过程是老师引导学生进行深度学习与思考的过程，深入讲解可以结合当下经济学热点新闻深入浅出，引导学生用所学经济知识解释经济现象。目前，高校课堂一般一次课程 90 分钟两节课，正好适合对分课堂的时间安排，第一节课 45 分钟是老师讲授时间，第二节课学生的内化吸收可以不拘泥于对分课堂的模式，内化吸收的过程可以是小组讨论，也可以是独立思考、参阅文献等。课堂最后需要学生交流心得，可以是自己对某个经济学知识的理解，对讨论结论的陈述，对相关问题的思考等等，关键在于完成知识的输出。课堂讲授部分是学生接收知识并深刻理解的关键，内化吸收部分是从知识教育到培养能力启发灵感思维训练的关键，而最后的分享交流也是内化吸收的一部分，目的在于通过知识输出过程锻炼学生提炼总结和表达的能力。

课后是学生能力的拓展延伸，教师可以就某一社会经济现象提出问题供学生思考探讨，学有余力的学生可以就某一感兴趣的方向继续查阅文献，沟通交流。这个过程旨在发掘学生的兴趣，或许某一次的课外延伸讨论就打开了学生的兴趣之门，从而使其形成自己的研究方向，课后延展的目的在于挖掘学生的更多可能性。

关于课程考核，也不能再以传统唯分数论，而是要综合学生参与的各个环节考核评分，综合考量学生整个过程的参与积极性与参与持续性，学生只要认真参与了教学过程的各个环节，认真完成每一次教学任务，就能真正掌握课程知识，考核成绩自然也不会差。

上述混合教学模式的课堂流程设计利用了翻转课堂调动学生自主学习积极性的方法和课前学习的形式，结合对分课堂教师讲授、深度学习的优点，将翻转课堂课前的知识学习过程调整为针对问题寻找答案，将完成一次课堂对分的时间控制在当堂课，让学习过程趁热打铁，保留了教师讲授知识点环节，增加了课后的拓展学习。这样的设计既有利于调动了学生自主学习的积极性和深度学习的专注度，又减轻了学生在课外的学习负担，可以达到更好的教学效果。

三、混合教学模式在经济学类课程教学中的应用

经济学类课程一方面理论性强，模型多并且比较抽象，在知识理解上存在一定的门槛，需要深度学习与思考才能掌握其复杂的理论。另一方面，经济学作为一门社会科学，必须重视对现实经济问题的理解和探讨。将上述混合式教学模式应用于经济学类课程的教学实践中，不仅可以满足对复杂抽象经济学理论进行深度学习的需要，而且可以引导学生梳理经济现象，学会用经济学逻辑回答现实经济问题，当然还可以调动学生积极性，提高上课效果。

下面以西方经济学第一章为例进行混合教学模式的教学设计。

课前学习阶段。教师提问：为什么收成好的年份农民收入反而减少？即谷贱伤农是什么意思？为什么？学生可以通过各种途径自主完成相关知识的学习，并试图给出答案，尝试对简单的经济学现象做出解释，在这一过程中，学生对本节课要学的内容已经有了初步的了解。

课堂上前段知识讲授阶段。教师对该章节知识点进行梳理讲解，例如：经济学中最基本的“理性经济人”假设，常规需求曲线、供给曲线的形状内涵，包含的基本供求原理，弹性的概念与应用、弹性的经济学解释，需求弹性与供给弹性与收入的关系，谷贱伤农含义的解释，蛛网模型中的时滞引出经济学动态均衡分析方法等，帮助学生建立本章节知识内容的大体框架，深度探讨关于弹性与税收的关系，非常规的需求曲线与供给曲线及实际应用，弹性概念在经济学中的广泛应用等，并有针对性地回答学生的问题。

课堂后半段阶段。该时间段留给学生思考讨论，消化吸收，学生可以自由选择学习方式思考知识内容，小组交流看法，整理知识框架，讨论老师的问题。例如：如果你自己是农民你会如何想办法规避“谷贱伤农”带来的损失，如何摆脱当下困境。下课前由同学分享学习体会、小组交流的结论，在这一阶段鼓励学生大胆交流分享，尝试将自己的想法表达出来，提高学生的表达能力。

课后拓展阶段。教师提问：对于当下农村农民的困境，政府、企业、农民可以采取什么办法来摆脱困境。学有余力的学生或者对农村问题感兴趣或者农村长大的学生均可以自愿就该问题进行思考讨论，并与教师交流。

教师对学生全过程的参与积极性进行评价，作为学生本次课堂成绩的判定依据。整个教学实践流程如图 1 所示。

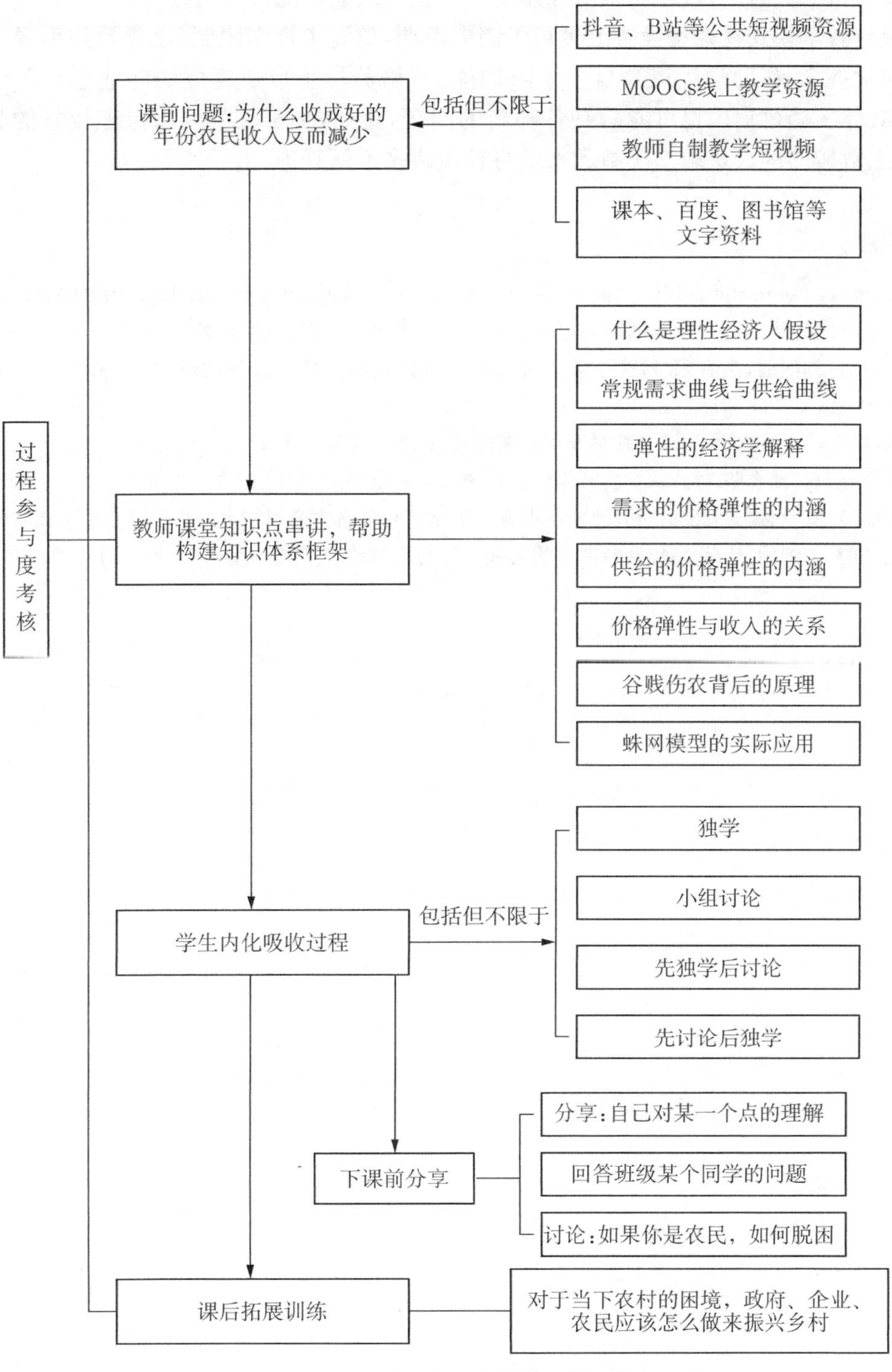

图 1　混合教学模式在西方经济学第一章教学应用流程

上述应用设计并非固定执行，可以根据实际情况灵活调整，对分课堂也并不拘泥于既有的课时设计，具体取决于需要学习的内容多少和难易程度。当然所谓的课堂对分也并不需要严格对分时间，可以根据实际需要和学生的反馈情况及时调整。

混合教学模式在课程设置上进行了诸多微调，放宽了许多限制，就是希望引导形成科学的教学理念，帮助学生提高自主学习的能力，培养学生形成良好的专业思维习惯。当然，在具体实施过程中也可能碰到各种新的问题，比如，小班教学可以保证较好的教学效果，而人数较多的大班教学实施起来就将存在诸多不便等等。

参考文献

[1] Sams A, Bergmann J. Flip your students learning[J]. Educational Leadership,2013(6):16-20.

[2] 郑燕林.ARCS模型视角下翻转课堂的教学设计与实践[J].现代远距离教育,2020(3):18-23.

[3] 孙崇勇,刘丽丽,高春阳.翻转教学法对高中生认知负荷及学习成绩的影响[J].心理与行为研究,2020,18(3):369-375.

[4] 张学新.对分课堂:大学课堂教学改革的新探索[J].复旦教育论坛,2014(5):5-10.

[5] 林征,刘双,胡志坚.对分课堂的教学模式在统计学教学中应用[J].中国卫生统计,2019(2):154-155.

[6] 杨榆玲,罗兰,钱源,杨芳.对分课堂下本科生医学遗传学自主学习能力的培养[J].遗传,2020(9).

[7] 毛齐明,王莉娟,代薇.高校翻转课堂的实践反思与超越路径.高等教育研究,2019(12):75-80.

新时代高校思想政治教育与经济管理学科协同育人机制研究

孙丽华　陆　薇

（同济大学经济与管理学院）

摘　要：大学生作为引领青年运动的时代先锋，其思想政治素质决定着国家和民族的未来。随着思想政治教育学科的建立和发展，大学生思想政治教育实践育人问题日益受到学界和高校的重视，但实践过程中依旧存在着基本问题认识不清、现实状况掌握不准、机制建设相对滞后等问题，制约着大学生思想政治教育的深入开展和实际效果。基于以上认识，本文立足经济管理学科大学生思想政治教育实践育人现状，针对经济管理学科不同方向、不同年龄、不同政治面貌的学生进行广泛调查和分析，通过了解学生群体思想政治教育意愿，认识分析高校思想政治教育与经济管理学科协同育人机制存在的问题，进一步提出针对性的改进措施与借鉴性意见。

关键词：协同育人机制；高校思想政治教育；学科建设

Abstract: As the pioneers of the times leading the youth movement, college students' ideological and political qualities determine the future of the country and nation. With the establishment and development ideological and political education, the issue of ideological and political education practice for college students has received increasing attention from academic circles and universities. However, in the process of practice, there are problems such as unclear understanding of basic issues, inaccurate grasp of the actual situation, and relatively lagging mechanism construction, which restrict the in-depth development and actual effects of college students' ideological and political education. Based on the above understanding, this topic is based on the current status of ideological and political education practice for college students in economics and management, and conducts extensive investigation and analysis of students of different directions, ages and political outlooks in economics and management to understand the willingness of student groups for ideological and political education. Recognize and analyze the problems in the cooperative education mechanism of ideological and political education and economic management disciplines in colleges and universities, and propose targeted improvement measures and suggestions for reference.

Keywords: collaborative education mechanism; ideological and political education; discipline construction

一、引言

习近平总书记在全国教育大会上指出，“培养什么人，是教育的首要问题”。我们的高校是党领导下的高校，是中国特色社会主义高校，必须全面贯彻党的教育方针，用习近平新时代中国特色社会主义思想铸魂育人，培养德智体美劳全面发展的社会主义建设者和接班人。[1]《高校思想政治工作质量提升工程实施纲要》进一步指出要“一体化构建内容完善、标准健全、运行科学、保障有力、成效显著的高校思想政治工作质量体系，形成全员全过程全方位育人格局。”[2-3]构筑全员育人、全方位育人、全过程育人的“三全育人”格局，整合各方面的资源和要素，持续促使大学生产生内在的思想矛盾运动，进而形成社会所期望的思想品德，已经成为高校思想政治教育的基本经验。

当前，新时代高校思想政治教育正面临严峻挑战：对外开放的整体环境对大学生思想文化形成冲击、市场经济的深入发展给大学生思想观念产生影响、陈旧不变的教育模式对大学生思想教育造成障碍、信息技术的高速发展给大学生思想教育带来难题，因此，研究新时代下高校思想政治教育与经济管理学科协同育人机制的必要性不言而喻。

本文研究首先顺应了经济社会发展局势的需要，有助于促进高校思想政治教育体系各个要素之间的协同发展，提升高校思想政治教育的有效性；其次，满足了抢占思想意识领域阵地的需要，新时期大学生受多元文化、多元思潮的冲击，意识形态呈现出不协调发展现象，高校思想政治教育协同育人机制将有助于抢占意识领域主流阵地，发挥思想政治教育的引领作用，使学生的主流意识与国家、社会主流意识统一起来，并引领社会主流意识形态发展；最后，进一步满足了优化学生素质结构的需要，帮助高校培养“注重思想修养，钻研知识积累，重视能力锻炼，积极向上、锐意进取、渴望成才、立志有为”的新时代大学生。[4]

二、思想政治教育与经济管理学科协同育人的基本状况

为了使研究能够具有更强的针对性和代表性，更好地为高校思想政治工作与学科协同育人提供借鉴，本文设计了《新时代高校思想政治教育与经济管理学科协同育人机制研究》调查问卷，问卷见附件 1。论文组向经济与管理学院 2 300 多名本科生、全日制学术型硕博研究生发放问卷，共收到有效问卷 801 份。表 1 包含了参与调查问卷群体的背景信息，从中可发现该问卷群体覆盖广，具有一定的代表性。

在年级分布层面，调查对象以本科生居多，占比 68.91%。学科分布层面，调查对象包含了经济与管理学院下设的 4 个一级学科(管理科学与工程、工商管理、应用经济学、公共管理)，其中管理科学与工程参与调查人数最多，占比 47.69%，公共管理参与调查人数最少，占比 6.74%。政治面貌层面，共青团员人数最多，占比 69.54%，中共党员人数次之，占比 20.10%。

表 1　　调研对象基本情况表

变量	类别	人数(人)	百分比
年级	大一	131	16.35%
	大二	255	31.84%
	大三	124	15.48%
	大四	42	5.24%
	研一	75	9.36%
	研二	37	4.62%
	研三	27	3.37%
	博一	21	2.62%
	博二	34	4.24%
	博三	20	2.50%
	博四及以上	35	4.37%
学科	应用经济学	175	21.85%
	工商管理	190	23.72%
	管理科学	382	47.69%
	公共管理	54	6.74%
政治面貌	中共预备党员	39	4.87%
	中共党员	161	20.10%
	共青团员	557	69.54%
	民主党派成员	0	0.00%
	无党派人士	1	0.12%
	群众	43	5.37%

(一) 专业思想政治教育现状

1. 学生对专业课程中思想政治学习内容的知觉情况

调查对象中,本科生及全日制学术型硕博研究生大多认为当前专业课程中增加了国家最新政策法规、道德操守、职业礼仪、职业意识等相关思想政治内容;少数学生不清楚专业课程中是否存在思想政治方面学习内容。

从年级分布来看(表 2),对于本科生而言,大二(91.37%)和大三学生(87.10%)认为专业课程中增加思想政治学习内容的比例明显高于大一(84.73%)和大四(73.81%),主要原因是大一阶段课程安排以公共课和专业基础课程为主,重点在于搭建牢固的专业基础,而大二、大三正值专业素质培养阶段,在已有一定专业知识的基础上增加思想政治内容会有助于学生更加规范地将理论应用于实践;对于硕士生而言,研一(80%)和研二学生(81.08%)对思想政治课程的感知更明显,多数学生意识到专业课程里增加了思政教育,而研三仅有一半学生(55.56%)认为专业课程学习中涵盖了思想政治教育,这可能与经济管理学院在学科设计上的逐年改进和创新有关,学院更加注重学生思想政治素养和专业技能的同步提升,因此加快相关思政教育和专业课的同步开展,而研三生已经完成专业课学习,主要在进行毕业设计,所以以其为对象的相关思政教育的开展会相对欠缺;对于博士生而言,高达90%以上的博二和博三学生能感知到专业课程中包含思想政治内容,而博一学生(61.90%)感知程度较低,这可能与当前课程学习尚未完全展开有关。无论本科生还是研究生,高低年级专业课程中思想政治学习内容普遍较少,这与低年级课程学习尚未完全展开、高年级学生专业课程较少有所关联,针对此,经济管理学院正逐年改进学科设计。

表2　　专业课程中是否增加了思想政治学习内容(年级维度)

	A.有	B.没有	C.不清楚	小计
大一	111(84.73%)	6(4.58%)	14(10.69%)	131
大二	233(91.37%)	7(2.75%)	15(5.88%)	255
大三	108(87.10%)	7(5.65%)	9(7.26%)	124
大四	31(73.81%)	3(7.14%)	8(19.05%)	42
研一	60(80%)	7(9.33%)	8(10.67%)	75
研二	30(81.08%)	5(13.51%)	2(5.41%)	37
研三	15(55.56%)	7(25.93%)	5(18.52%)	27
博一	13(61.90%)	7(33.33%)	1(4.76%)	21
博二	31(91.18%)	3(8.82%)	0(0.00%)	34
博三	19(95%)	1(5%)	0(0.00%)	20
博四及以上	23(65.71%)	7(20%)	5(14.29%)	35

从学科分布来看(表3),管理科学与工程专业学生(85.86%)在专业课程学习过程中对思想政治学习知觉比例最高,其次是应用经济学(83.43%)和工商管理学生(82.63%),公共管理专业学生(79.63%)知觉比例最低。但各专业之间比例相差不大,绝大部分学生认为所学习的专业课程中包含了思想政治教育内容,间接说明了经济管理学院各专业普遍重视课程设计中思想政治教育与专业学习的结合。

表3　　专业课程中是否增加了思想政治学习内容(学科维度)

	A.有	B.没有	C.不清楚	小计
应用经济学	146(83.43%)	13(7.43%)	16(9.14%)	175
工商管理	157(82.63%)	14(7.37%)	19(10%)	190
管理科学与工程	328(85.86%)	28(7.33%)	26(6.81%)	382
公共管理	43(79.63%)	5(9.26%)	6(11.11%)	54

2. 学生对所学专业或未来打算从事专业道德操守等知识的了解情况

有关职业道德操守方面,绝大部分本科生、全日制学术型硕博研究生对所学专业和未来就业所需的职业道德操守表示了解。

从学科分布来看(表4)，工商管理学生对所学专业和未来就业所需的职业道德操守方面的了解(包括“非常了解”“比较了解”和“基本了解”)比例最高，达94.74%；管理科学与工程、应用经济学专业次之，分别为92.68%、92%。这与学科在培养计划以及课程内容设计方面不同有关，也与学生自身对职业道德操守等方面知识的学习主动性有关。

表4　　学生对所学专业或以后打算从事专业道德操守等方面的了解程度(学科维度)

	A.非常了解	B.比较了解	C.基本了解	D.不太了解	E.不了解	小计
应用经济学	50(28.57%)	74(42.29%)	37(21.14%)	11(6.29%)	3(1.71%)	175
工商管理	52(27.37%)	89(46.84%)	39(20.53%)	10(5.26%)	0(0.00%)	190
管理科学与工程	121(31.68%)	151(39.53%)	82(21.47%)	22(5.76%)	6(1.57%)	382
公共管理	12(22.22%)	33(61.11%)	3(5.56%)	5(9.26%)	1(1.85%)	54

3. 学生对当前开展的思想政治教育满意度情况

整体来看，学生对当前学校开展的与专业相关的思想政治教育表示满意。

从年级分布来看(表5)，硕士研究生表示“比较满意”的比例在本硕博学生“比较满意”一项中比例最高，为47.48%；博士研究生总体满意程度则要高于本科生和硕士研究生，为84.55%。

表5　　学生对当前学校开展的与专业相关的思想政治教育满意程度(年级维度)

	A.非常满意	B.比较满意	C.一般	D.不满意	E.非常不满意	小计
本科生	207(37.50%)	232(42.03%)	101(18.29%)	6(1.09%)	6(1.09%)	552
硕士研究生	43(30.94%)	66(47.48%)	27(19.42%)	0(0.00%)	3(2.16%)	139
博士研究生	55(50.00%)	38(34.55%)	16(14.55%)	0(0.00%)	1(0.90%)	110

从学科分布来看(表6)，四个学科表示“比较满意”的人数比例相对较高。应用经济学专业学生“非常不满意”人数在四个学科中所占比例最高，达3.43%，而满意(包括“比较满意”和“非常满意”)人数比例则是最低，为77.14%，这可能与应用经济学的研究、实践需紧跟国家相关经济政策有关。因此，学校和学院在开展相关思想政治教育工作时需要做到：一是要注意教育的实时性；二是要注意学科的针对性。

表6　　学生对当前学校开展的与专业相关的思想政治教育满意程度(学科维度)

	A.非常满意	B.比较满意	C.一般	D.不满意	E.非常不满意	小计
应用经济学	64(36.57%)	71(40.57%)	34(19.43%)	0(0.00%)	6(3.43%)	175
工商管理	74(38.95%)	76(40%)	35(18.42%)	3(1.58%)	2(1.05%)	190
管理科学与工程	152(39.79%)	161(42.15%)	65(17.02%)	3(0.79%)	1(0.26%)	382
公共管理	15(27.78%)	28(51.85%)	10(18.52%)	0(0.00%)	1(1.85%)	54

(二) 学生对专业思想政治课程的学习意愿、理想教学形式和教学内容

1. 学生对专业思想政治课程的学习意愿

整体而言，大部分学生能够意识到职业道德的重要性，对自身的职业规划有比较明确的认识，并能及时意识到需要培养自身的职业道德。

从年级分布来看(表 7)，本科生认为自己"有意识地主动培养自己职业道德"的人数比例明显低于全日制学术型硕博研究生，这可能与本科生目前正处于专业知识学习关键阶段有关，并且部分学生尚未脱离高中思维，缺乏认识社会的机会，因而对自己未来的职业规划以及所需要的技能等没有深刻的认识。硕博研究生多数经历过或者能够认识到工作以及学业等未来发展问题，因此在意识到职业道德对于自身就业以及职业发展有着非常重要的作用之后会主动加强对职业道德规范的了解和学习，以培养和提升自身职业道德水平。

表 7　　学生是否主动培养自己的职业道德水平(年级维度)

	A.是	B.否	C.很难说清楚	小计
大一	111(84.73%)	1(0.76%)	19(14.50%)	131
大二	207(81.18%)	4(1.57%)	44(17.25%)	255
大三	102(82.26%)	4(3.23%)	18(14.52%)	124
大四	35(83.33%)	1(2.38%)	6(14.29%)	42
研一	64(85.33%)	2(2.67%)	9(12%)	75
研二	32(86.49%)	0(0.00%)	5(13.51%)	37
研三	22(81.48%)	1(3.70%)	4(14.81%)	27
博一	20(95.24%)	1(4.76%)	0(0.00%)	21
博二	33(97.06%)	0(0.00%)	1(2.94%)	34
博三	20(100%)	0(0.00%)	0(0.00%)	20
博四及以上	32(91.43%)	0(0.00%)	3(8.57%)	35

从政治面貌分布来看(表 8)，中共预备党员和中共党员"有意识地主动培养自己职业道德"的人数比例相对较高，分别为 92.31%、90.06%，说明党员同志比较注重自身职业道德素质的提高，时刻严格要求自己，在职业道德学习方面有着较高的积极主动性。

表 8　　学生是否主动提高自己的职业道德水平(政治面貌维度)

	A.是	B.否	C.很难说清楚	小计
中共预备党员	36(92.31%)	1(2.56%)	2(5.13%)	39
中共党员	145(90.06%)	3(1.86%)	13(8.07%)	161
共青团员	458(82.23%)	9(1.62%)	90(16.16%)	557
民主党派成员	0(0.00%)	0(0.00%)	0(0.00%)	0
无党派人士	1(100%)	0(0.00%)	0(0.00%)	1
群众	38(88.37%)	1(2.33%)	4(9.30%)	43

2. 理想的专业思想政治教育开展形式

在专业思想政治教育开展形式的选择方面(图 1),绝大部分学生优先选择了专题讲座,其次是选修课、实习及企业实地访问、座谈会,说明学生希望以更加非专业化的形式开展专业思想政治教育,以非专业化形式开展思想政治教育也能够给予学生更多的自主选择权,使学生根据自身需求选择所需要了解的专业思想政治教育内容主题。

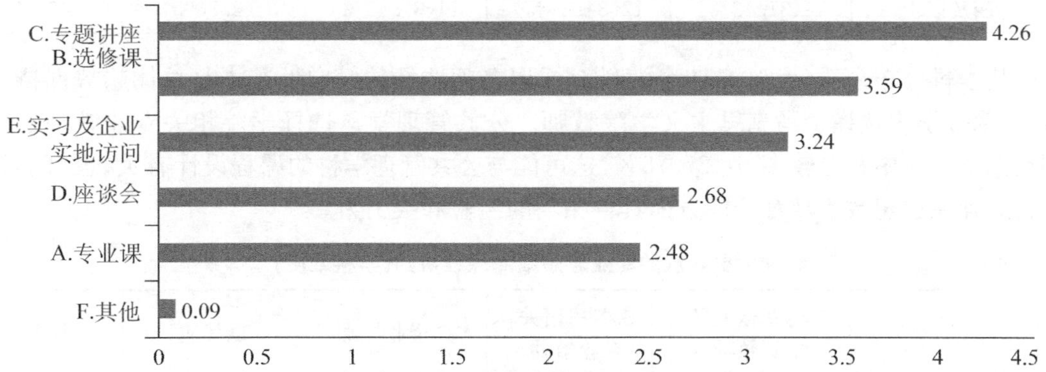

图 1　学生选择专业思想政治教育形式优先级

对于专业思想政治教育课程的授课教师,大多数学生倾向于选择马克思主义学院教师,可归因于相对其他专业教师,马克思主义学院教师的专业性和经验性更强;其次则倾向于选择企业导师,因为企业导师具有更多的实践经验,能够结合市场环境的具体问题给予学生更多指导性的建议。

从年级分布来看(表 9),本科生四个年级倾向于选择马克思主义学院教师的人数比例要略高于硕博研究生,而对于硕士研究生,倾向于选择企业导师的人数比例则要略高于本科生和博士研究生。这可能是因为本科生和博士生的生活重心主要是学习和科研,而硕士生则更多地面临毕业就业问题,因此希望具有企业工作经验的导师对他们进行具有针对性、实操性的指导。

表 9　学生更喜欢的专业思想政治课程讲师(年级维度)

	A.马克思主义学院教师	B.本院相关专业教师	C.企业导师	D.其他	小计
大一	64(48.85%)	29(22.14%)	37(28.24%)	1(0.76%)	131
大二	118(46.27%)	46(18.04%)	90(35.29%)	1(0.39%)	255
大三	69(55.65%)	18(14.52%)	37(29.84%)	0(0.00%)	124
大四	20(47.62%)	8(19.05%)	14(33.33%)	0(0.00%)	42
研一	31(41.33%)	13(17.33%)	30(40%)	1(1.33%)	75
研二	12(32.43%)	10(27.03%)	15(40.54%)	0(0.00%)	37
研三	9(33.33%)	5(18.52%)	13(48.15%)	0(0.00%)	27
博一	8(38.10%)	4(19.05%)	7(33.33%)	2(9.52%)	21

（续表）

	A.马克思主义学院教师	B.本院相关专业教师	C.企业导师	D.其他	小计
博二	16(47.06%)	9(26.47%)	9(26.47%)	0(0.00%)	34
博三	11(55%)	7(35%)	1(5%)	1(5%)	20
博四及以上	11(31.43%)	12(34.29%)	11(31.43%)	1(2.86%)	35

从学科分布来看(表 10),四个学科对授课老师选择的倾向性基本与总体趋势保持一致,大部分学生选择了马克思主义学院教师。公共管理学科选择学院相关专业教师的比例在四个学科中相对较多,达 27.78%,这可能与公共管理学科的课程设计有关,也可能是学科老师在思想政治教育开展方面具备相当的经验和吸引力。

表 10　　学生更喜欢的专业思想政治课程讲师(学科维度)

	A.马克思主义学院教师	B.本院相关专业教师	C.企业导师	D.其他	小计
应用经济学	86(49.14%)	37(21.14%)	52(29.71%)	0(0.00%)	175
工商管理	77(40.53%)	36(18.95%)	76(40%)	1(0.53%)	190
管理科学与工程	183(47.91%)	73(19.11%)	120(31.41%)	6(1.57%)	382
公共管理	23(42.59%)	15(27.78%)	16(29.63%)	0(0.00%)	54

3. 理想的专业思想政治教育内容

在专业思想政治教育内容的需求方面(图 2),绝大多数学生表示最希望学习到“专业相关法律、法规”方面的知识,这说明学生们的法律法规意识在不断提高,其次是希望学习到“职业道德与意识”“专业操守与行为准则”和“职业礼仪与日常应对”方面的知识。

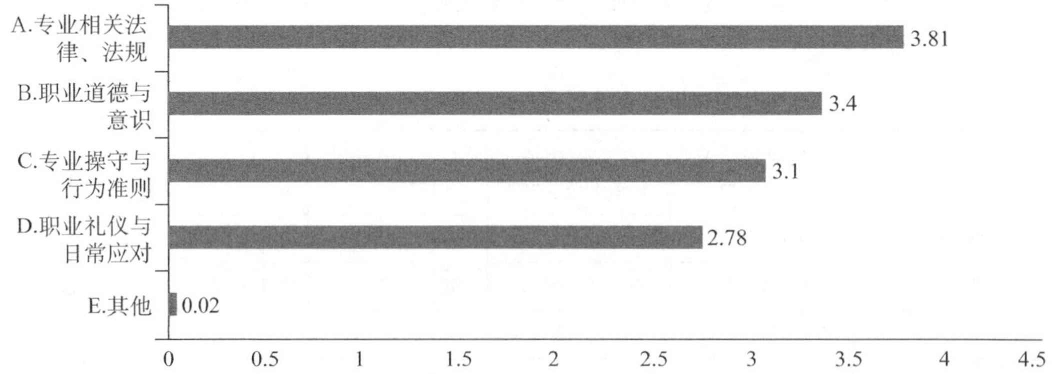

图 2　学生希望学习专业思想政治教育内容优先级

(三) 教师专业思想政治教育的参与情况

就班主任在专业思想政治教育参与度的评价方面,整体而言,班主任对学生的专业思想政治教育投入较多，并且获得了多数学生好评。目前，学院80%以上的本科生、31%的硕博研究生的班主任由专业教师担任，专业教师班主任在学生思想引领、学业指导、专业兴趣引导、适应性教育、职业规划与人生规划等方面发挥了重要作用。

从年级分布来看(表11)，本科生中大四学生表示“非常满意”的比例最高，达71.43%，可能是因为随着年级的变化，班主任与学生的接触更加密切，能够更加有针对性地对同学进行专业思想政治教育。

表11　　班主任专业思想政治教育参与度(年级维度，学生评价)

	A.非常满意	B.比较满意	C.一般	D.不满意	E.非常不满意	小计
大一	74(56.49%)	43(32.82%)	13(9.92%)	1(0.76%)	0(0.00%)	131
大二	163(63.92%)	63(24.71%)	24(9.41%)	5(1.96%)	0(0.00%)	255
大三	58(46.77%)	42(33.87%)	23(18.55%)	0(0.00%)	1(0.81%)	124
大四	30(71.43%)	9(21.43%)	3(7.14%)	0(0.00%)	0(0.00%)	42
研一	36(48%)	27(36%)	12(16%)	0(0.00%)	0(0.00%)	75
研二	13(35.14%)	10(27.03%)	12(32.43%)	2(5.41%)	0(0.00%)	37
研三	10(37.04%)	11(40.74%)	4(14.81%)	1(3.70%)	1(3.70%)	27
博一	12(57.14%)	8(38.10%)	1(4.76%)	0(0.00%)	0(0.00%)	21
博二	31(91.18%)	3(8.82%)	0(0.00%)	0(0.00%)	0(0.00%)	34
博三	11(55%)	8(40%)	1(5%)	0(0.00%)	0(0.00%)	20
博四及以上	25(71.43%)	6(17.14%)	4(11.43%)	0(0.00%)	0(0.00%)	35

从学科分布来看(如表12)，应用经济学表示“非常满意”的比例在四个学科中最高，为62.29%，但仍然有较大的改善空间。公共管理虽然“非常满意”人数比例在四个学科中最低，为44.44%，但在“比较满意”人数比例最高，为35.19%，同时，“不满意”方面人数比例也最高，达3.7%，这说明学生们的感受差别较大，出现了两极分化特征，可能是班主任在进行思政教育时没有覆盖到所有学生，导致部分同学满意度较低。

表12　　班主任专业思想政治教育参与度(学科维度，学生评价)

	A.非常满意	B.比较满意	C.一般	D.不满意	E.非常不满意	小计
应用经济学	109(62.29%)	42(24%)	21(12%)	2(1.14%)	1(0.57%)	175
工商管理	102(53.68%)	56(29.47%)	28(14.74%)	3(1.58%)	1(0.53%)	190
管理科学与工程	228(59.69%)	113(29.58%)	39(10.21%)	2(0.52%)	0(0.00%)	382
公共管理	24(44.44%)	19(35.19%)	9(16.67%)	2(3.70%)	0(0.00%)	54

就本科生导师/研究生导师在专业思想政治教育参与度的评价方面，整体而言，本科生导师/研究生导师比较重视学生的专业思想政治教育，并且给予了有效的指导。但仍有部分学生对其参与度表示“不满意”，且相较于对“班主任参与度不满意”的评价人数略高，说明本科生导师/研究生导师还需要进一步创新措施以提升对学生专业思想政治教育的

指导，真正发挥导师在思想政治教育、学业指导、成长指导等方面的作用。

从年级分布来看(表 13)，首先，博士研究生对导师在专业思想政治教育参与度方面的评价总体上高于本科生和硕士研究生，这一结果一方面可能受到了样本大小的影响，另一方面也真实反映了博士研究生的评价；其次，本科生评价“非常满意”的人数比例要高于硕士研究生，“比较满意”方面却低于硕士研究生。

表 13　　导师专业思想政治教育参与度(年级维度，学生评价)

	A.非常满意	B.比较满意	C.一般	D.不满意	E.非常不满意	小计
A.大一	67(51.15%)	43(32.82%)	19(14.50%)	2(1.53%)	0(0.00%)	131
B.大二	143(56.08%)	71(27.84%)	29(11.37%)	7(2.75%)	5(1.96%)	255
C.大三	55(44.35%)	48(38.71%)	19(15.32%)	1(0.81%)	1(0.81%)	124
D.大四	27(64.29%)	10(23.81%)	5(11.90%)	0(0.00%)	0(0.00%)	42
E.研一	35(46.67%)	29(38.67%)	9(12%)	1(1.33%)	1(1.33%)	75
研二	20(54.05%)	13(35.14%)	3(8.11%)	0(0.00%)	1(2.70%)	37
研三	12(44.44%)	10(37.04%)	4(14.81%)	0(0.00%)	1(3.70%)	27
博一	13(61.90%)	6(28.57%)	2(9.52%)	0(0.00%)	0(0.00%)	21
博二	26(76.47%)	8(23.53%)	0(0.00%)	0(0.00%)	0(0.00%)	34
博三	14(70%)	5(25%)	1(5%)	0(0.00%)	0(0.00%)	20
博四及以上	21(60%)	8(22.86%)	6(17.14%)	0(0.00%)	0(0.00%)	35

从学科分布来看(表 14)，应用经济学学生对本科生导师/研究生导师在专业思想政治教育参与度方面的评价在四个学科中最高，满意程度为 81.71%；公共管理学生在“比较满意”方面在四个学科中比例最高，为 40.74%，但“不满意”和“非常不满意”所占比例也最高，皆为 3.7%，这表明公共管理学科本科生/研究生导师应加强与学生的互动，在互动中普及专业思想政治教育。

表 14　　导师专业思想政治教育参与度(学科维度，学生评价)

	A.非常满意	B.比较满意	C.一般	D.不满意	E.非常不满意	小计
应用经济学	98(56%)	45(25.71%)	28(16%)	1(0.57%)	3(1.71%)	175
工商管理	99(52.11%)	61(32.11%)	24(12.63%)	3(1.58%)	3(1.58%)	190
管理科学与工程	213(55.76%)	123(32.20%)	40(10.47%)	5(1.31%)	1(0.26%)	382
公共管理	23(42.59%)	22(40.74%)	5(9.26%)	2(3.70%)	2(3.70%)	54

对比班主任和本科生导师/研究生导师在专业思想政治教育的参与度发现，二者在各项满意程度上的差距并不大，其中对班主任表示“非常满意”的比例要高于本科生导师/研究生导师，而“比较满意”的比例却低于本科生导师/研究生导师。

当在专业思想政治方面碰到困惑时，绝大多数学生会优先选择同学作为倾诉对象，可能相对于其他倾诉对象，他们在日常生活中的接触更多，有更多的机会进行交流，其次是父母、班主任、本科生导师/研究生导师，优先选择党(团)组织的人数较少。此外，还有学生表示会选择朋友、人生伴侣、心理医生等作为倾诉对象，如图 3 所示。

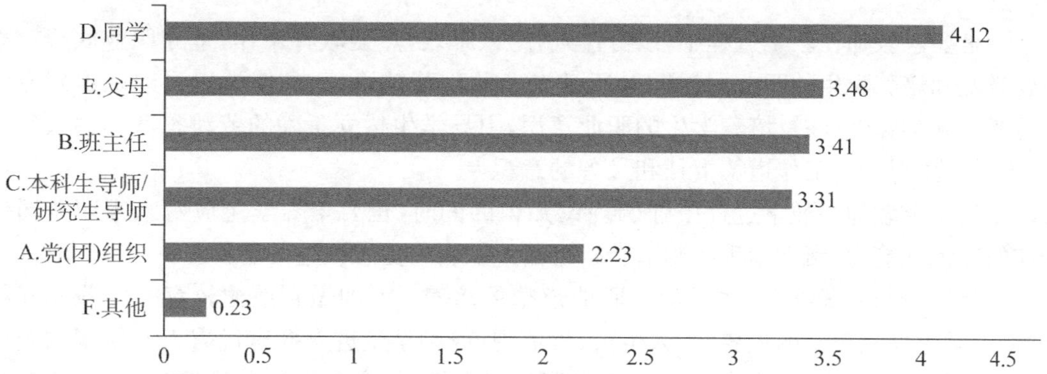

图 3　在专业思想政治方面碰到困惑时学生倾诉对象优先级

三、存在问题及改进措施

(一) 专业课程与思想政治教育的协同

1. 将思想政治内容融入专业课程

新时代的背景下，专业课程理应遵循学生成长规律，坚持围绕学生、关照学生、服务学生的理念，因事因时因势开展好人生观、价值观、道德观和法制观等方面的教育，引导学生扣好人生的第一粒扣子，不断提高青年学生的思想水平、政治觉悟、道德品质和文化素养，为青年学生的成长发展奠定立身之本。[5]

专业课程遵循学生成长规律，坚持围绕学生、关照学生、服务学生，帮助学生树立正确的人生观、价值观、道德观和法律观，应做到以下三点：

一是强调学生专业理论知识和技能的掌握，注意教师坚决履行育人的责任感和使命感，不断提高学生的综合素养。[6-8] 专业教师在教学过程中，要以身作则，为学生树立优秀的榜样，引导学生积极学习先进的思想政治文化，树立远大的人生目标；要将思想政治工作自觉贯穿到理论教学中，主动承担起高校学生思想政治教育的责任。

二是注重在专业课程中融入思想政治内容，专业课程中包含思想政治内容，有助于推动专业课程多点发力，形成协同效应。要始终坚持大学课堂育人与育才相统一的属性，克服重学术、轻思想，重智育、轻德育的问题[9]；要强化对专业课教师教书育人能力本领的培训、评价和激励；要积极挖掘各个学科领域的特殊育人资源，打造重点科目。

三是构建专业课程与思想政治教育协同育人机制，将高校思想政治教育的“主渠道”从单一的思想政治理论课延伸扩展到各门各类全部课程[10]，客观实现教师队伍的扩充、授课载体的拓展、教育内容的丰富和授课方法的创新。

2. 培养专业职业道德

大学是青年学生世界观、人生观、价值观形成的关键时期，是从忙于学业到步入社会的转型阶段，也是其思想政治素质和职业伦理素养并轨的过渡环节。把职业道德教育纳入高等学校核心课程，把开展职业道德教育作为实现“课程思政”的有效途径需要做到以下三点：

一是要求教师在教学过程中，以身作则，为人师表，热爱教育工作，坚守职业底线。教师要激发和培养学生的职业兴趣和对所学专业的刻苦钻研精神，使学生深刻认识到专业的重要性和趣味性；注重培养学生的职业意识，引导学生树立正确的劳动态度和主人翁精神，激发学生对专业工作道德责任和义务的意识[11]。

二是要求教师在教学过程中强调理论知识的同时，也要培养学生应对未来职业岗位变换的知识和能力，帮助学生找到适合自己的以及自己更感兴趣的工作。

三是理论与实践结合，注重学生职业道德的培养[7]。即做到道德教育与实践相互结合，促进学生树立正确的世界观、人生观、价值观，鼓励学生进入拥有优秀人文氛围的企业和公司实习，亲身体验工作中具备良好道德的重要性，提高其对职业道德的认识，培养学生的市场经济意识、竞争意识和忧患意识。

3. 专业思想政治教育开展形式

学校承担着为实现中华民族伟大复兴培养一代又一代接续奋斗人才、为中国特色社会主义事业培养建设者和接班人的战略任务。做好高校学生思想政治教育工作，关键是要按照习近平总书记在全国高校思想政治工作会议上所强调的“因事而化、因时而进、因势而新”，形成具有专业特色的“浸润式”思政育人新模式，处理好思政课程与课程思政的关系和处理好课堂教学与实践教学的关系[12]。

处理好思政课程与课程思政的关系。“思政课程”是全面贯彻党的教育方针、落实立德树人根本任务的主渠道，“课程思政”是使各类课程与思想政治理论课同向同行，形成协同效应的集中体现。“课程思政”既要主动融入思政课程的元素，又要发掘育人资源，二者共同彰显了中国特色社会主义大学鲜明的政治底色和意识形态属性。

因此，我们在师资力量上要实现“开门”。统筹院校两级党政负责人、名师大家和专业课骨干教师、日常思想政治教育骨干、地方党政领导干部、企事业单位负责人、社科理论界专家、各行业先进模范等力量，组织大家共同上讲台，多角度、多侧面地讲授思政课。

处理好课堂教学与实践教学的关系。习近平总书记在考察中国政法大学时强调，“要打破高校和社会之间的体制壁垒，将实际工作部门的优质实践教学资源引进高校”“在做好理论研究和教学的同时，深入了解法律实际工作，促进理论和实践相结合，多用正能量鼓舞激励学生”，并勉励学生“要充分发挥青年的创造精神，勇于开拓实践，勇于探索真理”。[7]

（二）班主任与思想政治教育的协同

班主任主要有三大职责（思政教育、班级管理、成长指导），以及八大工作内容，具体为：①开展思想政治教育；②建立学生干部队伍；③班风学风建设；④协助重点学生工作；⑤班级凝聚力建设；⑥协助突发事件处理；⑦法纪安全教育；⑧提供学业帮助。[3]班主任与思想政治教育的协同主要体现在以下几点：

一是职称晋升机制的保障。《考核办法》中指出，“在校专业技术岗（教学型、教学科研型、思政系列)青年教师(45 周岁及以下)晋升高一级专业技术职务，须至少有一年担任班主任的工作经历并考核合格(至人事处受理职称申报截止期为止)。”这一要求很大程度上保证，有职称晋升想法的青年教师(45 周岁及以下)，会积极申请担任班主任。

二是工作量认定与津贴方面。学院将专任教师担任班主任(30 人/班)折算为 17 课时/1 学分，认定为同等教学工作量、享受课时津贴(包含班主任津贴)。

三是研究生班主任配备方面。《考核办法》中特别指出，“研究生班主任还应建立与导师的沟通联络机制”。学院通过进一步厘清班主任、导师的工作职责后，提高研究生专任教师班主任的配备比例，使得班主任、导师各司其职，共同做好研究生的思想政治教育工作。

(三) 导师与思想政治教育的协同

1. 本科生导师与思想政治教育协同

自 2017 级起，同济大学以立德树人为中心环节，努力实现全员、全过程、全方位育人理念，为引导学生树立正确的世界观、价值观、人生观，做到因材施教，提升学生综合素质，培养德智体美劳全面发展的社会主义建设者和接班人，开始全面推进本科生导师制。

本科生导师应坚持因材施教和个性化培养，不断激发学生的学习兴趣和发展潜能，实现学生综合素质的全面提升。本科生导师的主要职责包括:思想引领、学业指导、专业引导、职业规划与人生规划、答疑解惑等。比如，思想引领方面，要做到关心学生的思想进步，引导学生树立正确的世界观、人生观和价值观，促进学生知识、能力、素质协调发展;要做到言传身教，以自己严谨的治学态度、优良的职业道德影响学生。

发挥导师作用方面，需进一步细化导师与辅导员的职能，细分工作内容，明确本科导师与辅导员、班主任之间的职能区分;提高学生积极主动性，一方面是创造更多平台，让师生得到沟通、交流，另一方面出台导师制日常管理条例和工作分工，细化常规工作内容、制作完成《全员导师制导师工作手册》;完善本科生导师激励机制，制定统一标准的、可操作性的考核机制以及激励机制，提高导师与学生交流沟通的积极性;加强导师学生专业匹配度，统一建立导师库并做好日常维护，根据导师所在学科进行分配或按照学生所在年级分配导师，使之更加具有针对性，可以给学生提供更多专业方面的相关建议。

2. 研究生导师与思想政治教育协同

研究生导师是研究生学习和生活中接触和交往最为密切的师长。导师的工作内容主要为:思想政治教育，特别是思政育人与专业育人的融合;学业指导，包括培养学生专业兴趣、提供专业发展方向指导、科研规划指导;成长指导，包括给予个性化关怀、陪伴式成长以及带教式指导等。

发挥导师的关键作用要求“教育者先受教育”。导师是研究生培养的第一责任人，自身的政治立场和思想方法将直接影响研究生的思想政治素质，这就要求导师必须深入系统地学习马克思主义理论，探明马克思主义的历史渊源、发展脉络、基本走向、独特创造、价值理念和鲜明特色，切实理解马克思主义基本原理和思想方法的精髓[5]。导师唯有将理论学习与实践应用有机结合起来，方能真正实现思想认同、理论认同、情感认同和价值认同，真正成为马克思主义理论的坚定信仰者、积极传播者、模范践行者。

发挥导师关键作用要求导师掌握有效的教育引导方法，切实提升研究生思想道德素质。在“德才并育”的理念下，导师要主动将思想政治工作贯穿于研究生指导全过程，对研究生主动进行马克思主义基本原理与思想方法教育，在日常的言传身教与有针对性的答疑解惑过程中，切实提高研究生的思想水平、政治觉悟、道德品质、文化素养[9]。导师还要善于针对每位研究生独有的思想困惑开展个性化教育引导，做到因事而化、因时而进、因势而新，如此才能真正实现马克思主义基本原理和思想方法向学生的转化，实现研究生对马克思主义的真懂、真信、真践行。

四、结论和思考

思想政治教育与学科协同育人不是简单的叠加或结合，二者需要在目标、内容、方式、评价等多个领域实现有效的交流、合作、协同，使二者真正形成合力。基本内涵如下：

(1) 方向上协同，体现立德树人的正确导向。将思想政治教育融入人才培养的整体过程当中，把立德树人作为学科育人实践的目标方向。学科发展目标与思想政治教育的目的都是培养德智体美劳全面发展的社会主义事业建设者和接班人。

(2) 内容上协同，注意思想政治教育与学科课程内容的衔接，做到各有侧重。学科课程需要将马克思主义理论应用到、落实到青年学生的学习生活实际当中，使马克思主义理论落细、落小、落实。两者在内容上要注意相互衔接和延伸，既各有侧重，又形成整体。

(3) 方式上协同，突出知行合一。思想政治教育与学科协同育人不仅要关注提升青年学生解决现实问题的能力，同时还要帮助青年学生在学习生活实践中不断深化对马克思主义的认知，促进青年学生在现实的学习生活实践中树立马克思主义信仰，使青年学生自觉遵守社会主义道德规范，真正做到知行合一。

(4) 评价上协同，评价标准聚焦人才培养。思想政治教育与学科协同育人的评价标准不能仅限于青年学生思想行为的养成，或者马克思主义理论素养的提升，而是要将二者统一到人才培养这个核心点上。

现阶段，要做到切实推进“三全育人”综合改革，以“十大育人”体系为基础，全面统筹办学治校各领域、教育教学各环节、人才培养各方面的育人资源和育人力量，充分调动和引导教学科研、实验技术、党政管理服务等各部门教职员工，把工作的重心和目标落在育人成效上；要做到在课堂教学中融入爱国情怀、法治意识、社会责任、人文精神、仁爱之心等要素，突出教学第一课堂、激活课外第二课堂、占领网络新课堂、用好社会大课堂，把立德树人融入思想道德教育、文化知识教育、社会实践教育各环节；要做到积极探索建立家庭、学校、政府、社会“四位一体”的协同育人机制，切实形成扣好人生第一粒扣子的教育引导合力，培养立志为中国特色社会主义事业奋斗终生的有用人才。

构建思想政治教育与学科协同育人的机制，利用学科特点开展“专业个性化”的思想政治教育，不断拓展思想政治教育的新空间、新载体，从而强化高校教师特别是专业教师的大局意识，让每位教师在岗位上实现教书育人、科研育人、管理育人、实践育人等，在实现大学“科学研究、人才培养、服务社会、文化传承与创新”功能中突出全程、全方位育人。

参考文献

[1] 习近平在全国高校思想政治工作会议上强调把思想政治工作贯穿教育教学全过程　开创我国高等教育事业发展新局面[N].人民日报,2016-12-09.
[2] 刘俊峰.大学生思想政治教育质量评价中的协同育人研究[J].学校党建与思想教育,2018(1):52-55.
[3] 杨卫东,孙舒悦.论高校辅导员与专业教师协同育人机制的构建[J].学校党建与思想教育,2018(15):92-93+96.
[4] 朱江,论高校专业教师与思想政治教育工作者协同育人机制的构建[J].教育理论与实践,2018(15):46-48.
[5] 石丽艳.关于构建高校课程思政协同育人机制的思考[J].学校党建与思想教育,2018(10):41-43.
[6] 崔海英,曾玉梅.高校思想政治工作主体协同育人机制创新研究[J].思想政治课研究,2018(4):66-71.
[7] 高锡文.基于协同育人的高校课程思政工作模式研究——以上海高校改革实践为例[J].学校党建与思想教育,2017(24):16-18.
[8] 徐敏华.强化“四方主体”作用　提升协同育人质量——论高校院系研究生思想政治教育工作的创新[J].研究生教育研究,2016(6):22-26.
[9] 沙招友,周继超,聂羽西,等.构建高校思想政治工作的合力育人机制[J].中国高等教育,2018(9):46-48.
[10] 李才俊,李渝萱.建立高校“八维一体”思想政治教育生态共同体的几点思考[J].思想理论教育导刊,2018(10):125-128.
[11] 闫玉,黄佳.协同效应下高校思想政治教育联动模式[J].思想理论教育导刊,2018(7):135-138.
[12] 孙建.论协同育人视角下高校思想政治工作机制及实践反思[J].学校党建与思想教育,2014(24):63-64.

附件 1

《新时代高校思想政治教育与其他学科协同育人机制研究
——以经济管理学科为例》
课题调研问卷

尊敬的同学：

您好！为了深入贯彻《关于加强和改进新形势下高校思想政治工作的意见》，在校党委的支持下我们开展《新时代高校思想政治教育与其他学科协同育人机制研究——以经济管理学科为例》的课题研究，力争为学校构建“三全育人”格局提供一些有益的建议。

本次问卷采取无记名方式，请您按照实际情况和真实想法回答问题。本次问卷填写完成可能需要 3 分钟，感谢您对本次调查的支持！

课题组

2019 年 6 月

一、基本情况

1. 您目前所在的年级是(　　)

A. 大一　B. 大二　C. 大三　D. 大四

E. 研一　F. 研二　G. 研三　H. 博一

I. 博二　J. 博三　K. 博四及以上

2. 您目前就读的学科是(　　)

A. 应用经济学　B. 工商管理　C. 管理科学与工程　D. 公共管理

3. 您的政治面貌是(　　)

A. 中共预备党员　B. 中共党员　C. 共青团员

D. 民主党派成员　E. 无党派人士　F. 群众

二、调查内容(下列各题中，除特殊说明外，均为单选题)

1. 您的专业课程中是否增加了思想政治方面(国家最新政策法规、道德操守、职业礼仪、职业意识等)的内容(　　)

A. 有　B. 没有　C. 不清楚

2. 您对所学专业或以后打算从事的专业道德操守等方面的了解程度(　　)

A. 非常了解　B. 比较了解　C. 基本了解　D. 不太了解

E. 不了解

3. 您是否有意识地在主动培养自己的职业道德(　　)

A. 是　B. 否　C. 很难说清楚

4. 您对目前学校与专业相关的思想政治教育的总体感觉(　　)

A. 非常满意　B. 比较满意　C. 一般　D. 不满意

E. 非常不满意

5. 您更接受以下哪几种形式开展的专业思想政治教育(按照意愿从高到低排序)(至少选3项)

A. 专业课　B. 选修课　C. 专题讲座　D. 座谈会

E. 实习及企业实地访问　F. 其他(　　)

6. 您对班主任在专业思想政治教育方面参与度的评价(　　)

A. 非常满意　B. 比较满意　C. 一般　D. 不满意

E. 非常不满意

7. 你对本科生导师/研究生导师在专业思想政治教育方面参与度的评价(　　)

A. 非常满意　B. 比较满意　C. 一般　D. 不满意

E. 非常不满意

8. 您更喜欢由谁来上专业思想政治教育课程(　　)

A. 马克思主义学院教师　B. 本院相关专业教师

C. 企业导师　D. 其他(　　)

9. 您最希望学习到以下哪方面的专业思想政治教育内容(按照意愿从高到低排序)(至少选3项)

A. 专业相关法律、法规　B. 职业道德与意识

C. 专业操守与行为准则　D. 职业礼仪与日常应对

E. 其他(　　)

10. 若在专业思想政治方面碰到困惑,您会选择向谁倾诉(按照优先级从高到低排序)(至少选3项)

A. 党(团)组织　B. 班主任

C. 本科生导师/研究生导师　D. 同学

E. 父母　F. 其他(　　)

谢谢您的支持与配合!

经济学类课程思政化的教学探索

胡　靖　林秀秀

（同济大学经济与管理学院）

摘　要：思想政治理论课在我国高等教育中具有举足轻重的地位，将思政教育融入各类课程教学中成为高校教学改革不断努力的方向。经济学类作为与思想政治具有紧密联系的学科，其思政化教学具有天然的优势和必要性。本文以经济学类课程为例，列举了部分课程内容与“四个自信”“四个意识”和“四个全面”的知识融合与教学思考，并提出了若干实现课程思政化的方法途径，以期为实现专业课程与思想政治理论课同向同行，形成协同效应提供借鉴。

关键词：课程思政；经济学类课程；教学改革

Abstract: Ideological and Political Theories Course plays an important role in China's higher education. Integrating ideological and political education into the teaching of various courses has become the direction of constant efforts in the teaching reform of provinces and cities in China. Economics, as a discipline closely related to ideological and political education, has natural advantages and necessity for ideological and political courses of economics. Taking economics courses as an example, this paper enumerates the knowledge fusion and teaching thinking of some course contents with “Four Confidence” “Four Consciousness” and “Four Comprehensives”, and puts forward some methods to realize the teaching reform, so as to provide reference for the realization of professional courses and ideological and political theory courses in the same direction and form a synergistic effect.

Keywords: Ideological and Political Theories Course; Economics Courses; teaching reform

一、引言

中共中央、国务院发出的《关于进一步加强和改进大学生思想政治教育的意见》强调指出：“加强和改进大学生思想政治教育，提高他们的思想政治素质，把他们培养成中国特色社会主义事业的建设者和接班人，对于全面实施科教兴国和人才强国战略，确保我国在激烈的国际竞争中始终立于不败之地，确保实现全面建设小康社会、加快推进社会主义现代化的宏伟目标，确保中国特色社会主义事业兴旺发达、后继有人，具有重大而深远的战略意义。”习近平总书记在全国高校思想政治工作会议中的讲话也表明要坚持把立德树人作为中心环节，把思想政治工作贯穿教育教学全过程，实现全程育人、全方位育人，努力开创我国高等教育事业发展新局面。这意味着不仅要用好思想政治理论课课堂教学这个主渠道，其他各门课都要守好一段渠、种好责任田，使各类课程与思想政治理论课同向同行，形成协同效应，这也是课程思政的反映。[1]

“课程思政”的理念是上海市教育委员在不断探索思想政治教育课程改革的过程中形成的。其主要内涵不是增开一门思政课，也不是增设一项思政活动[2-3]，而是将思想政治教育元素，包括思想政治教育的理论知识、价值理念以及精神追求等融入到各门课程的教学和改革的各环节、各方面中去，达到知识传授、价值塑造和能力培养的多元统一，潜移默化地对学生的思想意识、行为举止产生影响，实现立德树人、润物无声。[4]

经济学作为一门人文社科类学科与思想政治具有紧密的联系。对个人来说，经济学影响着一个人的世界观、人生观和价值观。对国家来说，经济学影响着一国的社会发展及政策制定。因此，经济学类课程思政化具有重要的现实意义，同时经济类课程的思政化也具有天然的优势，在课程安排中更容易将思想政治教育融入到专业教学内容中，实现德育和智育的融合学习，互相促进，同步提高。

二、经济学类课程思政化的内容举例

与理工科适用于人类生产制造的性质不同，经济学作为人文社科类学科更多的是反映人们的思想观念与经济社会的发展。因此，课程思政在经济学类课程中具有更广泛的应用空间。

(一) 比较优势理论——四个自信

比较优势理论是国际贸易领域的理论基石，可以很好地解释贸易产生的基础和贸易利得，帮助我们思考“为什么会发生国际贸易”等一系列基本的国际贸易问题。该理论认为每个国家都应根据“两利相权取其重，两弊相权取其轻”的原则，集中生产并出口其具有“比较优势”的产品，进口其具有“比较劣势”的产品，使两国都能从贸易中得到利益。在比较优势理论的讲授过程中，微观方面可以结合学生个人发展与选择问题进行相关思政知识的拓展和思考。例如，让学生明白每一个人都有多方面的需求，但是自身的优势和才能是有限的，因此一个人不可能无求于他人而自足自立，我们需要认识并发挥自己和他人的优势，实现互帮互助，成就双方，合作共赢。同时也要充分认识和发掘自身的比较优势，增强自我发展的自信，合理定位，选择最优的人生发展方向。宏观层面可以引导学生深入分析我国在各个领域所具有的比较优势。例如，我国具有丰富的勤劳努力且素质较高的劳动力资源。中华优秀传统文化孕育了一代又一代的劳动人民，其劳动效率和质量不断提升，为我国经济发展提供了劳动力这一最基本的生产要素。除了分析我国幅员辽阔、地大物博、具有资源优势以外，可以引导学生重点探讨我国在“制度、道路、理论和文化”方面的比较优势。在教授过程中,可以组织学生分成四个小组,分别具体讨论中国特色社会主义道路、中国特色社会主义理论体系、中国特色社会主义制度以及中国特色社会主义文化四个方面比较优势的主要内容和具体表现,以及如何更好地发挥比较优势。经过讨论分析,学生不仅可以充分理解比较优势的理论核心,而且对四个自信有了更深入的了解和认识,可以切身体会到这些比较优势是如何在推动我国发展、维护社会稳定、保障人民群众的幸福生活等各个方面发挥作用的。对我国比较优势的探讨,无形中激发并坚定了学生对我国的道路自信、理论自信、制度自信和文化自信。

(二) 货币与货币制度——四个意识

货币与货币制度的相关知识是金融领域学习和应用的基础,是“货币金融学”课程的核心内容。该部分知识体系主要包括:①对货币的职能及其本质的充分理解;②理解货币制度的构成要素,及其发展演变的过程、原因、表现和问题等。通过学习,让学生认识到信用货币是目前世界上几乎所有国家采用的货币形态,这是金属货币制度崩溃的直接后果。信用货币就意味着其发行、流通是以国家信用作为保障,一旦政府出现财政或者货币危机,信用货币便会一文不值,甚至造成社会危机。因此,对一国货币的使用、交易、地位以及投机等的认识就不能仅仅局限于微观的经济逻辑和利益的考虑,而要具备一定的“政治意识、大局意识、核心意识和看齐意识”。例如,当一国货币受到抛售,出现贬值压力的时候,如果仅仅从微观个体的经济逻辑和短期利益上考虑,及时抛售该国货币貌似是一种合理的操作,但一旦形成羊群效应,该国货币将大幅贬值,导致该国货币体系崩溃,财富大幅缩水,经济严重受损,亚洲金融危机就是很好的例证。所以,一国的货币象征着国家主权和国家信用,当该国公民为了眼前利益抛售本国货币时,不仅助长了国外投机资本的势力,而且会对本国国家信用造成严重破坏,其结果自然会造成个人利益的更大损失。因此,在结合该部分内容进行讲授时,可以很好地融合“四个意识”的学习,让同学们非常生动和深刻地感受到在金融活动中具备“政治意识、大局意识、核心意识和看齐意识”的重要性。如果一国公民具有较强的“四个意识”,万众一心,任何国际投机资本都无法撼动该国的货币,扰乱该国的金融秩序,攫取该国经济发展的成果。这也是对个人财富的最好保护。

(三) 宏观经济政策——四个全面

宏观经济政策是宏观经济学的重要内容,包括经济政策目标、经济政策工具、经济政策机制、经济政策效应与运用等主要内容。可以说现代宏观经济学在一定程度上是为国家干预经济的政策服务的。战后凯恩斯主义宏观经济政策在各国得到了广泛的运用,在一定程度上促进了经济的发展,但同时,国家对经济的干预也带来了各种问题,涉及经济增长、经济周期、通货膨胀、国际贸易等各个方面。为了让同学们能够更好地理解宏观经济政策的实施与效果,除了讲授该部分一般理论和专业知识外,结合我国的经济环境和经济政策的案例讨论也必不可少。这就要求同学们对我国经济发展的规划、目标以及面临的新形势、新问题等均要有系统的了解。“四个全面”战略布局是以习近平同志为总书记的党中央治国理政战略思想的重要内容,为推动我国改革开放和社会主义现代化建设迈上新台阶提供了强力保障。其中“全面建成小康社会”是宏观经济政策的目标;“全面深化改革"是解决经济发展中存在的问题，提高经济发展效率的有效途径；"全面依法治国"和"全面从严治党"是宏观经济政策有效实施的重要保障。通过专业理论知识与"四个全面"的涵义的讨论学习，不仅让同学们明白了宏观经济政策的制定、运用和效果评价等，也让同学们深入了解了国家的战略布局和发展方向，从而激励学生为祖国建设努力奋斗。

经济类课程思政的应用举例可简单描述为图1所示。

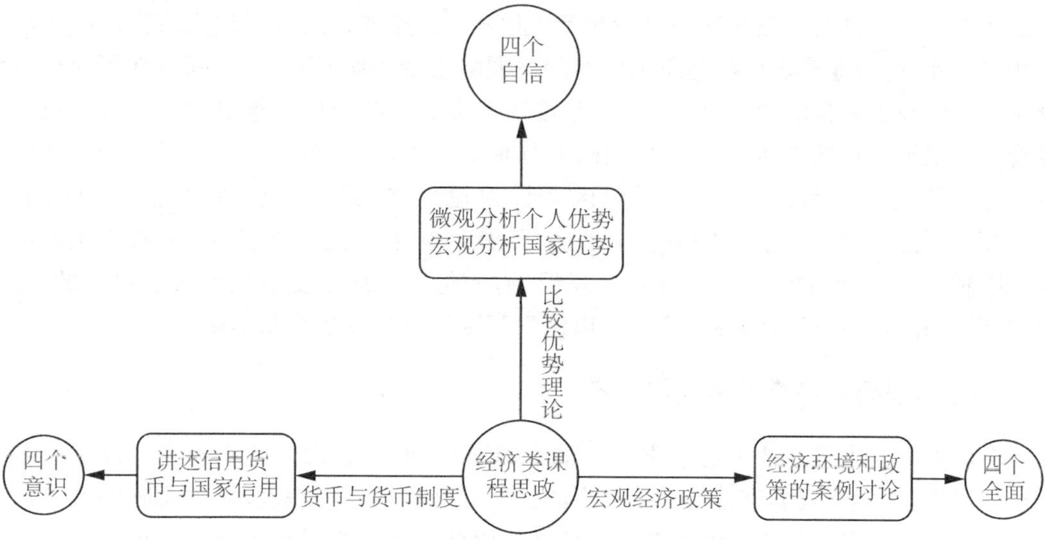

图1　经济类课程思政内容举例示意

三、经济学类课程思政化的方法途径

（一）开展专业知识结合思政教育的主题讨论

专业知识结合思政教育是课程思政的主要内涵。对于经济类课程内容的讲授而言，只对专业知识本身进行学习而忽视其所涵盖的思想政治内涵是无法真正认识到专业知识的背景、应用和实践效应的。开展专业知识结合思政教育的主题讨论即意味着组织学生以专业知识为主题，以现实中的实例为背景或应用场景，从思政的角度去思考知识点的应用与现实意义。主题讨论主要以学生展示、教师点评的形式展开，讨论的主题可以与时事热点紧密结合，例如可以就近年来不断被关注的中美贸易关系结合专业知识点进行讨论。在这一过程中，学生需要了解事件发展的起因、现状、根源、影响以及政策等，并对该问题做出理性的分析和评判。在主题讨论过程中，不同学生的思想碰撞以及教师的正确引导，有利于培养学生学会用专业知识，以更客观全面的思维方式去分析经济现象和问题，防止学生只从表面或只言片语中了解事情的始末。

（二）线上线下相融合的教学模式

此次新冠肺炎疫情为线上教学提供了实践的机会，拓展了线上教学的应用空间，不论是教师还是同学们已逐渐适应线上教学模式，线上教学的手段、功能可以和线下教学更好地互补，形成常态化的线上线下相融合的教学模式。基于经济学类课程内容特征以及思政化的需要，及时了解国家经济环境、政策以及时事政治等信息对保障教学内容的与时俱进至关重要。经济学类课程思政采用线上教学的一大好处便在于为快速了解新动态和更新教学内容提供了良好的途径，提高了学习的时效性。当重要的经济政治事件发生时，学生能够在线上及时查找到时事资料以及专家学者的观点，从而展开及时的讨论。这也使得经济学课堂更具有时效性和更贴近生活，让学生切身体会到经济政治与我们的生活密切相关。此外，专业知识讲授与思政内容的兼顾势必带来课时紧张的问题，在不对现有教学学时做出较大调整的现实条件下，线上教学无疑是一个很好的解决途径。线上线下的融合需要根据课程的具体情况灵活安排，具体形式可以包括：老师充分利用 canvas 系统平台及时给学生上传阅读资料，在讨论区开设讨论模块，给大家提供讨论的空间，利用 ZOOM 会议室或者腾讯会议室等线上平台，开展专题讨论，这样不仅可以弥补课上时间有限的限制，还可以帮助学生克服发言的恐惧感，使他们在线上更放松地表达自己的观点。总之，线上和线下相融合的教学模式可以使学习变得更加灵活性和丰富。

（三）改善课程考核的形式与内容

考核方式和内容往往决定了学生们的学习态度和方法，因此要实现专业课程思政化的讲授目标，考核方式的完善是必不可少的。专业知识的掌握程度、相关文献的阅读以及对现实问题的思考等均应该纳入考核的范围。因此既要重视过程考核也要重视考试考核的内容及形式。例如，课堂文献分享以及线上线下的专题讨论，可以考核学生们的文献检索与解读能力、团队协作能力以及语言表达能力等，同时可以考核学生对经济学相关现实问题的思考逻辑和主要观点。在考核过程中不仅要评价学生对专业知识的理解，更要关注学生从思想政治的角度去思考专业研究背后的现实意义。这也有利于引导学生更多地关注并从事有助于中国特色社会主义发展的课题研究。期末的闭卷考试除了考查学生对课本理论知识的学习外，可以适当关注学生对知识点的思考和应用，思政教育在考卷中也应该有所体现，例如，通过设置融入思政元素的主观分析题来评价学生对国家发展战略、相关文件和政策纲领的理解掌握程度。

（四）编写融入思政教育的教材

教材是学生获取知识的重要来源之一，学生自学或复习的途径大都是教材的研读。虽然目前与经济学相关的教材种类和版本非常丰富，但结合思政教育内容的教材非常欠缺。经济学教育教学既要吸收外来经济思想，也要直面各种错误观点和思潮，更要融入中国特色社会主义理论体系的重要内容。[5-6]因此，编写融入思想政治教育元素和体现中国特色社会主义共同理念内容的专业课教材是深化课程思政亟需推进的内容之一。在编写教材时，可在每章开头的引言部分引入与该章知识点相联系的思政背景与意义，此外在一章结束部分可以插入以专题思考或小故事等形式呈现的专业知识结合思政教育的话题内容。首尾相呼应的编排能够使思政理念贯穿于学习一整章知识的全过程，从而潜移默化地对学生的专业知识理解、思想意识和思考方式等产生影响。

传统的思政教育课程往往较为枯燥，且以大班教育为主。学生对思政课的重视程度较低且兴趣不高，这导致高校的思政课程教学效果较差。而在专业课堂中融入思政教育，会使冰冷的专业知识变得更生动具象且富有思想温度，很大程度上调动了学生的兴趣，使学生更喜欢听讲且更容易接受，也更能够积极参与到相关内容的讨论和思考中。学生课堂兴致的提高不仅有利于学生对专业知识的学习，也使得思政教育在潜移默化中深入到学生的思考中，达到润物细无声的效果。

参考文献

[1] 习近平在全国高校思想政治工作会议上的强调：把思想政治工作贯穿教育教学全过程，开创我国高等教育事业发展新局面[N].人民日报，2016-12-09.

[2] 王学俭，石岩.新时代课程思政的内涵、特点、难点及应对策略[J].新疆师范大学学报(哲学社会科学版)，2020，41(2)：50-58.

[3] 高德毅，宗爱东.从思政课程到课程思政：从战略高度构建高校思想政治教育课程体系[J].中国高等教育，2017(1)：43-46.

[4] 赵继伟."课程思政"：涵义、理念、问题与对策[J].湖北经济学院学报，2019，17(2)：114-119.

[5] 马艳艳，任曙明."经济学原理"课程思政教育实现路径探索[J].黑龙江教育(高教研究与评估)，2019(8)：1-3.

[6] 孙亚南，王晓策，张月."课程思政"融入经济学专业教学改革的研究述评与发展趋势[J].教育现代化，2019，6(94)：59-61.

沉浸式学习在商科教学中的应用分析

——以并购模拟为例*

曹　胜

（同济大学经济与管理学院）

摘　要：商科教育往往因缺乏实践应用而难以调动学生的主观能动性，不利于学生兴趣培养与自我检省。一个应对策略是借助商业案例进行剖析，各大商学院也纷纷构建自己的教学案例库，取得了一定效果，近些年，国内商科开始引入“沉浸式学习”方式，其教学效果引起了广泛的关注。本文梳理了商科教学的主要难点以及沉浸式学习的针对性和适用性，并以并购课程设计为例，展示了决策环境构建和动态演变的流程，最后还讨论了沉浸式学习的一些基础要求并进行了展望。

关键词：沉浸式学习；商科教学；教学改革

Abstract: The gap between business education and industrial practice can depress the students' learning interests and activeness. One way out is to bridge the gap with business cases which are constructed from real business projects. Domestic business schools are enthusiastic about cases-based teaching. Currently, they turn to watch another teaching method called "immersive learning". This article discussed about its details in material design and following simulation. Based on the experience of M&A, this paper shows how to framework and change the decision making circumstance.

Keywords: immersive learning; business teaching; education reform

一、引言

高质量商科人才培养为国内经济持续健康发展提供了有力的人才保障和智力支持。改革开放以来，国内商科教学与研究锐意进取，取得了快速的发展和瞩目的成绩。但我们也清醒地认识到，现有商学教育依旧面临知识更新迭代快、商业环境复杂度高以及新兴产业和商业模式冲击大的挑战。我们的商科教育仍需要保持旺盛的自我革新能力，与时俱

* 本文得到了“2019 年同济大学研究生教育与改革研究项目‘中国公司财务与会计问题专题研究（一）’”的资助，作者非常感谢同济大学经管学院会计系各位同事的帮助和修改建议，但可能的错误和疏漏概由作者负责。

进地向经济前沿推进，不断改善教学方式和水平。

商科的培养目标是具备高财经素养的专业人才，这需要融合经济、管理、财税等各方面知识点且有侧重地进行培养。知识点的分散决定了决策环境的复杂，同时知识的更新也对商科人才提出了持续学习的要求。改革开放以来，国内商科教育曾一度是被动的、填鸭式的讲授，学生敞开口袋装知识要点却对其重要性无切身之感。商科知识虽萃取于实务，却难以在教学中让授课对象感受其实践运用，因为受限于场地、时机和教学时间投入。

为此，国内外的商科教学进行了一些突破改革。比如进行企业调研以及运用教学案例，一定程度上拉近了理论教学与实践运用之间的距离，取得了良好的效果。企业调研敦促授课对象实地参观企业运营，并与决策层、中层、一线员工甚至供应商和客户进行面对面访谈，取得一手信息进而评判其商业决策的基础。其优点在于能直观地感受企业真实场景，了解企业甚至整个行业上下游的发展现状；缺点在于被访企业的决策环境是变化的，当将同样的问题移植到其他企业或行业时，其决策逻辑难以复制；同时，企业调研对教学成本和时间投入有较高要求，难以在所有商科教学中普遍推广。综合考虑教学成本与复制决策环境的利弊得失，借助商业案例进行教学是一个较好的折中结果。其教学成本低且能让学生面对多样的决策环境，也能按照课程序列构建不同类型的案例库。然而，教学案例的构建耗时长，且需不断更新，对案例的质量也有较高要求。目前，国内排名靠前的商学院（如中欧国际工商学院）正对此默默耕耘并试图架构起全国共享的高水平商业案例库。

近年来，以往广泛用于语言教育的“沉浸式学习”教学方法逐步受到商学课程的关注。沉浸式学习旨在让学生完全融入知识的虚拟使用环境中，通过不断的知识点运用和试错，以求在真实场景中也能自如运用所学知识点。与传统授课不同，当学生置身于构建的商业环境中时，需要自主决定如何完成商业目标。教授也只是在关键节点对参与者的表现给予反馈，更多时候是进行进度把控以及观察总结。如此互动中，学生会发现自己（或团队）的短板以及在实际运用中哪一类知识更为重要。在某些商科课程的尝试中，该教学方式收获了较佳的教学反馈。本文将对该教学方式在商科中的运用做 梳理和归纳，力求“抛砖引玉”，继续探寻商科教学改革。

二、沉浸式教学起源与推广

沉浸式学习（immersive learning）指通过模拟真实场景或借助虚拟现实技术，使得学习者高度融入场景并使用所学知识做出动态决策，以此帮助学习者在知识使用中获得更好的学习体验。现在普遍认为沉浸式学习源于加拿大魁北克省在法语教学中的一种尝试，即让学生在一定时间内完全用法语沟通，期间可借助实物、肢体语言等手段帮助学生掌握单词，使学生在学习中无需通过“翻译”步骤中转的障碍，直接达到掌握语言的目的。语言学习中需要记住大量单词并且随场景切换而灵活组合使用，浸入式学习与传统教学相比，把自主性交还给学生，获得了更好的教学效果。

随着沉浸式学习在语言教学中大受欢迎，其他学科也纷纷在其课堂中加以运用，比如医学和一般常识课程。在医学领域，对人体构造和病理的认知具有一定抽象性，通过解剖、医院陪诊、多媒体演示等手法能直观地把画面和影响机制传递给学生，在实践中核查知识短板，增强学习的自主能动性。沉浸式学习在考察医学学生知识储备之外，也考验了学生的抗压和临场应变能力。一般的常识性课程（如地理、生物等）由于具有抽象性而易让学生失去学习兴趣，借助教学磨具、多媒体投影、VR虚拟现实等技术手段，一些生活中看不到的场景能在学生面前还原，将极大地激发学生的学习热情。现有关于沉浸式学习的尝试都收获了较好的教学反馈。

一般而言，沉浸式学习适合抽象、远离实务、知识点繁多、系列动态决策类课程。通过教师基于真实业务搭建的模拟平台和信息环境，学生可以直观感受知识运用场景，灵活调取储备知识点解决问题，并伴随着场景演进而不断调整自主决策。教师在课程设计中，也可循序渐进调整难度，比如，在初期阶段注重知识点储备的考核，中段注重重要知识点的应用，而后段则交给学生自主发挥，更注重培养学生的自主决策能力。接下来，将介绍沉浸式学习在商科中的推广。

三、沉浸式教学在商科教育中的使用

商科课程分支较多，大类可分为经济类、管理类、金融类，而每一类又可继续细分，比如管理类下设工商管理、市场营销、会计、管理科学、战略等。现有关于商科的教学安排中，各门类会遴选部分通识课程要求商科学生修读，即要求商科学生需掌握经济、管理和金融的基础知识，同时在自己专业学有所长。这种培养计划几乎被国内各商学院所采纳，因为深厚的财经素养难以仅依赖某一专业养成。同时，这也决定了商学课程的一个特征：知识点繁多，且学生难以在非常有限的教学时间内对知识点有直观感受。

除了上述培养计划形成的特征，具体到每一系列课程，比如会计课程。由于学生多数并无企业财务实践经验，所以对企业账套设置和保存、核算术语（如“过账”）、具体业务票据、与外部审计沟通等事项茫然无措。即使强行记住了会计核算的基础知识，实际到业界从事财务工作也面临重重困难。

商科课程的最后一个重要特征是需要关注业界的变化并及时跟进。比如，最近十年信息技术和系统集成对公司内部管理有重大影响，对某些行业甚至有着潜在的颠覆意义，比如人工智能技术推进对传统的、重复性的会计核算的变革意义重大。黄锹和陈亚盛的实验发现基于word2vec算法的人工智能比专业的会计人员具有更高的准确率。这意味着，商务决策环境是动态演变的。

从上述分析可知，商科教学要求学生具备综合知识运用能力，但学生却对专业知识点的重要性无直观体验，再加上教学时间短而实践时间更有限（职位或等级限制）和决策场景（经济环境）变化快，上好商科课程尤为不易。可这些挑战，正好是“沉浸式学习”可以有效缓解的。只要教师在基础知识传授之后构建一个动态的模拟商务场景，置入其中的学生就可以按照不同场景的要求，亲身体验专业知识的运用，以及如何在场景发生变化后随即做出调整。可以说，沉浸式学习对部分商科课程而言具有珠联璧合的功能，使得商科课程不再枯燥抽象、无法理解。

沉浸式学习已经被部分商科课程所尝试,比如管理学、电子商务、会计实务实验等,均取得了良好的效果并收获了一些值得借鉴的宝贵经验。接下来本文将以并购课程为例,介绍沉浸式学习如何体现在并购的部分环节之中,以及要注意哪些细节。

四、并购课程模拟环境设计

并购一般安排在商科系列课程的后段,要求学生具备经济、管理、会计和资产估值、谈判等知识。该课程虽然在现实生活中有大量案例,但每一个案例都有自己独特的问题。虽然一些共性可以萃取出课程的知识要点,但更依赖学生的自主决策和发挥。传统授课方式下,知识要点配合并购案例介绍虽然能引起学生注意,但课后的效果并不尽如人意。学生很容易遗忘知识点或无法分辨知识点的重要性,尤其是对自身知识点的欠缺无客观评估(是否有良好的沟通能力,是否具备估值技能,是否能合理预测并购对象的市场潜力等等),原因是学生的主观能动性对教学特别重要。此时,案例教学也往往力有不逮。

如何在教学中构建并购场景并让学生沉浸其中呢?首先,教师需要遴选一个具体的真实并购案例,最好是全程参与了并购决策,熟悉每一步的信息环节和个体行为。这样才能在构建并购场景时得心应手。一般而言,并购需要设计以下几个主要步骤,如图 1 所示。

图 1　并购的主要步骤

以事前调查为例,考虑到教学场地(教室)和时间的限制,事前调查可以以新闻媒体见面会的形式进行,让并购团队与被并购对象的控股股东进行接洽。为简化其他干扰,可把并购对象设定为单一股东的家族企业(对象单),产品为细分领域的某一个学生不太熟悉的产品(增加信息搜集成本),而场景可设置为国内,亦可为国外(不同的商务环境和礼仪要求)。

事前调查阶段是学生初次融入场景,所以必须有一定的“仪式感”。在学生分组后,让志愿者(或教师自己)扮演被并购对象,而每个小组扮演并购团队。为了在第一步让学生认真对待,可设置如下要求:提前说媒体见面会开始的时间(只说一次),迟到的小组不得进入会场(教室);多媒体屏幕或正前方黑板显示“×××公司媒体通气会”等字样以显正式;教室内桌椅按小组摆在一起给予学生团队感;小组提问前需自报家门,并且限制见面会时间为 15～20 分钟。除了扮演被并购方,教师中途不得干扰、打断见面会的进行。

上述设定尽量还原真实的见面场景,在进入会场(教室)的那一刻起,学生随着被并方的公司业务介绍和小组的自主提问将快速融入并购的系列步骤中。如果有学生迟到,则不得进入会场,这将敦促所有小组尊重规则,有利于学生迅速融入场景。

当然，只有上述设定是不够的。教师需要设定见面会时间，同时记录各小组的表现，在见面会结束后，对学生的表现予以客观评价。最为重要的是，每一个阶段结束，教师都会对小组在该阶段的表现进行打分或排名并公示在教室最显眼位置，持续敦促各小组之间的良性竞争。

表1具体列示了媒体见面会的评价要点供参考，目的旨在帮助教师合理评价各小组表现。

表1　　媒体见面会评价要点

时间观念	是否迟到、进入会场方式及小组的落座安排
提问环节	1. 记录小组提问沟通的数量，尤其是高质量问题的数量(高质量的问题报告对公司市场、产品竞争力、股东、财务状况、发展战略等方面的提问)； 2. 对于并购对象的反问，是否泄露背后客户的信息(扣分项)； 3. 是否准备提问提纲
商务礼仪	言谈举止是否恰当，是否存在随意打断、大声喧哗或左看右看、抖腿等注意力不集中情况
结束阶段	1. 是否有争取时间的主动表现； 2. 是否和被并购方预约下一次会谈的时间； 3. 是否私下打听出售意向

在见面会结束的点评阶段，教师需要明确下一步的内容即任务书的提交。同理，需要告知学生在任务书被"客户"认可之前，不得进入下一阶段的尽职调查。考虑到任务书只需要提交一份形式文本，可以让学生提交纸质版本，也可通过"课堂派"、邮件、微信等方式提交。

表2　　任务书提交评价要点

时间观念	是否尽早完成
格式问题	是否符合一份任务书的应有商务礼仪
内容	1. 阐述已经了解的被并购对象信息； 2. 突出自己团队的优点(同行业并购经验、国际化资源、团队成员的构成和特色)； 3. 重点工作方向和计划

接下来每个步骤，都模拟真实的并购场景进行，在尽职调查阶段，教师准备好的收费信息(尽调有成本)可以通过"课堂派"、微信、邮件等无纸化方式发送给各个小组，期间可安排小组与股东、公司高管甚至员工会面。每个环节都有较为细致的评价要点。同样，每个环节都给小组排名并置于显著位置。

限于篇幅，中间阶段不再一一赘述。在模拟的后段，为了考察学生的自主能动性和临场应变能力。可人为设置一些意外：比如报告用的电脑或投影仪无法使用需要现场口头汇报，或者客户的董事会成员中有人故意刁难，又或者问一些小组尚未掌握的被并方信息等。汇报要点列示如表3。

表 3　　任务汇报要点

时间观念	是否提早几分钟赶到汇报现场
准备工作	1. 汇报材料(准备了几份); 2. 主要汇报人员安排; 3. 电子汇报材料是否有备份; 4. 有试图调查过客户的所有董事背景吗
汇报阶段	1. 面对意外是否能从容应对; 2. 口头表述是否条理清晰; 3. 是否展示了己方为之做出的努力以及该并购对客户的价值; 4. 面对未掌握的信息或对价支付方式如何应对

在学生完成所有并购阶段后,教师需要以"观察者+教师"的身份对所有小组在每一步的表现和进步进行点评,尤其是对团队精神、时间把握、努力方向等方面予以详细评价。综合考虑所有阶段的表现,对最佳小组予以肯定。此时获胜的小组往往会欢呼胜利,享受课程带来的自我提升和学习的乐趣。

上述并购系列的安排,从并购意向到任务完成,前半段逐步敦促学生融入参与并认真对待,也考核了学生对并购知识点的掌握。后半段更偏向于考核学生如何自由把控进度,以及如何灵活应对突发事件,更体现为综合能力。而且,往往越到后期,各小组内会越加紧张地投入模拟,教学效果越好。

五、运用沉浸式教学于商科的分析和未来展望

商科的教学变革有自身的推动因素。外部的因素比如与人力资源市场的需求脱节和人力资源市场的批判,商科教育本身也要尊重市场规律,脱离业界的"自我圈地"只会让教学远离真实世界的商业逻辑,培养不能适应市场竞争的"新人";内部的因素包括国家教育投入带来的教学条件改善(比如智慧教室、在线教学系统甚至现实模拟技术的使用),技术进步带来了教学改革的便利性和可行性;另外,网络和信息时代的到来使得基础信息的获取成本极低,也给学生发挥自主能动性提供了客观条件,将有利地推动教学改革。所以,当具备上述条件时,自我革新将是商科教学不可阻拦的发展趋势。

商科教学从单纯的讲授式教学,演变成今天的实地调研、案例教学、实验教学以及沉浸式学习,手法的多样性有力地保障了教学效果的改善。对于新兴的沉浸式教学在商科中的运用,还有很多值得总结和进步的空间。

好的方面,沉浸式学习使得学生融入动态决策场景,忘记自己在学习,使教条式的知识点在使用中活跃于学生大脑,大大减少学习障碍;其次,学生主观能动性被调动后,学习积极性和参与度较高;同时,教学效果契合业界需求,学生的专业基础扎实且会随着决策场景变化而灵活使用相关知识点。

另一方面,沉浸式学习的弱点也很明显。首先,该教学手法对教师的课程设计能力要求较高,教师既要懂理论,有充分的实践经验,还要借助新技术的辅助,比如多媒体甚至VR技术;其次,课程设计追求细致的同时却无明显漏洞,这需要通过教学不断改善模拟设

计;还有,大部分模拟对教学场地和教学条件的要求较高,比如学生分组和信息隔离最好有可移动课桌或者不同的视频展示区域,传统的固定桌椅教室开展起来较为不便。最后,老师对教学进度把控较强,否则很容易超过课时却还没有完成模拟。

沉浸式学习只让学生参与并对结果和表现予以客观评价,过程中教师不用强调哪个技能更重要,将评估的自主权还给学生,尊重差异化同时兼顾补短板,这也是教学改革的方向之一。当借助课程组的合力、新技术的助力以及人才竞争的外力时,相信沉浸式学习一定可以在商科教学中占有重要的一席之地。

参考文献

[1] Beckem Ii J M, Watkins M. Bringing life to learning: Immersive experiential learning simulations for online and blended courses[J]. Journal of Asynchronous Learning Networks, 2012, 16(5):61-71.

[2] Fernandes K J, Raja V H, Eyre J. Immersive learning system for manufacturing industries[J]. Computers in Industry, 2003, 51(1):31-40.

[3] Sara De Freitas, Genaro Rebolledo-Mendez, Fotis Liarokapis, et al. Learning as immersive experiences: Using the four-dimensional framework for designing and evaluating immersive learning experiences in a virtual world[J]. British Journal of Educational Technology, 2010.

[4] 褚婕,严敏,余嘉欣.虚拟现实技术+沉浸体验式学习模式在血管外科护理实践教学中的应用[J].护理研究,2020,34(10):1804-1806.

[5] 甘雯.加拿大沉浸式教学的实践与思考[J].科教文汇(中旬刊),2017(06):29-30.

[6] 黄钲,陈亚盛.基于 word2vec 的中文自动化会计分录生成方法研究,2019,工作论文(2019 年 CJAS 第一次学术研讨会报告论文).

[7] 曲波.校酒店管理专业"沉浸式"双语教学模式与国际化人才培养探讨[J].北京大学学报(哲学社会科学版),2007(S2):256-258.

[8] 沈夏林,杨叶婷.空间图式:沉浸式虚拟现实促进地理空间认知[J].电化教育研究,2020,41(05):96-103.

[9] 魏文萍.高职院校中外合作办学项目实施沉浸式双语教学探析[J].陕西教育(高教),2020(09):16-17.

[10] 吴丽果.基于沉浸理论的体验式教学模式研究——以《管理学》课程为例[J].科技经济市场,2015(12):228-229.

[11] 赵益维,罗养霞,张天宇,杜延庆.沉浸式教学和任务驱动法在高校电子商务管理类双语课案例教学中的应用[J].吉林省教育学院学报(下旬),2015,31(08):72-74.

行动学习方法在电子商务教学管理中的应用探讨

周　惠　朱茂然　胡　静

（同济大学经济与管理学院）

摘　要：随着移动互联及智能时代的到来，对电子商务人才的需求度越来越高、培养方案也越来越多元化。在大数据环境下，电子商务模式正在快速迭代，在新冠肺炎疫情影响下，数字技术也在不断发展，这对电子商务专业来说是重大机遇，如何追赶时代的浪潮，对电商专业的学生至关重要。为了加强学生分析问题和解决问题的能力，培养其核心竞争力，本文提出将行动学习方法作为教学方法，指出在大数据环境下电商教学现存不足，并通过将行动学习方法与电子商务教学管理相结合的办法，提出了电子商务课程改革的思路和具体实践措施。

关键词：行动学习方法；电子商务；教育研究

Abstract: With the arrival of the era of mobile Internet and intelligence, the demand for e-commerce talents is getting larger and larger, and the training programs are becoming more and more diversified. In the big data environment, e-commerce mode is rapidly iterating, and digital technology is constantly developing under the influence of the COVID-19 epidemic, which is a great opportunity for e-commerce majors. How to ride the tide of the times is crucial for e-commerce majors. In order to strengthen students' ability to analyze and solve problems, and to cultivate their core competitiveness, this paper puts forward action learning methods as the teaching method, points out the existing shortage of combinaing electronic commerce teaching in the big data environment, and through the method of action learning with the electronic commerce teaching management, It suggests ideas and practical measures for the electronic commerce curriculum reform.

Keywords: action learning; Electronic Commerce; educational research

一、引言

根据中国互联网络信息中心（CNNIC）的最新统计，截至 2020 年 3 月，我国网民规模达 9.04 亿，较 2019 年增长近 1 亿，互联网普及率达 64.5%，较 2019 年提升 3.3 个百分点；2019 年，我国已建成全球最大规模的光纤和移动通信网络，行政村通光纤和 4G 比例均超过 98%，固定互联网宽带接入户数超过 4.5 亿。网络购物持续助力消费市场蓬勃发展，截至 2020 年 3 月，我国网络购物用户规模达 7.10 亿，占网民整体的 78.6%，2019 年交易规模达 10.63 万亿元，同比增长 16.5%。数字贸易不断开辟外贸发展的新空间，2019 年，通过海关跨境电子商务管理平台零售进出口商品总额达 1 862.1 亿元，增长了 38.3%。2020 年 1～2 月份，全国实物商品网上零售额同比增长 3.0%，占社会消费品零售总额的比重为 21.5%，比上年同期提高 5 个百分点。移动通信技术和光纤通信网络的迅猛发展，给电子商务带来了新的机遇，电子商务存在巨大的市场潜力。

在疫情的影响下，网络购物成为国内外主要的购物模式，数字技术的地位变得日益举足轻重，我们必须将新理论与新技术结合才可以推动电子商务专业不断发展。目前技术的发展日新月异，而理论教学准备却迟滞不前，业界从未停止过对电子商务教学改革的探讨，但多停留在如何设置课程更为合理及理论和实践孰轻孰重这样的问题上，[1]这就造成电商专业人才供给与企业需求无法两相匹配的情况，尤其是在就业难、就业竞争压力大的当下，如何能让电商专业的学生获得自身的核心竞争力，能够针对国内外电子商务带的发展趋势，结合不同行业及企业的实际情况，明确自身所需的知识技能，是教学管理者应当考虑的问题。[2]

以行动为导向的教学方法具有实践性强的鲜明特点，不仅能够锻炼学生的思维能力，还可以培养其综合素养，十分适用于电子商务教学。[2]由此，本文提出行动学习方法，此教学方法可以使得个人能力与专业技能相得益彰。

二、大数据环境下电子商务教学探析

《电子商务类专业教学质量国家标准》（以下简称《质量标准》）制定的培养目标为：电子商务类专业培养具备现代管理和信息经济理念、掌握信息技术和电子服务综合技能、具有扎实的专业基础和良好的知识结构，具备一定的互联网创新创业素质，能适应现代社会商务运营、专业管理和技术服务的复合型、应用型、创新型专业人才。由《质量标准》可以看出，电子商务类专业课程设置过于宽泛，广而不精，而且与企业需求有较大出入。由于电子商务专业以互联网技术为基础，所以更新换代要比一般专业快得多，而课堂教学主要拘泥于书本，导致整体教学滞后。

“十三五”规划指出，要把大数据作为基础性的战略资源，全面实施促进大数据发展行动。电子商务教学中存在所需专业技术能力不明显、无明显的专业倾向这一特点，而电商领域则要求技术和管理能力均需具备，这就导致教学内容十分庞杂，老师常常抓不住教学重点，学生也不能及时对电子商务有一个准确的把握。在智能、安全的发展研究理念的要求下，我国已出台相关政策对大数据进行结构、技术及规模上的改革，所以说，电子商务教学改革势在必行，要加强在职业素质、就业方向、安全意识方面的教育，注重课程设置、时间环境等方面的改革。[3]

新时代、新形势，我们应当及早做好相应的准备及方案，电子商务的专业教学必须紧跟技术发展的趋势，作为培养复合型人才的专业，电子商务的理论性较强但是实践性不足，关于实践教学的探讨大多是隔靴搔痒，不能触及根本。但是，就目前的形势而言，对创新型实践型电商人才的需求力度正逐步加强，应当结合当下技术，有针对性地进行人才培养，制定可以落地执行的综合性培养方案，实现行业的健康与可持续发展。[4]

三、行动学习方法概述

(一) 基本含义

"行动学习"源自经验学习理论，由英国管理学家雷格·瑞文斯提出。行动学习强调知识与实践的关系，美国学者马奎特将行动学习理论定义为 AL＝P＋Q＋R＋I，即结构性知识（Programmed Knowledge）、质疑（Question）、反思（Reflection）、执行（Implementation）。该理论最早应用于组织管理，不同成员利用组织中丰富的多层社会脉络及经验，通过讨论与提问获得解决复杂问题的能力。一组人通过解决实际存在的难题实现学习与发展，其核心就是在指导人的引导下，进行质疑与反思，使个人和组织达成知识、行为和心智模式的根本转变，在这个过程中，重要的是行动与反思。[5]

行动学习技术是一种非常有效的人才培养模式，主要用于企业中，旨在探寻如何打破跨部门孤岛主义、如何成功推出新产品、如何找到新市场、如何探寻新模式。在行动学习中，小组以解决某一具体问题为团队目标，常常是复杂、必须突破现有固定思维模式、需要跨职能解决的迫切难题，通过共同探讨、学习、反思来解决这个实际问题，并在过程中相互反馈、练习领导力。所以，行动学习方法非常有助于培养创新思维与创新能力及团队协作能力，发现问题、分析问题和解决问题的能力。

行动教学这种教学模式并未在中国大陆地区普及，究其原因，主要是行动学习理论在高等教育中的应用较晚，而大多数的理论改革还只停留在理论研究层面，故未能推广普及开来。[5]

(二) 行动学习方法的主要内容

行动学习并非是单一的教学方法，它需要全体师生的参与，是一个循环往复，不断学习—反馈—学习的过程，其实施过程存在多个环节，关键的几点为学习知识、体验经验、团队学习、解决问题。[6]总结来说，行动学习方法存在 6 大要素，分别是问题、团队、提问与反思、行动、学习及指导老师。问题往往指的是团队的目标，但是这个目标并不是单一的，而是团队成员在任务进行的过程中不断发现的问题，整个团队都要致力于解决这一问题；团队的人数保持在 4～8 人，应当保证团队成员的多样性，确保每个人都能获得发言的机会；指导老师在整个过程中起引导和推动流程的作用，需要确保前 5 个要素的发生。指导老师在推动行动教学时要时刻注意行动学习的原则：

(1) 保持差异性。应当注意到每个学生都有其自身的特点和优劣势，所以在团队执行的过程中需要因人而异分配任务。

(2) 注重学生的学习体验。前面提到学习知识是行动学习的重要一环，要尊重学生的亲身体验和实际参与。

(3) 保护学生的自我兴趣。

(4) 做好适当引导。需要注意的是,指导老师的任务是督促学习,但是不能过度介入到学生的学习过程当中,只应是旁观者的角色,必要时才能进行引导。

在团队行动学习的过程中,要保证能形成持续学习的氛围,从而提高小组成员所需要发展的个人领导力,并对小组问题进行抽丝剥茧,从对问题本身的澄清与定义出发,找出其根本原因,进而制定策略和措施。

三、行动学习方法在电子商务教学中的应用

根据当代管理学的理论大师克里斯·阿吉里斯的"单循环圈"(Single loop learning)和"双循环圈"(Double loop learning)理论,结合行动学习和电子商务教学模式的特点,特制定如下的行动学习具体实施规划方案。

教师在组织电子商务教学时,可以将学生以合适的人数分组,注意保证各组成员的多样性。建议采用随机分组的模式,然后给定主题,可以是一个项目,也可以是一次商务模拟,并确定记录人员与计时人员。电子商务课程的行动学习法可以按照以下步骤开展,如图 1 所示。

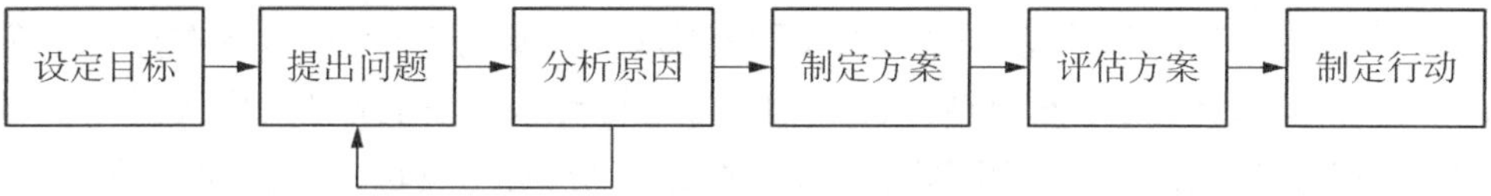

图 1　行动学习方法开展步骤

(一) 确定目标并提出问题

教师先给出与电商有关的课题,再由各小组成员针对这一课题提出关键问题,问题内容包括其具体表现,可以根据具体表现再重新阐述问题,由此确定解决问题的目标。问题一定是可以观察到的现象,而不是主观臆测和推论的现象,比如说为什么 ofo 的业务模式没能成功。

需要注意的是,提出的问题不应该只有一个,要尽可能穷尽所有现象,但是必须坚持目标导向,才不至于迷失方向,而这一目标必须具有挑战性才能达到锻炼的目的。各小组要善于对自己进行反向提问,敢于对自己提出的问题进行质疑,比如说,这到底是一个什么样的问题,解决这一问题可以获得什么,通过这一问题可以实现目标吗。可以用到的方法有头脑风暴法、团体列名法、活动挂图法等,可以通过问题目标矩阵对这一步骤进行梳理。

表 1　问题目标矩阵

目标:			
序号	问题	质疑	结果
1			
2			

(二) 分析原因

为了找到导致问题或现象的可能原因，要突破自己的思维局限，将显而易见的原因先放于一边，运用头脑风暴的方法，寻找更深层次的新的看法，建立新的联系。需要思考的是问题与原因之间是否存在因果关系，有没有证据可以论证这种因果关系，尽可能多地列出可能引发这一问题的原因。这个过程中最重要的是小组讨论，计时人员需要做好计时，记录人员需要对原因进行记录，发言可以依次进行，下一轮发言的成员可以对上一轮发言的成员提出质疑，从而产生新的问题，没有新的问题产生或者到规定时间即停止。

(三) 对解决问题的过程进行反思

对问题、原因和目标进行整体回顾和反思，对重大的复杂问题认真进行系统反思，敢于否定和推翻自己之前的观点，确立新的观点，反思的主要方向有以下几点。

表 2　　　　反思主要环节

问题	发生了什么(事件＋情景) 是什么导致的(原因) 与什么无关(现象) 从电子商务角度拟一个专业化题目
原因	可能遗漏的原因 是否有更深层次的原因 原因的逻辑关系正确吗(是否是因果关系) 是否考虑了关键原因
目标	目标对准的问题 目标的辐射范围 实现目标后我们可以收获什么

(四) 确定并评估解决方案

在上一轮的小组讨论中，小组成员已经对问题及目标有了新的认识，可根据记录对目标、问题及原因进行分析梳理，根据梳理的内容制定解决这一问题的方案及关键步骤。

设计评估标准并选择解决方案，对各方案进行风险分析，首先需要小组成员就采用什么评估工具达成一致，建议采用独立评分的方法，小组内部可以互不干扰，最终选取得分最高的解决方案。对方案的风险评估可以以风险分析表的形式列出。

表 3　　　　风险分析表

存在的风险	风险等级		造成风险的原因	预防措施	应急方案
	发生概率	严重性			

（五）制定行动计划

最后根据讨论结果制定可行动计划，行动计划的可操作性必须强，可以根据行动计划模板列出。其内容包括行动负责人及其所负责的行动内容和起止时间等，需要注意的是，进度跟踪检查的负责人需为老师。

表 4　　行动计划模板

问题：
小组成员：

序号	行动	责任人	时间		进度跟踪检查
			开始	结束	

四、总结

近年来电子商务的发展突飞猛进，随着各种网络宽带技术的不断发展，电子商务已在农村普及，但是对部分偏远山区来说，电子商务仍是有待解决的难题，要真正给广大基层老百姓的消费带来便捷，让更多的适用电子商务的企业甚至个体工商劳动者将产品经营转到线上，需要更多更优质的电子商务人才的加入。

增强电子商务意识的培养，让电商专业的学生深入了解电商所涉及的方方面面，通过对学生进行市场经济、市场营销、产品定位、客户心理、交换关系等等的培训，培养出真正能帮助传统企业进行电子商务转型的人才，帮助现有的电商企业更好地制定产品策略，形成有效持续的订单。创造企业利润是当下电商人才培养的主要方向，所以电子商务专业的教学不能只拘泥于书本，当然也不能单单是实践，重要的是如何将理论知识与实践相融合，培养学生发现问题、解决问题、分析问题的能力。

企业电商存在一个客观事实，即企业领导大多有发展电商的目标，但是因为多数管理层思维陈旧，而电商是他们近几年才认识到的蓬勃发展的新事物，他们无论在思维还是策划上，已经无法具备电商运营管理的需要。电商人才虽然充满年轻活力，创造性强，但也存在经验不足，沉稳不够浮躁有余的问题。年轻人在电商方面要能扛大旗，有承担，也需要具备管理才能和职业素养。

培养电商人才除专业外还需着重考虑电商这样的现代综合商业模式中的职业素质培养，行动学习方法尤其可以培养这方面的能力。在大数据时代，电子商务应用的模式正在快速迭代，培养专业人才需要将传统的知识性培训模式转换成为实践型的培养模式，只有高端实践型人才才可以为企业发展赋能。

参考文献

[1] 张仕军.电子商务人才培养述评[J].办公自动化杂志,2020,25(17):11-13.
[2] 陈文行.行动导向教学法在电子商务专业课程教学中的实践应用[J].产业与科技论坛,2020,19(15):130-131.
[3] 沈长霞.大数据环境下创新实践的电子商务人才培养模式研究——以安徽理工大学为例[J].经济论坛,2020(5):69-70.
[4] 许静.大数据环境下创新应用型电子商务人才培养模式研究[J].电子商务,2020(13):39-41.
[5] 徐广东."行动学习":"行动—反思"模式在大学教学中的应用[J].中国大学教学,2020(5):81-86.
[6] 乌雅罕,巴雅尔玛.行动学习法在学前教育专业实践课中的应用实践[J].创新创业理论研究与实践,2020(4):62-63.
[7] 马菱霞.行动学习法在国企党校教学中的应用与思考——以"世界咖啡"技术为例[J].北京石油管理干部学院学报,2020(4):65-68.

研究生教育

YANJIUSHENG JIAOYU

关于我国博士学位论文“双盲评审”制度建设中的一些思考*

唐　杰　曹晓玲

（同济大学经济与管理学院）

摘　要：学位论文是博士研究生创造性学术研究成果的总结，是衡量博士研究生是否达到所获学位学术水平的重要依据。当前，国内博士学位论文丑闻频发，如何严格强化博士学位论文全方位全流程管理是摆在研究生培养单位面前的重要课题。双盲评审是提高博士学位论文质量的重要制度安排。本文从研究生培养单位和盲审平台两大主体，对双盲评审制度建设进行了几点思考，希望对进一步提高博士生学位论文质量有所助益。

关键词：博士研究生；学位论文；双盲评审；论文质量

Abstract: Dissertation is the summary of doctoral students' creative academic research achievements as well as an important basis to measure them whether it is qualification of getting PHD degree or not. At present, there are frequent scandals of doctoral dissertations in China. How to strictly strengthen the all-round and whole process management of doctoral dissertations is an important topic for the postgraduate training units. Double blind evaluation is an important institutional arrangement to improve the quality of doctoral dissertations. In this paper, from the two main bodies of postgraduate training units and blind review platform, we have some thoughts on the construction of double blind review system, hoping to further improve the quality of doctoral dissertations.

Keywords: doctoral students; dissertation; double blind evaluation; the quality of doctoral dissertations

一、引言

博士生作为我国高层次创新人才，是我国“走自主创新道路，建设创新型国家”的重要

* 课题资助来源：同济大学研究生教育研究与改革教育管理项目“同济大学研究生学位论文‘双盲’评审工作的实践与思考”。项目编号：2019GL02.

人才储备力量。学位论文是博士研究生创造性学术研究成果的总结，是衡量博士研究生是否达到所获学位学术水平的重要依据。近年来，我国博士研究生学术论文丑闻频发，这不仅让整个学术圈的浮躁之风愈演愈烈，也给我国高等人才培养体系敲响了警钟。早在2013年，教育部等三部委联合下发的《关于深化研究生教育改革的意见》文件中就强调："建立学风监管与惩戒机制，严惩学术不端行为，对学位论文作假者取消学位申请资格或撤销学位"。2019年，教育部又在《关于进一步规范和加强研究生培养管理的通知》中强调："狠抓学位论文和学位授予管理。严格执行学位授予全方位全流程管理，进一步强化研究生导师、学位论文答辩委员会和学位评定委员会责任。健全预防和处置学术不端的机制。探索建立学术论文、学位论文馆际和校际学术共享公开制度，以公开促进学术透明，主动接受社会监督。"当前，如何保证博士生学位论文质量事关我国高等人才培养体系的成败。

对博士学位论文的评阅是提高博士论文质量的重要手段。自1998年大学扩招后，我国博士招生人数和毕业人数逐年递增。2008年，我国超过美国，成为世界上每年授予博士学位最多的国家。根据2010年《中国博士质量报告》研究发现："我国部分博士学位论文与国际水平相比仍存在较大差距，突出表现在：论文选题较为空泛，研究问题不够聚焦；对具有深度和难度的重大问题的研究偏少；文献综述分析评论不足；论文表述的严谨性、论证的逻辑性不强；原始创新薄弱。特别值得关注的是，原始创新不足是我们与西方发达国家博士学位论文的最大差距。"[2]因此，随着博士生人数的不断增加，如何采用更加科学合理的评阅方法，规避常规公开评阅中出现的问题，进一步提高博士研究生学位论文质量，是国内各大研究生培养单位面临的重要课题。双盲评审制度的引入与完善是提高博士研究生学位论文质量的关键手段。

二、双盲评审制度的作用

20世纪90年代，双盲评审制度开始被国内少数大学采用。顾名思义，双盲评审是指申请人、导师的信息与评阅专家的信息相互回避。申请人须在提交的学位论文中隐去作者和导师的姓名，学位论文中所列的本人在攻读博士学位期间取得的学术成果，也应隐去所有作者的姓名。同时，反馈的评阅结果也应隐去评阅人的信息，以保证论文评阅的客观公正。这一制度主要有以下几个作用。

（一）规避熟人关系网络陷阱

中国是个熟人社会，人情关系导致对学术论文质量的评价有失客观公正。在学位论文作者的导师和评阅专家之间的信息透明或者半透明的情况下，虽说同行专家一般都有比较好的职业素养，但是很难保证评审专家在内外因素作用下，以亲疏关系远近为依据，给本应客观公正的评价天平上增加倾向性的砝码。而双盲评审让评阅专家避开熟人关系网，卸下心理包袱，以学位论文质量为准绳来客观评阅。

（二）缓解师生之间的学术矛盾

师生之间存在矛盾是在博士生培养过程中比较常见的现象。其中，很大一部分矛盾是学生和导师之间的学术观点不一致导致的学术矛盾。尤其在学位论文评阅环节，这种矛盾更加突出。甚至有的时候，基于彼此利益的考量，师生之间的学术矛盾越发激烈。引入双盲评审机制后，评审专家犹如第三方学术裁判，客观公正的评阅意见能够有效缓和师生之间的学术矛盾。

（三）遏制学术浮躁风气蔓延

学术浮躁风气是目前国内学术界比较明显的现象。从某种程度上说，国内还没有形成真正意义上的学术共同体。真正的学术共同体有学术交流的真知灼见，思想火花的激烈碰撞，学术评阅的真刀真枪。引入双盲评审，有效避开了国内公开评审中可能出现的打招呼评阅、一团和气评阅等种种乱象。双盲的不确定性、不公开性、客观性、公正性增加了双方对学术的敬畏，从而让心存侥幸的学术浮躁风气大大减弱。

（四）提供淘汰制度参照标准

相比国外而言，我国博士生淘汰比例还比较低。根据资料显示，美国麻省理工学院、加州理工学院等著名理工类学院，博士的平均毕业年限往往长达 6～10 年，淘汰率在 20%～30%，这还不包括中途转校或者放弃的学生。而在国内，除少数因学习时间超期、精神状态不佳等放弃学业外，博士生只要按照培养环节走，一般都能正常完成毕业。总体上来看，国内博士培养制度是严进宽出。为进一步提高国内博士培养质量，将学位论文不合格者淘汰出局，国内很多培养单位开始以双盲评审结果作为淘汰标准，逐步完善国内博士生培养淘汰制度。

三、完善双盲评审制度建设的几点思考

双盲评审是由第三方对学位论文给出公正客观意见的评价机制。目前国内第三方盲审平台主要可以分为以下几类：第一类是全国性服务平台，如教育部学位中心论文送审平台；第二类是由省级学位或教育评估中心主导的地方平台，如上海市研究生论文双盲抽检系统平台；第三类是由各培养单位之间利用对方专家库的校级平台；第四类是企业自主建立评估专家库的社会平台。近年来，企业也积极介入第三方盲审平台的建设。这主要有两方面原因：一方面，国内双盲评审是一个巨大的蓝海市场。根据教育部官网数据显示，2018 年我国有 815 个研究生培养单位，当年 60.44 万研究生毕业，其中博士 6.07 万，硕士 54.36 万。[3]据保守估计，这是价值至少上亿的盲评市场。另一方面，企业作为非官方机构在未来双盲评审制度建设上可能会扮演更加积极的角色。在全球学术市场上，企业一直扮演急先锋和领导角色，如汤森路透（Thomson Reutevs）、施普林格（Springer）、爱思唯尔（Elsevier），等等。当然，参与学术第三方机构建设的中国企业想要赢得国内甚至国际学术圈的认可，还需要依赖其自身和社会各方面资源的长期合力推进。

双盲评审作为博士学位论文全方位全流程管理的前置阶段，是一个有机的动态过程。双盲评审围绕提高学位论文质量这一核心目标而展开，涉及"盲审平台和培养单位"两大主体，关联"学位论文申请人、导师和评阅专家"三方直接当事人，贯穿于"盲审材料审核、

平台专家评阅、意见反馈机制、结论奖惩机制”四个阶段。每个阶段都是把控博士学位论文质量的关键节点。根据笔者工作经验，主要从博士培养单位和盲审平台两大主体角度去探讨进一步完善双盲评审制度的措施。

(一) 进一步完善研究生培养单位论文盲审的制度建设

1. 建立严格的论文相似性检测制度，抓牢送审论文质量筛选关

质量筛选是双盲评审过程中的第一道关。这一阶段主要从客观角度找出明显的学位论文中的质量问题，从而起到“早排查、拔隐患、稳质量”的作用，防止学位论文中的明显的残次品贸然闯关参加双盲，消除后面可能出现的各种隐患。除了对学位论文申请人的常规材料进行严格审查外，培养单位有必要建立论文相似性检测制度。从这些年被曝光的有问题博士论文来看，大部分集中在学术抄袭上，有些抄袭率甚至高得离谱。从演员翟某学术论文抄袭到 2019 年湖南大学董某博士论文至少 50%以上的抄袭率等等学术论文丑闻事件，都再次证明了论文相似性检测是何等的重要。相似性检测主要有以下几种作用：一是堵住导师和专家的知识漏洞。在浩如烟海的文献世界里，谁也不能保证每一篇都读过。虽然导师和专家们在本领域知识广博，但也难免有知识漏洞。二是杜绝少数抱有侥幸心理的研究生携残次品论文闯关。研究生最清楚自己的学术论文重复率，但是少数人为了顺利毕业，即使重复率偏高，只要没有被发现，也愿意铤而走险。三是弥补少数不负责任导师的遗漏。众所周知，现在有少数导师要么忙于行政和社会事务，要么就学术刀枪入库，马放南山。非学术的“忙和闲”，再加上有些导师门下还有多名需要指导的硕士研究生，这些因素让导师给博士研究生的实质性指导很少。针对研究生学术论文的抄袭情况，这些导师们没有“充沛的精力和犀利的睛力”去查看和发现。因此，学校必须制定严格的研究生学术论文相似性检测硬性标准，只有通过标准者，才能进入正式提交论文盲审阶段。

2. 鼓励高水平论文发表，建立论文免盲审机制

博士作为我国高等教育培养的高层次人才，必须具备独立开展科学研究的能力。国内高校对于博士生都有发表相应文章后才能毕业的基本要求。从某种程度来说，研究生发表高水平科研论文，一方面证明其具备较高的科研能力，另一方面也表明其自身有较高标准的学术追求，因而具有学术道德、自律性较强。为引导研究生沉下心去做学术，做出一流的科研成果，培养单位有必要建立论文免盲审机制，这也是对促进整体博士培养质量不断提高的一种制度鼓励。当然，建立免盲审机制应该把握几个原则：一是根据学科特点设立免盲审标准；二是免盲审标准要高，宁缺毋滥；三是免盲审但不免明审。目前，国内的西北工业大学和北京航空航天大学率先做了免审制度的有益探索。

3. 结合盲评结论，建立科学有效的奖惩机制

盲审结果是专家对学位论文的客观评价，这对博士研究生继续完善学位论文，提高论文质量具有很重要的参考价值。针对盲审结果，研究生培养单位应该制定可操作的奖惩机制。主要可分为：一是正强化。比如评分为 90～100 或 A 类的学位论文，结合评阅意见分数，可适当奖励研究生和导师。二是负强化。如论文评分低于 60 或 D 类，对于研究生的处罚主要为延长研究生毕业时间，在此期间修改完论文且通过专家再次评定后，才能进

入答辩环节；对于多份评阅意见评价很差或不通过者，甚至可以直接淘汰，不给与申请答辩机会。对于导师，则将初次盲评和专家再次审核结果与招生名额、奖金等挂钩。

(二) 进一步提高盲审平台的有效性和科学性

目前，国内各大高校根据自身情况选择不同平台开展双盲评审工作，就盲审平台而言，就如何进一步发挥盲评专家的作用，提高学位论文的盲评质量，还需要从以下几方面着手改善。

1. *以研究方向为标准，提高评审论文与同行专家的匹配度*

评阅专家是各大盲审平台建设最宝贵的资源。由于各级平台所掌握的资源不同，面对众多学科学位论文评审的同行专家需求，盲审平台需要建立最大化的专家数据库。只有熟悉学位论文研究领域的专家去评阅，才可能给出比较专业的建设性意见及比较客观公正的评价。有些平台就出现过，不熟悉论文研究领域的专家接受盲评论文时，给出的意见不中肯，甚至还犯了一些低级的评价错误的情况。因此，从研究方向着手，进一步提高评审论文和同行专家的匹配度，让专业的人做专业的事，这样评审专家才能给出更加专业、客观和公正的评阅意见，从而有效降低被评阅人的申诉比率。

2. *以奖惩机制为依归，强化评审专家的学术责任心*

一旦评审专家和学位论文匹配成功，怎样确保专家负责地在规定时间内完成评审工作，减少瞎评现象，事关学位论文盲评的质量。正如有学者对盲审乱象调侃道：“审得好叫做盲审，审不好叫做瞎审。”瞎审就是对盲审机制的一种人为扭曲，也是评审人职业素养的直接体现。在实践工作中，由于少数专家学术责任心不强，时常会出现以下问题：①不闻不问，盲评超期。有的专家收到稿件后不审也不告知不审，束之高阁，“盲审”如石沉大海，一片“盲”然，这就容易导致盲评超期。一般情况下，学位论文匹配成功后，盲审平台会告诉专家在规定时间内完成盲评，盲评时间往往都比较充裕，大部分专家都能按规定完成。然而还是存在极少盲评专家没有在规定时间内给出盲评意见，这些盲评拖延可能直接影响学生顺利毕业、工作签约、落户等，出现一系列连锁反应。②粗心大意，敷衍了事。有的只是简单打钩填完审稿意见表，而不写任何意见。有的评审者简单看看，随便写几句不痛不痒的意见。有的根本没看或没看懂文章内容就草率地填几句意见发回。③一团和气，中庸无为。有的评阅人喜欢唱赞歌，不管学位论文质量好坏都是一阵夸赞，最后的结论都是“修改后发表”，但又没提任何修改意见和建议，使被阅人不知道如何修改。④避重就轻，舍本逐末。有的专家避重就轻，不审该评审把关的学术性、创新性和实用性，转而去评议一些编辑规范和语言文字方面的问题。⑤随意授权，他人代审。之前就出现过同一位盲审专家对不同论文写出完全一致的盲评意见的情况；有些盲评专家让自己的博士研究生直接去写盲评意见。⑥越俎代庖，违反章程。有的同行评阅人审稿时不但与作者沟通交流，审完稿后还越俎代庖，直接把意见发给作者修改去了。凡此种种乱象不一而足。

总的来看，专家盲评态度和专业精神会影响到学位论文评阅的严肃性，关乎到被盲评学生学术论文的客观性，甚至直接冲击到学生的现实切身利益。面对盲评乱象，有必要建立盲评专家奖惩机制，将那些有盲评不良记录的专家，淘汰出专家库；对那些盲评效果反响好的专家，给予适当的精神和物质奖励。

3. 以学科特点为依据，进一步优化评价指标体系

随着博士研究生招生规模的不断扩大，招生专业也相应增加。由于不同学科有着不同特点，所以不同学科的学位论文需要不同的评价体系。

虽然我国《中华人民共和国学位条例》和《高等教育法》等法规条例对研究生学位论文质量提出了基本要求和概括规定，但仍缺乏具有普遍意义的指标要素和权重。在实际工作中，研究生培养单位或盲审平台将不同学科的评审意见书进行统一设置，实行统一的评价指标体系和标准，没有针对具体的学科门类进行细分、细化，无法体现不同学科门类的特点，因此很难适用于不同学科学位论文的评价，缺乏针对性和可操作性。千篇一律的评价指标一方面限制了评阅专家的评价思维；另一方面很难科学反映学科应有的特点。根据国家 2011 年颁布的《授予博士、硕士学位和培养研究生的学科、专业目录》，我国共有 13 大学科门类，分别为哲学、经济学、法学、教育学、文学、历史学、理学、工学、农学、医学、军事学、管理学和艺术学。[3]或许我们可以按照 13 大门类去设计研究生学位论文评阅意见表，这样更能客观、公正、科学地反映出学科特色。

四、结论

博士学位论文质量是我国学术氛围好坏和人才培养成败的风向标。双盲评审机制是研究生学位论文质量的重要保障。研究生学位论文双盲评审制度的完善和落实抓住了根治学术不正之风、提高博士学位论文质量的“牛鼻子”。当然，要做到客观公正地评价博士学位论文不是一朝一夕的事情，这需要研究生教育工作者不断总结实践经验，进行理论创新和制度创新。

参考文献

[1] 中国博士质量分析课题组.中国博士质量报告[M].北京：北京大学出版社，2010.

[2] 2018 年全国教育事业发展统计公报[EB/OL].[2019-7-24].http://www.gov.cn/guoqing/2019-07/30/content_5241529.htm.

[3] 关于印发《学位授予和人才培养学科目录(2011 年)》的通知[EB/OL].{2011-3-8].http://old.moe.gov.cn/publicfiles/business/htmlfiles/moe/moe_834/201104/116439.html.

基于学生满意的“高级管理学”硕士全英文课程教学环节设计研究*

王　莉　张铠烁

（同济大学经济与管理学院）

摘　要：在高等教育日益国际化的背景下，全英文课程教学已成为必然趋势。本文以东部某著名大学商学院的“高级管理学”课程全英文教学为例，对教学环节进行了探讨，从学生对教学效果的满意度出发，设计了包括“课程学习兴趣”“课堂效果”“英语学习能力”“专业知识掌握”四个方面的教学效果评价方案，并通过问卷调查和结果分析，给出优化全英文教学的建议。

关键词：全英文课程；教学环节设计；学生满意度

Abstract: With the increasing internationalization of higher education, the teaching of English courses has become an inevitable trend. This paper takes the English teaching of the “Advanced Management” course of a well-known business school in the eastern part of China as an example, and discusses the teaching links. Starting from the satisfaction of students with the teaching effect, the design of this paper includes four aspects of the teaching effect evaluation program: “course learning interest” “class effect” “English learning ability” “professional knowledge mastery”. Through questionnaire survey and result analysis, this paper givessome advice for optimizing English teaching.

Keywords: English courses; teaching link design; student satisfaction

一、引言

目前，高等教育国际化趋势愈加明显，《中国教育现代化 2035》[1]和《加快推进教育现代化实施方案（2018—2022 年）》[2]中提到，要共建“一带一路”教育行动，将培养高层次国际化人才作为推进教育现代化的重点任务，全面提升国际交流合作水平，推动我国同其他

* 基金项目：同济大学研究生教育改革与创新项目基金资助（项目编号：ZD1903014）。

国家学历学位互认、标准互通、经验互鉴。实施全英文教学已成为高等教育国际化进程中的重要环节，能够促进跨文化交流，更好地塑造具有国际视野的高素质拔尖创新人才。

商学院是较早开始设置全英文课程的学院之一，“高级管理学”作为经济管理类硕士研究生的核心课程，在整个研究生的课程学习中具有非常重要的地位，该课程传授给学生的是管理能力以及实际管理技能，而不限于单纯的管理知识。管理本身既是一门科学又是一门艺术，成功的管理不仅要遵循管理的基本原则，还需掌握科学的管理方法。同时，管理没有一成不变的，管理者需要根据具体的管理对象、管理环境，创造性地解决所遇到的问题。由此可见，管理教学中既要展现管理方法的科学严谨性，又要发挥管理手段的灵活多样性。而且管理学具备较强的学科交叉性，涉及数学、经济学、人类学、哲学、心理学、社会学等多领域[3]，这要求学生具备良好的学习能力、独立的思维能力以及新颖的创新能力。因此，对“高级管理学”课程采用全英文教学模式虽然有一定难度，但有利于培养出具备较高综合素质和实践能力的应用型、复合型、创新型管理人才。

目前，多数高校纷纷开展全英文课程授课，但是教学效果尚在摸索中。有些学者针对全英文授课面临的挑战与困境，对教学方法和教学内容进行总结与思考，提出相应的建议与对策，如杨洪等[4]、吴凯等[5]。也有一些学者主要关注本科专业全英文教学环节的设计以及授课效果的评价，如刘菲[6]，陈峻等[7]，徐玲琳等[8]。然而，以往研究文献中还缺乏从学生满意度视角来评价教学环节设计，基于学生是课程设计和讲授的重要对象，本文通过问卷调查的方式，探究学生在“高级管理学”全英文教学过程中的学习积极性，并在此基础上，提出推行全英文教学模式的几点建议，以更好地提升全英文课程教学质量。

二、商学院硕士全英文课程教学环节设计

研究生课程建设作为研究生培养的重要基础性工作，是保障研究生培养质量的必备环节。全英文课程教学源于双语教学，可根据在教学过程中采用母语和外语的程度将其分为如下三种模式[9]：

浸身模式：也称全浸模式，即在教学过程中把非母语的英语作为教学语言，并且让学生用英语来学习学校的课程，以营造全英文教学氛围。

过渡模式：也称半浸模式，即在教学过程中，用中文对课程内容的主要概念和定义进行讲授，而其他相关内容用英文讲授，创设出学生学习课程所必需的外在语言环境。

渗透模式：也称保持模式，即在教学活动中，绝大部分课程内容用中文讲解，必要时渗透学科英文词汇，学生主要使用自身的母语来学习课程。

本文的全英文教学属于浸身模式，主要表现为教材、授课语言、互动交流、考核方式的全英语化。这有利于营造国际化的全英语研究生培养环境，对提高学生专业化水平、培养外向型复合人才有着十分重要的意义。

（一）教学环节设计

在传统高等教育教学中，主要以课堂授课与期末考试的方式来检验教师教学效果和学生学习效果。本文所探讨的“高级管理学”课程采用全英文教学，则需要我们对传统教

育的教学环节进行重新思考，主要从如下四个环节对全英文课程教学进行再设计：

(1) 引发学习兴趣。多数学生在本科阶段已学习过管理学相关知识，了解管理学的发展历程，掌握管理的基本理念与方法。为进一步激发学生的求知欲，教师在正式课程讲授前可精心设计“问题情境”，且问题的提出既包含扎根于中国大地的管理情境知识，也涉及国际前沿知识，让学生带着问题进入学习状态，有利于提升学生独立思考的能力。学生通过学习各个国家的管理方式及管理行为，从而更深入理解管理学，在以往学习的基础上完善所学内容体系。

(2) 教授学习内容。首先，课堂教材的选择直接关系到教学效果，将“马工程”教材与国外经典的英文教材相结合，综合教师多年积累的优秀教学大纲与管理实践经验，制作面向经济管理类硕士研究生的课堂讲义，加强学生对高级管理学的理解。其次，考虑到中西方文化差异，在全英文授课过程中，教师通过个人提问、小组互动的方式，积极调动课堂氛围，让学生感受到不同文化间的交流、碰撞与融合。最后，教师根据教学内容、教学进程、学生认知水平等实际情况，将多种教学方法(如讲授法、谈论法、演示法等)有效地结合起来，让学生充分掌握课堂所学内容。

(3) 巩固所学知识。为使学生进一步巩固所学内容，教师可让学生分组讨论与课程相关的管理学案例，通过收集资料、熟悉内容以及制作课件，学生之间可以相互交流，从而产生对该课程更深入的独立思考。上课时留出一定时间由学生自由发言或演讲，然后教师针对学生的发言内容进行点评，将点评建议传达给学生并就相关问题与学生展开共同讨论，以加深学生对讲授内容的理解与认识，有助于后续知识经验的学习。

(4) 运用所学知识。管理理论与方法是基于各种管理实践活动的不断发展与完善形成的理论，同时，它又被用来指导人们的管理实践活动。在教学过程中，让学生从管理者的角度出发，针对某一具体管理情境或者管理问题，提出合理的管理运营策略，将所学知识运用于实际，做到理论与实践相结合，提高自身分析问题和解决问题的能力。

(二) 教学效果评估方案设计

在全英文授课过程中，学生对该教学模式满意度的反馈尤为重要。本文主要从学生角度出发，并结合全英文课程教学的主要目标，从“课程学习兴趣”“课程效果”“英语学习能力”和“专业知识掌握”4 个一级指标和 9 个二级指标设计了基于学生满意度的教学效果评价表，如表 1 所列。

表 1　　基于学生满意度的全英文教学效果评价表

评价类别		很同意	较同意	一般	不太同意	很不同意
Ⅰ课程学习兴趣	1. 深入理解管理学					
	2. 完善所学内容体系					
Ⅱ课堂效果	3. 文化交流融洽					
	4. 课堂氛围活跃					
	5. 掌握课堂内容					

（续表）

评价类别		很同意	较同意	一般	不太同意	很不同意
Ⅲ英语学习能力	6. 提高英语听说能力					
	7. 提高专业英语素养					
Ⅳ专业知识掌握	8. 掌握扎根中国大地的管理情境知识、国际前沿知识					
	9. 提高专业实践技能					

表1中，Ⅰ类别1～2用于了解学生对进一步参与该课程的学习兴趣，即是否有意愿去深入理解管理学并完善所学内容体系；Ⅱ类别3～5侧重从文化交流、课堂氛围和课堂内容方面判断全英文授课的课堂教学效果；Ⅲ类别6～7主要从英语听说能力和专业英语素养的角度观测全英文授课对于学生语言能力提升的帮助；Ⅳ类别8～9从掌握扎根中国大地的管理情境知识、国际前沿知识和专业实践技能方面考察学生对于专业知识的掌握程度。

三、学生满意度评价

（一）研究方法

本研究选择位于中国东部某著名大学商学院进行研究，该商学院通过了三大国际认证体系，分别是AACSB（国际商学院协会）、EQUIS（欧洲质量发展认证体系）和AMBA（国际MBA协会）。早在2012年，该商学院企业管理专业全部课程推出全英文授课，让中国学生和留学生在同一个课堂中上课。因此，本研究将基于全英文课程教学环节评价体系，选择该专业硕士研究生对“高级管理学”课程进行评价。

1. 调查对象

根据教学计划，本文将全英文课程的教学对象设定为2019级选择“高级管理学”课程的一年级硕士研究生。主要原因是：①硕士研究生是通过综合测试选拔产生的，具有扎实的基础知识和较强的学习能力，并且多数中国学生英语已达到了大学英语四级水平，能够进行基础的专业英文表达，对于英文授课的畏难情绪较低。②硕士研究生经过大学本科四年的学习，对本专业知识有了一定程度的掌握，全英文授课教学模式有利于促进学生思维方式由汉语到英语的转变，让学生更深层次地了解前沿知识，加深对本专业课程的学习。

2. 调查方法

本研究结合表1的设计方案，以问卷形式调研了2019级“高级管理学”班级的66位学生，共41人填写了问卷。问卷共设计了9个问题，主要针对课程学习兴趣、课程效果、英语学习能力和专业知识掌握四个方面，每个问题的设计均采用李克特量表，让学生在“非常不同意”“不同意”“一般”“同意”“非常同意”五个选项中勾选一个。

（二）研究结果

按照表1的设计标准，本研究统计了全英文课程教学效果，结果如图1所示。从图中可以看出：①学生对于管理学的学习兴趣依旧浓厚（类别1～2），有85%以上的学生愿意进一步学习管理学，多数学生认为以往所学内容体系有待完善（同意以上的比例超过75%）。②在课堂教学效果方面（类别3～5），学生满意度从高到低依次为“课堂氛围活跃”（90%）“文化交流融洽”（87%）和“掌握课堂内容”（80%），这表明在全英文教学过程中，主要以学生为主体进行授课，师生间的互动交流活跃，有着良好的教学效果反馈。③从英语学习能力的角度来看（类别6～7），82%的学生认为其英语听说能力以及专业英语素养均已得到提升，这说明无论是中国学生还是留学生都已具备了较高水准的口语能力和交流能力，有助于英语授课进程的推进。④在专业知识掌握方面（类别8～9），通过此次的课程学习，78%的学生认为能够掌握扎根中国大地的管理情境知识和国际前沿知识，83%的学生认为其专业实践技能得到了提高，表明全英文教学有助于提升硕士研究生的专业素养以及实践能力。

综上所述，选取一年级硕士研究生专业课“高级管理学”进行全英文授课的教学效果总体而言达到了预期的教学目标，学生对该教学模式满意度的反馈良好。与传统中文授课相比，全英文授课更考验教师的教学水平和学生获取知识的能力，由于高等教育不断趋于国际化，该教学模式值得进一步推广。

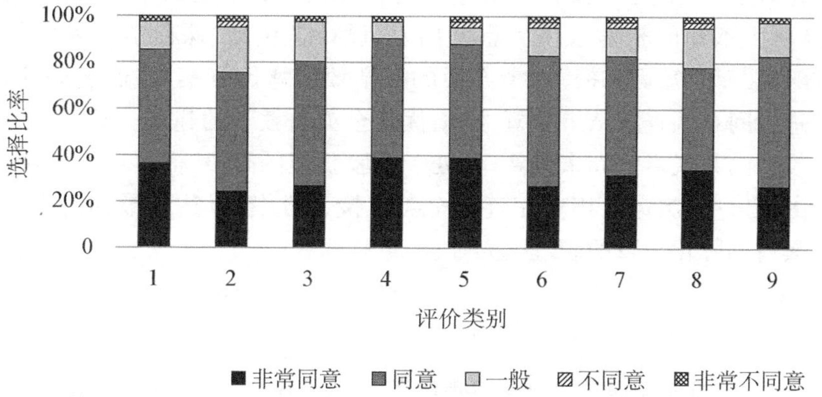

图1 全英文课程教学效果汇总统计图

四、研究结论

根据硕士研究生对于“高级管理学”全英文教学实践活动的满意度反馈情况，可以得到如下结论：

首先，为使全英文课程教学顺利开展，需创设相互交流的外在语言环境，并充分调动学生参与课堂教学的积极性。在教学过程中，学生应做好课前预习工作，建立课程内容的整体框架体系和逻辑结构，提高课堂获取知识的效率。教师应发挥主导作用，培养学生的学习兴趣，增强其对知识的求知欲。师生间良好的交流互动可提升学生的情感体验[10]，在相互探讨的教学情境中，教师可实时获取学生的认知反馈，从而有针对性地讲授课程内容，让学生能够将专业知识与英文表达融为一体，在提高专业英语素养的同时，熟练掌握管理知识。

其次，根据全英文教学的特点，教师可在备课过程中精心设计科学的英文教学方案，细化课程的重点难点，最大程度地减少学生对课程内容的理解偏差。在课堂上，教师可采用多种教学手段以提升教学质量，例如，充分运用多媒体网络技术扩大教学信息容量，通过展示图片、观看录像等方式来加深学生的形象记忆，多方面介绍本课程的最新研究动态，拓展学生的课外专业知识。此外，教师可采用实际生活案例来讲解管理学中抽象的概念，以培养学生独立思考能力以及英文思维能力。

最后，教师需培养学生的课外学习习惯。在调查结果中，学生通过课程学习后，对于课程有助于掌握扎根中国大地的管理情境知识和国际前沿知识方面的满意度还需要提升（约 4%的学生不同意和很不同意，17%的学生没有明确态度）。这反映出全英文教学仅仅依靠课堂时间效果有限，教师在提高课堂效率的同时，应该培养学生良好的课外学习习惯，鼓励中外学生进行课外交流，使学生充分发挥主观能动性，最大程度地实现教学目标。

五、结束语

在国际化背景下，全英文教学是教育与国际接轨的必由之路。本研究对教学环节进行了探讨，从学生感知的教学效果满意度出发，设计了包括“课程学习兴趣”“课堂效果”“英语学习能力”“专业知识掌握”四个方面的教学效果评价方案，并通过对“高级管理学”课程的学生进行问卷调查和结果分析，给出优化全英文教学的建议。总之，采取全英文给硕士研究生授课的方式目前尚未成熟，仍处于经验积累的阶段，需要广大教师与学生在教学活动开展的探索中，制定出相对完善的全英文授课方案，以达到最佳的教学效果，从而培养出真正具有国际化视野的管理学人才。

参考文献

[1] 祁培育.中共中央、国务院印发《中国教育现代化 2035》[EB/OL].[2019-02-23].http://www.gov.cn/xinwen/2019-02/23/content_5367987.htm.

[2] 吴啸浪.中共中央办公厅、国务院办公厅印发《加快推进教育现代化实施方案(2018—2022 年)》[EB/OL].[2019-02-23].http://www.gov.cn/xinwen/2019-02/23/content_5367988.htm.

[3] 王华强，高映红.新形势下的《管理学》课程教学改革探讨[J].高教论坛，2007(6):137-138+134.

[4] 杨洪，郭玲香，刘松琴，林保平.有机化学全英文教学模式的探索与实践[J].东南大学学报(哲学社会科学版)，2016，18(S1):172-174.

[5] 吴凯，蒋正武，姜伟，陈庆，李文婷.混凝土材料全英文教学面临的挑战与对策[J].教育现代化，2019，6(24):104-105.

[6] 刘菲.本科专业课全英文授课教学改革实践与分析——以空管专业《空气动力学》为例[J].课程教育研究，2015(13):238.

[7] 陈峻，陈淑燕，王昊.本科专业全英文课程教学环节设计及效果评价[J].东南大学学报(哲学社会科

学版)，2013，15(S1)：158-160.

[8] 徐玲琳，杨晓杰，孙振平，张国防.材料专业课程全英文教学效果评价[J].教育现代化，2018，5(31)：215-217.

[9] 帅传敏.对高等院校全英语教学模式的思考[J].湖北教育学院学报，2005(02)：109-111.

[10] 袁帅，张玲.浸入式教学背景下的理工科全英文教学探讨[J].上海理工大学学报(社会科学版)，2020，42(1)：86-90.

同济 MBA 环保行业联合实践基地建设与研究生培养研究*

徐　勤　邵宏轩　汤　娴　胡晨楠

（同济大学经济与管理学院）

摘　要：经济的快速发展将环保问题推向风口浪尖。近年来，国家对环保的重视程度越来越高，党的十九大报告中提出推进绿色发展、构建市场导向的绿色技术创新体系，从社会角度来说则亟需树立环保行业的典型人物、企业和案例，普及全社会对于环保行业的认识。同济大学经济与管理学院 MBA 在人才培养方面紧密结合研究生教育实践教学的需求，践行环保工作的社会责任，积极建设同济 MBA 环保行业联合实践基地，实现学生学习上理论与实践结合、教师深入企业现实环境充实教学案例以及企业经营者的先进理论代入和指导，从而激发与推动社会环保意识。

关键词：同济 MBA；环保；联合实践基地建设

Abstract: The rapid development of economy pushes environmental protection issues to the forefront. In recent years, the state has attached more and more importance to environmental protection. In the report of the 19th National Congress of the Communist Party of China, it was proposed to promote green development and build a market-oriented green technology innovation system. From the social perspective, it is urgent to set up typical figures, enterprises and cases in the environmental protection industry to popularize the understanding of the whole society about the environmental protection industry. The MBA talent cultivation In School of Economics and Management, Tongji University, is in close combination with the demand of graduate student education practice teaching, takes the social responsibility of the environmental protection work, and positively constructs of Tongji MBA joint practice base of the environmental protection industry, to make students combine learning theory with practice to make teachers making a profound study on the real-environment of enterprised and enrich their teaching cases and the advanced theory of the enterprise operators, and to inspire and promote society's awareness of environmental protection.

* 课题：2019 年同济大学研究生教育研究与改革重点建设项目“同济 MBA 环保行业联合实践基地建设”（ZD19070302）结项成果。

Keywords: Tongji MBA; environmental protection; joint practice base construction

党的十九大报告中提出推进绿色发展、构建市场导向的绿色技术创新体系、发展绿色金融，壮大节能环保产业、清洁生产产业、清洁能源产业等要求；《“十三五”节能环保产业发展规划》提出加快将节能环保产业培育成我国国民经济的支柱产业，环境保护相关产业作为节能环保产业的重要组成部分是环境保护事业的供给侧，为生态文明建设与生态环境保护提供重要物质基础与技术保障，这一系列的政策要求都表明生态文明建设已上升至国家战略高度。在此背景下，同济 MBA 将关注视角放在环保问题上，积极响应国家政策，建设环保行业联合实践基地，加强校企联合，弥补了研究生培养过程中存在的教学理论与实践脱节、重理论轻实践等不足，强化了学生的社会意识，凸显了实践教学的重要性。

一、落实生态文明建设，加速环保产业转型

近年来，我国不断提高环境保护在经济社会发展中的地位。通过推进经济转型升级，环境保护产业正在向建构统一规范市场化的方向逐步推进。目前，我国正在加快调整环保产业布局，建立统一开放、公平竞争、规范有序的市场秩序，推动环保产业与环境政策转型同步发展。可以预见，在国家相关产业政策的引导下，环保市场将会日益规范和成熟，为环保行业做大做强提供机遇。从发展角度来看，当前国内环保行业主要表现出以下趋势。

1. 强化产业落地应用

通过建立绿色技术标准体系、资源环境价格机制、产品全生命周期绿色管理和绿色金融等措施，以政策规范产业发展，促进资源节约、生态环境保护和污染防治；将绿色技术融入各行各业，特别是注重将低碳环保融入生产过程，推动清洁生产，形成绿色发展空间格局和产业结构；培育壮大环保产业，打造绿色低碳生产和生活方式，实现可持续发展。[1]

2. 多学科交叉融合

从问题意识出发，借鉴前沿技术，促进分子、生物、材料和信息等前沿技术与环保产业多学科交叉融合应用，加速推进学科基础理论创新，突破了一批关键核心技术与装备，形成了新的市场竞争优势，掌握了产业高端市场，并不断加强技术封锁，提高市场准入门槛。

3. 智能化应用升级

基于物联网、大数据、云计算、人工智能和移动互联等技术手段，通过数据采集、信息处理、信息共享和反馈决策等服务，实现人类社会与环境系统全方位互动，打破环保产业“信息孤岛”模式，打通生产、生活与环保数据流，推动装备产品向智能化模块化发展，推进制造过程向智能化自动化转变，推动运营管理向智能化信息化升级，不断加快环保产业智能化整体进程。

4. 落实综合解决方案

当前环保产业正朝着由终端污染治理向资源管理、清洁生产等全过程管理发展，逐步由单项问题治理向协同治理综合解决方案转变。环保企业业务综合化发展趋势明显，并

不断通过技术整合和并购重组，实现优势互补，延伸及完备产业链。特别是在面临区域、流域等更大空间尺度上的复杂多污染源治理问题上，政府、企业也更倾向于选择有能力提供整体解决方案的平台型公司。

5. 精细化管理运营

随着环境基础设施建设不断延伸，环境治理领域技术门槛不断提高，产业分工进一步细化，市场竞争日趋激烈。企业更加注重产业链全流程精细化管理，不断优化产业链与系统工艺，注重各环节的精细控制，严格把控系统设备质量要求，注重单元组件与系统集成技术融合，实现精细化、动态化环境管理和服务，最大程度降低企业运行成本，提高企业运行效率和经营效益。

6. 高端人才培养与引进

重视环保高端人才培养和引进，特别是产业发展急需的创新型研发设计人才、开拓型经营管理人才、高级技能人才等。继续深入落实生态环境保护人才发展中长期规划，继续实施国家环境保护专业技术领军人才和青年拔尖人才工程。在人才培养方面，健全科技人才流动机制，鼓励高校、科研机构和企业技术研发人才双向流动，加强产业对技术的支撑反馈机制，形成技术产业良性生态循环圈。

二、专业学位硕士研究生培养与实践基地建设

根据目前的科研导向，国家希望更多的企业能够成为重要产品研发和关键技术攻关的主导力量，也鼓励高校和企业联合申报并完成产品研发和技术攻关。因此，越来越多的企业开始主持和参与国家或地方政府资助的科研项目，这也为专业硕士的联合培养提供了良好的媒介。实践基地建设通过产学合作较好地弥补了专业硕士学生在科研与实践项目方面的薄弱点，既是提高应用型人才培养质量的有效途径，也是充分体现社会与企业实际需要以及应用型特点的平台。从应用角度来看，基于校企产学合作的实践基地建设有效提高了发明专利、创新项目、学科竞赛成果等方面的应用转化，提升了专业硕士学生的实践能力。

1. 相互促进：研究生培养与实践基地建设

高校教育的一项重要任务就是为社会经济发展输送人才和技术。随着各高校招生人数的不断增加，学校现有的教学资源等已渐渐不能满足需求，为了解决这一问题，高校需要积极地与区域内有代表性的企事业单位加强合作，合理利用企事业单位的资源，推动专业硕士研究生实践基地建设，充分发挥实践基地的作用，对专业硕士研究生教育模式进行不断的改革创新。[2]实践基地建设能更好推动校企合作的进展，加强人才教育与企业生产、科研的有效结合。

实践基地的建设可以为科研创新型人才培养活动提供良好的平台，科研创新型人才培养工作的开展有利于提升实践基地建设的质量。实践基地的建设和科研创新型人才培养工作二者是相互促进的关系。首先，实践基地规模化的建设，既使得参与科研创新型人才培养的学生数量增加，又使得学生参与科研创新型人才培养的积极性提高；其次，科研创新型人才培养项目的研究，既使得实践基地配套设施获得较多投入，又使得实践基地管理制度更加规范。

通过建立和完善校内外实践基地，高校制定了一系列校内、校外实践基地建设与使用管理条例和规定。根据专业学位学生的专业特点和人才培养目标，高校与企业建立了深层次合作的产学研联合培养基地，整合完善开放共享、多学科交叉的校内实践基地，探索出了适合专业学位学生的实践基地的建设模式，从而切实提高实践教学质量，以培养学生的创新精神、实践能力和国际视野等综合素质。

2. 模式优化：高校联合实践基地建设

(1) 建立协同培养机制

建立高校、政府教育管理部门和行业实践基地三者之间的协同培养机制。教育管理部门应注重顶层设计优化，以合理的政策引导与设计详细的章程规范，制定相关的规章制度。[3]高校建立专门的实践基地管理部门，完善实践基地的管理制度和运行机制，优化专业硕士研究生实践环境，确保实践教学效果。

(2) 强化平台建设与协作共赢

联合实践基地建设对于提升专业硕士的职业能力具备更为有效的作用，尤其是高校与科技企业等联合建立的研发平台更适合专业硕士的联合培养。企业根据自身的需求与高校建立联合研发平台，不仅有利于提升企业的科研创新能力，也有利于增强企业在专业硕士联合培养过程中的积极性、主动性和创造性。[4]部分高校与企业共建工程技术中心或企业实验室，或者与现有的工程技术中心或企业实验室建立了联合研发平台，不仅显著提升了企业的科研创新能力，也显著提升了专业硕士的联合培养效果。

(3) 建设示范性实践基地

进一步推动专业学位硕士研究生联合实践基地建设，促进专业学位研究生培养院校与政府教育管理部门、企业等实践基地的密切合作。[5]为进一步优化实践环境，拓宽实践渠道，各高校应大力加强专业硕士学位研究生实践示范基地的建设，申报相关示范基地，并充分发挥示范基地的示范与辐射效应，以强化各高校联合实践基地建设的积极性。

三、产学研结合下的同济 MBA 实践基地建设

随着我国经济的快速发展，环境污染问题日益严重。近年来，国家对环保的重视程度也越来越高，出台了一系列促进环保产业发展的政策法规。在此形势下，生态文明建设上升至国家战略高度，环保工作越来越严，有关环保与经济关系的讨论也越来越激烈，环境治理的市场需求迅速得到释放，环保产业也得到了飞速发展。在此环境下，亟需树立环保行业的典型人物、企业和案例，普及全社会对于环保行业的认识，提升人民对环保的重视程度，向环保先锋致敬，迈向生态文明。

1. 同济 MBA 实践基地建设

2020 年 1 月 3 日，由同济大学生科技创业者联盟、上海市大学生科技创业基金会同济分基金共同主办的“同济大学生创业企业 2019 年度会议”在同济大学建筑设计研究院会议室举办，上海市大学生科技创业基金会、杨浦区科学技术委员会、同济大学国家大学科技园各分园等相关负责老师及大学生创业企业代表共 100 余人参加了会议。同济大学生科技创业者联盟（简称“同济科创联”）是由上海市大学生科技创业基金会同济分基金资助

的大学生创业者通过友好协商，自愿发起并形成的公益性、学习型民间社会团体。联盟驻所设在同济大学国家大学科技园大学生创业园，坚持面向大学生创业企业，为企业和企业家服务，提高企业家的素质，维护企业家的合法权益，从联盟成员单位的需要出发，积极开展各种活动，宣传党和国家的有关方针政策，促进企业、企业家守法、自律；发挥桥梁和纽带作用，加强企业与政府有关部门及企业与社会各界的联系，打造现代化企业关系网络，推动企业健康发展。

2020 年 7 月 17 日下午，同济大学科创联节能环保分会 2020 年环保技术与产品交流沙龙在同济大学科技园举行，与会集团包括罗克佳华科技集团股份有限公司、同宜科技(上海)有限公司、上海枢源节能科技有限公司和上海吾励环境技术有限公司。此次沙龙重在环保技术与产品的交流，以罗克佳华科技集团股份有限公司为例，在智慧环保领域，佳华科技为几十个城市提供环保大数据服务，不断拓展到全国各省、市、县、乡镇及企业，打造全国生态环境动态数据库和数据运营体系。在智慧城市领域，从智慧环保切入，结合公司人工智能 AI 技术在“事件分析”中的优势，打通城市管理中的数据孤岛，完善城市的“视觉、听觉、嗅觉”等物联网数据体系，建立城市云链大数据平台，为政府、企业、民众三方面提供大数据服务。创新环保技术与产品的交流落实了人才培养实践机制，加深了校企合作，同时达到了拓展教育教学实践机会的目的。

从人才培养机制来说，同济大学经济与管理学院 MBA 一直以培养具有全球视野、社会责任感及创新精神、掌握现代经济管理知识和技能、践行可持续发展的业界精英为目标。结合研究生教育实践教学的需求和对环保工作的社会责任，建设同济 MBA 环保行业联合实践基地，意义深远。通过该实践基地的建设，MBA 学生在学习上结合理论与实践、培养能力与素质；MBA 教师在教学上深入企业现实环境、充实教学案例；企业经营者能够集思广益、以先进的理论代入和指导。参与的三方均能够从中得到收获，并且在社会反响上激发广大公众环保意识，实现多赢目标。

2. *产学研结合下的教学制度*

产学研结合是利用学校与单位在人才培养方面的各自优势，以培养学生的创新精神、实践能力和国际视野等综合素质为重点，实现理论教育、生产实践与科研能力培养相结合的教育模式。[6]要达到的目标是增加学生的实践锻炼机会，增强学生理论联系实际的生产实践和科研能力，使学生体验到真实的工作环境，领略单位的文化氛围，从而使学生能够快速适应未来的就业岗位，缩短学生由“学校人”到“社会人”的进程，全面提高学生综合素质，适应市场经济发展对人才的需要。[7]

走与单位深度合作的产学研相结合的人才培养道路，既符合高校培养人才的目标，也符合单位发展的利益需求，还为毕业生就业实践提供了可靠的保障，是一个三赢的教育模式。管理实践教学，必须有章可依、有规可循。教学管理制度是实现实践教学的重要规章制度，是实践教学正常运行的保障。好的实践教学管理制度不仅规定了学生实践的基本义务，也应保障学生在实践活动中的权利这样才能使教学管理让广大师生所接受，继而认真执行。但是教学管理制度的制定不能脱离实际，没有结合实践实际情况所进行的管理都不是优化的，实际的管理情况也不是最理想的。因此，实践教学管理制度要与实践密切结合。

四、总结

实践基地的建设和科研创新型人才培养工作是一个相互促进的关系。如何实现二者的相互促进是当前需要解决的问题。通过下面的方法可以实现二者相互促进：

（1）搭建基于项目驱动的专业学位硕士研究生科研创新型人才培养活动平台。在实践基地建设过程中，依据创新创业项目、指导教师科研项目和产学研合作项目的实施，对基地试验仪器和设备的维护和更新提出要求，搭建基于项目驱动的专业学位学生科研创新型人才培养平台，让实践基地在专业学位学生科研创新型人才培养活动中实现宣传平台、学习平台和研究平台等多重功能，使实践基地更好地为专业学位学生科研创新型人才培养活动服务。

（2）制定实践基地开放共享的使用条例和管理规定。为了使专业学位硕士研究生创新创业项目、指导教师科研项目和产学研合作项目的师生方便地使用实践基地进行科研创新型人才培养活动，必须制定实践基地开放共享的使用条例和管理规定，让不同专业、年级的学生都可以进入实践基地开展科研创新型人才培养工作，实现实践基地不分学科和专业、收费优惠和透明的真正意义上的开放共享。

（3）实行理论和实践相结合的双导师指导方式。对于校内实践基地，可采用专业教师和实验室老师相结合的双导师指导方式，由专业教师主要承担研究方法、创新精神和国际研究动态的指导，而实验室老师主要承担仪器实操、实践手段和基地管理制度的指导。对于校外实践基地，可采用校内教师和单位指导老师相结合的双导师指导方式，其中，校内教师主要承担专业理论、实践内容和团队协作意识的指导，单位指导老师主要承担技术要求、行业动态和管理方法的指导。实行双导师指导方式，可以使专业学位学生在实践基地进行的科研创新型人才培养活动中获得不同于课堂学习的双重收获。

参考文献

[1] 张炳康，邹结富，姚硕，等.我国环保产业现状与未来发展战略研究[J].环境保护科学，2020，46(5)：8-13.

[2] 张江鑫，吴俊.学科交叉背景下专业学位研究生培养方式的一些探讨[J].教育教学论坛，2020(34)：200-202.

[3] 王洪凯，李可峰.全日制教育硕士专业学位研究生实践基地建设的问题与策略[J].山东教育(高教)，2020(6)：42-43.

[4] 于立梅，谭敏华，冯卫华，等.校企联合培养研究生实践基地建设的探索[J].河南化工，2020，37(6)：65-67.

[5] 陈红春，龙治坚，胡尚连，任鹏.校企合作下高校创新创业实践基地的建设与探索[J].实验技术与管理，2019，36(4)：242-244.

[6] 赵阳，管利萍，李海燕.大型科研仪器平台参与本科生创新人才培养的实践与探索[J].实验室科学，2013(1)：218-223.

[7] 李琳，陈京京，王杰.面向卓越工程人才培养的产学研深度合作模式[J].高等工程教育究，2013(1)：66-70.

大数据时代创新型研究生培养模式的探讨

——以管理科学与工程专业为例*

李加莉　王洪伟　刘义理　朱茂然

（同济大学经济与管理学院）

摘　要：大数据时代的发展为教育事业带来了新的思维和模式。目前，我国正处于教育大国向教育强国转变中，研究生作为现代人才的主力军，其创新型培养与高质量的教育是国家发展和社会进步的基石。本文首先对大数据时代背景下创新型研究生人才提出目标设定，总结了现阶段创新型研究生人才培养的短板，由此以管理科学与工程专业为例提出人才培养模式的改进策略，为高校管理科学与工程专业人才培养提供新的思路。

关键词：大数据；创新型人才；管理科学与工程；教育

Abstract: The development of the big data era has brought a new thinking and mode for education. At present, China is in the process of transforming from a big education country into a powerful education country. As the main force of modern talents, the innovative cultivation and high-quality education of postgraduates are the cornerstone of national development and social progress. This paper first puts forward the goal setting of innovative graduate talents under the background of the big data era, summarizes the short board of innovative graduate talents training at this stage, and points out the improvement strategy of the talent training mode by taking management science and engineering specialty as an example, so as to provide new ideas for talent cultivation of Management Science and Engineering Specialty in colleges and universities.

Keywords: big data; innovative talents; Management Science and Engineering; education

一、引言

我国经济已从高速增长阶段转向高质量发展阶段，高质量发展的核心动能是创新。发展靠创新，创新靠人才，人才培养靠教育。研究生教育是国家培养高层次人才的主要途

* 中央高校基本科研业务费专项资金项目：智库与学术影响类/文科智库项目，中国标准化协会服务贸易标准化科研课题（FMBZH-1947）。

径，也是国家创新体系的组成部分，伴随一系列重大战略和倡议的实施（如“创新驱动发展战略”“中国制造 2025”“一带一路”等），创新型研究生人才培养的重要性进一步凸显。

2020 年，教育部、国家发展改革委、财政部联合发布的《关于加快新时代研究生教育改革发展的意见》提到，我国已成为研究生培养大国，但是仍存在不足：基础知识教育不扎实，创新思维培养不足。管理科学与工程作为管理理论和管理实践紧密结合的学科，当前也面临着如何培养适应社会发展、符合时代需求的创新型研究生人才的问题。许多学者针对管理科学与工程学科的复合型人才培养模式、学科发展方向等进行了研究。然而，很少有研究关注到大数据背景下管理科学与工程专业如何改进创新型人才培养模式的问题。尤其在创新型管理人才需求强烈的时代背景下，管理科学与工程类（以下简称“管科类”）创新型研究生人才培养模式的改革势在必行。

大数据时代的快速发展、数据高度共享化或许给管理科学与工程专业人才的培养提供了新思路。因此，本文以创新型人才培养标准为指导，从现阶段创新型人才培养的短板和大数据时代的要求出发，完善符合时代潮流和国家战略的创新型管理科学与工程专业研究生人才培养模式，以期不断适应经济社会发展，满足各行业对该专业人才的要求。同时对高校管理科学与工程专业的育人模式及教学课程改革提供参考。

二、创新型研究生人才的目标设定

设定培养目标是设计人才培养模式的基础，只有基于先进合理的培养目标，才能保证人才培养的质量。目前，国内外对于创新人才的定义并不一致，但是在以下核心问题上是一致的。创新人才应该具有扎实的理论功底、批判性的思维和敢于尝试敢于拼搏的精神。具体说来，创新人才一般应具备以下基本素质：①宽厚的文化积淀和人文精神；②健康的心理，强健的体魄；③富于探索精神和探究能力，旺盛的求知欲，强烈的好奇心；④清晰的思维，较强的判断力和敏捷性；⑤丰富多样的实践经验和团队合作意识；⑥扎实的科技创新和解决实际问题的能力。[1]大数据背景下，对创新型人才的要求更高。不仅要具备创新型人才的基本特质，还需要提升自身的信息素养。由以上创新人才的定义中，可以总结出创新型研究生人才的目标设定，具体要求如下。

（一）实践应用和自主学习能力

随着大数据的应用越来越广泛，各大企业、机构和部门都需要依据大数据分析进行辅助决策。因此，创新型研究生人才需要面向不同行业需求，具备设计个性化的数据应用解决方案的能力，帮助组织或企业实现业务资源优化配置。[2]

大数据时代下，新知识和新技术以指数级的速度产生和更新迭代，因此要求创新型研究生人才具备较强的自主学习能力，能够根据学习和研究需要，掌握文献检索、资料查询的基本方法，并能够进行学习探索实践。在学习的基础上，可以根据所学专业和学科的理论前沿及发展动态，进行科学研究和创新。

（二）独创性和革命性

将创新能力作为创新型研究生人才培养的目标，不仅是提供国家创新型人才战略储备的必然要求,也是研究生人才自身教育的必经之路。研究生创新能力是研究生在从事实践活动或科学研究中所具有的独创性或革新性本领或技能。其中,独特性和革命性是关键,这两种特质可以帮助研究生人才开拓未知领域,探索更多新方法、新事物。这要求研究生人才拥有丰富的知识积累与储备,跳脱现存的固有思维,不能墨守成规。同时,不同学科知识和思维方式的交叉渗透也是产生创新灵感的基础,创造性地开展训练可以提升革命性的创新能力。

(三) 大数据素养

研究生作为高级知识分子,思维要具有创新性,知识构成必须要与时代接轨,只有这样才能达到创新型研究生人才培养目标的要求。尤其是随着 5G 时代的到来,一些新知识、新媒体的引入,更需要他们不断地提升大数据素养。数据素养是正当地发现、评估、使用信息和数据的一种意识及能力。大数据素养不但能够发现数据,还能发现更为全面的数据;不但能管理数据,还能够在数据专家的指导下管理海量数据;不但具有利用调查数据解决问题的思维,还应具有利用多来源大数据解决问题的思维。[3] 从思维模式上来看,大数据思维更偏向于总体思维、相关思维和智能思维等。

(四) 善于发现并理性解决问题

创新型研究生人才能够在适应周围环境的同时,不局限于惯性、惯例等环境限制,积极分析环境限制的各种影响因素,科学准确地发现事物、事件等问题的本质,并要求改变。他们一般不容易满足于现状并且富有远大理想,不甘于做重复、没有效率的事情。这类人才善于利用自身的好奇心去发现问题,最终解决问题。

虽然创新型研究生人才需要打破常规看待问题,但这与运用理性思维判断问题并不冲突。创新型人才的主观臆断较少,通常需要确定的事实依据来做出决策或发起行动。创新型人才应具有较为严密的理性思维,能够准确分析、判断面临的问题。

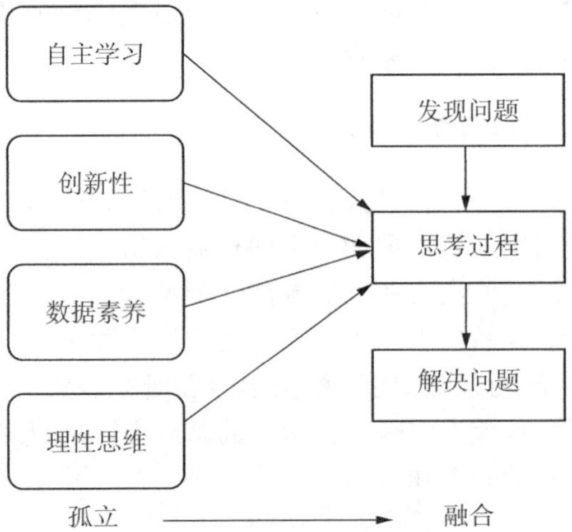

图 1　创新型人才的一般行为模式

三、创新型研究生人才培养面临的问题

（一）教学与实践脱节

传统观念的制约导致教学重视理论、轻视实践，学生缺少学术交流活动及科研训练机会，不利于创新能力的培养。其一，高校的教学内容与实践环节脱节，就不能将理论和最新的科研成果相结合。其二，教师在教学模式上不下狠功夫，未能调动学生思考的积极性，那么学生就不会有创新的主动性，学生创造性思维能力就得不到培养训练。[4]其三，科研思维的训练和科研方法的改进严重不足，使得研究生教育中出现了浑水摸鱼的现象，同时拉低了创新人才的数量。

（二）创新文化氛围孕育不足

高校创新文化的建立是创新型人才培养的基础，而现在大多数高校在其研究生教育中没有特别注重培养学生的发散性思维。创新的灵感需要浓厚的学术氛围孕育，通过学术的交流和借鉴才能养成。一些高校研究生培养过程中的学术交流活动是不够的，涉及面也不广。具体的表现有：研究生一般是在各自导师的指导下进行培养，无论是实验、写作和论文的设计通常由一个人或与少数几个同专业的研究生一起完成，与其他专业、其他学科研究生的交流也较少；即使参与一些集体科研项目，也是各自承担一部分后去独立完成，研究生与导师以及研究生相互间的学术交流与讨论进行得较少；对于重要学术问题的讨论、争论也未形成风气，开展的学术活动相对较少；多数研究生不能参加国际、国内学术活动。缺乏学术交流的科学研究是一种封闭的自我研究，它不利于开阔视野，不利于增长研究生的见识，不利于创新思维的形成。

（三）教学模式不尽合理

目前研究生教育中存在课程体系构建缺乏创造性的问题。课程设置以本科所学知识为基本，并对其进行补充与升华，并没有太多的创新之处。教师过多强调教学目标的对最底层“知识”的掌握，忽视更高层次的智力的活动。学生选课也只会选那些容易通过考核的课程，很少考虑自己的兴趣爱好，有助于培养创新思维的课程少之又少。十几年来，中国研究生教育在一定程度上仍然没有良好的改进，学生接受的还是“填鸭式”教学，而不是像国外那样采用讲座式教学和小组讨论方式学习，使学生很难对老师讲的内容产生质疑。[5]这样的教学方式限制了学生的思考主动性，学生想要做出创新成果非常的困难。

（四）培养模式单一

首先，我国研究生培养依旧是以所学学科为主，知识范围狭窄，创新能力不足，培养模式相对封闭，不同学科间缺乏交叉。其次，评价机制单一，对研究生的创新激励不足。由于各种学科考核制度与学校学分要求，学生很少会主动去发现问题、思考问题和解决问题。最后，精细化专业分布无法满足创新人才培养需求。目前，我国高校专业划分非常详

细，该方案更“专”的是专业人才的培养，表面上是培养更符合企业需求的人才，利用更加细化的专业课程分布主动地将人才培养分离化、模块化，但创新意识培养则被局限于某一具体模块之中，创新被束缚在一个很狭隘的区域内。所以，由于现阶段一贯的培养模式，研究生无法自主地去完成问题探索和研究。

（五）信息素养提升缓慢

信息素养是指能够判断什么时候需要信息，且懂得如何去获取信息，如何去评价和有效利用所需信息的能力。从目前研究看，没有专门针对硕士研究生大数据素养的研究，研究生教育的发展与大数据时代的步伐是不协调的。在信息化建设不断完善的背景下，各行各业都产生了大量数据信息，尤其是非结构化数据和半结构化数据，传统的数据处理方法和技术已经不能适应需求，现在人才需求市场对大数据人才是高薪难求。[6]高校创新型研究生人才的培养应该要注重数据处理能力，以适应快速发展的大数据时代。

四、创新型人才培养模式在管理科学与工程专业的改进

管理科学与工程专业培养具备用先进的管理思想、方法以及数学和计算机模型对运营管理、组织管理和技术管理中的问题进行分析、决策和组织实施的高级专门人才。[7]该专业研究生毕业就业方向主要是项目管理、电子商务、信息管理和数据处理等。近年来，管理科学与工程得到了广泛的实践应用，一度跃升为研究生高校热门专业。在扩大培养规模的同时确保学生质量过关，创新型人才培养模式的改进亟不可待。

（一）大数据时代要求学生自身做出的改变

1. 打好知识基础，培养自我学习能力

随着大数据时代发展，管科专业研究生越来越追求数据处理、计算机技术能力的提升，如果过度把精力投入到数据、数学类的课程，而忽视管理类课程，这可能和创新型管科人才培养目标有所偏离。管理科学与工程专业中管理信息系统、信息资源管理等课程应该引起学生重视。另外，在巩固自己基础知识的同时，还必须加深自己与他人在学术上的交流，了解专业在国际上最前沿的动态，为自身创新型研究成果打下坚实的知识基础。

2. 运用开放性教学平台为创新行为提供多方渠道

互联网技术的高速发展，推动了教育教学方式的变革。目前已经有许多开放性教学平台，可以打破学习的时间和空间限制。例如，国内外各大高校纷纷开设 MOOCs，使得学生们受益良多。管理科学与工程专业在多个网络教学平台上也开放了相关的 MOOCs 课程，如“管理运筹学”“管理信息系统”“电子商务”等，以及研究生需要掌握的数据、计算机、经济学等海量线上课程。学生们要积极主动探索知识，这些开放性教学平台给学生们提供了获取新知识的渠道。

（二）加强教师在创新型人才培养模式中的推动作用

1. 引入多元教学模式，线上线下课程并行

管理科学与工程专业教师的教学方法对于本专业创新型研究生人才的培养起着至

关重要的作用,因此需要专业教师在教学的过程中不断地进行创新与研究,用更现代化的教学方式培养学生的学习兴趣,利用快速发展的网络进行辅助教学,帮助学生更深地理解和学习。教师可以引入“教学案例库—慕课—实地调研—大赛历练”的多元教学模式。该模式能够很好地与管理科学与工程专业课程特点相匹配,凝结了互联网、移动终端等技术优势,凝聚了案例教学、翻转课堂、探究式教学等教学理论、手段和方法的优势,能够有效提高管理科学与工程专业学生逻辑分析、理论实践、创新思维等多项能力。

积极将教学的方式进行全面创新改革,不单单采用传统课堂讲授模式,而是借助新媒体平台开放高质量的慕课或微课,教学采用线上线下课程比例构成,并设计自主学习机制,管理工程与科学专业课程教师定期在线指导,学生定期反馈,按照管理科学与工程领域的最新动态更新线上课程内容。

2. 发展向导式教学和课程考评

大多教师习惯于按固定的教案教学,更新教案的频率不高。特别像是管理科学与工程专业中管理类的课程,教师教案缺乏亮点,难以提起学生的学习兴趣,更不要说激发学生的创意。不妨在固定式的教学中多引入一些需要学生自主发挥的题目,或者多设置一些互动话题,让学生能够结合自己的理解,来参与这门课的学习。在试卷方面,也可以做出相对应的改变,对于研究生课程试卷,题目多设计为引导式、探索式的案例,答案不能追求千篇一律。对于学生来说,习惯于按照教师的出题范围来备考是一种扼杀自身创造能力的行为。

3. 充分发挥导师力量,深入影响研究生创新思维的养成

创新型研究生人才的培养不仅需要授课教师的指导,更需要研究生导师的帮扶。导师是研究生培养过程中的第一责任人,导师的行为直接影响研究生的业务水平、创新能力等,很大程度上决定了研究生的培养质量。作为管理科学与工程专业的研究生导师,在指导研究生过程中,适当引入专业知识,为学生提供向导式的帮助,让研究生探索专业前沿的研究热点和研究方向,可以更好地实现研究生的创新思维培养。[8]同时,根据学生科研的需要,导师可以打破学科的藩篱。通过建立组群,在不同的专业或者课题组间进行学生的灵活配置,加强学科间的学术交流,多个学科间知识的交叉渗透可以为创新想法提供新的来源。

此外,转变单一导师制的研究生培养方式,推进研究生培养的制度创新。通过构建研究生指导小组或者导师组,整合学科资源,优势互补,拓展研究生的知识面,激发研究生的研究兴趣,提升创新能力。还可以通过与国内外高校交流与合作,聘请外籍教授、特邀教授、科研院所和企业中相关人员作为课外导师,促进导师队伍多元化。[9]

(三) 高校改革是创新型研究生人才培养的重要一环

1. 管科类研究生招生制度的改革

高校要想提高研究生的创新能力就必须从招生的源头开始抓起,目前我国的研究生招生制度还是沿袭传统的招生制度,大部分都是看成绩来决定。虽然招生简章上也明确规定复试的面试成绩要占一定的比例,但还是有高校没有把这个评分制度落到实处。这

样的选拔机制极其不符合对管科类研究生的创新能力的培养。高校应该更改招生模式，在选拔的过程中突出对学生创新素质和潜在创新能力的考查，以选拔具有创新潜力的研究生。在考核之后还要注重学生和导师之间的双向选择，让师生之间有更深入的了解，也让导师招收到满意的学生。

2. 加强培养过程的管理，将学习和实践挂钩

在大数据环境下，高校研究生教学标准应从传统的绝对性教学大纲走向"标准化"和"个性化"相结合的课程标准，应尝试从知识和实践两个方面培养管科类研究生人才。管理科学与工程专业是面向管理实践的专业，课程体系中应当包括实践课程和实践环节。其一，可以根据理论课程设置相应的实践课程，如管理科学实训、项目管理沙盘模拟、企业资源计划、数据分析与商务决策实验等课程；其二，学校方面必须加强建立研究生创新实践基地，使学生将理论用于实践，在实践中找寻新的创新点。学校牵动企业多给学生实习机会，这对于培养学生的创新能力是非常必要的。

3. 改进考评制度，激励学生求新意识

管理科学与工程专业考试制度改革的一个重要取向，是减少标准化答案考题的比重，逐步增加开放性答案考题的比重。开放性答案考题，属于非标准化答案题目，具有综合性、多向性等特点。此外，研究生的考试可以用课程大作业代替，比如案例分析和课程设计、课程汇报等形式，使学生在完成作业的过程中具有较大的主动性，有利于培养学生的独立思考能力和求新求异的意识。

除了考试制度，研究生创新能力评价模式也需要改进。现存的评价机制主要关注论文发表的数量及所发表论文刊物的级别，并将论文发表与读博、出国甚至奖学金等挂钩，评价内容过于功利；评价时重数量轻质量、有定量无定性。这样的评价机制在一定程度上阻滞了真正创见的学术通路。[10]培养研究生创新型人才须弱化单一的定量评价机制，构建激发研究生创新活力的能力评价机制。具体的评价机制可以分为以下几个方面：①对学生研究的论文进行几个阶段的考核，比如，开题考核、中期考核、最终论文完成考核；②考核的形式可以不统一，比如，学术型的研究生根据论文来考核，专业学位研究生根据其专业实践能力、创新的技术等等来考核。

五、结语

研究生教育作为教育结构的顶级层次，创新能力的培养不容忽视。但是创新型研究生人才培养是一个复杂的系统工程，需要在实践中经过多个培养周期的完善和改进。目前，我们进入到数据驱动的全新发展阶段，必须充分利用现有数据资源，借助大数据平台为人才培养模式提供新的改革方向。以管理科学与工程专业为例，给学生、教师和高校三方主体提出了创新型研究生人才培养模式的改进方法。在"学、教、考、用"四个方面融入了创新培养模式，具体可通过学生自主学习能力培养、课程优化设置、课程内容更新、开放性教学模式、多元指导模式及创新的考评机制来实现，从而促进学生的全面发展，提高学生的创新能力，形成现代创新型研究生人才培养模式的特色。

参考文献

[1] 李杰，黄先海，马虹.创新型研究生培育的国际比较和经验分析[J].教育论文，2014(7)：03-05.

[2] 高妍芳，胡艳雪.大数据素养需求、内涵及培养途径研究——以管理科学与工程硕士研究生为例[J].软件导刊，2020，19(4)：273-275.

[3] 黄如花，李白杨.数据素养教育：大数据时代信息素养教育的拓展[J].图书情报知识，2016(1)：21-29.

[4] 方志刚，郝晓亮.基于创新型人才培养目标的研究生教学方法改进策略研究[J].技术与装备，2020，361(2)：122-124.

[5] 张小乾，王丽超.研究生创新能力培养模式的构建[J].高教研究，2018(1)：5-8.

[6] 顾树芳.管理科学与工程硕士研究生创新能力培养探析[J].管理论坛，2007(10)：197.

[7] 李媛，范玉琦.管理科学与工程的发展历程及新时期展望[J].科教导刊，2015(8)：148.

[8] 李进.大数据下管理科学与工程公共课程教学标准改革研究[J].人才培养与教学改革，2017：140-143.

[9] 董媛香，杨帆，苗敬毅.大数据时代财经类院校管理科学专业人才培养模式[J].高等财经教育研究，2019，22(3)：53-57.

[10] 鲁琴.大数据时代信管专业课程体系改革研究与实践[J].数据时代，2020，(7)：40-43.

学科交叉硕士研究生国际合作培养模式调查分析*

黄官伟

（同济大学经济与管理学院）

摘　要：针对社会对创新型、复合型、国际化高端人才的需求，同济大学中德学院进行了学科交叉硕士研究生国际合作培养的探索实践。借鉴了德国 TU9 高校跨学科专业经济工程的培养模式和最佳实践，以包含多学科的课程体系，并通过与德国合作伙伴高校合作，培养既懂技术又懂管理且具有国际视野的高层次人才。为了评估这种培养模式，本文进行了研究生状况调查，并对调查结果进行了深度分析。

关键词：学科交叉；国际合作培养；研究生培养；经济工程；调查研究

Abstract: In view of the social demand for innovative, interdisciplinary and international high-end talents, the international cooperative education of interdisciplinary postgraduate students was practiced in Sino-German School for Postgraduate Studies (CDHK) of Tongji University. Learned from the education modes and best practices in TU9 Universities of Germany, CDHK aims at cultivating high-level talents who have international and cross-cultural understanding as well as sufficient expertise in both technology and management through international cooperation and multi-disciplinary curriculum system. In order to evaluate this education mode, a survey was carried out to investigate the opinions of the graduate students, and thereafter the investigation results were analyzed in depth.

Keywords: interdisciplinary; international cooperative education; postgraduate education; industrial engineering and management; investigation and analysis

一、引言

研究生教育是培养高层次人才的主要途径，是国家创新体系的重要组成部分。随着

---

* 同济大学教改项目“学科交叉硕士研究生国际合作培养模式创新实践”，项目编号：2018GH13005。

中国经济的快速发展，特别是随着经济转型和产业升级，人才市场对研究生培养提出了更高的要求，对创新型、复合型高端人才的需求与日俱增。时至今日，技术与管理成为推动经济发展的主要动力。在企业中，技术和管理的作用相互交织，共同提升企业的经营绩效。但是，在企业的各个职能部门中，不管是科研人员还是管理人员，基本上都是专业化人员。他们专注于自己的细分工作领域，但是缺乏对企业的整体理解。通常情况下，由于企业中缺乏对管理领域和技术领域都熟悉的“通才”，企业的管理领域和技术领域在一定程度上是脱钩的，主要表现在：专业化培养的技术人员虽然精通某一领域的技术，但是对企业的生产、市场、销售、物流、财务成本等方面缺乏理解；专业化培养的管理人员则难以较好地理解相关技术和产品，从而难以在企业的经营管理过程中充分发挥作用或者做出最优决策。同时，在全球化背景下，全球经济相互交织，国际合作日趋紧密。中国已是全球制造业大国，在国家大力倡导“一带一路”和积极实施“中国制造 2025”战略的背景下，企业势必需要大量具有国际视野、懂国际惯例、了解相关国家传统和文化背景、能与国外合作伙伴熟练交流和沟通的复合型人才。

在这个背景下，针对经济和社会发展对国际化、复合型、创新型人才的需求，我们进行了跨学科国际合作培养研究生的探索实践，取得了初步的成果。为了评估研究生跨学科国际合作培养的效果，本项目对参与该培养模式的研究生进行了调查研究，以发现需要继续改进的问题和总结可以推广的经验，并在此基础上对该培养模式进行改进和完善。

二、学科交叉硕士研究生国际合作培养实践综述

（一）德国 TU9 高校硕士研究生跨学科培养模式

在工业革命以后，许多德国高校就认识到市场对既懂技术又熟谙管理理论和方法的人才的需求。在 20 世纪 20 年代，德国各个高校开始逐步设立经济工程专业，例如柏林工业大学在 1927 年、达姆斯塔特大学在 1948 年设立了该专业。迄今为止，德国已有 32 所工业大学和 120 多所应用技术大学设立了该专业，其中以 TU9 高校为引领。

经济工程作为一个多学科交叉专业，以学科交叉的综合体系培养学生跨学科的系统化思维和面向企业实际的领导能力和运营管理技能，其成功主要建立在跨技术、经济和社会多个维度的学科交叉培养理念上。专业课程一方面涉及自然和工程科学，另一方面涉及社会和管理科学，不仅知识覆盖面广，而且这两方面的知识相互融合，同等重要。经济工程专业毕业生具有从经济性和技术性多维度来处理问题的全局观，掌握管理技术和方法以及相关工程技术领域的专业知识和专业技术，熟悉行业发展动态，具有企业家思维和领导能力以及很强的组织能力和实践能力，尤其具有在管理和工程技术交叉领域中完成跨学科、跨领域相关任务的能力，特别适合在企业的管理与技术复合领域如研发、市场营销/销售、生产管理、物流与供应链管理、内部控制等领域从事技术和经营管理工作。他们大多数人可以成为熟谙工程技术领域的卓越经营管理者或者熟悉企业经营运作的高级技术人员，其优势在于不仅能够与工程师沟通，而且能够与管理者相互理解。

经济工程作为德国高校的特色专业，其毕业生在社会上深受欢迎，经济工程师良好的

职业前景已经得到大中企业人事主管的确认，特别是在跨国企业的人事主管那里拥有相当好的口碑。

（二）中德学院学科交叉硕士研究生国际合作培养实践

在借鉴德国 TU9 高校的经济工程专业以多学科交叉方式培养复合型、实用型人才的成功经验的基础上，中德学院进行了学科交叉硕士研究生国际合作培养模式探索，目标是培养高层次、懂技术又懂管理且有国际视野的创新型和复合型人才。

中德学院拥有柏林工业大学、达姆斯塔特工业大学、卡尔斯鲁厄大学、布伦瑞克工业大学等开设经济工程专业的合作伙伴高校，且与这些高校在研究生国际合作培养方面已有多年的成功经验，因此存在较好的现实基础和自然优势。通过采取国际合作培养方式，为研究生提供出国学习和实习的机会，在满足一定条件下可以到德国合作伙伴高校攻读双硕士学位。例如中德学院与柏林工业大学已经在双硕士学位方面有着多年成功的合作，目前合作双方每年派送数十名研究生参加双硕士学位项目。中德学院的研究生根据其研究领域，原则上可以在柏林工业大学经济工程专业选择建筑工程、交通工程、机械制造、电气技术、信息和通信系统、化工、医疗保健技术、能源和资源管理、物流等九个工程学科的某个研究方向，进行跨学科学习。研究生攻读双硕士学位的流程如图 1 所示。

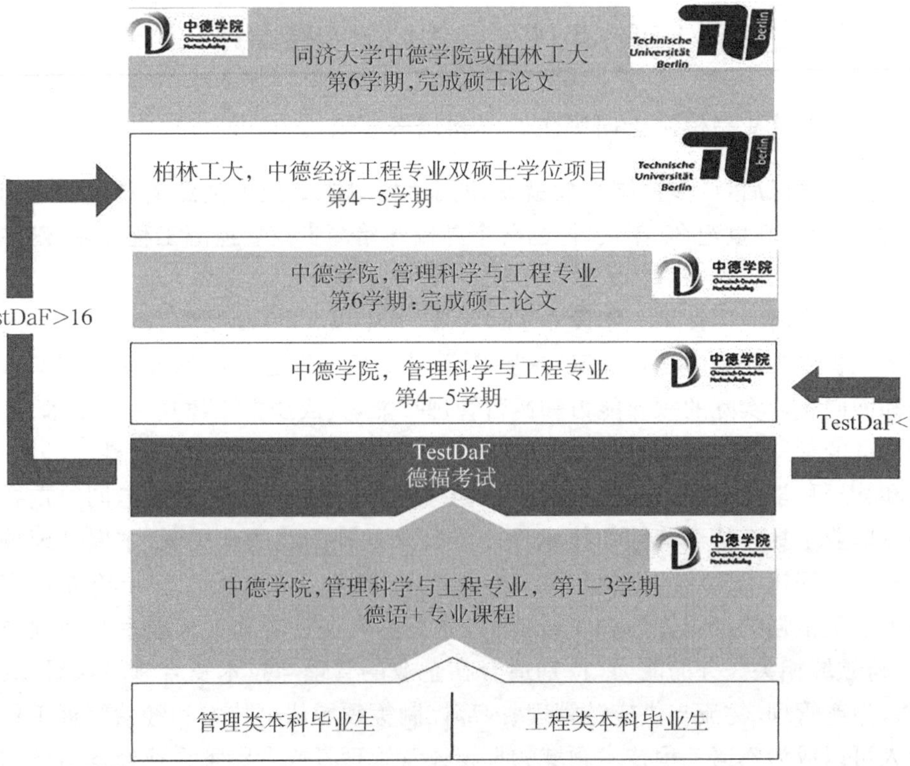

图 1　研究生国际合作培养流程

中德学院的研究生以德语为第一外语，如要参加双硕士学位项目，须通过德福(TestDaf)考试。在课程设置上，专业课程包括经济学、管理学和相关工程学科的课程，同时提供运筹学、数理统计、管理信息系统等整合课程作为连接经济管理与工程科学之间的桥梁。此外，还提供软技能课程，着重培养学生的创新意识、交流和沟通能力以及营销技巧，增强其自主创新的能力。经济与管理类课程除了讲授面向企业实际的经营管理领域的实用知识和方法外，还着重培养学生的创新意识和创新能力以及领导力；整合课程除了讲授各种统计与分析方法与技术，还着重提高学生对信息系统和主流的信息技术的理解和应用能力；工程类课程根据所设的研究方向，一部分在国内学习，主要部分在德国合作伙伴高校学习，以让研究生学习德国在相关工程技术领域中的先进理念、方法和技术。此外，课程设置采取模块化方式，研究生可以根据个人兴趣、专长和研究方向，在满足各模块总学分的基础上灵活选择相关课程，以满足培养其综合能力的需求。

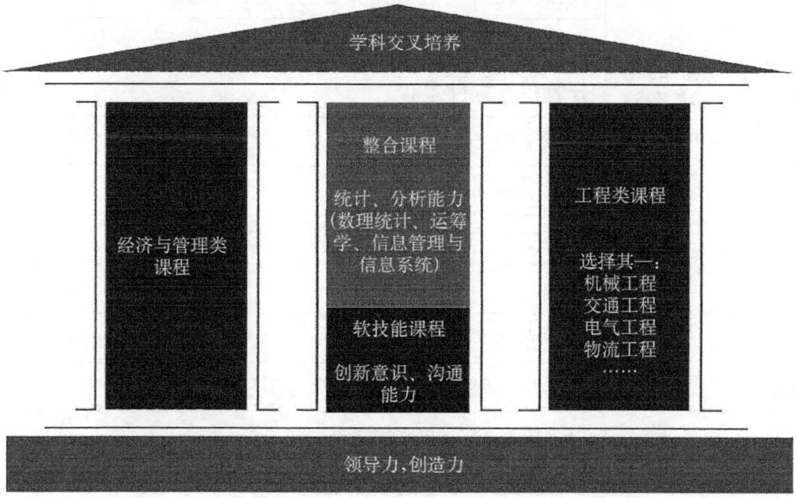

图 2　学科交叉培养课程模块

三、跨学科国际合作培养研究生状况调查及分析

为了对学科交叉国际合作培养模式进行评估，对到德国攻读经济工程专业的中国留学生以及来中国学习的德国经济工程专业的德国留学生进行了深度调查，了解了他们的感受、体验和期望，以作为评估学科交叉硕士研究生创新性培养模式的依据。本次调查共发送问卷 298 份，收到有效问卷 141 份，有效回收率 47%，主要的调查结果如表 1 所列。

表 1　　主要调查结果汇总

序号	问题	选项	比例
1	您攻读经济工程专业的原因	专业覆盖面广，知识面宽	34.04%
		喜欢管理+工程/技术的多学科融合的培养模式	57.44%
		希望将来成为懂技术的管理者	47.52%
		希望自己成为面向未来的适应力强的复合型人才	42.55%
		有国际交流机会	31.91%
		好找工作	24.82%
		起薪高	15.60%
		其他	0.71%
2	哪些本科专业的毕业生适合攻读经济工程专业的硕士学位	管理类专业	43.26%
		机械工程	53.19%
		电气工程	46.10%
		计算机及软件工程	39.72%
		物流工程	38.30%
		土木工程	21.28%
		交通工程	22.70%
		其他	0.71%
3	经济工程专业相对于其他管理类专业有什么特别之处	课程多，学习负担重	34.04%
		既能学习管理，同时又能学习工程/技术	52.48%
		以多学科交叉方式培养人才	50.35%
		更注重培养学生的创新能力	47.52%
		更注重培养学生的实践能力	35.46%
		毕业生知识面宽，适应力强	33.33%
		其他	0.71%
4	您认为经济工程专业的管理类：工程技术类：量化类：软技能类课程的最佳学分比例是多少	35：35：20：10	26.24%
		40：35：15：10	14.89%
		45：35：15：5	18.44%
		50：35：10：5	19.15%
		50：30：15：5	12.06%
		50：25：15：10	7.10%
		其他	2.13%

(续表)

序号	问题	选项	比例
5	您认为现行教学体系在课程配置方面存在哪些问题	管理类课程过多，工程/技术类课程过少	41.13%
		外语类课程占用课时过多	56.74%
		理论类课程过多，创新实践类课程过少	72.34%
		上课教师讲授过多，学生参与讨论过少	35.46%
		其他	1.42%
6	实行双导师制（即管理类导师＋工程技术类导师，一正一副）有何利弊	有利于专业化指导	42.55%
		有利于多学科知识的融会贯通	56.74%
		有利于开展科研和获得科研成果	48.23%
		协调成本高，行政管理成本高	35.46%
		两个导师的要求可能不一致或存在冲突	34.75%
		双导师可能导致没人真正负责	34.75%
		其他	0%
7	您认为课程学习、参与科研项目、企业实习的关系应该是怎样的	课程学习与科研同等重要，企业实习也不可或缺	30.21%
		以课程学习为主，以科研为辅，企业实习无所谓	28.37%
		以课程学习和按期毕业为重，如有时间可以参加科研和企业实习	24.82%
		课程学习也要认真完成，但应以科研为重，有时间可以参加企业实习	15.60%
		其他	0.71%
8	经济工程专业的硕士毕业生应该去哪类企业工作更能发挥专长	工业/制造业	39.01%
		金融业	51.06%
		商业/贸易	53.19%
		咨询服务业	46.10%
		互联网/信息技术产业	30.50%
		政府机关	18.44%
		事业单位/研究机构	19.86%
		其他	0.71%
9	经济工程专业的硕士毕业生应该从事哪类职务更能发挥专长	企业战略	51.77%
		研发	36.88%
		生产管理	36.17%
		供应链管理	47.52%
		财务管理	40.43%

（续表）

序号	问题	选项	比例
		营销/销售	39.01%
		内部控制	22.70%
		信息技术	39.01%
		客户服务	5.67%
		其他	0.71%
10	您认为人才市场上对经济工程专业的毕业生是否有很大需求	需求一般	34.04%
		需求很大	46.10%
		供不应求，供需存在很大缺口	19.15%
		其他	0.71%

通过分析上面的统计数据，通过分析总结，可以得出如下结论：

(1) 学生选择经济工程专业，主要是由于该专业“管理＋技术”的多学科融合的培养模式，该专业覆盖面广，知识面宽，有国际交流机会，且毕业生很受市场欢迎。通过攻读该专业的硕士学位，学生希望自己成为面向未来的适应力强的复合型人才，将来成为懂技术的管理者。

(2) 除了管理类专业外，很多工程类专业的本科毕业生也可以继续攻读经济工程专业的硕士学位，比较适合的专业有机械工程、电气工程、计算机与软件工程、物流工程、交通工程、土木工程等。

(3) 与其他管理类专业相比，经济工程专业具有独特的优势，如以多学科交叉方式培养人才、既能学习管理又能学习工程技术、更注重培养学生的实践能力、更注重培养学生的创新能力，因此该专业的毕业生知识面宽，适应力强。但是，由于该专业覆盖多个学科，因此对学生来讲，需要学习的课程多，课业负担重。

(4) 经济工程专业的课程由管理类、工程技术类、量化类、软技能类课程组成，对于其最佳配比有不同的观点，得到最多认可的配比是 35∶35∶20∶10。当然，这个比例应该根据具体情况确定。整体上看，参与调查的学生认为管理类课程应该稍多一些，但总体上要维持均衡。

(5) 现行的教学体系在课程配置方面存在一些问题，比如理论类课程过多，创新实践类课程过少；管理类课程过多，工程技术类课程过少；外语类课程占用课时过多。在教师授课方面，存在课上教师讲授过多，学生参与讨论过少的问题。因此，有必要提高工程技术类课程的配比、创新实践课的配比和讨论课的配比。

(6) 由于经济工程专业是交叉学科，且主要包含管理与工程技术两部分，有利于多学科知识的融会贯通。从开展科研活动、专业化指导等方面来看，有实行双导师制的必要，但是，双导师制也可能存在一些负面问题，需要采取相应的措施来克服这些问题。

(7) 经济工程专业课业负担重，同时又重视实践和科研创新，对于如何处理这三者的关系，数量最多的人认为课程学习与科研同等重要，企业实习也不可或缺；也有比较多的人认为应以课程学习为主,以科研为辅,如有时间可以参加企业实习。

(8) 对于经济工程专业硕士毕业生应该去哪类企业工作更能发挥专长这个问题,比例较高的人认为是商业贸易、金融业、咨询服务业、制造业、互联网和信息技术产业,也有一定比例的人认为是事业单位、研究机构或政府机关。

(9) 对于经济工程专业硕士毕业生应该在哪个业务领域更能发挥专长这个问题,比例较高的人认为是供应链管理、财务管理、营销和销售、信息技术、研发、生产管理、管理控制。

(10) 对于人才市场上对经济工程专业的毕业生的需求问题,参与调查的学生大都认为需求很大或者供不应求;而对于如果重新选择专业是否还会选择经济工程专业这个问题,绝大多数的人给出了正面的回答。

四、结论

当前中国经济全面要求创新,创新已经成为新时代的鲜明特色,而创新需要具有更宽广的视野、对相关技术领域的更全面的把握以及对经济与管理方面更深层次的理解,并且创新往往发生在多学科、多领域的交汇地带,这是开展学科交叉硕士研究生培养的主要推动力。在中德学院进行的学科交叉硕士研究生国际合作培养的探索实践,着眼于创建"双一流"的目标,立足于新时代创新型人才培养的要求,探索出了一套符合我国研究生教育方针和导向的基于多学科交叉的研究生培养体系,为社会培养满足新时代要求、具有宽广的国际视野和知识面、富于创新意识、既精通工程技术又熟练掌握经济管理知识和方法的创新型、复合型人才。

通过对跨学科国际合作培养的研究生状况进行调查研究,发现了诸多需要继续改进的方面,也获得了可以总结并推广的经验,希望能为我国研究生培养模式创新提供有益的借鉴。

专题研究

ZHUANTI YANJIU

在线教学的优势与劣势综述

陈　松　韦文凡

（同济大学经济与管理学院）

摘　要：新冠肺炎疫情席卷全球，在线教学作为高校必要的教学方式之一，引发了广泛关注。本文梳理了国内外的在线教学研究，发现国外在线教学研究大多从数字化教学工具和在线教学效率的测度与提升等方面着手，而国内在线教学研究则聚焦于在线教学的模式设计和优化。本文旨在探索如何发挥在线教学的优势并降低其不利影响以达到良好的教学效果。

关键词：在线教学；教学模式；教学评价

Abstract: With COVID-19 sweeping the globe, online teaching has become a necessary teaching method in universities and colleges, and has attracted widespread attention. This paper summarizes the domestic and overseas research on online teaching, and finds that most of the research on online teaching in foreign countries starts from the digital teaching platform and the measurement and improvement of online teaching efficiency, while the research on online teaching in China focuses on the design of online teaching mode and the optimization of online teaching problems. The purpose of this paper is to explore how to play the advantages of online teaching and reduce the impact of its disadvantages in order to achieve better teaching results.

Keywords: online teaching; teaching model; teaching evaluation

一、引言

席卷全球的新冠肺炎疫情不仅对人们日常生活造成了不利影响，而且给教学带来了巨大挑战。随着互联网技术的发展，远程学习和终身学习理念日渐深入人心。学生生涯的结束并不代表学习的终结，有学习意愿的人现在能通过网络更方便地选取需要的知识去深入学习。

与传统的面对面教学相比，在线教学不仅可以像传统的教学方式一样完成知识的传递，而且可以为学习者提供更加灵活的培训与学习方式，使学习者能够随时随地开启学习之旅。在线教学还使得一部分惧怕与他人交流的学生更加放松，降低学生的心理负担，有利于学生与他人互动，交流不同的观点。[1]而且，在线教学能够提升学生学习效率，学生可以跳过自己十分熟悉的章节并直达关键的课程内容，按照自己的节奏学习，不需要配合全班同学的进度，但这需要建立在学生自律性较高的基础上。另外，在线教学中的数字化教学工具通常不仅仅有教学功能，还有签到、点名、测验、作业提交等其他功能，这些功能将大幅提升教师的备课与授课效率，从而使学生受益。

二、国外在线教学研究回顾

国外学者对在线教学的研究大多集中在两个方面：一是数字化教学工具的可用性；二是在线教学效果的测度与提升。

（一）数字化教学工具的可用性

Burov[2]认为，近年来信息技术越来越多地被应用到学习过程中，在线教学通过数字化教学工具得以实现，因此有必要着重对数字化教学工具的可用性进行合理评估。数字化教学工具的可用性被定义为特定用户在特定环境下使用产品以达到特定目标的有效性、效率和满意度的程度，主要的评估方法包括问卷调查、面对面访谈和启发式评估，通过询问学习者对数字化教学工具使用的感受来衡量教学工具的可用性。

Young[3]通过研究发现，线上互动活动的个性化难度选项显著提高了学生对活动的感知享受价值和满意度，交互式视觉学习工具在网络活动中对提高学生的沉浸体验和实际表现具有重要作用。因此，发展交互式视觉学习工具至关重要，交互式视觉学习工具能帮助学生获得更好的学习效果。

（二）在线教学效率的测度与提升

Duma[4]提出了一套度量在线教学效率的新方法，其实质是根据单个在线学习课程自身的标准分布特征来评估其效率。他认为，应该从至少三个方面评估在线教学效率：教师打分、学生知识习得程度、教学过程中的知识传递。正态分布曲线描述了无干预情况下随机发生的事件的分布，然而教学其实是一种干预，是有目的、有意图的行为。教学的目的是让所有的学生学习课程知识，如果学生在教学后的学习分布类似于一个正态分布曲线，这也就表明了教学干预的失败。[5]

在线教学常用的形式之一是视频教学。课程视频通常可供回放观看，学生能够灵活安排课程学习时间，自主掌握学习节奏，而非按照老师的节奏学习。然而，视频课程的高灵活度也可能导致学生出现缺乏耐心、注意力不集中和拖延等问题。Geri 等人[6]的研究表明，在线视频教学给学生提供的便利反而使得学生更容易拖延，并形成 U 型学习曲线，即学期初和学期末学生投入的学习时间较多，而学期中学生投入的学习时间较少。

Ruti 和 Danielle[7]发现，当在线教学使用视频上课时，单个视频长度最好控制在 5 分钟以内，较短时间的视频能让学生注意力保持高度集中，并且学生观看视频直到结束的概率非常高。具体而言，在学期初，教师可以准备较长的视频，解释和详细说明每一门课程，学生需要学习每门课程的基础知识。在学期末，学生更想看短小精炼的视频，每个视频都只包含一个主题的讲解,学生可以个性化选择观看自己需要的主题。

对于在线教学而言,一大弊端是教师很难与学生进行有效的课堂互动。课堂互动无疑是教学环节中非常重要的一部分。通过课堂互动,教师能够即时了解学生对知识的掌握情况,并根据具体情况调整教学进度和教学方式。在线教学虽然有更加个性化的学习时间和地点,但降低了教师调整教学方式的灵活性。Brunken[8]将教学互动分为四个等级,从低到高分别是接收、贡献、参与和体验。在接收阶段,学生被动地接收各种课程内容信息,与教师无直接互动,教师可通过一些简单的正误判断题测试学生的掌握情况。在贡献阶段,课程可采用简单的交互方式来呈现内容,使学生能够专注地学习。这些交互包括拖放、排序和匹配问题,以及连接到外部资源、讨论论坛和多媒体等等。在参与阶段,学生对学习过程拥有更多控制权,教学互动需要满足学生个性化学习需求,教师可以通过游戏的方式测试学生的掌握程度并复习未掌握的部分。在体验阶段,学生能通过互动沉浸在高度现实的、基于角色的场景中,主动实践并应用所学知识,探索新的问题。

三、国内在线教学研究回顾

近年来,国内学者对在线教学的研究成果较为丰富,尤其是新冠肺炎疫情之后,越来越多的学者开始关注在线教学,结合实际案例对在线教学展开研究,主要聚焦于两个方面:在线教学模式设计和在线教学的优化。

(一) 在线教学模式设计

王冬青等[9]基于混合教学理念和生成教学理念,依托平台和工具,构建了“同步直播教学+异步自主学习”模式,该模式包括两大部分:基于在线教育理论的“同步直播在线教学、异步自主学习”和在线学习环境。对学生来说,课前预习和课后巩固对同步性要求较低,可通过 MOOCs 等平台异步完成,课中的同步性要求高,教师可以使用能够直播的平台(如腾讯课堂、ZOOM 等)等授课。在线学习环境需要能够满足学生整个学习过程的需求,例如,网速是否能够支持观看直播课决定了学生的上课质量好坏。李惠民[10]提出了类似的在线教学模式“学生自学+直播授课+课后答疑”,直播授课环节中包含视频直播、分享屏幕、在线答题、互动交流、留言和聊天等互动模式,实现互动式教学,以提升课堂学习效率。

张维瑞等[11]在实际教学中尝试了“SPOC+腾讯课堂”的混合教学模式,结合了 SPOC 和腾讯课堂的优势,基本达到了原有线上线下混合式教学的效果。SPOC 是 2013 年由美国 Fox 教授[12]提出的一种小规模限制性在线课程,将 MOOCs 资源集中给一部分符合入学条件的学生。“SPOC+腾讯课堂”的混合教学模式以学生为中心,依托完善的教学平台支持,提升了学生的学习效率和教师的备课效率。

张娟[13]提出了一种基于建构主义的互助式小组学习在线教学模式。这种教学模式首先给学生分组,然后助教进组,教师的教学设计以小组学习为基础展开,该模式要求学生分组预习和复习,课堂和课后分组研讨,以小组为单位完成课程报告,并在期末分组进行在线课程报告质询与答辩。建构主义教学理论认为,有效教学应该分以下几步展开,首先要帮助学生明确学习目标，并营造一个有助于学生学习的环境，再辅之以正确的教学方法，最后对学生学习成效加以评价，让学生体验目标达成后的成就感。然而，在线教学很难给学生创造一个有学习氛围的环境，许多学生在家上课时无法长时间集中注意力，不仅仅是因为家中不如学校有学习氛围，还因为家中无其他学生陪伴，同伴之间无法相互影响，“榜样的力量”很难传递给其他学生。因此，互助式小组通过增强学生之间的联系与互动营造较好的学习氛围，有效解决了这一问题。

（二）在线教学的优化

虽然近几年我国一直鼓励并倡导在线教学，开放了大量线上课程与平台，但在新冠肺炎疫情之前，大多院校仅仅将在线教学作为一种辅助教学手段，对其重视程度不足。然而，疫情使得各院校不得不将教学方式重心转移到在线教学上，由此，一些新的教学问题也随之产生。解决在线教学现有的问题不仅是为了满足当前教学的需要，更是为未来实现线上线下混合教学模式做准备。

谢幼如[14]分析了在线教学的主要特征、存在问题和推动教学创新的关键措施，在线教学存在的主要问题有以下三点。第一，从学校层面来看，学校需要根据在线教学的特点制定相应政策以支持教学活动，例如导师小组制等。第二，从教师角度来看，许多教师对在线教学认识不足，将在线教学简单理解为把线下课堂搬到线上。在线教学并非是互联网技术和教学活动的简单叠加应用，而需要教师为在线教学设计更适合的教学模式。第三，从学生角度看，学生的家庭环境对在线教学有较大影响，部分经济欠发达地区的网络环境不足以支撑在线教学，这将会拉大不同家庭环境的学生的学习差距。

一些学者从在线教学过程中的具体问题出发，探索解决实际问题的方案。许多录播课程会设置讲解字幕，以便学习者能够更加快速地理解内容。然而，根据多媒体学习认知理论，当讲解语音和讲解字幕伴随讲解视频同时呈现时，讲解字幕和视频画面在工作记忆的视觉通道中会相互竞争认知资源，导致工作记忆负荷超载，从而降低学习效果。[15] Mayer[16]对多媒体学习进行多年的研究后发现：在画面和语音的基础上呈现文本信息会降低自主学习效果，即冗余效应。但汪存友[17]的研究结果表明，讲解字幕并不存在冗余效应，相对于呈现全部讲解字幕，仅呈现部分关键性的讲解字幕能更有效地提升学习者的学习效率，并且讲解字幕的冗余效应受到学习者先验知识水平的影响，低水平学习者更能从讲解字幕中受益。在实践中，讲解字幕能够促进知识转移，提供讲解字幕很有必要，因此综合考虑到字幕制作成本和学习效果，对关键教学内容设置字幕有助于学习者获得最佳学习效果。

四、结语

近年来，随着互联网技术飞速发展，在线教学的效果得到了广泛认同，但仍然存在一些问题。在线教学与传统面对面教学有较大不同，习惯面对面教学的教师应结合自身经验，借助数字化教学平台，选择更适合在线教学的教学模式，以提升学生的学习效率。教学实质上是一个知识传递的过程，除了要关注知识传递的每一个环节外，还需要注意知识传递效果的测度、教学公平性等问题。在线教学对于偏远地区的学生来说是一个非常好的获得良好教育的机会，然而由于硬件条件的限制，优质教学资源的效果难以显现。随着5G时代来临，未来将会有更先进的技术为在线教学提供基础性保障，在提升教学效率的同时，在线教学的效果也会更接近面对面教学，加速教学方式的变革。

参考文献

[1] Cojocariu V-M, Lazar I, Lazar G. The Ambivalence of Strengths and Weaknesses of E-Learning Educational Services[J]. BRAIN: Broad Research in Artificial Intelligence & Neuroscience. 2016,7(3):55-74.

[2] Burov O, Tsarik O. Combination of Usability Evaluation of E-Learning Tools and Ergonomic Expertise[J]. Proceedings of National Aviation University. 2014, 2(59):136-140.

[3] Ha Y, Im H. The Role of an Interactive Visual Learning Tool and Its Personalizability in Online Learning: Flow Experience. Online Learning. 2020, 24(1):205-226.

[4] DUMA L, NAGY V. Curve-Based E-Learning Efficiency Grading. Vezetéstudomány / Budapest Management Review. 2018, 49:45-54.

[5] Guskey T R. Five Obstacles to Grading Reform[J]. Educational Leadership Journal of the Department of Supervision & Curriculum Development N.e.a, 2011, 69(3):16-21.

[6] Geri N, Gafni R, Winer A. Emerging Patterns of Online Video Lectures and Handheld Mobile Devices Use for Exam Preparation[C]// Proceedings of the 9th Chais Conference for the Study of Innovation and Learning Technologies: Learning in the technological era. 2014.

[7] Gafni R, Filin D. Worldwide Video Use Patterns in e-Learning: Exploring time, completion rate, and devices. Online Journal of Applied Knowledge Management. 2015, 3(1):74-92.

[8] BRUNKEN J. Harness Interactivity for E-Learning. TD: Talent Development. 2019, 73(5):77LT-80LT.

[9] 王冬青，裴文君，罗力强，任光杰.高校MOOC在线教学模式与实施策略研究——基于全日制研究生在线学习现状和需求的分析[J].研究生教育研究，2020(5):46-52.

[10] 李惠民.突发事件背景下互动式在线教学模式的构建[J].教育教学论坛，2020(43):148-149.

[11] 张维瑞，赖建强，刘盛荣.疫情背景下的"SPOC+腾讯课堂"在线教学模式[J].宁德师范学院学报(自然科学版)，2020,32(1):80-85.

[12] 康叶钦.在线教育的"后MOOC时代"——SPOC解析[J].清华大学教育研究，2014,35(1):85-93.

[13] 张娟.基于建构主义的互助式小组学习在线教学模式研究[J].教育教学论坛，2020(40):269-270.

[14] 谢幼如，邱艺，黄瑜玲，王芹磊.疫情防控期间"停课不停学"在线教学方式的特征、问题与创新[J].电化教育研究，2020,41(3):20-28.

[15] Mayer, R.. Multimedia Learning(2nd)[M]. New York, NY: Cambridge University Press, 2009.

[16] Mayer, R.. Multimedia Learning[M]. Cambridge: Cambridge University Press, 2001.

[17] 汪存友.在线教学视频呈现讲解字幕有必要吗？——兼论对冗余效应边界条件的修正[J].电化教育研究，2016,37(3):59-65+85.

高校课程质量评价体系初探

唐　伟　黄振林　李文茜

（同济大学经济与管理学院）

摘　要：高校课程教学质量是人才培养水平提升的最重要保障。各高校在教学质量保证体系方面都有一定的制度设计，但课程质量难以评价也是各高校的共识，究其原因主要是评价标准难以客观化，评价结果难以量化。本文在文献研究的基础上，分析了影响课程质量的多方面因素，提出了多元化评价的设想，并依据影响因素设计定量评价模型，以期能够淘汰“水课”、打造“金课”，并将其落到实处，保证课程教学质量的不断提升。

关键词：课程质量；课程评价；多元化评价

Abstract: The teaching quality of college and university courses is the most important guarantee for the promotion of talent cultivation. All colleges and universities have a certain system design in terms of teaching quality assurance system, but the difficulty of evaluating the quality of courses is also the consensus of all colleges and universities. The main reason is that the evaluation standards are difficult to be objective and the evaluation results are difficult to quantify. Based on the literature research, this paper analyzes the various factors that affect the quality of the courses, proposes a diversified evaluation concept, and designs a quantitative evaluation model based on the influencing factors, in order to eliminate the “useless courses” and create more “excellent courses” and to ensure the continuous improvement of the teaching quality.

Keywords: course quality; course evaluation; diversified evaluation

一、引言

2018年8月，教育部印发《关于狠抓新时代全国高等学校本科教育工作会议精神落实的通知》强调，各高校要全面梳理各门课程的教学内容，淘汰“水课”、打造“金课”；加大过程考核成绩在课程总成绩中的比重，严把毕业出口关，坚决取消“清考”制度；切实提高毕业论文（设计）质量，把教学质量作为“双一流”建设中专业建设的核心。加强课堂教学管理、加强学习过程管理、全方面加强课程建设的同时，如何评价课程质量成为加强课程建设的一个难点。探讨课程质量评价体系对切实提升人才培养质量有非常重要的现实意义。

二、课程评价体系建设的重要性

2015年国务院印发“双一流”建设方案，标志着新时代我国高等教育开始向世界一流大学看齐，是高等教育转向跨越式发展的指导性文件，体现出我国高等教育的新定位。课程建设是高等教育的核心，课程评价是保障课程质量的重要措施；社会对人才素质能力的新要求，需要高校与时俱进地持续进行课程评价体系建设。只有高质量的课程才能培养出高水平的人才，因此高校课程评价在高等教育整个体系中的意义是不可忽视的，主要体现在以下几个方面：

(1) 课程教学是人才培养的重要环节，有效的评价体系能够形成监督机制，更好地促进教学质量的提升。通过及时把握课程建设的方向、诊断课程建设中存在的问题并及时反馈等评价活动，能够建立一种有效的质量保障体系与监控机制，实现提高课程教学质量和人才培养质量的目标。只有持续地注重教学评价体系建设，高校才能及时获得教学反馈，提高应变能力，保持高校及其培养的学生的竞争优势，更好地为经济和社会发展提供强有力的人才支撑和知识贡献。

(2) 教育过程的复杂性使得表象因素难以切实反映教学质量，需要建立一个综合的评价体系。人才培养的内涵要求道德、知识、能力、人格等多方面高度协调，这些因素在课程教学中都应有所体现，因此，课程质量评价不能只限于学生的绩点，还需要一个能够综合反映人才培养质量要求的评价体系。

(3) 社会的发展要求高校注重课程建设，并建设系统的课程质量评价体系。创新能力的培养要求、社会对人才素质能力的新要求，均促使高校需要与时俱进地持续进行课程评价体系建设。“双一流”建设方案要求高校培养适应时代发展的创新型人才。[1]建设高校课程评价体系，并形成制度化，能够加强国家对高校教学工作的宏观管理与指导，能够促进高校内部建立起教学质量保障体系，整体上保障并推动我国高等教育的持续和高质量发展。

二、文献综述

关于课程教学评价的概念和体系，张强[2]认为，课程教学评价的本质是通过“评”的方法来实现“教”的价值，课程评价是在衡量“教”的价值。该学者指出课程评价策略可以总结为形成性评价和总结性评价，其中形成性评价侧重教学过程的评价，总结性评价侧重教学效果的评价，二者能够统一结合形成较为完善的评价体系。

课程教学评价的作用是得到普遍认可的。Mara 等[3]认为课程评价可以给教师提供关于其所教授课程质量的直接信息，反馈作用的存在能够提高教师授课质量，也有助于学生的课程选择。张文强[4]认为促进课堂教学模式改革，提高课堂教学质量有赖于课堂教学评价。黄珺[5]认为教学评价是指对课堂教学活动进行度量和评定，构建教学评价体系有助于落实“金课”课堂概念，提升人才培养质量。

众多研究认为高校要重视建设多维度的课程评价体系，丰富课程评价内容，转变课程评价主体。Kolitch 等[6]提出基于课程组织、行为管理、学生成绩评定和师生关系的多维度评价体系。单文桂和李伟[7]提出对教师进行教学评价的指标因素主要有四个方面：教学内容、教学方法、教学态度和教学效果；进一步地，课程评价要重视学生在评价体系建设中的主体作用，课程设计应当围绕学生的成长和发展。张文强[2]、王邦权[8]、刘玉静和杨洋[9]等均提出建设以学生为中心的课程评价体系，重视学生在高等教育课程评价体系中的主体地位，应以学生能力的提高、未来的发展为指标来评价教师的教学效果，实现从评教到评学的转变。王军华等[10]同样认为打造“金课”应当发挥学生主体作用，评价理念应深入转变，着重培养学生专业胜任能力，提高教学质量。

在课程评价方法层面，高校需要重视定性考核的作用，提高定性考核的比重。张文强[2]认为，应该完善评价指标体系，在使用模糊评价法时将定性考核与定量考核两种方法结合使用，提高评价模型的准确度。陈翔等[11]认为课程评价体系要做到定性考核和定量考核相结合。而现有的评价指标体系中大多是定量的评价，因此课程评价体系的建设要重视定性的评价，给评价者提供充分表达意见的空间，例如提供一些叙述性的问题等。[11]

综上，近年来很多学者在课程评价的重要性、影响因素、评价方法等方面进行了一定的研究，本文将综合这些研究成果进行分析，加以系统化组织，形成一个行之有效的可实施的评价体系。

三、我国高校目前课程评价中存在的问题

目前我国高校在课程评价方面主要存在如下问题：

(1) 我国课程评价指标体系的评价标准过于统一。高校里统一使用一套评价指标进行评价，不区分课程性质，共性多、个性少，未充分结合课程性质制订评价指标，难以反映不同课程教学的特定规律。而在高校之间，课程评价机制同质化现象较为严重，[1]无法体现出各自学校及学科的特色和要求，难以适应社会多样化的需求。

(2) 评价结果的可用性不足。课程评价结果的反馈没有得到进一步的重视，没有发挥应有的促进教学质量提高的作用，缺乏纠错功能。

(3) 在教学评价的过程中，对学生的成长关注不够。大部分的评价指标都是对教学的内容、资源等进行评价，对学生的学习效果及学生的能力改进关注不足。

(4) 评价方法上重定性分析、轻定量分析。大部分高校都采用定性的方法对课程教学质量进行评分，评价最终结果分为优、良、中、差等层级，而且大多课程的评价结果都集中于优和良二个级次，课程质量的可区分度不高。

(5) 课程建设理念水平不一，且比较滞后。不同水平的高校的课程建设水平是不一致的，地区差异也比较大。同时，课程建设理念比较滞后，主要体现为重理论与轻实践，重课内与轻课外，重育才与轻育人的现象。[1]

四、课程质量课程评价体系的建设

要建设客观有效的课程质量评价体系，就要用系统化的思维，全面考虑评价系统中的

各环节，最终形成评价模型。

(1) 评价的主体，即由谁来评价。当下很多高校都非常重视对课程的评价，但评价的主体定位却有一定差异。主要分为以下两种：一是以督导评价为主。学校组织各级督导队伍，通过现场听课，对课程质量进行评价。二是以学生评价为主。由学生在期末对教师的授课情况进行评分。这两种评价各有利弊。督导评价能够依据督导的经验，对课程做较全面的评价，但其时间覆盖性弱，难以进行全面客观的评价；而学生评价，由于学生在教学过程中是被教育方，个别学生会出于某些情绪原因，使评价与事实相背离。因此，在建设课程评价体系中，要考虑更多的评价视角，使评价更加趋于客观。在综合考虑督导评价和学生评价的基础上，再加入教师自评，主要归集教师为课程准备的相关资料。这些资料是非常客观具体的，如果在教学中运用教学平台系统，则可将其称为系统评价。

(2) 课程评价的影响因素。学校文化背景、办学理念、资源状况以及评价所需的主客体条件、物质配备、时间安排、技术手段和评价过程本身运作等，都会或轻或重地影响课程评价。无论评价主体如何努力趋向最佳评价状态，做出多么周全的安排，由于各种条件的制约，实际评价结果与理想评价结果之间总会存在一定的差距。所以评价体系的建设要在主要影响因素与可操作性之间做出相应的取舍。学生评价主要包括教师的课程准备、课中的效果、课后效果等；督导评价主要包括教学态度、教学内容的合理性、教学方法的运用以及教学效果；系统评价主要是课程的基础资料评分，包括课件的完备性、案例作业的丰富度、教材的特色、视频资料的准备等等。另外，评价都应考虑专业培养目标，不同学科，不同专业在评价时考查的因素及其相比可能有所不同。

(3) 建立以学生成长为中心的评价体系。学生是课程资源配置的中心，课程评价的主体首先应当是学生，所有课程的设计和实施应当围绕学生开展，游离这一主体来评价课程质量就难免有舍本逐末之嫌。因此，可以以改革课堂的教学模式为切入点，引导教师在具体课堂里主动培养学生独立思考和创新能力。[2]学生能够最全面地了解课程情况，也能最真实地感受到课程的效果，虽然前述学生评价有时会受到个人情绪影响，但一般是个例，也应该通过责任教育及评价系统设置提升学生对课程评价的客观性。在评价的权重上，可以将学生评价的权重定为50%，把督导评价权重定为25%，把系统评价(或教师自评)权重定为25%。

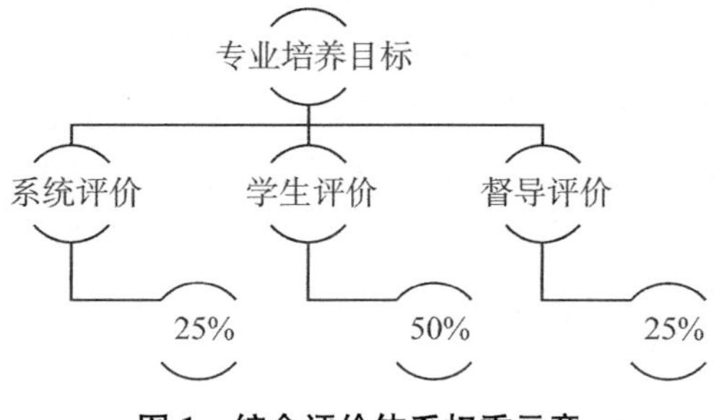

图1　综合评价体系权重示意

4. 评价模型：依据各评价主体的不同侧重点，将评价因素细分，得出如下课程质量综合评价表(表1)。

$$S=50\%\sum_{j=1}^{n}XS_{ij}\cdot p_{1j}+25\%\sum_{j=1}^{n}DD_{ij}\cdot p_{2j}+25\%\sum_{j=1}^{n}XT_{ij}\cdot p_{1j}$$

其中，S 为课程综合得分；

XS 为学生评价，DD 为督导评价，XT 为系统评价；

p_1、p_2、p_3 分别为三个评价主体评分占比。

表 1　课程质量综合评价表

项目	学生评价	占比	督导评价	占比	系统评价	占比
教学态度	教师责任心	10%	立德树人	10%	课程计划提交	20%
	课前安排	10%	准备充分	10%	课程资料发布	20%
	师生沟通	10%				
教学内容	教材质量	10%	教材质量	10%	习题安排	20%
	内容清晰	20%	内容充实	10%	案例发布	20%
			内容更新	10%		
教学方法			方法新颖	10%	技术运用	10%
	课堂组织	10%	启发思维	10%		
	成绩评价方法	10%	能力培养	10%		
教学效果	课程收获	20%	课堂气氛	10%	评价方式丰富	10%
			师生互动	10%		
合计		100%		100%		100%

五、完善课程评价体系的建议

高校课程评价体系建设事关我国高校教育事业的发展，事关“双一流”建设目标的完成，高校有必要完善课程评价体系建设，充分发挥课程评价的作用，在运用客观的定量分析评价系统时，应特别关注以下问题：

（1）要以定量评价为核心，适当参考定性因素，并据此建设教育管理体制。只有将评价定量化，才能够将打造“金课”、淘汰“水课”落到实处。要建立一个以课程评价为核心的体制，包括薪酬制度、晋升制度等等，使课程评价体系真正在高教领域起到作用，使教学真正成为高校工作的重中之重。这样才能形成一个“以评促建，以建保质”的良性系统。

（2）多元化课程评价体系应该充分考虑学校、学科和专业的要求。在不同类型的高校之间，课程评价机制更应该体现出学校的本色，理工类、财经类、政法类以及综合类等各类别的高校可以结合自身专业特色和社会需求，构建多元化的评价体系。不同层次的学校之间的定位存在差异，各高校还应该从培养目标、专业定位、教育资源等角度出发，进一步完善多元化的课程评价体系。

（3）应建设课程评价后的反馈、跟踪、改进和激励机制。高校应结合课程评价的结果对课程的总体情况出具详细的、全面的诊断报告，而不是仅仅停留于评价层面而缺乏后续进一步的反馈和修正，导致评价流于形式。同时，还应构建课程评价的激励机制，根据课程评价的结果对教师进行激励，加强教师对课程评价和反馈结果的重视，促进教学质量的提高。

（4）在课程评价中要适当考虑增负因素。在适当减少本科教学学时的同时，要大幅度提高课程的挑战度、难度，让学生不仅在课堂上学，还在课下自主学。这样的课越多，培养人才的质量才真正越来越高。具体的课程评价体系建设层面应当具有针对性和灵活性。在以学生为中心的评价体系建设中，应减少空洞化倾向，要注重对学习能力、创新能力和实践能力的培养考评。课程评价体系中应该有机结合定性考核与定量考核两种方法，给评价者充分表达自己意见的空间，以期使定量评价有一定的修正机制。

当然，前文提出的评价体系只是一个较浅的、初步的课程评价体系设计，意在抛砖引玉，引起大家对如何打造“金课”、淘汰“水课”的思考，以期能够群策群力，在教学过程中总结经验，使评价体系不断改进和完善。

参考文献

[1] 吴屹.一流学科发展视域下高校课程建设探究[J].教育观察，2020，9(1)：60-61，105.

[2] 张强.基于教学全过程的课程评价在高校中的实践与思考[J].高教学刊，2020，(1)：71-73.

[3] Mara. The use of student evaluations to improve the quality of teaching performance [J]. Methodological Horizons，2011，6(11).

[4] 张文强.建立教师课堂教学评价体系，促进学生发展[J].中国高等教育，2013，(10)：37-39.

[5] 黄珺.“金课”视角下应用型本科高校课堂教学评价体系构建研究[J].科教导刊(中旬刊)，2020，(8)：15-16.

[6] Kolitch，et al. Student ratings of instruction in the USA：Hidden assumptions and missing conceptions about “good” teaching[J]. Studies in Higher Education，1999，24(1)：27-42.

[7] 单文桂，李伟.高校教学评价指标体系及其信息处理[J].统计与决策，2004，(10)：75-76.

[8] 王邦权.斯坦福大学本科教学评价研究及启示[J].中国大学教学，2018(3)：93-96.

[9] 刘玉静，杨洋.基于学习投入的高校课程教学质量评价——基于华东地区17所本科高校的实证研究[J].教育发展研究，2019，38(9)：27-33.

[10] 王军华，贾圣强，吴珂.以学生为中心的应用型高校课堂教学评价指标构建探析[J].教育现代化，2020，7(14)：103-105.

[11] 陈翔，韩响玲，王洋，张鸿雁.课程教学质量评价体系重构与“金课”建设[J].中国大学教学，2019，(5)：43-48.

沃顿商学院课程体系创新及启示

许　洁　谢玉莹　马　杰　王　惠

（同济大学经济与管理学院）

摘　要：“学得越多、做得越多、成就越高”是沃顿商学院提出的办学理念，其课程体系的设计体现了学院对实现人才培养目标的方式和途径的思考。本文以沃顿商学院为例，梳理了该学院本科和硕士课程体系，发现沃顿商学院的课程设计具有灵活和创新的特点，它以培养全面发展的人才为目标，借助大学优势学科力量，建立多层次的学生培养项目，以市场需求为导向，培养复合型管理人才的学生培养思路值得我国管理类院校课程建设参考借鉴。

关键词：沃顿商学院；课程设置；一流学科建设

Abstract: “Learn more, do more, and achieve higher” is the school philosophy put forward by Wharton Business School. The design of its curriculum system reflects the school’s thinking on the ways and means to achieve talent training objectives. Taking Wharton Business School as an example, this paper combs the undergraduate and master’s curriculum system of Wharton Business School, and finds that the curriculum design of Wharton Business School is flexible and innovative. It takes the cultivation of all-round talents as the goal, establishes multi-level student training programs with the help of the University’s advantageous discipline strength, and takes the market demand as the guidance reference for curriculum construction of management colleges and universities in China.

Keywords: Wharton Business School; curriculum; first class discipline construction

一、引言

作为世界一流商学教育的先行者，沃顿商学院明确提出了“学得越多、做得越多、成就越高”的办学理念，以培养适应全球商业环境最有效的管理者。[1]随着全球化发展和市场对复合型、跨学科人才的需求日益增长，沃顿商学院不断进行课程体系创新，将商科课程与人文课程、强势理工科紧密结合，设立多种双学位课程，培养具有商业思维、人文底蕴、科学素养的管理精英和创业人才。本文以沃顿商学院的课程设置为切入点，在梳理其课程体系的基础上，分析该学院课程设置的创新性特点，为我国管理类院校课程设置提供借鉴和参考。

二、规范与灵活的课程设置

沃顿商学院采用课程单位（Course Units，CU）系统，这与其他商学院采取的学分制有很大不同，这种课程系统给学生的选课带来主动性和灵活性。该学院本科实行四年制教育，没有严格的专业划分，共设置基础必修课、商务、人文艺术与科学和非限定选修课四大模块，单学位学生可以根据需要选择各模块规定的课程单位选修要求选课。大多数课程为 1 CU，实验课为 1.5 CU，小课为 0.5 CU。[2]

基础课程是大一新生的必修课，旨在培养学生具备专业课学习的理论和技能基础。主要包括经济学、数学和写作。经济学包括微观经济学和宏观经济学等基础课程，学生必须在大一的秋季学期完成此门课程的学习；数学围绕微积分开设了两门课程，学生可以依据自身基础和未来就业方向选择一门；写作是宾夕法尼亚大学所有新生的必修课，学生可以根据兴趣选择不同主题的写作，研讨课通常为小规模授课，为学生提供个性化的指导。

除基础课程外，沃顿商学院设置了领导力之旅、商务原理、全球经济、技术创新等专业课程模块。领导力之旅由领导力、商务沟通、团队合作和多元化等课程组成，学院聘请了具有丰富企业管理经验的优秀校友或企业家，与学生就企业管理的实际问题展开对话交流，真实模拟商务谈判情景，创建以学生为主体的体验式教学模式。通过不同情景的商务谈判，使学生能够掌握商务交流的沟通技巧，激发学生的领导力潜能，培养学生具备管理者的谈判技能。商务原理是只针对大二学生开放的专业必修课程，包括会计、商业经济与公共政策、公司金融、货币经济学、管理学、市场营销、运营与统计学等课程，目的是使学生具备扎实的理论和技能基础。全球经济系列课程包含全球政治环境中的商业、发展中国家的消费者、国际金融市场、跨国管理等内容，目的是培养学生具备国际化视野，在不同的环境背景下有效建立新的思维模式[3]，为学生今后参加跨国性的商业活动奠定基础。

人文艺术与科学课程为学生提供广泛的文化范畴知识，如人类学、自然科学、社会科学、文化多样性等课程，以达到通识教育和专业教育相结合的目的。

沃顿商学院不仅提供了通识教育和专业教育课程体系，还给予学生自主设置课程计划的自由。学生可以根据兴趣和就业方向自行设计选修课组合，这不仅充分尊重了学生的意愿，同时也使学校的培养与社会对人才的需求紧密结合起来。灵活的课程结构允许学生按照自身职业道路目标进行基本原理的学习，使学生获取改变世界所需要的知识和技能。[4]

根据本科课程计划，所有本科生必须完成至少 37 个 Course Units（CU），每学期需完成 4～5 CU，详见表 1。

表 1　　沃顿商学院本科课程计划

课程类别	课程名称	课程内容
基础课程	经济学	微观经济学
		宏观经济学
	数学	微积分
	写作	批判性写作
商务课程	领导力之旅	领导力、交流、团队合作和文化多样性
	专业课程	会计
		商业经济和公共政策
		公司金融
		货币经济学
		法律研究与商业道德
		管理学
		市场营销
		运营、信息与决策
		统计学
	全球经济、商业和社会	全球政治环境下的商业
		发展中国家的消费者、公司和市场
		国际企业融资
		国际金融市场
		国际银行业务
		比较医疗体系
		国际商务法律政策
		国际商业道德
		跨国公司的政治和社会环境
	技术创新	
人文艺术和科学课程	基础课程	人类学
		自然科学
		社会科学
	国际视野	国际问题
		文化多样性
	外语	
选修课	自主设计	

三、多层次的双学位项目

沃顿商学院搭建跨组织培养平台，利用宾夕法尼亚大学传统优势学科，开设了多层次的跨学科跨学校的交叉课程项目，为学生跨越两个学院的课程学习并同时获得两个学位创造了条件。跨学科的知识背景，使学生同时具备领导管理能力和工程技术基础，促进了学生知识结构多元化，拓宽了学生的就业和创业通道。

（一）本科双学位

1. 工程学和管理学双学位项目（The Jerome Fisher Program in Management and Technology，M&T）

M&T 项目由沃顿商学院和工程学院共同开设双学位课程。沃顿商学院意识到商业和技术的融合将对全球市场竞争优势的建立和保持越来越重要，为了满足技术与管理交叉融合的需求，沃顿商学院联合工程与应用科学学院创建了双学位项目，致力于培养能够解决重大全球性问题的优秀领导者，每年仅招收 50 名新生，授予毕业生沃顿商学院的经济学学士学位和工程与应用科学学院的工程学士学位。由于项目具有较强的应用性，自开设起便吸引了来自世界各地优秀的学子，并获得了多位校友捐赠。

M&T 项目的学生至少修 46 学分才能达到毕业的要求，课程体系包括商学课程、工程学课程和交叉课程。与沃顿商学院的单学位商学课程要求不同，双学位学生还必须完成工程概率、统计学等课程，为后续工程学习提供理论和实践基础。工程学课程分为实际应用和理论研究，采用应用型和学术型双通道培养，分别授予工程科学学士或应用科学学士学位；工程科学侧重实际应用，开设工程科学学位生物工程、化学工程、计算机工程、计算机科学、数字媒体设计、电气工程、材料科学工程、网络化系统与社会工程、机械工程与应用力学、系统科学工程等专业；应用科学侧重理论技术研究，包括生物医学、计算生物学、计算机科学专业，所有学生必须在大一结束前完成专业的申报。项目还开设了独特的 M&T 课程，由工程学院和沃顿商学院教授联合授课，为学生提供技术和商业融合的课堂体验。主要包含研讨会、技术管理、风险投资、运营和战略、实验等课程[5]，除了工程设计课程外，学生需要组成团队，并提交商业计划书，具体课程计划，详见表 2。

表 2　M&T 项目课程计划

课程来源	课程名称
沃顿商学院	微积分
	会计学
	管理经济学
	公司金融
	货币经济学与全球经济
	法律和社会价值观

(续表)

课程来源	课程名称
	道德和企业责任
	管理学
	市场营销
	领导力之旅
	全球经济、商业和社会
	技术创新和分析
	跨文化视角
工程学院	生物工程
	化学工程
	计算机工程
	计算机科学
	数字媒体设计
	电气工程
	材料科学工程
	网络与系统工程
	机械工程与应用力学
	系统科学工程
	生物医学
	计算生物学
	计算机科学
M&T项目专有课程	研讨会
	技术管理
	运营管理
	实验课

2. 国际研究和商业双学位项目(The Huntsman Program in International Studies and Business)

该项目是由宾夕法尼亚大学文学院和沃顿商学院联合开设的双学位项目,学生能够在四年内获得国际研究文学和经济学双学位。项目的特点是注重国际领域的研究,学生需要参加为期一年或一学期的海外交流学习计划。项目课程分为人文社会科学课、商业基础课以及(Huntsman)项目独特的国际研究课程,详见表3。宾夕法尼亚大学文科教育具有深度与广度相结合的特点,为学生提供深入了解人类知识的平台,培养学生充分掌握其思维方式和分析方法。文学院将课程设置分为通识教育和专业教育,开设了大量人文社会科学课程，其中，通识教育包括写作、外语、文化多样性以及数据分析，专业教育涵盖社会学、历史学、物理世界、自然科学等内容。沃顿商学院为本学位项目开设了商业基础课程，学生需达到沃顿对本科生的基础课程要求。此外，项目还开设了大量的国际研究课程，如非洲研究、拉丁美洲研究等[6]，为学生适应国际经济活动所必需的商业、语言和人文知识奠定了基础。

表 3　　Huntsman 项目课程计划

沃顿商学院	课程名称
	会计
	人类学
	商业经济学与公共政策
	经济学
	金融
	卫生保健管理与政策
	历史
	法律研究
	管理
	营销学
	房地产
文理学院	基础课程：
	写作
	外语
	数据分析
	形式推理与分析
	跨文化分析
	文化多样性
	专业课程：
	历史与传统
	人文与社会科学
	生活世界
	物理世界
	自然科学和数学

（续表）

项目专有课程	非洲研究
	人类学
	比较文学
	东亚语言与文明
	历史
	拉丁美洲和拉丁美洲研究
	近东方语言和文明
	政治，哲学与经济学
	政治学
	科学技术与社会
	社会学

（二）MBA 双学位项目

沃顿商学院共开设了 12 个跨学院的 MBA 双学位项目，如与宾夕法尼亚大学文学院联合开设的国际研究硕士 MBA 双学位项目、与法学院开设的法学 MBA 双学位项目、与工程与应用学院开设的工程学 MBA 双学位项目、与教育学院开设的教育学 MBA 双学位项目等，借助宾夕法尼亚大学其他学院特色学科力量，引入顶尖师资力量，实现学科的优势互补。同时，沃顿还与国外顶尖学院联合授课，开设两门跨校的双学位课程，如哈佛大学肯尼迪政府学院 MBA 双学位、约翰霍普金斯大学尼茨高级国际研究学院（SAIS）MBA 双学位[7]，与其他顶尖高校搭建资源共享平台，丰富学生的知识体系和国际视野。

沃顿 MBA 双学位的课程设置一般分为沃顿提供的商务核心课程、合作院校提供的精修课程以及选修课。以沃顿与宾夕法尼亚大学卫生保健管理中心联合开设的医疗卫生 MBA 项目为例，该项目要求至少完成 19.5 CU，课程周期为 22 个月，其中沃顿商学院 MBA 核心课程 9.5 CU，卫生医疗专业课程 5 CU，选修课至少 5 CU[8]，详见表 4。商务核心课程涵盖基础管理学科相关知识，如经济学、金融学、财务和成本会计、管理科学、市场营销、运营管理等课程，最大限度地帮助学生实现跨领域资源整合、加强领导决策力、解决实际问题。卫生保健精修课程包括健康服务系统、医疗改革、医疗保健服务、医疗设备、健康服务系统等课程，旨在加深学生对卫生服务和产品组织等问题的理解。宾夕法尼亚大学教授和实战经验丰富的企业家联合授课，提供理论与实践融合的课堂体验。学生可将课程用于解决医疗企业在管理中遇到的现实问题，为医疗行业提供咨询服务。此外，学生也可在选修课程列表中自主选择课程。

表 4　　医疗保健 MBA 课程计划

沃顿 MBA 核心课	课程名称
	全部必修课程
	领导力:团队合作和领导力的基础
	营销管理
	微观经济学
	统计学
	管理沟通:口语和写作
	可选课程
	操作、信息和决策
	市场营销
	沟通
	会计
	企业财务
	宏观经济学
	管理
	法律研究与商业道德
医疗核心课程	卫生服务系统
	医疗实习项目(学生组成团队,为医疗公司提供咨询服务)
选修课	医疗和市场结构
	医疗机构财务管理
	医疗改革与美国医疗体系的未来
	卫生服务
	医疗器械
	老年护理管理
	医疗保健数据与分析
	比较卫生保健系统
	管理卫生保健组织
	制药与生物技术产业管理与经济学
	私营部门在全球卫生中的作用
	医疗保健服务企业管理

四、沃顿课程体系创新经验对我国管理类院校建设的借鉴与启示

（一）以培养全面发展的人才为目标

沃顿商学院除核心商业课程外，还为学生提供了宽泛的选修课程体系，学生可以根据自身优势和职业规划，自行设计选修课组合，这种灵活的选课方式保证了学生的商业能力与其他学科知识的结合。可以看出，沃顿商学院建立了以学生为主体、以满足学生兴趣为导向的教育理念。反观国内院校，课程单一，范围较小，课程设置方式忽略了学生的主体地位，导致了就业面窄、学生创新基础弱、适应能力差等问题。为了改变这一现状，必须确立以学生为中心的理念，建立自由选课学分制，实行弹性学制的人才培养模式，以学生自由选择专业方向、自由选课代替学校的统一排课[9]，学生根据自己的知识结构、能力优势和职业规划，选择适合自己的精修方向和辅修方向，从而获得最适合自己的培养。同时，可以通过小班课、研讨课等形式代替单一的课堂教学讲授课，激发学生的学习兴趣与创新潜能，使学生从被动的知识接受者转变为主动的知识探索者。

（二）借助优势学科力量，建立多层次的学生培养项目

沃顿商学院充分利用本校其他优势学科资源，打破学科界限，开设商学＋双学位项目，为学生提供多样化的课程选择，充实学生的知识背景，提升学生的核心竞争力。另一方面，沃顿积极与哈佛大学、霍普金斯大学等顶尖高校合作办学，联合设计开发创新跨校双学位 MBA 项目，共享教学资源和平台。应以国家战略发展需求为导向，充分依托高校优势学科资源，交叉融合，设立新的学生培养项目，设计开发创新交叉课程，打造跨学科复合课程体系，多学科教授联合授课，共享教学资源，为学生提供丰富的学习平台，促进学生知识结构多元化，将学生培养成管理能力和技术能力兼备的行业精英。

（三）以市场需求为导向，培养复合型管理人才

随着大数据和人工智能的飞速发展，技术迭代加快，并且渗透到各行各业，社会对人才的要求呈现多样化、多层次化的趋势。如果按照传统的人才培养模式，学生至少需要 7 年时间在学校分别开展技术类专业和管理专业的学习，用 4 年时间培养学生获得管理学和其他学科门类的两个学位，可以促进人才培养和社会需求的衔接。沃顿商学院时刻保持对市场环境的敏感性，密切观察和分析市场动态，瞄准人才市场来办学，将法学、生命科学、工程学融入课程体系中，培养具有跨学科知识背景的复合型管理人才，以应对技术密集型社会所带来的各类挑战。我国管理类院校应积极顺应人才培养趋势，将大数据、区块链、人工智能等课程和经济管理课程结合，开设智能管理、金融科技等双学位课程，培养能够运用数据算法等先进智能工具，解决管理行业中存在的现实问题，具有管理思维、科技素养、国际视野、人文情怀、适应市场需要的创新复合型人才。

参考文献

[1] 甘金球.美国著名商学院的定位与发展战略分析及其启示——以哈佛、沃顿、斯隆为例[J].辽宁教育研究,2007(4):86-88.

[2] https://undergrad-inside.wharton.upenn.edu/curriculum/.

[3] 张帆.美国顶级国际商务本科人才培养特点及启示[J].科技经济市场,2017(11):135-136.

[4] 徐警武,李东阳.沃顿商学院 MBA 人才培养经验与启示——兼论我国高等财经教育人才培养模式改革[J].大学(学术版),2012(4):63-71+62.

[5] https://fisher.wharton.upenn.edu/learn/courses/#linkingcourses.

[6] https://www.college.upenn.edu/gen-ed.

[7] https://mba.wharton.upenn.edu/interdisciplinary-programs/.

[8] https://hcmg.wharton.upenn.edu/programs/mba/curriculum/.

[9] 徐志伟.论我国商科本科教育的改革方向——基于沃顿商学院培养模式的探讨[J].教学改革与创新研究—浙江工商大学教学改革论文集,2008(00):33-38.

会计职业道德教育的现状及对策研究

于团叶　周浩民　李英男　黄　诺

（同济大学经济与管理学院）

摘　要：近年来财务造假事件频发，引发社会对会计的内部监督、社会监督、政府监督的公信力的担忧等诸多问题。针对这一现象，本研究致力于探究当前高校会计教育可能存在的德育缺位问题，并结合当下大学生对会计职业道德的认知与理解，进行原因分析与对策研究。本研究通过半结构化问卷，调查会计道德教育在专业培养中的现状，并基于问卷调查结果对其中短板给出对应建议。

关键词：会计职业道德；对策研究；人才培养

Abstract: In recent years, the society has been concerned about the financial fraud. In view of this phenomenon, this study is committed to exploring the potential moral education vacancy in accounting education in colleges and universities. Combined with the cognition and understanding of accounting professional ethics, we analyze the reasons and solutions on this problem. The study investigates the status of accounting ethics education in professional training through semi-structured questionnaire. Finally, based on the results of the questionnaire survey, this paper gives corresponding suggestions to talent cultivation.

Keywords: accounting professional ethics; countermeasure research; talent cultivation

一、引言

"真实、公允的会计信息是政府加强市场监管和完善宏观调控的重要依据，市场资源的合理配置也有赖于此。"[1]近年来，会计信息失真现象层出不穷，财务造假行为屡屡见诸报端。据不完全统计，仅 2016—2019 年，境外机构就对 50 多只中概股发布了做空报告，并呈逐年增长趋势。针对中概股的做空操作主要是财务欺诈问题。[2]这些情况的出现严重损害了政府机构、金融机构、投资者、债权人等利益相关群体的权益，破坏了市场经济秩序、损害了社会的公共利益。因而对会计职业道德的现状研究与对策分析显得尤为重要。

夏博辉[3]指出：会计规则的灵活性为会计判断开拓了广阔的空间，要防止会计信息失真现象的出现，除了要加强会计职业道德的建设之外，还要重视会计监管体系的建立与完善。劳秦汉[4]认为:会计职业道德由人格内层次和规范外层次组成,受到社会文化传承与文化批判的影响。吴水澎、刘启亮[5]总结道:有限理性导致会计规则的不完全性、具体操作的不确定性与不现实性,从而给财务造假提供了空间。关于会计职业道德的研究大都如上所述,专注于外部规则的制定、监管的必要性、文化的影响、自身的自律性等方面,较少关注高校人才培养体系方面的影响。本研究专注于高校会计职业道德建设现状,试图从人才培养体系的方面作出原因分析,并对创新型人才培养体系的完善提出有关建议。

二、研究设计

(一) 研究对象

1. 对象范围及分布

考虑到创新型、复合型人才培养的需求,以及存在一定数量的大学生跨专业就业的社会现状,我们将调查对象的范围设定为经管专业大学生,既保证了研究结果的指向性与专业性,同时也体现了研究的社会服务性质。

在横向层面上,由于全国各个地区的经济发展水平不同、就业氛围不同,教育质量也参差不齐,为了得到一个普适性的结论,根据经济发展水平的不同,我们对一线城市、二线城市和其他城市的大学生均进行了调查研究。而为了实现政策的针对性,我们将北京、上海等一线城市的经管专业大学生作为研究的重点。

在纵向层面上,我们将大学生划分为了本科生和研究生两个阶段。同时,为了评估大学生会计职业道德教育的成果,我们将调查对象的纵向范围延伸到了在会计及相关领域从业的人员,取样 20 位。

2. 选取原则

对本研究的问卷高校学生填写者,本研究遵循随机性原则,在对象的各个范围中,随机抽取一部分作为样本,以半结构化问卷为工具,对调查对象的情况进行标准化间接测量,从而获取大量的量化信息。对于相关行业的 20 位从业人员,本研究采用非概率抽样的方式进行线下问卷调查。对于线上问卷,为保证信息的可比性,本研究特在网络上针对经管专业大学生(多数)和其他专业大学生(少数)发放等量问卷。

根据简单随机抽样的样本容量计算公式:$\frac{1}{n}=\frac{1}{N}+\left(\frac{d}{u_{\frac{\alpha}{2}}S}\right)^2$,其中,$N$ 为总体规模,d 为绝对误差,$u_{\frac{\alpha}{2}}$ 为置信水平确定的数值,S^2 为总体方差的估计值。假定置信水平为 95%,绝对误差 $d=0.05$,总体方差估计为 0.25,N 估计为 10 000 000。由于总体规模较大,故忽略 $1/N$ 的对样本容量 n 的影响,估算得样本容量 n 约为 384,取 $n=400$。故本调查在线上和线下分别调查 400 位受访者。

3. 样本评估

线下发放问卷共计 400 份,全部回收其中,不合格答卷 5 份,实际统计问卷数 395 份,有效回收率 98.75%。395 份有效问卷中,除相关领域从业人员外,有 314 位本科生,51 位研究生,人数之比约为 6.15;男性 173 位,女性 192 位,男女比约为 0.901。

在线上回收的400份问卷中，不合格答卷21份，实际统计问卷379份，有效回收率为94.75%；其中，研究生54位，本科生325位，二者比约为6.01；男性180位，女性199位，男女比约为0.90。

据教育部统计，同期，本科生和研究生人数之比约为6.11，高校大学生男女比例约为0.933。由此估计有效样本的学历构成、性别结构与总体样本大致相当。由而可见，样本选取具有一定代表性。

（二）问卷设计

本研究通过阅读问卷设计的相关文献，同时，咨询会计学领域的专家、教授，经过探索性过程、设计初稿、咨询有关专家、测试等环节后，形成正式问卷。问卷共涉及特征、意向、行为、甄别等四个维度。其中，第1～4题、13～16题等涉及特征维度，即相关社会背景、课程信息等受访者的特征信息，以便于后期的统计分析与对策研究；第5、第7题等涉及调查者态度的意向性问题，由此可以对财务舞弊等现象的发生作出一定程度的解释与说明；第11题等涉及受访者行为的行为问题，以研究高校职业道德教育现状；第10题等涉及甄别性问题，便于检验学生对于职业道德的理解与接受程度。

三、研究结果

调研数据表明：大多数受访者认为会计职业道德问题经常发生（占79.9%），他们对于相关问题的了解大多通过课堂学习与社会舆论宣传这两个途径。从中可看出高校课堂对于会计职业道德教育的重视程度。通过实习或课外实践渠道了解的人极少，其中还有很大一部分是会计领域从业人员（13人），大学生只占少数（2人）。其中的原因有三：一为大学生缺乏实习经历；二为实习或实践环节的工作较为形式化，难以接触到核心数据；三为高校的职业道德教育流于形式，只向学生传达相关思想，而不讲授具体辨别与防范，导致学生在具体的实践中不能辨别违反会计职业道德的有关操作，更不能及时应对。大多数受访者认为自己比较了解会计职业道德（占77.5%），只有少部分认为自己非常了解会计职业道德（占5.2%）。而在“您希望高校以什么方式开展会计职业道德教育”的问题调研中，很多人（305人）选择了“与实习、实践相结合”的选项。而在“您所在高校对学生进行会计职业道德考核的方式”中，很多人（209人）选择了论文考核。结合以上几点，可以推测：在“比较了解”和“非常了解”之间，缺少的是一个实习、实践的机会。

现在的大学生群体，由于还处于学生时代，对于未来的工作充满着热情，也正因此，大多数学生对于自身的会计职业道德有着充分的肯定以及自信，在职业道德问题上都能有较为清晰的认知，对于可能的会计信息失真的原因也有一定的理解。但是我们也同样可以看到，由于学校存在的课时限制，许多学校在对学生的道德教育方面仍然存在着一定的缺失，不少学校的职业道德教育老师也只是由其他老师代任，少数学校甚至并没有关于职业道德教育的学时安排。同时，我们也应该意识到，无论是从学生角度的求知欲以及成长需要来说，还是从社会经济发展对于会计职业的要求来说，职业道德教育都应该是学校教育的一个重要方面，也是影响着一个经管类专业学生能否成才的重要组成部分。当今社会的快节奏生活带给人的压力使得不少人的内心开始功利化，这也造成了如今社会各行业出现贪腐、徇私等不良问题，对大学生的职业道德教育仍然需要更多的关注与加强。

四、对策及建议

对于未来即将踏入会计行业的大学生，引导和培养其职业道德的重要性不言而喻。

社会应营造良好的会计职业道德学习氛围。当然，也不该仅仅局限在会计专业，而应该营造全职业的道德诚信之风。社会各界应一起努力，共同营造良好的职业道德氛围。各单位以及企业要建立健全内部管理控制制度，并且要严格执行相关法律法规，做到依法执行。主流媒体在社会的风气建设中处于领导地位，应该在整个社会中开展相关教育以及宣传，共建和谐职业道德环境。

高校应积极重视学生的会计职业道德教育。首先，普及会计职业道德基础知识是会计职业道德教育的基础。我们要帮助学生树立正确的世界观、人生观、价值观。譬如：要树立正确的职业观，才能做到爱岗敬业；要树立正确的价值观，才能做到廉洁自律；要树立正确的人生观，才能做到强化服务。所以，在专业教学的过程中，要有正确的职业观念、理念。其次，学校可以结合多种方式开展职业道德教育，如进行会计职业道德案例分析、主题辩论等，当然，最为重要的是增加实习、实践环节，让学生在实际操作中增强对会计职业道德的理解。最后，学校应该能够做到因材施教，了解不同学生职业道德观差异的原因，并且分析这些不同因素对学生道德判断的影响程度，进而有针对性地对学生进行指导和教育，帮助学生树立良好的人生价值观和职业道德观、规划职业发展。

此外，只有外部的教育是不够的，学生自身也必须要发挥主观能动性，去加强自己的职业道德意识。可以通过相关主题报道、学校相关学习，客观理性地看待、分析会计职业道德事件，了解并且辨清可能会导致会计职业道德缺失的原因及本质，加强职业道德意识，明确自己的择业方向。会计与诚信也是分不开的，学生应该自觉树立诚信意识，加强对于会计法律法规的学习，寻求职业规划指导，这样才能真正地理解会计工作的社会价值，认识到人一旦失信就无法立足于社会，从而提高自己的职业道德水平。

相信随着社会对大学生会计职业道德培养的愈加重视，高校培养方案的出台，学生个人专业素养的提升，我国对大学生会计职业道德的培养终将在创新型人才的培养体系中行稳致远。

参考文献

[1] 李端生.会计理论研究[M].北京：中国财政经济出版社.2007.
[2] 王波.瑞幸咖啡财务造假事件对我国资本市场监管改革的路径启示[J].金融发展研究，2020(9)：89-92.
[3] 夏博辉.论会计职业判断[J].会计研究，2003(4)：36-40.
[4] 劳秦汉.会计道德的理性思考[J].会计研究，2003(4)：49-54.
[5] 吴水澎，刘启亮.会计事项、准则公共领域与会计信息真实性[J].会计研究，2007(6)：26-32+95.

ERP虚拟仿真实验提升大学生创新创业能力的探讨

李沁芳　吴　冰

（同济大学经济与管理学院）

摘　要：ERP虚拟仿真实验通过信息技术模拟真实的企业运作环境，学生可通过扮演不同角色参与企业的采购、生产和销售运作，这一体验式教学有利于学生创新创业教育理念的建立和能力的培养。本文介绍了虚拟仿真实验教学，总结了ERP虚拟仿真实验对于提升大学生创新创业能力的作用，并对该实验课程在提升创新创业能力上的教学模式设计进行了探讨。
关键词：ERP；虚拟仿真实验；创新创业能力

Abstract: The ERP virtual simulation experiment simulates the real business operation environment through information technology. Students can participate in the procurement, production and sales related business operation in different roles. The paper introduces the virtual simulation experiment teaching, summarizes the role of ERP virtual simulation experiment to enhance the innovation and entrepreneurship ability of college students, and then discusses the design of the teaching mode of this experimental course to enhance the innovation and entrepreneurship ability.
Keywords: ERP (Enterprise Resource Planning); virtual simulation experiment; innovation and entrepreneurship ability

一、引言

自从2015年《关于深化高等学校创新创业教育改革的实施意见》发布以来，各高校按照其中的要求和建议，不断完善创新创业教育相关课程体系。许多大学生也积极响应国家政策，大学生的创业意愿近年来持续增强。创新创业教育也发展成为高等教育发展的新理念。高校课程体系是人才培养的核心环节，课程体系的建设质量直接关系到创新创业人才培养目标能否得到保障，创新创业能力培养能否落实。创新创业教育是培养学生创新思维、创业意识、创新知识、创新能力和创新人格的教育，而这一切的基础是专业教育。创新创业理念应融入专业课程中，二者有机结合才能相得益彰。

ERP 虚拟仿真实验是利用虚拟仿真技术，将企业、市场、政府经济管理部门的运作构建成虚拟仿真市场环境，让学生在企业中扮演一定角色，单独或以小组形式模拟演练，以达到熟悉企业运作过程，提高经营管理能力的目的。ERP 虚拟仿真实验能提高学生的企业经营管理专业素质和综合素质，能培养学生的团队精神和多方面能力，为以后的创新创业打下坚实的基础。ERP 虚拟仿真实验在教学中可以与创业教育实践相结合，融合角色扮演、团队合作、数据分析、实战演练等多种教学方法和教学手段。这种体验式互动教学能充分调动学生学习的积极性和主动性，比平时的教学模式更能激发学生学习的兴趣。

二、虚拟仿真实验教学

虚拟仿真实践教学是以虚拟现实技术、计算机技术、多媒体技术、人机交互技术、云技术等信息技术为基础，利用虚拟现实手段模仿实验环境，进而达成教学目的和实践教学效果。[1] 国外如美国、英国、新西兰等国家较早开展了虚拟仿真实验教学方面的研究和应用。在我国，虚拟仿真实验教学也得到了相关政府部门的高度关注，《国家中长期教育改革和发展规划纲要(2010—2020 年)》中明确提出要建立虚拟实验室，从 2017 年开始，国家在各个学科领域陆续开展国家级虚拟仿真实验教学项目的遴选。目前，国内高校采用虚拟仿真实验多集中于机械、电子电气、建筑、信息技术等工科专业，2019 年经济管理类专业被纳入国家虚拟仿真实验教学项目认定范围。

经管类专业设立虚拟仿真实验作为实践教学的辅助工具，有着不可比拟的优势。[2] 首先，虚拟仿真教学系统可以实现多名学生同时或单人多次使用，方便灵活，通过模拟周期来缩短实际操作周期，省时且节约成本，较快地实现人才培养目标。其次，虚拟仿真实验增加了实践的安全可靠性。在企业实践过程中，企业和学校对学生的人身安全都负有责任，企业实际业务往来数据也不能承担“试错”的风险。通过虚拟仿真模式进行操作，学生不但可以反复操作演练，发现和修正错误，降低真实操作中的失误，而且可以避免人身伤害和环境危害。最后，虚拟仿真实验能营造出逼真的市场环境。通过不同角色扮演和各项操作流程的模拟，如采购、生产和销售流程，营销策略操作，金融服务操作以及商务和流通服务操作等可以完成对企业运营成效的模拟。这一仿真的实验环境能增强学生的体验感，并能加深学生对专业知识的理解。

三、ERP 虚拟仿真实验与创新创业能力培养

ERP 虚拟仿真实验由学生模拟参与制造企业原材料采购、产品生产和销售等流程的全过程演练，可以看作是学生创业的拟初始实训课程。在学生独立完成并熟悉制造企业的各项业务流程后，学生可分几组进行沙盘模拟演练。每组代表一家虚拟公司，每组 5～6 名同学，分别扮演企业的总经理、财务总监、财务助理、营销总监、采购总监和生产总监等角色。各组分别模拟企业在相同的初始条件下连续从事几个会计年度的生产经营活动。

几个年度结束后，根据统一的评分标准，对各模拟企业这几年的经济效益进行评比，排出先后名次。

在模拟企业经营管理过程中，学生不仅体验到自己经营管理的乐趣，在创新思维和创业激情方面受到启发，而且在体验式学习中得到了企业经营管理技能上的提高，综合素质得到提升，对自己未来的职业方向和规划建立基本认知，也为将来创新创业的成功打下一定基础。

（一）提升企业经营管理技能

通过 ERP 虚拟仿真实验，非常直观地把企业运营过程综合呈现在学生眼前，培养了学生的沟通技巧、合作和专业能力，学生们可以体验到经营和管理企业必备的各种技能和知识。

（1）加强对企业结构与运作的认知。学生通过以不同的企业角色参与，模拟企业经营管理，加强了对企业的认知。学生不但能了解企业的组织结构、每个管理层级的职责和任务，以及企业运营的业务程序和相关的管理制度，还能深入认识制造企业各管理部门的工作职责、管理内容以及各部门之间的相互协作关系。学生在制定采购、生产、销售计划以及企业发展规划时，对物流、资金流、信息流的融合也有深入的理解。

（2）引入战略管理的思考观。模拟企业在成立初期，总经理带领各部门经理召开企业战略会议，这是一个成功企业必须做的，包括生产战略、市场战略、融资战略及投资战略等。从年度规划战略讨论决策到最终的企业目标实现，经过几个会计年度的共同探讨、挫折、失败、奋进。学生将学会从战略的角度来看待企业的成长过程，团结合作，让企业的每一个经营决策都与当初的战略目标保持一致，使企业持续经营下去。

（3）能开展灵活的营销管理。作为生产型企业，采购材料、生产产品，最终的目标是销售产品，为企业创造收益。企业所有的决策与资源消耗，都是为了创造更多的经济利益。营销管理不是简单地销售产品赚取差价，通过几年的模拟企业经营，学生将学会如何分析市场、预测行情、研究对手信息、确定产品定位、应对瞬息万变的市场环境，最终实现企业销售计划。

（4）解决生产管理的重重矛盾。例如，ERP 虚拟仿真实验中配备了几种不同的生产线，这些生产线的区别在于购买价格、生产周期、安装时间、转产时间、转产费用等。学生根据预算资金、企业的发展战略、市场预测、产品定位等选择配备相应的生产线。原材料不能采购过多，以免占用流动资金；也不能采购过少，避免停工待料，导致产品产量不足而违约交单，影响企业的收入和诚信。再如厂房的“租或买”问题。购置厂房会导致大量的现金流出，但可以降低企业的总费用，提高企业的权益。资产从现金形式转化成固定资产，这就要考虑到当初的预算资金够不够。在矛盾与决策中，学生深刻体验到采购、生产和销售之间的密切关系。

（5）具备一定的财务分析能力。在仿真实验过程中，学生亲自制作资金预算表，填写企业运营流程表，经历企业现金流出入的过程，理解保持充足流动资金的重要性；学会如何以最小的资金成本获得最多的收益，决策最佳的筹资方式；学会如何控制资金，避免资金闲置导致资源浪费，提高资金的使用效率；学会进行简单的对内投资分析，用战略的眼光，关注企业的长期发展；理解流动资产之间的紧密联系，不能顾此失彼；能出具简单的资产负债表和利润表；通过财务报表分析，清楚企业的偿债能力和获利能力。

(6) 明晰岗位角色和职责。学生根据岗位职责分工，结合自身特点选择合适的扮演角色。善于沟通、亲历亲为、求同存异、换位思考，这些都是团队成员要具备的行为特质，并经过不断的磨合，最终实现团结协作的状态。在这个过程中，坚持各自经营方案、无意义的讨论、职责不清导致的管理不善使企业收入降低等情况将使学生深刻认识到个体最优不代表全体最优。各成员必须有共同的奋斗目标，明晰自己的岗位职责，要遵守游戏规则、互相信任，企业才能朝着持续经营的方向发展。

（二）综合素质提升

(1) 树立共赢理念。市场竞争是激烈而残酷的，优胜劣汰是市场竞争的最终结果。但竞争并不一定是大鱼吃小鱼，小鱼吃虾米。在现今的网络信息时代，与供应链中的合作伙伴相互信任，信息共享，合作双赢才是企业发展的长期途径。这就要求企业充分分析市场和竞争对手，在竞争中寻求合作，为企业的持续发展提供无限的机会。ERP 虚拟仿真实验中也将树立起与供应商和分销商合作共赢的理念。

(2) 树立团队合作与全局观。通过 ERP 虚拟仿真实验的学习，学生可以深刻体会到团队合作是决定经营成败的重要原因之一。团队成员分别扮演总经理、财务经理、销售经理、生产经理、采购经理等企业角色。每个角色不仅要根据自身的岗位独立思考，而且要从企业的全局出发，相互支持、换位思考。有效的沟通和协调可以使团队在快速变化的业务竞争环境下抓住机遇，了解竞争与合作的关系，在未来的创业实践中培养团队精神，实现奋斗目标。

(3) 坚持诚信原则。信任是商务交易活动的基石。诚信是企业的立足之本、发展之源。诚信原则在 ERP 虚拟仿真实验中体现为对“游戏规则”的遵守，如市场竞争规则。订单不能如期履约则导致违约，违约就要接受违约金罚款。保持诚信也是立足社会、发展自我的基本素质。

(4) 磨炼出好的心理素质。创业就意味着有一定的风险，也不可能 蹴而就。大学生在创业过程中必然会遇到挫折。在 ERP 虚拟仿真的沙盘演练经营过程中，他们也可以尝试到经营企业的艰辛和困难。每组成员基本上都会经历资金紧张、资金断流导致的破产危机。如何克服企业经营的困难，如何在企业经营失败的情况下面对现实、总结经验，对提高学生创业心理素质有很好的锻炼效果。ERP 虚拟仿真实验让学生对公司经营管理有了深刻的理解，对创业有了直观的实践和感悟，增强了抗压能力，为未来创业成功奠定基础。

(5) 职业定位与个人发展。ERP 虚拟仿真实验不光要求学生有自己的专业知识，还要广泛涉猎学科交叉的知识，在锻炼学生的工作协调能力、时间管理能力的同时，将学生学到的各种经营管理的理论知识综合起来应用，实现融会贯通的效果，进而提升学生的管理能力、组织能力、交流沟通能力、逻辑思维能力等。在此过程中，学生了解了不同的学科领域，参与论坛与竞赛，与企业家和校友交流等，他们在对自己的兴趣和优势进行分析的基础上，对自己未来的职业定位和个人发展能有更好的规划。

四、提升创新创业能力的 ERP 虚拟仿真实验教学设计

ERP 虚拟仿真实验教学为大学生创新创业教育提供了一个较好的体验和探索平台，学生在主动参与、反复锻炼、亲自模拟动手的过程中提高了自己的创业认知。[3]将 ERP 虚拟仿真实验结合创新创业能力培养的视角进行教学设计，能最大程度地调动学生的主观能动性、竞争意识，提高学生的分析和决策等创新创业能力，为创业实践打下坚实的基础。

（一）培育创新创业理念

在 ERP 虚拟仿真实验教学过程中，要将创新创业的理念渗透到课程中去，鼓励学生大胆创新，并在实践中不断积累经验。在课程案例讨论中，列举企业家创业成功和失败的案例，让学生分析他们成功的经验和失败的教训，通过头脑风暴来分析创业时机会和准备的重要性等；让学生了解创新创业的不确定性，但又要鼓励学生不畏惧困难，勇于尝试和挑战。也可以设定一定情景，去讨论创新创业的各种可能性。通过 ERP 虚拟仿真实验的演练，学生可以体会到创新创业的机会和乐趣。让学生在每经营一轮之后，互相分享经营的感受，总结值得借鉴的经验，也分析决策不合理之处，在不断的反思与交流中共同提高。

真实企业和 ERP 虚拟仿真实验的模拟企业有着较大区别。因此在课程中，要将模拟企业与现实企业进行多方面比较，让学生了解现实企业与模拟企业在经营时面临的市场环境等各方面的差别，避免学生对企业的理解仅停留在模拟企业层面而形成思维固化。[4]也可请校外企业家走进课堂，分享课堂外的现实企业生存环境和实际运作的差异。

（二）建设多学科交叉的教师团队

ERP 虚拟仿真实验实践教学涉及多学科知识，某个专业领域的教师难以精通各不同学科内容。因此，可以由市场营销、财务、生产运作管理等不同专业的教师组成多学科交叉的教师团队，同时做好相关知识的衔接。比如在教学设计上，教师团队要在一起分析学生的知识基础，以便在各自讲授过程中有针对性地进行指导，而针对不同专业学生，侧重点和薄弱环节要有所不同，这样才能使学生既学会操作又能更好地理解企业的经营本质和运行规律，才能够在模拟经营的过程中，加深对知识的理解并能灵活地运用，从而取得更好的教学效果。

另外，由于企业的实际工作经验对于 ERP 虚拟仿真实验课程的教学具有很大的促进作用，而大多数教师缺乏实践经历，因此校方可以与企业进行合作，让教师通过兼职方式参与企业的一些经营管理工作，从而积累更多的实践经验；也可以聘请校外的企业家或者校友作为校外指导专家，既能让虚拟仿真实验更接地气，也能提高教师的知识运用能力，从而培养一支知识结构合理、实践经验丰富的教师团队。

（三）进一步培养学生团结协作的能力

创新创业活动具有挑战性且不确定性高，凭借单个人的力量难以在瞬息万变的市场竞争中取胜，取胜需要团队的共同努力。因此，在教学过程中应通过模拟企业经营，让学

生感受到每个岗位都是必不可少的，如果某一个岗位做得不好，就会影响企业最后的经营业绩。另外，在做好自己本职工作的同时，如果遇到团队意见不一致等情况，需要沟通交流、冷静分析、权衡利弊以达成一致。因此，通过 ERP 虚拟仿真实验的角色模拟训练，可以培养学生的沟通、交流能力以及不畏困难、共同努力解决的团结协作精神。ERP 虚拟仿真实验团队建立以后，在模拟经营一段时间后，可以进行轮岗，让学生熟悉不同岗位的职责和操作技能，以锻炼学生的综合能力。[5] 同时也能让学生学会换位思考，这样更有利于团队协作能力的培养。

（四）合理的课程考核方式

由于 ERP 虚拟仿真实验与其他传统课程的区别，所以只依据最后的经营业绩进行考核是不够科学的，而且会导致学生不愿或不敢去尝试新的或风险性高的经营策略，不利于学生创新和竞争意识的培养。因此，ERP 实验课程应采取过程评价与结果评价相结合的方式。实验可以结合学生参与度、团队合作情况、平时经营效果、最终经营成绩以及实验总结等方面，进行综合考核，这样还能避免部分学生滥竽充数。此外，还应注重对学生综合素质的课内外评价。[6] 最后，形成组内互评、组间互评、教师评价、参与各项竞赛，如“企业沙盘模拟经营”技能竞赛等相结合的综合评价体系。全过程的考核模式还应该能够包容失败，比如某些小组由于想冒险尝试新的经营策略，反而导致最后业绩不够理想。包容性的考核有助于培养学生不怕失败、勇于创新的精神。

（五）发挥竞赛的引领作用

为进一步培养学生对课程的兴趣，培养学生的竞争意识，可以组建学院内或校内 ERP 虚拟仿真实验俱乐部或协会，组织有兴趣的学生积极参加。协会可邀请专业教师或校外企业家进行指导，可定期组织交流和竞赛活动，以培养学生的创新创业能力。全国各地高校和各级教育部门对创新创业教育都非常重视，也会组织一些创新创业竞赛，一些软件公司如思爱普(SAP)等定期会组织 ERP 模拟经营大赛，可鼓励学生观摩或积极参加。通过竞赛，可利用学生的荣誉感，大大增强他们学习课程的兴趣，进一步培养他们的团队意识和竞争意识，在潜移默化中提升他们的创新创业能力。[7]

在创新创业教育的大背景下，如何有效提高当代大学生的创新创业能力已成为高校教学改革的重要任务之一。ERP 虚拟仿真实验可作为创新创业实践的教学平台，在培养学生企业经营管理能力、团队协作精神、竞争意识、风险意识、创新创业意识等方面发挥重要的作用。在提升学生创新创业能力的过程中，我们也应不断完善 ERP 虚拟仿真实践教学体系，探索新的教学模式，真正激发学生的创新创业热情，提升创新创业能力。

参考文献

[1] 郑洁熹.基于虚拟仿真实训的经管类学生综合能力培养模式研究[J].中国经贸导刊，2020(8)：169-170.

[2] 周谦豪等.经管类虚拟仿真实验教学平台的设计与实现[J].微型电脑及应用，2018，34(8)：14-17.

[3] 王彦长.基于创业能力培养的 ERP 沙盘演练课程创新研究[J].安徽工业大学学报(社会科学版)，

2017,34(3):85-87.
[4] 徐港,王荣,应纪键等.ERP 沙盘数据与大学生创新创业能力相关性分析[J].现代商贸工业,2017(8):96-98.
[5] 杨敏捷.在 ERP 沙盘模拟经营中提升大学生创业综合素质[J].电子商务,2017(1):139-141.
[6] 李春艳.经管类综合虚拟仿真实验教学平台构建研究——以实验经济学课程为例[J].电脑知识与技术,2017,13(1):122-123.
[7] 丁建松,李锦康.基于虚拟仿真的 ERP 实验教学设计[J].信息与电脑,2016(2):251-253.

"一带一路"背景下中俄高等教育合作探究及启示*

Goncharova Irina　王鹿瑶　王洪伟　兀云波

（同济大学经济与管理学院）

摘　要：在全球化的背景下，深化跨国高等教育交流合作已经是世界范围高等教育的必然发展形势。国际化人才的培养对于一个国家或地区的整体发展而言愈发重要。作为"一带一路"建设沿线重要国家，俄罗斯和中国努力与时俱进，把科学、教育、技术和创新领域作为优先领域。因此，为了优化中俄两国在教育领域的合作，研究俄罗斯高等教育体系的特征和两国在国际科学合作领域中出现的问题势在必行。

关键词：合作办学；俄罗斯高校；中俄教育合作

Abstract: Under the background of globalization, it is inevitable to deepen the exchange and cooperation of transnational higher education in the world. The training of international talents is becoming more and more important for the overall development of a country or region. As important countries along the Belt and Road, Russia and China give priority to science, education, technology and innovation. Therefore, in order to improve cooperation between Russia and China in the field of education, it is necessary to first study the characteristics of the Russian higher education system and the problems that arise in the field of international scientific cooperation between the two countries.

Keywords: cooperative running of schools; Russian universities; Sino Russian educational cooperation

一、引言

在构建人类命运共同体的新时代，中国与俄罗斯在经济、文化、科技、教育等领域的合作日益深化。然而，目前中俄高等教育在办学实力、合作契合度及人才培养等方面仍存在

* 中央高校基本科研业务费专项资金项目：智库与学术影响类/文科智库项目。

差距。针对上述问题，本篇就中俄高等教育合作交流历史和现行模式遇到的问题进行分析，并提出合理性建议，以更好地在求同存异、取长补短中提升双方价值，实现中俄双方更好地国际交流与合作。

二、俄罗斯教育背景

（一）俄罗斯教育体系的建立

俄罗斯的现代高等教育体系是根据博洛尼亚进程建立的，包括学士学位（学习 4 年）和硕士学位（学习 2 年）。学生在进入大学或学院学习之前必须先拿到中学毕业证书（Certificate of Complete Secondary Education），拿到证后的学生可以继续进入大学或者学院学习，并可以根据自己家庭条件、成绩及兴趣选择适合自己的不同年限的专业学科（专业年限 4 到 6 年），学生在毕业后，也会拿到相应专业学科的毕业证书。目前，俄罗斯高等教育院校可以颁发毕业证书、学位证书和资格（专家）证书。

1. 学士学位

完成四年本科学习后方可授予学士学位。学士培训大纲包括了所有领域的知识（医学除外）。学士学位使得其持有人能够从事相关的职业活动并且是其申请继续硕士教育的前提条件。学习期间，学生每个学期的期末都要参加考试。最后一个学年学生需通过国家最终鉴定，其中包括必要的论文答辩、国家统考。鉴定成功后即可以颁发学士学位证书。

2. 专家学位

苏联时期大部分全日制高等教育学制为 5～6 年，毕业后可获得专家学位及该专业的资格证书。中国教育部留学服务中心在对该学位（文科）进行认证时是这样描述的，“×××所获得的专家证书与俄罗斯普通国立大学颁发的硕士文凭同属于一个层次，并表明具有相应的学历。该证书属于俄罗斯高教改革前颁发的文凭，在当时的教育体制下，大学一般不设学士和硕士学位，学制为 5～6 年，毕业后颁发专家证书，并可以直接攻读副博士学位”。文科专家学位 2015 年在俄罗斯逐渐取消，但是在医学和理工科专业仍有部分保留，这也从侧面反映出了俄罗斯独特的文化背景和教育传统。

3. 硕士学位

硕士学位是比学士学位更高一级的学位。众所周知，硕士学位的学习年限一般为两年，主要针对专业知识进行研究性学习。只有拿到了学士学位证书后方有资格报考硕士研究生进行深造学习。获得学士学位的毕业生报考其所主修专业方向的硕士研究生须通过该专业的入学考试和面试等考核。而对于获得学士学位的毕业生报考非其主修专业的情形，该毕业生还须通过附加考试。在通过国家最终鉴定后完成硕士研究生教育，该鉴定包括硕士论文答辩和国家考试。硕士论文在导师的指导下从事独立研究。硕士学位证书，就和资格（专家）证书一样，是报考学术等级培训考试的前提条件。

4. 资格（专家）证书

俄罗斯联邦教育体系的传统证书。该证书有两种功用：凭该证书可以参加职业实习（见习工程师、讲师、化学工作者等），并且该证书是报考学术等级培训的前提条件（根据现行有效的国际条约和推荐信专家证书可以使得其持有者能够报考其他国家的博士研究生)。资格(专家)证书(数学家、医生、经济学家、农艺师、工程师、物理学家、教师等)在中等教育岗位上工作培训满 5~6 年后方可授予。所有知识领域都设有该专家证书。大学生每个学期的期末都需通过考试。用于获取专家证书的国家最终鉴定包括论文答辩或论文设计,并且还要通过国家鉴定考试。

职业资格证书是俄罗斯联邦教育体系毕业证书的一部分,表明学生在学满毕业后可凭借其毕业证从事相关职业。学生在拿到毕业证后,无需参加额外的职业技能考试。

(二) 俄罗斯教育规划

在 2012 年俄罗斯总统推出了 5—100 教育计划,它是用来提升俄罗斯大学世界排名的教育计划。该计划的目的之一是到 2020 年前让至少五所俄罗斯大学进入世界 100 强大学之列(依据国际评级机构 ARWU 世界大学学术排名,QS 世界大学排名,THE 泰晤士高等教育世界大学排名)。由于有针对性的项目资金投入来提高竞争力,所以一流的大学更有机会吸引有才华的年轻科学家,并根据吸引来的人才制定相应的学术流动性计划,以及引入新的面向国际的教育计划、应用实施和基础研究。

为了吸引外国学生并提高教育研究活动的质量,参与 5—100 项目的大学正在实施一项利好的政策来吸引外国教授(外国大学的博士学位持有者)。就国际学生人数而言,去俄罗斯留学人数占到出国留学总人数的 6%。[1]

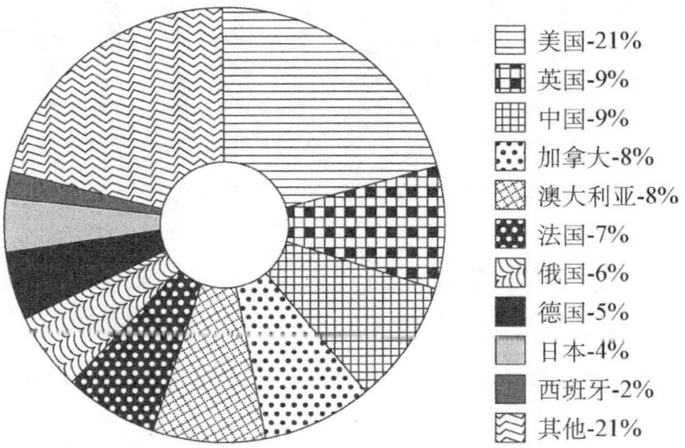

图 1　2019 年世界出国留学生情况(总数:530 万)

进入俄罗斯留学的学生中约 70%来自独联体国家,其次是来自亚洲国家的学生,约占 17%。考虑到亚洲国家出国留学人数增加的总体趋势,就吸引潜在申请者而言,这一特定地区是最有前途的。2019 年在俄罗斯留学的学生人数达到 334 497 人,其中来自中国的留学生有 29 950 人。[2]

在中国范围内,这些数字似乎并不能给人以深刻印象,但人们可能忘记了一件事情——中俄之间存在巨大人口差异。2019 年俄罗斯全国各类高等教育在学总规模达到 424.6 万人。

根据联合国教科文组织、世界银行、经合组织等国际组织的国际统计,基本上可以断定，就总入学率而言，俄罗斯的高等教育系统是世界上最大的系统之一。实际上，按照国际教育系统标准中主要使用的大学（大专）教育指标进行对比，俄罗斯在高等教育（专上）的入学率上处于领先地位，为 81.8%，高于发达国家的相应平均水平。在《国际教育标准分类法（ISCED2011）》中，高等教育级别包括 4～8 级。俄罗斯的高等教育课程（学士、专科和硕士）与《国际教育标准分类法》第 6 级和第 7 级相对应。

根据俄罗斯国立研究大学高等经济学院的数据[3]：

俄罗斯 25～34 岁受过高等教育的人口所占的比例在世界排名第 19 位（36%），其中，超过 25 岁的申请人占总申请人数的 17%。

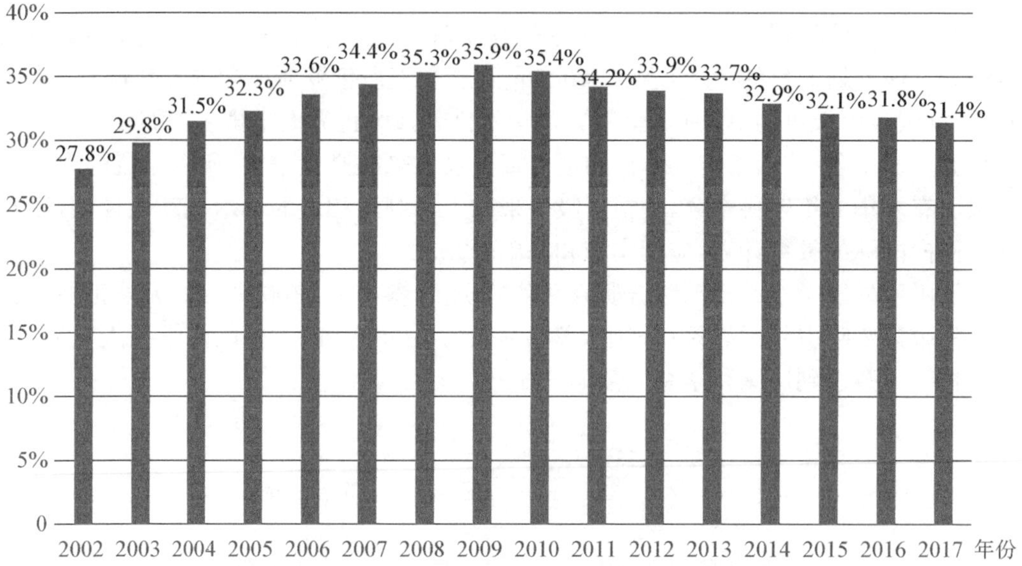

图 2　2002—2017 年间俄罗斯 17～25 岁青少年人群接受高等教育人数占比

尽管俄罗斯 17～25 岁的人口数量一直在下降，但在过去 15 年中，在高校教育方面，年轻人的高等教育毛入学率从 27.8%增加到了 31.4%。与此同时，高等教育毛入学率过去七年略有下降。在 2016 中，此指标值为 31.8%。根据粗略的估计表明，只有大约三分之一的年轻人在大学学习。

近年来，有一种趋势，即在高等教育机构入学的学生总数在减少，而在中等教育课程中入学的学生人数在增加。

在 2017—2018 学年，俄罗斯有普通高等学校 766 所（含国立 500 所和私立 266 所），有 651 个分院（涉及 480 个国立的和 171 个私立的）。在 20 世纪 90 年代，俄罗斯联邦大学数量迅速增加，非国立大学出现和发展。大学的数量在 2009 年达到顶峰，为 1 134 所，其中包括 474 所私立大学。分院数量最多的是 2005 年，有 2 201 个分院，包括私立大学的 378 个分院。后来，由于俄罗斯教育和科学部颁布了“联合制定的关于合并大学并淘汰低质量部分”的政策，导致俄罗斯联邦高校增长速度放缓，甚至出现了一些高等教育机构及其分支机构的数量逐渐减少的现象[4]。

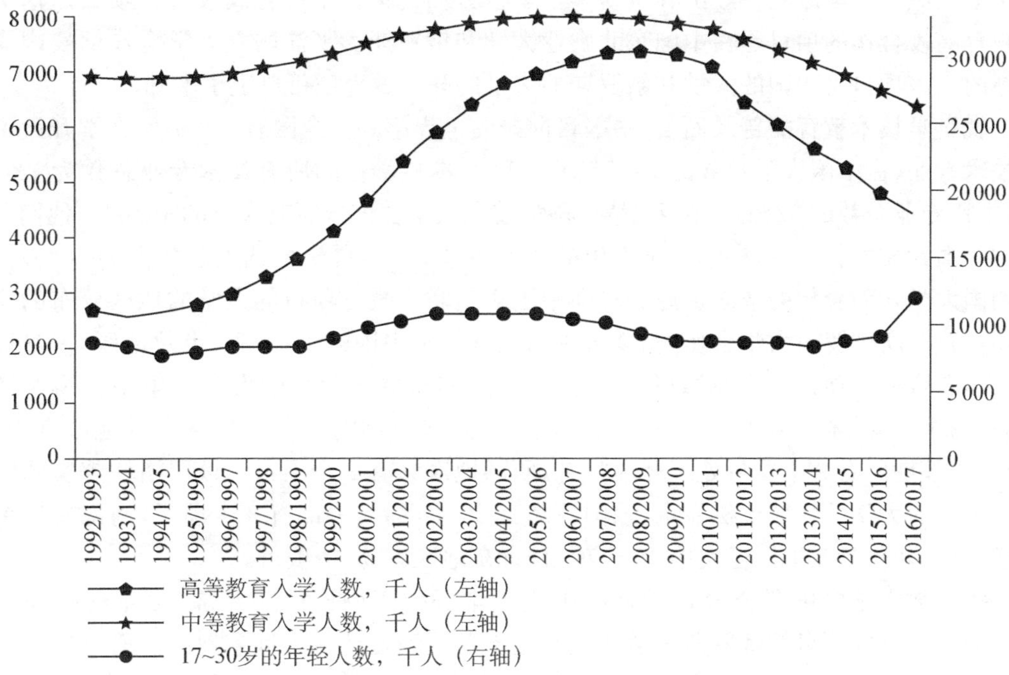

图 3　1992—2017 年间俄罗斯中高等教育入学人数分布图

三、中俄高等教育合作历程

随着社会的不断发展，国与国之间的关系越来越紧密，各种各样的合作也接踵而至，当然，俄罗斯也不例外，它与中国紧密相连，合作的深度愈发深入，合作的领域愈发广泛。特别是在中俄高等教育合作方面，中俄都保持积极态度，制定多种优惠政策并投入大量人力物力，经过多年的摸索与努力，两国在此方面也取得了应有的成绩。

为了实现俄罗斯与中国的战略目标，学术合作的发展符合两国之间建立多层次外交的议程。历史经验表明，科学家的高度流动性为加强相互了解和相互信任做出了重大贡献，并因此为建立国家间关系的坚实基础做出了重大贡献。通过发展科教合作，可以促进中俄两国人民之间的友好合作关系。

俄罗斯大学与其他国家大学的联合教育项目是俄罗斯教育领域合作与交流的重要形式之一。这些国际高等教育的主要目标是利用教育领域的先进教学思想，改进教学方法，编写新的教材，并通过引入高质量的教育资源来推广教学管理经验。对于俄罗斯来说，联合教育项目是提高俄罗斯教师队伍素质和俄罗斯大学生生存能力，促进俄罗斯教育体系完善的重要因素。

在 20 世纪的 90 年代初期，俄罗斯与中国的合作开始恢复，在之后的日子里，俄罗斯联邦在教育领域方面非常重视与中国的合作与发展。1995 年，俄罗斯联邦政府与中华人民共和国政府签署了关于相互承认教育和学位文件的协议，这为促进两国在教育领域的合作发展的深化做出了积极响应和伟大贡献。同是 1995 年，俄中两方还批准了俄罗斯联邦与中华人民共和国之间在经济和贸易学士学位方面的第一个教育高校合作项目。这个两国教育高校合作的项目是在中国东北农业大学和俄罗斯太平洋国立大学合作框架内成功实施的。该项目为中国的大学和俄罗斯的大学的联合教育项目奠定了基础。

就科学技术教育的普及而言，中国目前排名世界第一。全国有 1 047 所大学开设了科学技术专业（占中国大学总数的 91.5%）。其中，本科学位的所有技术专业总数为 14 085（占本科专业总数的 32%）。在俄罗斯，科学技术大学占该国所有大学的 46.6%，他们聘用的都是高素质的教师（有科学博士学位的总数占 37.9%，科学候选人总数占 38.6%）。这是两国大学之间合作的教学资源。对在中国实施联合教育项目的大学的地区分布的研究表明，与 49 所俄罗斯大学合作的 40 所中国大学位于中国的 11 个省、市及地区，占参加中外大学联合教育项目的省总数的 40%。大多数实施联合项目的大学都集中在黑龙江省（84 个项目）和吉林省（11 个项目），占中俄大学合作总额的 82%。中国东部地区有 10 个项目，中部地区有 9 个项目处于开放状态，西部地区只有 2 个项目。俄罗斯联邦实施联合教育项目的大学的区域比例显示，该国西部有 28 个项目，中部有 3 个项目，南部有 9 个项目已开放，西伯利亚地区已实施 16 个项目，远东地区有 60 个项目。

大多数实施中俄联合教育计划的中国大学都位于中国的东北部（黑龙江省和吉林省），而参与这些项目的俄罗斯大学则主要位于西伯利亚地区和远东地区。通过这些地区的地理位置，可以发现，在俄罗斯联邦西部地区，学生更加倾向于获得欧洲教育，这可能会对中俄合作的发展产生影响。

莫斯科国立大学与北京理工大学曾于 2014 年 9 月在北京签署了有关在深圳建立俄中大学的协议。在中国的深圳北理莫斯科大学是由两国共同建立的第一所大学。这反映出中俄两国在人道主义和教育领域的合作不断扩大。该项目的主要目标是在能够参与亚太地区两国经济项目实施的俄罗斯最佳教育计划的基础上，对中国的年轻专家进行培训。深圳北理莫斯科大学在 2019 年夏天的学生总数为 313 人，包括普通本科学生和硕士生。其中有 285 个是中国人，有 28 个是俄罗斯和独联体国家的人。2019 招生之后学生人数达到了 518 人。

根据研究数据，俄罗斯和中国在彼此大学的学生人数已达到大致均等的水平，即每个国家或地区每年约有 2 万人。截至 2014—2015 学年，仅约 4 万人（图 5）。同时，参加交流的学生人数呈上升趋势：2014—2015 学年，俄罗斯有 20 710 名中国学生。2014 年，中国的外国留学生人数位居世界第三，2014 年来华留学生近 38 万人，中国成为第三大留学生输入国[5]。

两国之间决定扩大大学之间的合作，并发展俄中专业大学协会。目前，已签署了2 500 多个合作协议。已成立的专业大学协会包括：俄罗斯和中国的古典大学协会，俄罗斯远东和西伯利亚大学协会以及中国东北地区的大学的伏尔加长江大学协会。所涉及的学科包括：技术、艺术、经济、教育、医学、交通、文化、农业及新闻业。这些协会为大学之间成功的教育资源交流以及在高等教育领域（包括区域间一级）的双边合作的发展做出了贡献。

为了促进俄语和汉语的普及，中国和俄罗斯相互之间都举行了许多交流活动。2018 年，中华全国俄语大赛在上海举行；2019 年中华全国俄语大比赛将在北京举行；2019 年 4 月，第四届中文奥赛在莫斯科举行。在同一时期，面向俄罗斯学生的世界汉语桥比赛的预

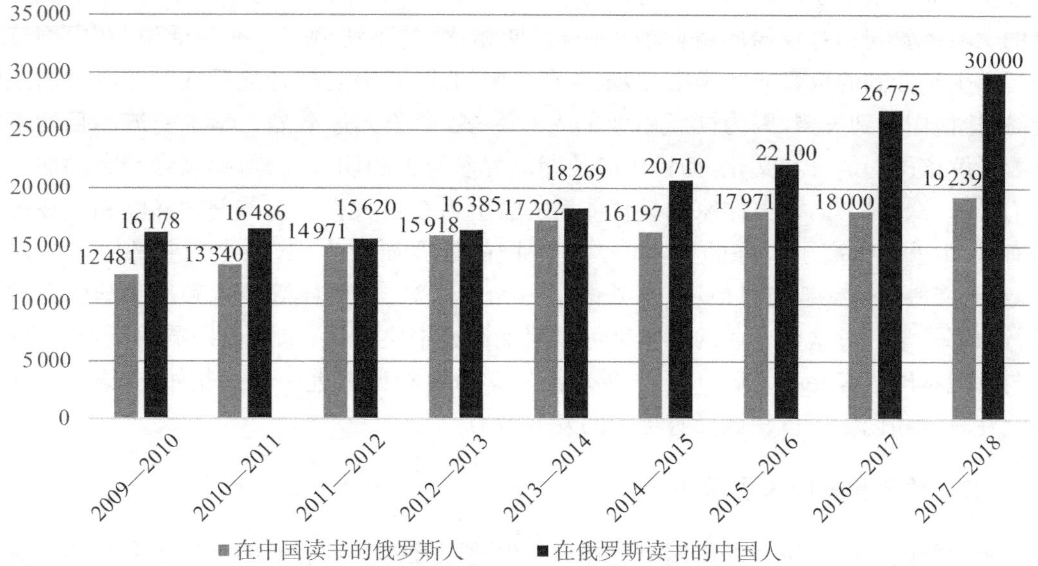

图 5　2009—2018 年中俄交换生人数对比图

选赛阶段结束，获奖者参加了中国决赛。2019 年 11 月，中国代表参加了第八届圣彼得堡国际文化论坛上的俄罗斯和中国的语言政策组。

俄罗斯方面指出，全俄奥赛中使用中文的学生人数逐年增加。在 2018—2019 学年，入学阶段的参与者人数增加到 542 人，其中来自俄罗斯联邦 30 个主体的 57 名儿童参与到了最终阶段。自 2018—2019 学年以来，俄罗斯高中毕业生有机会参加国家统一考试的汉语科目考试，通过后可以有机会进入俄罗斯大学。2019 年一共有 289 名考生，其中莫斯科(99 人)和圣彼得堡(24 人)报名人数领先。报名人数最多的边境地区依次是阿穆尔州(20 人)、外贝加尔边疆区(20 人)、滨海边疆区(15 人)和哈巴罗夫斯克边疆区(13 人)。其他地区报名汉语考试的人数不超过 10 人。

2019 年，来自俄罗斯联邦 33 个主体的 182 人参加了汉语国家统一考试。在学习外国语言方面进行双边合作的重要平台有中国教育组织的俄罗斯语言中心和俄罗斯教育组织的中国语言中心和孔子学院。根据 2019 年的数据显示，俄罗斯有 19 个孔子学院和 5 个孔子学院办事处。在中国开设了 35 个俄语和俄罗斯文化中心。在 236 个教育机构中教授汉语，而在俄罗斯，据统计，在 230 个教育机构中学习汉语的学生总数为 2.6 万人。

由于新型冠状病毒肺炎(COVID-19)的原因，在 2020 年，文化交流和教育领域的许多活动被叫停、禁止或取消。这种情况可能会持续到 2020 年年底，而且似乎都没有恢复的迹象。

四、中俄教育合作出现的问题

(一) 学生吸收

如果每年俄罗斯和中国大学的中俄翻译学专业的毕业生都增加 4 万人，那么在不久的将来，将出现这些专家的聘用问题。根据研究结果(SmirnovaL. Op. cit)，已经在中国大学接受培训的俄罗斯和其他欧亚国家的学生，认为自己在中国学习中文很好，感受到了丰富的学习体验与相对较弱的就业前景（与预期相比）的不协调[6]。换句话说，在中国读书的留学生对受到的教育非常满意，感觉会有光明的前途，但是毕业之后在就业时会出现问题，这让他们感到失望，因为同类就业的人数太多，竞争太过激烈。学术交流的目的不仅是要了解该国的语言和文化，而且还应长期改善参与者的职业前景，提高参与者的职业竞争力[7-8]。众所周知，西方国家的教育体系的吸引力在很大程度上与美国和欧洲文凭的威望有关，为就业提高了极强的竞争力。在中国的俄罗斯学生中，除了专业的语言学习以外，对人文科学的兴趣与日俱增（与外语学习无关），对自然科学、技术和工程学的兴趣也日益浓厚。学习过这些专业的留学生可以用俄语或中文授课，也可以用英语授课。同时，它与掌握本国语言并不矛盾，而是与简单语言学习者相比更进一步。此外，非语言专业的研究在科学和创新项目领域具有更大的发展潜力。

（二）教师和研究人员吸收

吸引外国教师和研究人员比吸引外国学生要艰难得多。这归因于许多客观和主观因素：大学对外国雇员的开放性；外国人准入劳动力市场标准；影响科学和教育机构的工作准入标准，学术合作的政治和地理优先原则；国家和国际学术人员之间的潜在竞争以及高额的补贴费用（与学生相比）。在中国，来自海外的教授和研究人员必须获得工作许可。根据外国专家局的数据，每年向外国专家发放这种许可证约 50 000～60 000 份。截至 2016 年，在中国有 961 名俄罗斯人作为外国专家为中国工作。其中 810 人受雇于教学领域（主要是俄语老师），151 人受雇于经济和技术领域。俄罗斯专家仅占在中国工作的外国专家的人数的 2%。在中国一流大学中，通过竞争性招聘教师的机构，使中国公民和外国公民在进入长期工作的资格标准方面享有同等地位（全职教师）。中国政府计划在领先的高等教育机构中提高国际竞争力水平，据统计，目前有 39 所“985 工程”的大学在列。尽管开放程度很高，但很少有俄罗斯公民在中国大学工作。这首先是由于中国大学在政治和地理上的定位符合在美国的科学和高等教育领域公认的世界领导者的主要标准，其次是由于俄罗斯相对于全球学术环境相对孤立。一个单独的问题是将俄罗斯博士学位置于与西方 Ph.D.学位或中国“博士”相当的地位。

与西方 Ph.D.学位或中文“博士”不同，在俄罗斯获得博士学位并不意味着在高校可以获得副教授等更高的职位。俄罗斯博士的学历和学位是分开授予和进行答辩的，这也影响了俄罗斯高等教育对国际学生的吸引力，俄罗斯的教育体系也不完全和中国以及其他欧美国家相同。在拿到硕士学位之后，学生可以考取感兴趣的大学或者课题组进行更深入的研究和学习。博士研究生学制一般为三年，三年期满后，通过三门博士候选人考试和国家考试以及有一篇发布的学术文章，即可以参加毕业答辩，毕业答辩通过后，可以获得博士研究生毕业证书。只有获得博士研究生毕业证书的博士生才有资格申请博士学位答辩，申请的前提是申请人在业界学术期刊发表超过三篇以上学术文章，并且学位论文有足够的成果。在俄罗斯并不是所有的高校都有本专业的学术答辩委员会，他们要找到接收答辩的答辩委员会，在递交申请同意后，才能完成论文答辩通过毕业答辩后再通过三门考试，在业界知名杂志上发表三篇论文，完成论文及答辩之后就可以拿到博士学位（这就相当于美国的博士学位,即 Ph.D.)。

拿到博士学位的博士可以继续在本校或者其他学校进行研究和学习,通常为 2～4 年。在这期间,如果该学生取得了重要研究成果,并且发表相应数量的具有国际影响力的学术文章,就可以得到大博士学位(Doctor of Sciences)。在俄罗斯,从初级博士学位到大博士学位需要大概 10 年时间,因此,大部分刚毕业的博士都已经 40 岁,而且只有 25%的初级博士最终能够取得全博士学位。

初级博士学位一般可以担任大学的助教或者科学院的研究员。全博士学位可以担当教授或者实验室的带头人。高级学位的颁发是由俄罗斯教育科学部(Higher Attestation Commission)的高等鉴定委员会(Higher Attestation Commission)来承担的。

对于学术论文的发表,中俄高校也有不同的要求,例如,在俄罗斯最通用和认可的数据库为高等鉴定委员会(Higher Attestation Commission)清单中的出版物,"Scopus""Web of Science"。而在中国最常用学术数据库是被"Web of Science""Chinese Science Citation Database"(CSCD),"Chinese Social Sciences Citation Index"(CSSCI)等系统收录的学术期刊。

中俄两国在学术数据库的选择方面有很大不同,俄罗斯的学术数据库中的"大多数文献也以俄语为基础,只有部分期刊是用英文出版的,这也导致两国间的学术成果无法高效的转换和互认,这导致在未来合作上也会有很大的困难。

(三) 合作办学大学

高等教育和科学国际化的新趋势已成为一种潮流,顶级大学、联合大学和研究中心纷纷在外国创立新的校园。在世界范围内,这一过程的主要参与者是耶鲁大学(耶鲁大学校园—新加坡国立大学学院)、纽约大学(纽约大学阿布扎比分校和上海纽约大学)。在俄罗斯,莫斯科国立大学是该领域的领导者,在亚美尼亚、阿塞拜疆、哈萨克斯坦、塔吉克斯坦和乌兹别克斯坦设有分校。莫斯科国立大学还是第一家向中国提供国际教育项目的俄罗斯大学。

第一所在中国开设的外国人学联合大学是宁波诺丁汉大学,第一所中国大学在国外设立的分校是厦门大学马来西亚分校。

联合大学和研究中心与针对学生和教授的传统交流计划之间存在根本差异。联合大学意味着他们的毕业生将获得双重文凭,并且将来还有联合科学研究机会。基于此,联合大学和研究中心有可能成为深化学生和研究与教学交流发展的利基市场。但是,由于中国教育制度的特殊性,雄心勃勃的项目的实施可能会面临严重的技术难题。

首先,中国在高等教育领域的政策目前并不允许建立外国大学分支机构,而只能与中国机构合作伙伴开展联合项目。同时,分校不仅在名称和法律地位上,而且在其教育计划方面都与联合大学不同。可以说,中方极有可能坚持为联合大学制定专门课程。

其次,俄罗斯的教育吸引力不仅次于西方教育,而且不如中国领先的公立大学的教育。在中国,即使是与西方领先的大学合作,联合大学的录取分数也低于中国领先的公立大学。

第三,在联合教育项目中,教学和交流的语言问题非常严重。由于俄语和汉语的客观复杂性，对于绝大多数人来说，对其进行足够数量的研究以用作一种特殊语言是非常困难的。既然在当今世界，英语是绝大多数领域中科学信息最多的国家，那么一个寻求掌握专业知识的学生，必然会问一个问题：花时间学习俄语或汉语值得吗？

第四，在建立联合研究中心时，资金问题非常严重。清华—卡内基全球政策中心(Carnegie-Tsinghua Center for Global Policy)、清华—布鲁金斯公共政策研究中心(Brookings-Tsinghua Center for Public Policy)、法国现代中国研究中心(French Centre for Research on Contemporary China)是运作最成功的中国西方研究中心。法国现代中国研究中心位于香港。从法律上和组织上来讲，在香港开设此类中心比较容易。尽管这些研究中心的融资细节尚未被披露，但必须假定中方期望至少有一部分来自外国机构合作伙伴的稳定联合融资。

五、结论与建议

从上述情况看，在中俄两国之间建立多层次外交的新局势下，中俄高等教育合作项目在办学过程中依然存在不少障碍。因此，结合当前的两国实际，应从生源、师资力量、项目合作三方面，构建中俄教育合作交流体系，科学稳步引导两国高等教育合作办学与交流、促进"一带一路"建设、推动两国高等教育改革与发展。鉴于此，提出以下建议：

(一) 必要的生源

为了促进中国、俄罗斯学生相互交流，有必要：

- 将重点从学生和培训计划的数量转移到质量；
- 重点吸引学生学习非语言(自然科学，技术，工程等)专业；
- 拓宽教学语言——将俄语、中文、英语进行搭配教学；
- 提供长期和短期交流项目；
- 更加注重为毕业生提供就业岗位，开放劳动力市场、吸引人才。

(二) 必要的师资力量

为了促进中国、俄罗斯的教师和研究人员相互交流，有必要：

- 鼓励两国科研人员建立合作关系，以进行联合项目开发与研究；
- 为两国研究和教育机构中的研究人员提供短期和长期就业机会；
- 为教师和研究人员的项目提供科研经费、奖金。

(三) 必要的合作机制

为了发展中俄联合大学和研究中心，有必要：

- 为俄罗斯现有项目提供优先支持；
- 在中国确定一个有声望的合作伙伴，与之建立互动关系，实现有限资源的效用最大化；
- 在选择中国合作方时，首先要考虑其声望和地位，再考虑合作区域的地理因素和经济状况；

- 吸引说英语的俄罗斯及中国科研人员，鼓励将英语作为第一教学、交流语言；
- 考虑到俄罗斯和中国之间的文化差异，在教育计划和标准方面要保持灵活、可调控。

参考文献

[1] Project Atlas, UNESCO [DB]. https://www.iie.org/en/Research-and-Insights/Project-Atlas/Explore-Data/Infographics/2019-Project-Atlas-Infographics, 2019.

[2] Project Atlas UNESCO [DB]. https://www.iie.org/en/Research-and-Insights/Project-Atlas/Explore-Data/Russia, 2019.

[3] Kuzminov Y, Frynin I, Russian Education: Achievements, Challenges, Prospects[M]. Moscow: Higher School of Economics Publishing House, 2019.

[4] 2014 年来华留学生近 38 万人中国成第三大留学生输入国[R].光明日报.[2020-09-17].http://news.gmw.cn/2015-04/07/content_15297613.htm.

[5] Arefiev A, Sheregi F. Education of foreign citizens in higher educational institutions of the Russian Federation[G]. Satistical Compilationo 12, Ministry of Education and Science of the Russian Federation, Center for Sociological Research, Moscow, 2018.

[6] Smirnova L. Scientific and educational cooperation - the basis of the innovative model of relations between Russia and China[R]. Russian Council for international affairs, 2016.

[7] Yun S H. Does Student Exchange Bring Symmetrical Benefits to Both Countries? An Exploration Case for China and Korea[J]. International Journal of Communication, 2015(9):710-731.

[8] Snow N, Taylor P M Routledge, Scott-Smith G. Exchange Programs and Public Diplomacy[M]//Handbook of Public Diplomacy.N.Y., London: Routledge, 2008:50-56.

学科差异对大学通识课程学习的影响

——基于同济大学通识教育的学情调查

张艳霞　朱晨晨　郑小金　段永瑞

（同济大学经济与管理学院）

摘　要：通识教育致力于学生发展，是大学教育质量的一个重要保证。基于对同济大学295名本科生的调查数据，按照理工科和人文社科的学科分类，对大学英语、高等数学和思想政治三门通识课程学习情况进行分析。结果表明，不同学科类型的学生在大学英语、高等数学和思想政治课程的学习上均存在差异。这种差异主要来源于不同学科文化对学生的影响，同时学生和教师的个体差异也会起一定的影响作用。为了更好地提高大学通识课程教学质量，可以从学生、教师、学校三个角度进行大学通识课程改进。
关键词：大学生；通识课程；学科差异

Abstract: General education, committed to student development, is an important part of university education. Based on the survey of 295 undergraduates from Tongji University, this paper analyzes the learning situations of three general education courses, namely, college English, higher mathematics and politics, according to the discipline classification of science and engineering and humanities and social sciences. The results show that there are differences in the study of college English, higher mathematics and political courses. These differences mainly arise from the impact of different discipline culture on students, and the individual differences between students and teachers play a role as well. In order to upgrade the quality of university general education courses, the university general education courses can be improved from the perspectives of students, teachers and college.
Keywords: undergraduates; general education; disciplinary differences

一、引言

高等教育一直是社会的关注重点，高等教育质量关乎一个国家的未来发展。大学是高等教育的核心组织，是知识与人才的聚集地。[1]通识教育作为一种教育理念深受各国高校重视，1945年哈佛大学《自由社会的通识教育》红皮书指出，通识教育致力于把学生培养成全面发展的人，即拥有思考的能力、开阔的视角和健全的人格[2]的人。大学里开设的通识课程则是通识教育理念的贯彻，也是大学教育质量的一个重要保证。在通识教育理念里，学生除了掌握本专业基础知识外，还需要融会贯通主要社会领域的知识点，形成全面综合的知识体系和世界观。[3]通识课程作为专业课之外的基础教育课，通过教授基础性知识，帮助学生拓宽视野，培养良好的思维方式与思辨能力，通识教育也正成为国内高校“双一流”建设的重要内容。[4]

学科是大学的一个“独特和主要的特征”[5]，学科对学术研究、教师教学和学生学习会产生强烈影响，系统化的学科研究对于高等教育的发展与治理至关重要[6]。但是，目前有关学科差异对学生影响的研究基于不同的学科分类和评价维度，学者们得出的结论并不完全一致[7]。聚焦于具体的通识课程来分析学生的学习情况，能够更加直观地表明学科差异，从而使研究结果对通识教育改革更具有参考意义。

因此，本文以同济大学 295 名本科生为调查对象，选取大学英语、高等数学和思想政治（以下分别简称为英语、高数、思政）三门具有代表性的大学通识课程，从学科差异这一角度研究不同学科类型的学生在这三门通识课上的学习情况并分析其原因，进而提出大学通识课程的教学改进建议。

二、文献综述与研究设计

(一) 关于学科分类的研究

学者们已经从多维度对学科分类进行了研究，其中被广泛采用的主要是以下几种：用简单二分法，依据研究人员是否涉及其他学科而将学科分为限制性学科和非限制性学科[8]；20 世纪 70 年代，比格兰[9]从三个维度划分学科，分别是学科范式（硬科学和软科学）、对实际应用的关注（应用科学和纯科学）、自然和社会之间的差异（生命系统和非生命系统）；科尔布[10]采用相似的方法将学科分为四种类型，即强调抽象—理论探讨的纯硬科学、强调抽象—积极应用的应用硬科学、强调具体—积极应用的应用软科学，以及强调具体—理论研究的纯软科学；托尼 · 比彻等进一步将四种学科的特点进行了概括总结，指出学科文化之间存在的差异会带来认知思维方式的差异[11]。

(二) 关于学科差异的研究

不同的学科文化会对学生在校期间的表现产生影响，包括学生的学习态度、学习行为和学习成果等。罗森伯格和霍夫兰德提出了态度的 A-B-C 三维结构模型，即态度包含情感倾向、行为倾向和认知倾向三个维度，由此可知学习态度是学生对所学内容的一种情绪反应，并影响学生的行为[12]。学习动机包含“实现目标的行为和在相应的活动中表现出的积极愿望”，体现大学生对于课程的重视程度。学习投入是指学生在学习活动中付诸的时间、精力，和学校为促进学生学习提供的支持性条件[13]。阿斯汀[14]和廷托[15]等研究的大学影响力模型都表明学习投入是影响学生在校期间发展的重要因素。理查德森[16]认为课堂体验反映大学生对于课堂教学环境的综合感知，这种感知和评价与学生的学习方式是双向影响的，正向的课堂体验会带来积极的学习方式，而负向的课堂体验会带来消极的学习方式。

在学习态度上，布林特等[17]基于加州大学系统中八个本科校园的数据，将学生划分成理工科和非理工科，从学习态度、学术参与等进行对比分析，发现研究型大学中不同学术专业的学术文化会对学生产生重要影响。贝尔迪[18]等以明尼苏达大学的学生为研究对象，通过大学和大学环境量表调查发现不同学生对学习的感知与期望不一致，学生的学术成就也存在学科差异。

在学习动机上，布林等[19]通过调查历史、人类学、地质、食品科学和营养、教育学等专业的学生，来解释学习动机在标准大学学业成果的评估中的作用。提出对于不同学科专业的学生，应当有针对性地提高其动机水平，以促进其学业成功。尹洪彪等[20]通过聚类分析将学习动机与参与度分成适应性动机、适应性参与、适应不良的动机和适应不良的参与四个高阶因子，发现不同因子与学科类型、大学类型存在显著的交互效应。陈鑫等[21]基于南京大学通识教育的学情调查，发现通识课堂中不同学科的学生在学习动机、学习行为上存在显著差异。

在学习投入上，富勒等[22]研究发现学习投入正向预测学生的学习成果，负向预测学生辍学率。坎特韦尔等[23]对加州大学 21014 名大学生的学习时间进行了回归分析，结果表明工程学科学生进行学习的时间要显著多于人文社科类的学生。匹克等[24]发现在人格特性—环境模型框架下，学生的思维投入和课程努力都与学习成果显著正相关，而协作学习、师生互动与学习成果之间的关系更为复杂。汪雅霜等[25]使用多层线性模型来探讨学习投入度对学习收获的影响，发现在同伴互动因子、主动学习因子、师生互动因子、深层认知策略因子和学习热情因子中，同伴互动因子对学习收获的影响最大。

在课堂体验上，有研究发现硬学科通常采用以教师为中心的教学方法，课堂教学侧重概念、事实，学生花费大量的时间在实验操作和理论知识的获取上[26]；软学科通常采用以学生为中心的教学方法，侧重沟通与交流，课堂上师生之间会展开丰富的讨论，活跃的课堂气氛与教学风格极大地减少了学生注意力的流失。诺伊曼[27]发现软学科知识的不确定性会引起更多的讨论与交流，因而学生的课堂参与度更高，这也与斯蒂芬妮等[28]的研究结果一致，文科学生比其他学科的学生感知到更多的师生交流和以学生为主的课堂讨论[29]。有研究表明，课堂参与度会对学生在校期间的发展产生直接或间接的影响[30]，课堂环境影响学生的学习方式，建立鼓励深度学习的课堂环境有助于提高学生的学习质量[31]。

学者们已经基于不同的学科划分方法对学科差异做了大量研究，总体来说一个比较统一的观点是学科差异主要出现在软硬学科上，或者称作人文社科和理工科。因此，本文采取此种学科分类，将文学、法学、经济学、管理学等学科专业统一简称为“人文社科”，其余的工学和理学学科专业统一简称为“理工科”，在此基础上展开学科差异对大学通识课学习影响的研究。

（三）研究设计

学习态度和学习动机体现学生对于课程的情感倾向，学习投入体现实际付出程度，课堂体验则体现学生对于课程的综合评价。因此，本文基于问卷调查的数据，从这四个维度来对比分析理工科和人文社科大学生的通识课学习情况。

本次研究采用线上问卷方式，以同济大学部分本科生为调查对象，一共收集到 295 份有效问卷。问卷设计了两个版本，将参与调查的学生按照专业划分为理工科和人文社科两个类型。问卷一《学科差异对高数及英语学习的影响》共设置 12 个问题，包含 11 个单选题和 1 个多选题。问卷二《学科差异对思政课学习的影响》共设置 13 个问题，包含 9 个单选题和 4 个多选题。问卷一共回收有效问卷 152 份，其中理工科 84 份，占被调查人数的 55.26%；人文社科 68 份，占被调查人数的 44.74%。问卷二共回收有效问卷 143 份，其中理工科 68 份，占被调查人数的 47.55%；人文社科 75 份，占被调查人数的 52.45%。

在数据处理上，主要利用 SPSS 21.0 对问卷数据进行了单因素方差分析和多元有序 logistic 回归分析 ($\alpha = 0.05$)。

三、调查结果与分析

(一) 英语

由表 1 可知，在学习态度和学习投入上，理工科学生和人文社科学生得分均接近，而人文社科学生的英语成绩要高于理工科学生。单因素方差分析的 P 值表明，理工科和人文社科的学生在学习态度和学习投入维度上不存在差异，但英语成绩存在显著差异。

表 1　　理工科和人文社科学生英语学习情况的单因素方差分析

	理工科	人文社科	P
学习态度	1.27	1.29	0.840
学习投入	0.61	0.59	0.815
英语成绩	3.62	4.04	0.033

在学习态度上，被调查的理工科和人文社科所有学生中，“很重视”英语学习的学生人数占总人数的 36.8%，仅有 8.6%的同学“不重视”英语学习，54.6%的人持中立态度。对理工科和人文社科学生进行单独分析，两个学科类型的学生对英语的重视程度基本分布一致，“很重视”英语学习的学生比例均超过了 1/3，而选择“不重视”的学生人数占据最小比重，分别为 9.5%和 7.4%，说明理工科与人文社科学生都重视英语学习。

在学习投入上，被调查的理工科学生中 60.7%的人会阅读课外的英语报纸、英语书籍，并有观看外文影视剧的习惯，被调查的人文社科学生中 48.8%的人有同样的通过课外阅读提升英语能力的习惯。

对于英语成绩的差异，根据调查结果与文献研究，本文认为原因主要在于不同学科背景下各解释变量对英语成绩的影响存在显著差异。一方面，人文社科类学生的英语水平总体上更高一些，调查人群中包括英语、国际贸易等一些入读需要较高英语水平的专业；另一方面，英语成绩受到专业环境的影响。基利恩等的研究结果表明，理想性学习成果的获得除了需要学生自身的努力与积极参与外，还需要支持性的学习环境。本研究被调查人群中有 60%以上的学生表示在学习英语时会受到学院/专业/同学的影响，人文社科的部分专业会使用英文授课，学生的英语学习环境要强于理工科学生。

在学习动机上，被调查的理工科和人文社科学生中，“个人技能培养”(58.6%)、“学校课程需要”(56.6%)、“未来职业需要”(53.9%)和“四六级等证书考取”(47.4%)占据了较大比重。按照理工学科和人文社科的学科分类来看(图1)，这四项动机依旧排名靠前。但区别于总体的排名顺序，理工科学生将“未来职业需要”排在第二位、“学校课程需要”排在第三位，且前三项的比重均低于人文社科学生，但理工科学生的“四六级等证书考取”比重高于人文社科学生。相对来说，理工科学生在学习英语的动机上更加倾向于个人技能的提升和就业导向。“丰富课余生活”和“对语言的热爱”在理工科和人文社科的学生选择中均排在末位，表明当下大学生的英语学习动机更多地来自课程要求和个人未来发展需求，如何将英语真正培养成学生的兴趣爱好并以此来强化学生的学习动机是今后的英语教学应该关注的问题。

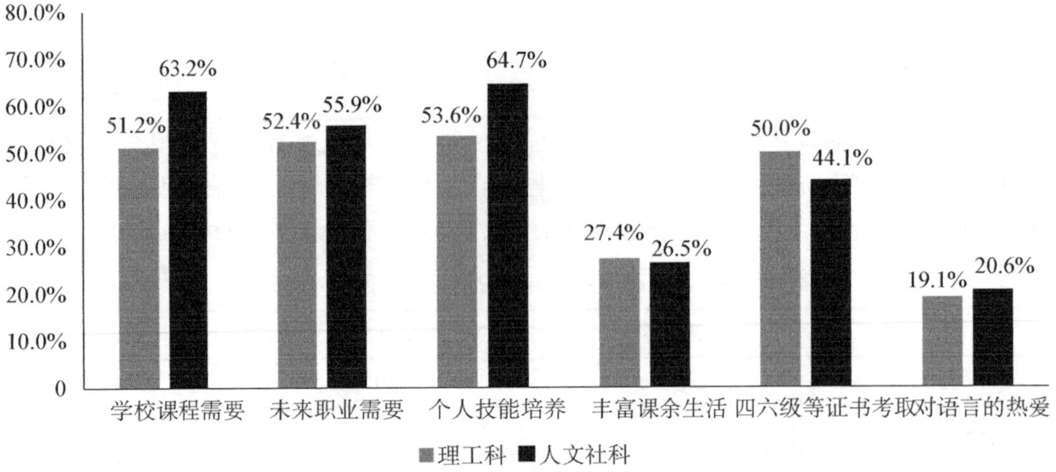

图1　理工科学生与人文社科学生的英语学习动机对比

(二)高数

由表2可知，在学习态度和学习投入上，理工科学生的得分均高于人文社科学生，而人文社科学生的高数成绩①要高于理工科学生。单因素方差分析的 P 值表明，理工科和人文社科的学生在学习态度和学习投入维度上有显著差异，而高数成绩不存在差异。

表2　理工科和人文社科学生高数学习情况的单因素方差分析

	理工科	人文社科	P
学习态度	2.02	1.69	0.017
学习投入②	1.89	1.50	0.027
高数成绩	3.21	3.53	0.119

在学习态度上，理工科学生“预习＋上课听讲＋复习”“上课听讲＋复习”的人数比例之和高达81%，明显高于人文社科学生的61.8%，而“上课只是听听而已”的比

例为 10.7%，显著低于人文社科学生的 30.9%。相对而言，理工科学生的高数学习态度优于人文社科学生。理工科研究内容偏向公式的运用、自然规律的探索等，数学知识应用频繁，对数学能力要求也较高，这就使得理工科学生面对高数学习时保持着认真严谨的态度。人文社科相对来说对数学能力的要求较低，学生对于高数的重视程度不如理工科。

在学习投入上，理工科和人文社科学生在学习高数的时长方面存在较大差别。理工科学生每周学习高数“超过 5 小时”的比例为 31%，而人文社科只有 17.6%；1/3 的人文社科学生每周的高数学习时长为“几乎没有”，是理工科学生(15.5%)的两倍。

阿斯汀[32]的学生参与理论(Student Involvement Theory)表明学生在教育活动中投入时间越长，付出的精力越多，得到的回报越大。依据这一理论和收集到的问卷信息，本文选取高数成绩(Y)作为因变量，学习时长 (X_1)、学科类型(X_2) 为自变量进行分析。

因问卷数据中高数成绩属于有序多分类变量，所以本文采用多元有序 logistic 模型进行回归分析③。

表 3　　自变量、因变量赋值

变量名	赋值
学生专业	1:理工科　2:人文社科
学习时长(周)	1:几乎没有　2:0～3 小时　3:3～5 小时　4:超过 5 小时
高数成绩	1:(0—1]　2:(1—2]　3:(2—3]　4:(3—4]　5:(4—5]

符号定义：

$P(Y=j)$ 为高数成绩为 j 的概率，其中 $j=1$、2、3、4、5；

$\dfrac{P(Y=j)}{P(Y=j)}$ 为高数成绩为 j 对高数成绩为 5，即高数成绩为(4－5] 的比率(简写为 OR 值)；

$P(Y\leqslant j)$ 为累积概率，即高数成绩为 j 及低于 j 的概率之和。

则模型可定义为

$$\ln\left[\frac{P(Y\leqslant j)}{1-P(Y\leqslant j)}\right]=\alpha_j+\beta_1X_1+\beta_2X_2+\mu$$

其中，μ 为随机误差项，代表模型以外的随机影响因素。

表 4　　高数成绩与影响因素的多元有序 logistic 回归分析④

变量	β 值	Wald	P 值	OR 值(95%CI)
反应变量 Y:高数成绩				
(0—1]	−3.260	51.527	0.000	0.038(0.016，0.093)
(1—2]	−2.490	35.290	0.000	0.083(0.036，0.189)
(2—3]	−1.080	8.108	0.004	0.340(0.162，0.714)

(续表)

变量	β值	Wald	P值	OR值(95%CI)
(3—4]	0.287	0.597	0.440	1.333(0.643, 2.760)
解释变量 X_1：学习时长(周)				
几乎没有	−1.354	9.406	0.002	0.258(0.109, 0.613)
0~3小时	−1.062	4.021	0.045	0.346(0.122, 0.976)
3~5小时	−0.910	5.673	0.017	0.403(0.191, 0.851)
超过5小时				
解释变量 X_2：学科类型				
理工科	−0.671	4.718	0.030	0.511(0.279, 0.937)
人文社科				

所以多元有序logistic回归模型为：

$$\ln\left[\frac{P(Y\leqslant 1)}{1-P(Y\leqslant 1)}\right]=-3.260+1.354X_{1X_1=1}+1.062X_{1X_1=2}+0.91X_{1X_1=3}+0.671X_2$$

$$\ln\left[\frac{P(Y\leqslant 2)}{1-P(Y\leqslant 2)}\right]=-2.490+1.354X_{1X_1=1}+1.062X_{1X_1=2}+0.91X_{1X_1=3}+0.671X_2$$

$$\ln\left[\frac{P(Y\leqslant 3)}{1-P(Y\leqslant 3)}\right]=-1.080+1.354X_{1X_1=1}+1.062X_{1X_1=2}+0.91X_{1X_1=3}+0.671X_2$$

$$\ln\left[\frac{P(Y\leqslant 4)}{1-P(Y\leqslant 4)}\right]=0.287+1.354X_{1X_1=1}+1.062X_{1X_1=2}+0.91X_{1X_1=3}+0.671X_2$$

分析表4可知，理工科的*OR*值是0.511，意味着在调整学习时长的情况下，理工科得到高绩点的可能性是人文社科学生的0.511倍。这说明，人文社科学生的高数成绩更高。考虑到本科高数教学分为A、B、C、D四个等级，难度依次有所降低。理工科学生一般学习A、B两个难度较高的等级，而人文社科一般学习C、D两个难度较低的等级，部分专业学习高数B。两学科类型对于高数的学习内容不同，成绩比较应再结合试卷难度等进一步分析。

同样，学习时长“几乎没有”的*OR*值是0.258，意味着学习时长“几乎没有”的学生得到高绩点的可能性是学习时长“大于5小时”的学生的0.258倍。观察表4可知，*OR*值随着学习时长的增加而增加，说明学习高数的时间越多，越可能取得好成绩。这也与费约托弗特等[33]的研究结果一致，时间投入是取得良好成绩的基础。

在学习习惯上(图2)，“自己查找资料”的解决困难方式在理工科(50%)和人文社科(41.2%)均占据了最大比例，剩下的解决困难方式在两类学科中的分布比例也差别不大。说明在高数的学习习惯方面，理工科学生和人文社科学生都倾向于自己解决困难，其次是与外界进行沟通交流。

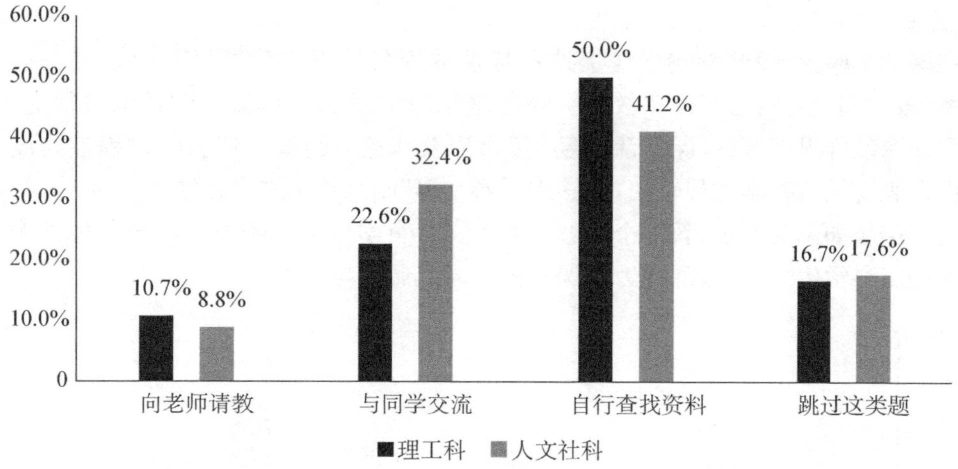

图 2　理工科学生与人文社科学生在高数学习中遇到困难时的解决方式对比

(三) 思政

由表 3 可知,在学习态度和学习投入维度上,理工科学生的得分均低于人文社科学生。单因素方差分析的 P 值表明,理工科和人文社科的学生在学习态度和高数成绩方面不存在差异。

表 5　理工科和人文社科学生思政课学习情况的单因素方差分析

	理工科	人文社科	P
学习态度	4.81	5.03	0.386
学习投入	4.70	4.97	0.235

在学习态度上,理工科学生对思政类课程持积极态度的比例高于人文社科学生,选择"积极接受并理解老师讲授的课程"选项的理工科学生占比 47.1%,人文社科为 32.0%。有超过一半的人文社科学生选择了"上课马虎听,考前突击"。在被调查的所有学生中,仅有 16.0%的学生表示对思政课很感兴趣。"专心听课,认真做笔记"的学生比例在理工科和人文社科均占比不高,而"学习其他科目,做其他科目作业"和"做其他与学习无关的事"这两项的比例之和分别达到了 55.9%和 66.7%。

通过以上分析可发现,理工科和人文社科均存在较高比例的学生对思政课有消极抵抗情绪,并且思政课的学习态度和思政课的课堂行为呈现出一定的相关性。思政课更多侧重于思想、政治、道德等理论的教学,内容理论性强,难以激发学生的兴趣,使得学习热情不高,态度消极。

在学习投入上,被调查的学生中,27.9%的学生会"经常看"政治类新闻,51.1%的学生表示"偶尔看",15.4%的学生"看的不多",有 8 名学生"几乎不看"。在调查了解政治的渠道方面,94.4%的学生会"上网浏览"相关内容,25.9%的学生通过阅读"书籍或报刊"来了解时事政治,27.9%的人表示会经过"周围人的传播"了解到国家大事。

在问及"对两会及十九大相关内容是否了解"时,人文社科学生"很熟悉"及"基本了解”的人数比例明显高于理工科学生。

在课堂体验上，探究影响学生上课积极性的因素可以为后续思政课改进提供支持。我们将“教材知识对自己有用”“教材生动有趣”归为课程内容因素，将“任课教师上课幽默风趣”“任课教师思想开放，课堂活跃度高”归为教师魅力因素，将“教学过程参与度高，可以自由发表意见”“教学过程轻松，能够观看影片等”归为教学方式因素。

调查结果如图 3 所示，教师个人魅力对人文社科学生的影响力远大于其他两个因素，而对于理工科学生来说，教师魅力和课程内容对其影响均较大。

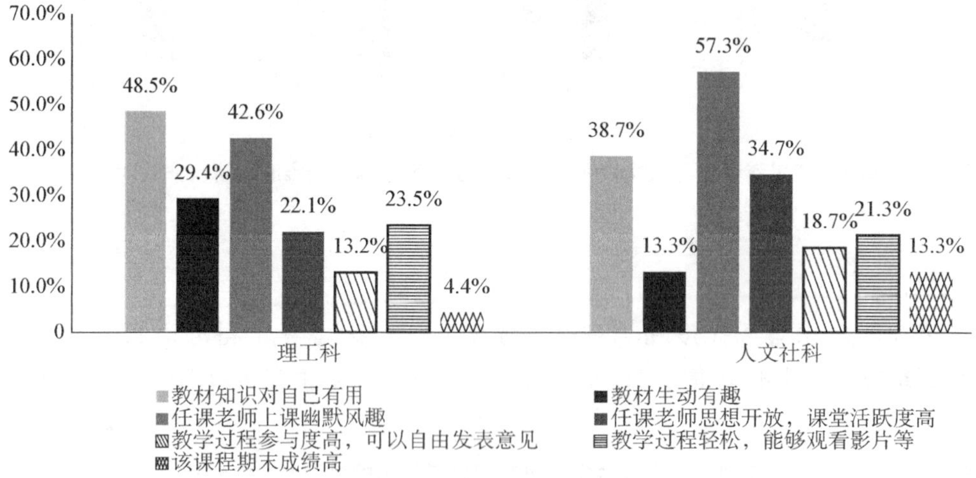

图 3　理工科和人文社科学生思政课吸引力因素对比

在被调查的学生中，理工科学生和人文社科均有超过一半人数的学生对思政课持消极态度，进一步研究可发现“学习动力不足”“学习目标模糊”是思政课学习中的两大障碍。对于人文社科部分学生来说，思政课内容与所学专业存在一定的相关性，如国际政治、马克思主义哲学等，这部分学生对于思政课内容敏感度更高，学习目标也更加明确。对于其他专业的学生来说，由于思政课内容与所学专业重合度很小，会导致他们在学习过程中降低对思政课的重视程度，在学习态度、学习投入等方面都不如其他的通识课程。这也反映了当前思政课内容教学与目标引导存在一定的不合理性。

由图 3 可以发现，教师魅力因素是主要影响因素。人文社科由于其专业特性，教学内容比较开放，没有固定的答案，因此师生交流频繁密切。而理工科研究内容偏向严谨的公式与有规律的自然现象等，学生在学习过程中更倾向于获取理论知识。但在问卷二“您认为影响学生对待思政类课态度的因素有”这一问题中，理工科和人文社科学生都将“老师的教学方法”排在了首位，说明改进教学方式是增强学生学习思政类课程的动力的重要着力点。

四、结论与建议

（一）研究结论

对于英语学习，理工科和人文社科的学生都较为重视，但研究发现学生的学习动机主要来源于课程要求和未来的职业发展需要，个人兴趣促成的学习动机占比最小。两个学科类型的学生都拥有良好的英语学习习惯，但英语成绩存在差异，人文社科的学生英语成绩更高。

对于高数学习，理工科学生的高数学习态度优于人文社科学生，遇到困难时学生都倾向于自己解决问题，其次才是与老师沟通。理工科学生的高数学习时间多于人文社科，但高数成绩低于人文社科学生，多元有序 logistic 回归分析表明高数的学习投入与学习成绩呈正相关。而学科类型与高数成绩的相关关系则需要引入更多的解释变量来进一步分析。

对于思政学习，理工科和人文社科学生的学习态度和课堂表现都较为消极，人文社科学生对于时事政治的了解度要高于理工科学生。教师个人魅力对人文社科学生的影响力远大于其他因素，而对于理工科学生来说，教师魅力和课程内容对其影响均较大。

（二）研究建议

1. 学生要加强自我管理，提高学习积极性

大学的学习自由度较高，“学什么”“怎么学”是每个学生都会面临的问题。不同专业学生的学习环境、学习目标均有所不同，学生应该根据专业需求和自身的实际情况制定目标、合理规划，并根据阶段的不同、目标的变化不断进行调整，这样才能最大程度地挖掘自己的潜能。大学开放的教学环境、丰富的教育资源为学生提供了广袤的交流空间，学生平时应勤于思考，对于所学知识不应只停留在表面的概念记忆，而应该进行探索性的深层学习，在理解的基础上深入探究知识的内在含义，深入学习相比于表层学习能够带来更好的学习效果。

大学开放的教学环境一方面给予学生极大的自主权利，一方面也构造了惰性的温床。大学生应该加强自我管理，做好时间规划，在参与丰富多彩的校园活动的同时，要明确自己的主要目标是学习知识和锻炼能力。通识课程作为公共基础课，是对专业课程的补充，每一门课都应该被认真对待。只有深入地理解了基础知识之后才能更好地学习和运用专业知识，从而为以后的人生发展打下坚实的基础。

2. 教师要丰富教学形式，加强师生互动和课堂体验

学习兴趣会影响学生学习过程中的态度和投入，兴趣有助于提高学习的效率和效果。教师需要灵活选择与使用适当的教学方法，注重理论知识与实际应用的结合，丰富教学形式。中国大学教学的特点多是以教师为中心，长期缺乏培养学生的独立性。在许多情况下，教师有权决定教学的内容和过程，学生作为教学的接受者，只需要遵循教师的指导。因此，教师平时要注重师生交流，把握学生的学习进度与成果，使师生之间形成良好的沟通反馈机制。

本次研究发现，理工科学生相比于人文社科学生，对于师生互动的感知度和课堂参与度不高。因此，理工科的教师可根据教学内容调整教学方式，有意识地采取含有激励的教学策略和参与艺术，在现有的专业参与文化的基础上进一步通过小组讨论和其他方式加强课堂互动，提高学生上课的参与程度。

3. 学校要加强通识教育，完善课程管理制度

通识教育有利于学生培养良好的思维方式、掌握基础性学习方法，针对学科特性开展不同的公共基础课对于提高学生的综合素质具有重要作用。通识课程帮助学生拓宽视野，掌握专业课外的知识，构建一个更加全面的知识体系，为未来的职业与人生规划提供价值源泉。

为提高通识课程的教学质量，学校可以将通识课程纳入教学质量评估体系，对任课教师的教学情况进行定期检查评估，引导教师教学与科研并重，督促教师主动提高教学水平，高绩效的教学是高等教育质量的一项重要保证。同时，进一步探索通识课程的考核方式和对学生行之有效的激励体制，既能提高学生的学习兴趣，又能检验学生的学习成果，以此创建良好的通识课程体验，提高教学成效。

五、不足与展望

本次研究的主要不足来自研究样本，所有的参与者均来自同一所大学，由于样本量较小，被调查学生的专业未包含到所有的理工科和人文社科专业，这限制了研究结果的普遍性，建议在未来的研究中扩大样本量、提升样本多样性，这样可以获得更有意义的统计数据。

注释

① 英语(高数)成绩以被调查学生大一以来的平均绩点表示。

② “学习投入”不满足方差齐性假设，故需使用校正的单因素方差分析，本文选用的是 *Welch* 方差分析。

③ 模型中两个自变量的 *VIF* 值均小于 10，不存在多重共线性；平行线检验结果 $P=0.283>\alpha$，满足“比例优势”假设。

④ 高数成绩、学习时长(周)、学科类型分别以“(4—5]”、“超过 5 小时”和“人文社科”作为对照组。

参考文献

[1] 宋博，邱均平.高等教育内涵式发展的逻辑路径[J].现代教育管理，2018，343(10)：7-11.

[2] 朱晓刚.美国大学通识教育的理念解析[J].内蒙古师范大学学报(教育科学版)，2005，18(01)：5-8.

[3] 陈向明.对通识教育有关概念的辨析[J].高等教育研究，2006(03)：64-68.

[4] 聂迎娉，傅安洲.课程思政：大学通识教育改革新视角[J].大学教育科学，2018(05). 38-43.

[5] 伯顿·克拉克.高等教育系统：学术组织的跨国研究[M].王承绪，徐辉，等，译.杭州：杭州大学出版社，1994.

[6] Neumann Ruth. Disciplinary Differences and University Teaching[J]. Studies in Higher Education，2001，26(2)：135-146.

[7] 陆根书，彭正霞，胡文静.不同学科大学生学习经历差异分析[J].苏州大学学报：(教育科学版)，2014，2(01).

[8] Ruse R B M E. The Relations between the Sciences by C. F. A. Pantin[J]. Philosophy of Science，1972，39(1)：91-92.

[9] Biglan Anthony. Relationships between subject matter characteristics and the structure and output of

university departments[J]. Journal of Applied Psychology, 1973,57(3):204-213.

[10] Kolb D. Learning Styles and Disciplinary Differences[J]. The Modern American College, Jossey-Bass, 1981.

[11] 托尼·比彻,保罗·特罗勒尔.学术部落及其领地:知识探索与学科文化[M].北京:北京大学出版社,2008.

[12] 陶德清.学习态度的理论与研究[M].广州:广东人民出版社,2001.

[13] Kuh George D. What Student Affairs Professionals Need to Know About Student Engagement[J]. Journal of College Student Development, 2009,50(6):683-706.

[14] Astin A W. Assessment for Excellence: The Philosophy and Practice of Assessment and Evaluation in Higher Education[J]. Journal of Higher Education, 1991,63(6):717.

[15] Tinto V. Dropout from Higher Education: A Theoretical Synthesis of Recent Research[J]. Review of Educational Research, 1975,45(1):89-125.

[16] Richardson J T E. Investigating the relationship between variations in students' perceptions of their academic environment and variations in study behaviour in distance education[J]. Br J Educ Psychol, 2011,76(4):867-893.

[17] Brint S, Hanneman C R A. The Two Cultures of Undergraduate Academic Engagement[J]. Research in Higher Education, 2008,49(5):383-402.

[18] Berdie R F. A University is a Many-Faceted Thing[J].Journal of Counseling & Development, 2014, 45(8):768-775.

[19] Breen R, Lindsay R. Different disciplines require different motivations for student success[J]. Research in Higher Education, 2002,43(6):693-725.

[20] Yin H, Wang W. Undergraduate students' motivation and engagement in China: an exploratory study[J]. Assessment & Evaluation in Higher Education, 2015:1-21.

[21] 陈鑫,吕林海.大学通识课堂中学生的沉默倾向及其对学习方法的影响——基于南京大学通识教育的学情调查[J].重庆高教研究,2017,5(06):63-73.

[22] Furrer C, Skinner E. Sense of Relatedness as a Factor in Children's Academic Engagement and Performance[J]. Journal of Educational Psychology, 2003,95(1):148-162.

[23] Cantwell B A M. Academic Disciplines and the Undergraduate Experience: Rethinking Bok's "Underachieving Colleges" Thesis[J]. University of California at Berkeley, Center for Studies in Higher Education. 2011.

[24] Pike G R, Ethington S C A. The Mediating Effects of Student Engagement on the Relationships Between Academic Disciplines and Learning Outcomes: An Extension of Holland's Theory[J]. Research in Higher Education, 2012,53(5):550-575.

[25] 汪雅霜.大学生学习投入度对学习收获影响的实证研究——基于多层线性模型的分析结果[J].国家教育行政学院学报,2015,(07):76-81.

[26] Braxton, John M. Disciplines with an affinity for the improvement of undergraduate education[J]. New Directions for Teaching and Learning, 1995(64):59-64.

[27] Neumann R. Valuing Quality Teaching through Recognition of Context Specific Skills[J]. Australian Universities Review, 1994,37:8-13.

[28] Stephanie A, Mehta S, Sellnow T. Measurement and analysis of student engagement in university classes where varying levels of PBL methods of instruction are in use[J]. Higher Education Research

& Development, 2005,24(1):5-20.

[29] Gainen, Joanne. Barriers to success in quantitative gatekeeper courses. [J]. New Directions for Teaching & Learning, 1995,61(2010):5-14.

[30] Lewis L S, Pascarella E T, Terenzini P T. How College Affects Students: Findings and Insights From Twenty Years of Research[J]. Academe, 1992,78(4):44.

[31] Trigwell K, Prosser M. Improving the quality of student learning: the influence of learning context and student approaches to learning on learning outcomes[J]. Higher Education, 1991,22(3):251-266.

[32] Astin A W. Excellence and Equity in American Education[J]. Academic Achievement, 1982:30.

[33] Fjortoft N F. College Student Employment: Opportunity or Deterrent? [J]. Academic Achievement, 1994:20.

高校会计学专业国际化教学模式研究

于团叶　王雯茜

（同济大学经济与管理学院）

摘　要：在会计行业趋于饱和的今天，国际化、复合型会计人才仍然是稀缺资源。高校会计学专业肩负着培养人才的重任，其教学模式的国际化进程前路漫漫。本文将在梳理总结国内高校会计专业国际化教学现状的基础上，对其教学模式提出改良建议和革新意见。
关键词：会计专业；教育国际化；教学模式

Abstract: Although today's accounting industry tends to be saturated, there are still few internationalized and compound accounting talents. The accounting major in colleges and universities are shouldering the important task of cultivating talents, but there is still a long way to go in the internationalization of its teaching mode. On the basis of summarizing and sorting out the status quo of international teaching of accounting major in domestic colleges and universities, this paper proposes improvements and suggestions for its teaching mode.
Keywords: accountancy profession; internationalization of education; teaching mode

一. 引言

财政部于 2018 年 6 月印发相关文件，组织实施国际化高端会计人才培养工程，要求"着力培养一批符合我国会计工作国际交流与合作需要的国际化高端会计人才"。国家对于会计人员国际化的迫切需求，早在 2009 年发布的《财政部关于加快发展我国注册会计师行业的若干意见》中已明确提及。直至今日，市场上国际化的会计人才仍存在巨大缺口，在人才强国战略的指导下，高校应意识到会计专业教学改革的重要性，加快国际化建设步伐，并反思以往教学模式中存在的弊端，以确保向会计行业持续输送高质量人才。

二、会计专业国际化教学的重要意义

（一）适应市场需求，填补人才空缺

随着经济全球化的深入，我国积极参与国际贸易交流，不断拓宽开放领域，推动形成

全面开放新格局。在与世界各国经济合作日益密切的背景下，精通外语、具备国际视野的复合型商务人才供不应求。

2008年国际金融危机爆发后，国际会计格局正在发生重大调整。[1]为在新的角逐中维护国家利益，增强中国在国际会计领域的话语权和影响力，国际化的专业人才的储备不可或缺。高等院校作为培养人才的主要机构，理应担当探索教育国际化之路的先锋，为中国会计事业的崛起打下坚实的人才根基。

（二）深化原理解读，开拓思维视角

改革开放后，我国会计界开始系统、全面地引进和吸收西方会计理论。我国当代会计学科，受到了西方会计理论的深刻影响，许多专业名词、研究方法和思想流派都是舶来品。例如，以计划决策控制为核心的管理会计中，诸如量本利分析、净现值、标准成本制度、责任中心等基本概念，都源自于西方管理会计。[2]引入英文原版教材进行教学，能够帮助学生更好地理解原理背后的历史背景和深层逻辑，从而达到深入掌握、灵活运用知识的效果。

此外，高质量的英、美会计教材，往往具有经得住验证的优势，并且能够紧跟学科前沿，较为迅速、全面地反映最新会计学术成果。[3]例如，乔纳森·伯克（Jonathan Berk）的《公司理财》结合信息技术，透彻地阐释了财务管理与预测的本质；AICPA（美国注册会计师协会）系列教材，因其对重难点、易错点的精辟总结而广受赞誉；哈佛大学的会计教材，则以生动饱满的案例教学为特色。

在国际会计趋同的形势下，自2006年颁布新企业会计准则起，我国会计准则一直积极向国际靠拢。学习国际会计准则，有利于学生了解行业国际规则和国内外制度差异，站在更高层的视角去理解会计政策调整和行情变化，在未来面对国际商务中的复杂局势时，能够有更强的洞察力和适应力。

（三）引进先进理念，创新教学方案

会计学作为一门传统学科，是中国高校最早开设的专业之一。许多高校的会计系办学历史悠久，相应形成了一套成熟的授课方案。由此产生的负面效应，是教学模式的滞后和培养目标的模糊。许多高校依然遵循“重理论、轻实践”“重考试、轻技能”等陈旧的教育理念，忽略了外语、职业道德等素质的培育。僵化的课堂模式、单调的教学内容，也限制了学生的独立思考和思维创新能力。

英美等国高校的会计教育起步早、发展较为成熟，其中不乏值得借鉴的先进之处。例如：英国作为会计职业的策源地，其会计专业教学尤为注重知识面的拓宽，会计专业课程往往与金融、法律等其他领域相交叉；澳大利亚高校的会计专业非常重视学生通用技能的发展，高校会设置专门的会计实验室，推广实验教学。[4]引进国外优秀教学成果和理念，有助于为高校会计学专业教学注入新鲜血液，为唤醒学生专业潜能提供更多可能性。

三、会计专业国际化教学现状

（一）主要模式

总结国内高校本科会计学专业国际化教学模式，可以大致划分为两大类。

1. 内容引进型

20 世纪 90 年代初，上海财经大学国际会计专业采取引进原版教材、进行双语教学、开展与国外大学和学术机构的合作和交流等措施，开创了会计专业国际化教学的先河。

诞生于会计专业国际化教育的初始阶段，这种植入式的教学模式久兴不衰，在今天仍被各大高校广泛采用。在保留原有课程框架的基础上，通过引进国际会计相关课程、教材和授课，既能有效提高教学的国际接轨度，又便捷实惠、具有较强的可操作性和宽松的调整空间。例如，浙江大学会计专业鼓励各层次学生参加国际交换项目、暑期交流项目等活动；同济大学会计系常年开设双语成本管理会计课程，以英文进行习题训练和期末考核。

2. 合作办学型

在原有教学中嵌入外语内容，虽能一定程度上达到国际化效果，但无法搭建完整体系、构造核心竞争力。随着经济的发展与繁荣，会计专业开始积极与国际方面进行合作办学，以期进一步加深教学的国际化程度。

第一类是与国际职业组织合作培养学生，如英国的 ACCA、美国的 CMA、加拿大的 CGA、澳洲 CPA 等。其课程科目设计与会计专业机构资格考试科目相协调，有机地结合了国际职业从业资格培训和学历教育。如：清华大学、上海财经大学、厦门大学等都分别开设了 CGA、ACCA 等专业。

第二类是与国外高校合作办学。国际合作办学形式多样、规模各异，目前主要以“2＋2”“1＋2＋1”“3＋1”这类“嫁接式”为主流。中外院校保留各自的教学模式，通过相互课程评估、学分认证等方式，为学生提供国内外双重教育背景，顺利修读的学生能够获取双方院校提供的毕业证书和学位证书。[5] 如：厦门大学与爱尔兰都柏林商学院中外合作办学项目、江苏大学会计学专业与美国加州州立大学圣贝纳迪诺分校联合培养项目等。

（二）存在问题

近年来，我国高校会计专业的国际化教学虽取得了长足进步，但仍存在着诸多不容忽视的问题。依据相关实例和调研资料，对前述两种教学模式中的弊端进行总结分析。

1. 内容引进：双语课程效果难达预期

作为高校普遍采用的国际化方式，双语课程在教学实践中面临着多重障碍，致使反馈结果和理想状态存在较大差距。其病灶主要位于如下几处。

（1）教学定位失衡

教师们对双语教学的目标界定 不清晰、对课程重心拿捏不到位，往往会出现“外语教学”和“会计专业教学”顾此失彼的情况。在很多院校的双语课堂中，教师的主要职能是逐句翻译原文和讲解英文专业词汇，使得会计专业课无异于英语语言的精读课。而相反地，在一些双语教学实践中，英文内容则被大幅度削减弱化、提及寥寥，同样违背了课程开设的初衷。

（2）课程设置不合理

从设立时间来看，部分院校在学生刚接触专业知识的学期即设置双语课程，无疑增加了学生初阶入门的难度；从课程量来看，许多院校为双语课程安排的学分、课时有限，导致课堂上无法进行深入讲解，对学生掌握程度的要求也随之降低。

(3) 国际化流于形式

由于缺乏对国内外课程的深入研讨与比对,很多双语课程的教学内容既难以与自身课程体系相衔接,也无法与国外高校课程的思维模式相契合,甚至连"及时更新"这一基本诉求都很难实现。在教学理念上,很多高校仍然沿用落后的教学方式,或是生搬硬套国外的考评方法,而未根据现实情况做出调整与改进,导致重教轻学、机械灌输、课堂氛围沉闷等现象仍然盛行。综上,许多双语课程的教学仍停留在表层,实质与国际化目标相去甚远。

(4) 师生外语水平待提升

双语教学非常考验教师的外语水平。对于大多数高校而言,师资力量有限,专业积淀深厚的资深教师往往外语能力不强,擅长外语的青年教师又大多缺乏实务经验和教学功力。

受到高中应试教育的影响,学生的英语情景应用能力普遍较为薄弱,部分同学存在着一定程度的理解困难,也使得双语教学的效果大打折扣。

有对国内财经类院校的调查显示,会计专业双语课堂上,教师以汉语为主、英语为辅的讲解占到 32.30%,而全部用英文讲解的仅占 3.10%。[6]过多母语的介入,使得学生的外语能力无法得到真正锻炼。不难推测,这种现状是师生双方外语水平"相互妥协"的结果。

2. 合作办学:国际化与本土化的矛盾

相比于内容引进,合作办学项目拥有完整的国际化课程体系,其形式更加贴合国际化的宗旨。然而在早期,很多学校视其为"装点门面"和"吸金"的工具,利用高昂学费招揽低分生源。近年来,随着治理体系和监督机制的完善,合作办学的乱象才得以遏制。

会计学作为一门应用性极强的学科,在合作办学中存在国际化与本土化的冲突。一方面,会计国际班学生就业的主要市场仍在国内,需要扎实的本土专业知识作为基础。另一方面,国际化是为了更好地服务国内经济发展,忽视自身境况的国际化如同无源之水、无土之木。然而,许多高校在进行国际办学时,并没有为本土会计预留合理的空间,也没有做好国内外差异的协调兼顾。例如,中级财务会计和高级财务会计两门课程以我国的会计准则为基础设置,是学生学习中国本土会计的桥梁。而一些国际班却直接用 ACCA 课程中的 F3 Financial Accounting 和 F7 Financial Reporting 替换了这两门精华课程。[7]这种"全盘西化"的课程设置并不罕见,充分暴露了部分高校国际化理念的偏差。

四、对策研究

(一) 国际化也应"实质重于形式"

实质重于形式原则是会计核算的一项基本原则,而会计专业教学的国际化,也理应秉承这一理念。单纯地移植英文课程、模仿国外教学模式,只是形式上的国际化,很容易出现"水土不服"的窘境。要做到实质性的国际化,必须深刻理解国际化的内涵。国际化不是"去中国化",国际化教学应考虑现实因素、适应本校教学情境,以提升学生综合素质为首要目标。

(二) 加强观念引导,增强学生使命感

在填报志愿时,很多学生选择国际方向并非出于自身意愿,而是出于家庭期望、就业等考虑。学习意识的淡漠和对未来规划的迷茫,导致他们对课程无法尽心投入、对外语内容缺乏求知热情。高校应注重在专业教学中融入价值引导,强调国际化高端会计人才对国家经济社会发展的重要意义,培养学生的社会责任感和使命感,带领学生由“被动接受知识”转变为“主动获取知识、运用知识”。

(三) 聚焦短板,寻觅优化方案

在会计专业国际化建设中,课程工作组应保持不断反思、持续前进的动力。通过问卷调查、情景设计实验、文献归纳等研究方法,主动挖掘教学实践中存在的问题,积极探索解决方案、改进教学模式,并确保研究成果得以切实应用和推广。例如,针对学生双语学习的压力,可以尝试“双导师制”协同育人的方式,为每位学生分别配备专业、语言两位导师;针对学生能力参差不齐而造成的效率低下,可以采用“分层施教”的教学模式,构建逐层递进的教学体系,为学生自我设计、自主选择专业方向个性化发展创造机会。

(四) 建立配套机制

一套完善的国际化教学模式,应附有健全的配套机制。首先,要创立科学的绩效考评机制和可靠的监督机制,以保障授课质量、反映教学成果。如牛华勇[8]等采用 DEA 评价法,从战略、教学、科研、管理和人员 5 个维度对商学院的教育国际化绩效进行评价。此外,资源共享机制也很重要。通过搭建多媒体资源共享平台,方便师生获取双语教材、案例、试题、教学视频,交流学习心得和教学经验,能有效提高教学效率、激发课后学习的活跃度。

五、结语

AECC(会计教育改革委员会)一直强调会计课程的国际化方向。对此议题,国外学者进行了大量的调查研究,积累了丰富的实证经验。相比之下,我国高校会计专业的国际化教学尚未引起教育界的足够重视,且相关研究以理论为主,付诸行动的较少。

国际化建设非一日之功,优质的教学模式必定凝结着无数心血和长期探索。各高校应更加积极有为,全方位、多维度地构建会计学专业国际化教学模式,为实现培养“国际化、高素质、应用型的复合人才”的目标而不懈奋斗。

参考文献

[1] 杨敏,陆建桥,徐华新.当前国际会计趋同形势和我国企业会计准则国际趋同的策略选择[J].会计研究,2011(10):9-15+96.

[2] 陈信元,金楠.试论西方会计理论对我国会计学的影响——纪念十一届三中全会召开 20 周年[J].财务与会计,1998(11):7-10.

[3] 李立平.会计专业英语原版教材的教学探讨[J].湖南经济管理干部学院学报,2004(3):122-124.
[4] 张淑惠,罗孟旎.国外高校会计专业教育及其对我国的启示[J].教育教学论坛,2014(43):218-220.
[5] 张巧良,宋颖超,赵环.会计学专业国际合作办学模式的比较研究与启示[J].中国管理信息化,2010,13(5):106-108.
[6] 陈艳利.基于国际化办学的财经类院校双语教学问题研究——以会计学专业为例[J].东北财经大学学报,2010(5):84-87.
[7] 唐亚娟,左志刚,陈文彬.高校专业教育国际化与本土化的冲突与协调——基于会计专业国际班的调查研究[J].国际商务财会,2016(8):90-95.
[8] 牛华勇,栾硕,宋阳.商学教育国际化绩效评价[J].科研管理,2019,40(4):277-288.

DBA:顺势而为,开启管理教育新篇章

——关于我国开办工商管理博士专业学位教育的思考

吴波宁　陈　蕾　陈丽沙

(同济大学经济与管理学院)

摘　要:随着中国特色社会主义建设进入新时期,经济和产业升级加快,新一轮科技革命和产业变革蓬勃兴起,发展专业学位研究生教育是经济社会进入高质量发展阶段的必然选择,也是高等教育主动服务创新型国家建设的重要途径。从欧美及亚太发达国家的发展经验来看,强调实践导向及职业导向,有计划合理发展相关领域专业硕士及专业博士学位教育,可为行业产业转型升级和创新发展提供强有力的人才智力支撑,有效促进经济社会发展。目前我国教育部尚未授权国内院校自主开办DBA,国内现有的DBA项目多采用中外合作办学模式,存在诸多问题。本文从我国现有DBA项目存在的问题出发,探索解决路径,建议采取需求导向、统筹推进的基本原则,支持和鼓励有条件的国内商学院分批开办DBA项目,加强顶层设计,建立评估机制,明确规模结构,夯实支撑条件,确保DBA项目在中国高质量有序发展。

关键词:工商管理博士;DBA;专业学位博士

Abstract: With the acceleration of China's economic and industrial upgrading, and the rise of a new round of scientific revolution and industrial reform, developing professional education becomes an inevitable choice to bring the economic society to the stage of high-quality development. It is also an important way to actively serve the building of an innovative state. From the experiences of developed countries in Europe and the United States, they attach importance to the orientation of practice and career in education, and develop professional education in a planned and reasonable way by which the talents could be cultivated for supporting the industrial transformation, upgrading and innovation, as well as the development of economic society. At present, the Ministry of Education of China has not authorized domestic universities to launch DBA program independently. The existing DBA programs of China are operated in the form of sino-foreign cooperation which cause a number of problems. In view of the problems existed in the DBA programs of China, this paper explores the relevant solutions, such as taking the basic principles of demand orientation and integrating development, encouraging the qualified business schools to set up DBA programs in

batches, establishing the evaluation mechanism, defining the scale structure, and consolidating the supporting conditions so that the DBA programs in China can be developing with high quality and in an orderly way.
Keywords: doctor of business administration; DBA; professional doctoral education

一、引 言

在经济全球化形势不断加强的趋势下，随着中国经济总量增长，科学技术突飞猛进，国家对人才的需求与日俱增，尤其是能够在多元文化视角下运用知识和技能自主解决问题，并且引领未来新技术和新产业发展的应用型高端人才。在此背景下，研究生教育承担着高层次人才供给和科学技术创新的双重使命。

2020 年 9 月 25 日，国务院学位委员会、教育部印发关于《专业学位研究生教育发展方案(2020—2025)》的通知。该方案指出，面对新时代新要求，我国专业学位教育存在一些问题，包括博士专业学位发展滞后，类别设置单一，培养规模偏小，不能适应行业产业对博士层次应用型人才的需求。为此，该方案制定了专业学位研究生教育未来五年发展目标：到 2025 年，以国家重大战略、关键领域和社会重大需求为重点，增设一批硕士、博士专业学位类别，大幅增加博士专业学位研究生招生数量，进一步创新专业学位研究生培养模式。届时，产教融合培养机制更加健全，专业学位与职业资格衔接更加紧密，发展机制和环境更加优化，教育质量水平显著提升，建成灵活规范、产教融合、优质高效、符合规律的专业学位研究生教育体系。

20 世纪初诞生于美国的工商管理硕士(Master of Business Administration，简称 MBA)是各国开设较早的专业学位硕士项目，1991 年起正式在国内开办，为中国的改革开放和发展培养了大批管理人才。随着社会经济发展，企业对具备研究和创新能力的高层次工商管理人才的需求日益提高。欧美发达国家在 MBA 的基础上开设了工商管理博士(Doctor of Business Administration，简称 DBA)学位项目。[1] DBA 是一种在工商管理领域内授予的、层次与传统管理学博士学位相当的专业学位。与传统管理学博士不同的是，DBA 注重将理论应用于实践的效果，要求学员能够对所学知识和理论进行创新性运用，而不是仅仅停留在创造新知识、测试已有理论的层面。[1] 因此，DBA 项目在一定程度上满足社会对商业领域实践型管理人员和学员提升自我的双重需求。

目前，我国已开设六类博士专业学位(教育、工程、临床医学、口腔医学、兽医、中医)，其中并未包括工商管理。与此同时，我国经济发展已进入由高速增长转向高质量发展阶段，不论是社会还是个人，对 DBA 的需求日益强烈。在教育部尚未授权国内院校开办 DBA 的情况下，国内一些院校选择与国外院校合作开设国际 DBA 项目，授予毕业生海外 DBA 学位。然而，目前国内的 DBA 项目良莠不齐，缺乏准入机制，淘汰速度快，而且绝大部分项目并未获得中国教育部资格认定，其教学过程未被有效监控，其培养质量无法得到保证。此外，国际 DBA 项目的办学模式在很大程度上效仿国外，其教学内容是否满足国内学生的需求，学术成果是否可以有效服务国内经济社会发展，是值得我们思考的问题。

在这样的背景下,国家教育部是否会顺应社会发展和市场需求,在新一轮专业学位发展中授权国内院校自主开办DBA?而中国的商学院是否已经做好了充分准备,迎接DBA带来的新机遇和新挑战?本文从我国中外合作DBA项目存在的问题出发,尝试提出探索性的解决路径,探讨我国开放DBA项目办学的可行性,为我国工商管理高端人才培养提供参考。

二、DBA发展回顾

专业博士教育在欧美发达国家拥有较长历史,1921年哈佛大学授予了全球第一个教育学专业博士学位。与其他学科相比,工商管理专业博士的发展更为短暂。大约在30多年前,美国商科研究生教育引入工商管理博士项目[2],英国和澳大利亚于20世纪90年代引入该项目[3-4]。DBA项目创办的最初目的是让商业领域的从业者有机会获得博士水平的能力,并为实际工作中的挑战贡献他们专业的、应用性强的理论和知识。[5]据学者Thomas Graf在2020年1月的统计,全世界目前大约有超过250个DBA项目,其中在职项目有160多个。[6]澳大利亚经济学家组织Access Economics 2010年的报告预测,2010—2020年的十年期间,社会对具有研究资格的人员的需求将更快地增长,获得博士学位的在职人员数量年均增长率将达3.2%,以实践为中心的DBA项目是行业发展所需要的。[7]

相较于欧美国家,我国的MBA教育起步较晚,DBA项目更是近几年的“新兴产物”。从2002年同济大学作为国内第一所高校引进DBA项目以来,DBA项目在国内已经有十余年的发展历程。教育部设置的管理学博士均为学术研究型,专业实践应用型的工商管理博士尚未单独设立。这和早期国内的硕士研究生只有学术型、无专业型的情况相类似。随着MBA的引入和发展,中国也设立了专业型硕士MBA。经过多年的发展,现在专业硕士细分到工商管理、公共管理、工程管理等十几个专业类别。未来,中国工商管理专业型博士的发展可以将专业硕士的发展轨迹作为参考。

近年来,DBA教育在全球范围内发展迅速,在国内招生的DBA项目也在不断丰富。2018年Engaged Management Scholars Science(EMSS)大中华地区工商管理博士DBA排行榜共涉及48个项目,实际排名的项目有25个,其中40%有大陆院校参与合作。该榜单的项目包括中国大陆、香港、澳门、台湾地区所有正在运营招生的DBA项目,不包括已经停办或停止招生的项目,不包括开办学校不在中国教育部涉外信息监管网名单上的项目,不包括两岸四地某些院校开展的不发学位证书的研修班(或总裁班)项目,不包括正在筹备或未开始招生的项目。[8]具体榜单信息如表1所列。

表1　　EMSS大中华地区工商管理博士DBA排行榜

序号	项目名称
1	香港理工大学PolyU工商管理博士(DBA)项目
2	上海交通大学—英国曼彻斯特大学联合DBA项目
3	法国诺欧商学院工商管理博士DBA项目

（续表）

序号	项目名称
4	上海交通大学上海高级金融学院—美国亚利桑那州立大学凯瑞商学院合作全球金融 DBA 项目
5	香港理工大学—中国人民大学合办管理学博士(Doctor of Management，DMgt)学位项目
6	香港城市大学 CityU 工商管理博士(DBA)项目
7	法国蒙彼利埃大学高级工商管理博士 EDBA 项目
8	香港城市大学商学院—复旦大学管理学院工商管理博士(DBA)项目
9	里昂商学院全球工商管理博士 Global DBA 项目
10	中山大学与法国格勒诺布尔管理学院合作举办工商管理博士学位教育项目
11	巴黎九大高级工商管理博士(EDBA)项目
12	电子科技大学—葡萄牙里斯本工商管理大学合作管理学博上学位教育项目
13	长江商学院企业家学者(DBA)项目
14	重庆大学中法意联合工商管理博士(DBA)学位项目
15	欧亚工商管理博士项目(EA—DBA)(香港理工大学工商管理学院、法国马赛 KEDGE 商学院、俄罗斯 RANEPA 学院)
16	法国尼斯大学工商管理博士 DBA 项目
17	暨南大学管理学院—法国图卢兹高等商学院工商管理博士(DBA)项目
18	新西兰奥塔哥大学工商管理博士(DBA)学位项目
19	法国高等经济与商业研究学院 INSEEC DBA 项目
20	中国社会科学院研究生院巴黎商学院 PSB 工商管理博士(DBA)项目
21	荷兰商学院 BSN 工商管理博士(DBA)学位项目
22	法国 IPAG 高等商学院工商管理博士 DBA 项目
23	UMT 美国管理技术大学工商管理博士(DBA)项目
24	澳门科技大学工商管理博士(DBA)学位课程项目
25	亚洲城市大学工商管理博士(DBA)项目

从表 1 可以发现，中国现有的 DBA 项目并非本土项目，全部是与海外院校合作开办的，只颁发海外院校的 DBA 学位。从整体来看，这些 DBA 项目在很大程度上效仿海外模式，是与海外高校合作的产物，真正国内本土的 DBA 项目有待开发和建设。

三、国内现有 DBA 项目存在的问题

（一）定位不清晰，培养目标与学术型博士趋同

专业学位教育在培养对象、教学目标、培养方式等方面与学术型学位存在较大差异。DBA 项目旨在培养研究专业人员（Researching Professionals），即为商业领域的高层次的、

具有实践研究和反思能力的"专家型"管理者。"实践性"是其主要价值取向,强调在科研和学术基础上的创新性运用能力,侧重对学员的管理、经营和决策能力的培养;学术型哲学博士(Doctor of Philosophy,简称 PhD),主要培养学术研究人员(Professional Researchers),其宗旨在于为高校和科学研究机构输送具有从事原创性学术研究能力的"学者型"教学和科研人员,"学术性"是它的主要价值取向[9],因此,DBA 人才培养的定位是完全不同于 PhD 的。

DBA 项目所培养的人才应具备实践性、创新性和战略性等特质。项目在学员原有知识储备、方法和技术框架的基础上,增强学员的战略决策能力、领导力等经营理念和综合管理水平,实践能力、创造力、领导力、适应力、沟通能力等是项目在教育过程中对学员的重点培养方向[1]。英美澳等发达国家在设计 DBA 项目时,都强调其目标是区别于 PhD 的。然而,在实践中,这些国家普遍出现 DBA 与 PhD 的培养目标逐步趋同的问题,即 DBA 在实践中逐渐偏离"实践性"的定位,而滑向过度追求"学术性"。在英国,工商管理、心理、教育等学科领域的专业博士学位项目日益失去自己的特色而与 PhD 趋同。在澳洲,对于 DBA 毕业生是否能够获得研究技能和解决实际商业问题也存在争议。[10]而从国内很多 DBA 项目的课程设置和毕业论文要求来看,不少项目对于商业知识和理论创新运用的特点也并未得到凸显。

(二) 管理不规范,办学质量良莠不齐

"采用自主招生,免笔试,每月集中一个周末上课,让您既不影响工作,又能轻松获得博士学位。不需出国,可获得英国 A 校的国际 DBA 学位证书,工作学习两不误。"这则招生广告一定程度上折射了目前国内合作办学 DBA 项目存在问题的冰山一角。

由于 DBA 未被纳入教育部统一管理体系,其招生录取、培养过程、学位授予等均由培养单位自行组织,缺乏客观严格的监督。虽未中外合作办学,但因仅授予海外学位,中方合作院校缺乏话语权,往往对项目质量的把控缺乏主导权。有些项目在招生录取中存在变相降低录取标准、创收化办学等现象,严重影响生源质量;在培养过程中存在师资不稳定,与海外合作方当地的项目师资质量存在差距,培养方案随意变动等现象,严重影响培养质量;在学位授予上存在标准不一致,毕业时间延长过多等现象,影响毕业率和学位的含金量。同时,因为缺乏严格的准入制度和监管体系,项目的稳定性比较差,很多项目开办以后因为种种原因停办或被市场淘汰,学生和校友的权益得不到保障。

(三) 学术资源浪费,学术成果流失

博士生导师对博士生的指导贯穿博士生培养的整个过程,是影响培养质量的重要因素,也是重要的学术资源。我国的博士教育在经历了快速发展之后,规模也随之增长,导致博士生导师数量相对短缺,生师比过高。当前国内 DBA 项目的博士生导师主要是中外两方以研究为主的学术型教师。在我国,博士生导师本身承担着繁重的教学和科研工作,有时要同时指导多名在职硕士生、学术型硕士生,其学术产出尤为珍贵。

在博士生导师如此紧缺的情况下,我国 DBA 在导师指导下撰写的学术论文和其他学术产出多发表于国外期刊,服务于国外院校的科研发展,版权归属于国外数据库,造成学

术资源浪费。此外，由于 DBA 学员积累了丰富的商业经验，其论文是对商业世界中的尖端问题进行的高层次持续研究，具有应用性、实践性、针对性等特征，对我国经济发展有较强的现实指导意义，是重要的商业贡献和学术资产，也是国家经济发展和持续创新的重要资源。我国 DBA 博士的学术成果产出归属于国外，大量的商业信息储存于国外数据库，在一定程度造成了严重的学术成果流失，同时也威胁着我国的商业信息安全。

（四）项目供给有限，学费门槛高，满足不了市场需求

由于教育部未授权国内院校开办 DBA，相较于日益增长的在职工商管理博士报读需求，国内教育市场提供的 DBA 项目数量显然不足，这就导致学费水涨船高，DBA 成为了继 EMBA 之后的教育界天价"奢侈品"。据调研，目前，国内市场上 DBA 学费最高已经突破 100 万元，而学费高于 60 万元的项目比比皆是。近年来，教学资源的紧张、师资等成本的上涨、供需紧张等直接导致了中国 DBA 学费飞涨，如表 2 所列。

分析"天价学费"的成因，除了市场供给不足、办学成本上涨等因素外，更主要的是与国外合作办学的 DBA 项目主要是以创收为目的的。因此，面对市场上大量的、持续升温的报读需求，项目自然会为增加利润，抬高学费。国内 DBA 教育市场缺乏监管导致出现不合理的"天价学费"，不仅扰乱了教育市场秩序，而且打击了真正有志于深造和研究的管理人员的报读意愿和学习热情。

表 2　中国大陆工商管理博士 DBA 学费排行榜[9]

序号	学费(人民币)	项目名称
1	1 600 000	长江商学院 DBA
2	1 580 000	北大光华—香港大学管理学博士联合培养项目
3	1 300 000	清华五道口全球金融博士 GFD 项目
4	1 250 000	上海交通大学全球高管研究项目
5	1 090 000	上海高金—亚利桑那全球商业领袖学者项目(金融管理方向)
6	1 060 000	香港城市大学—复旦大学 DBA
7	850 000	浙江大学—新加坡管理大学企业家学者项目
8	798 900	比利时联合商学院工商管理博士学院 DBA
9	798 000	北大 BIMBA DPS 项目
10	750 000	复旦—杜伦工商管理博士学位项目
11	734 000	香港理工大学 DBA
12	680 000	巴黎九大 Executive DBA 高级工商管理博士
13	667 000	法国里昂商学院全球工商管理博士 Global DBA
14	560 000	法国凯致商学院—俄罗斯总统国民经济和公共管理学院—香港浸会大学欧亚工商管理博士项目
15	548 700	上海交大—英国曼彻斯特大学联合 DBA 项目(2018 年)

四、该不该办？怎么办？

随着中国特色社会主义建设进入新时期，经济和产业升级加快，新一轮科技革命和产业变革蓬勃兴起，发展专业学位研究生教育是经济社会进入高质量发展阶段的必然选择，也是高等教育主动服务创新型国家建设的重要途径。从欧美及亚太发达国家的发展经验来看，强调实践导向及职业导向，有计划合理发展相关领域专业硕士及专业博士学位教育，可为行业产业转型升级和创新发展提供强有力的人才智力支撑，有效促进经济社会发展。目前国内现有的 DBA 项目存在诸多问题。本文建议采取需求导向、统筹推进的基本原则，支持和鼓励有条件的国内商学院分批开办 DBA 项目，加强顶层设计，建立评估机制，明确规模结构，夯实支撑条件，确保 DBA 项目在中国高质量有序发展。具体可以从以下几个方面着手。

（一）明确项目定位和培养目标

从国家层面明确我国工商管理专业学位博士（DBA）的教育使命和发展目标。管理学博士和工商管理博士的定位应有显著差异，即管理学博士学位（PhD）是一种“研究型”学位，强调学术研究，强调探索新知识；DBA 强调学员能够利用前沿的专业理论与方法来解决企业管理方面不断出现的新问题，提倡高质量的应用研究，是一种“应用型”学位。国内开办 DBA 项目应注意兼顾“学术与应用”，避免重蹈西方 DBA 项目的覆辙，在实施过程中出现“理论与实践脱离”的问题和各种争议；各高校 DBA 项目在此基础上明确自身定位，设定符合自身特色和实际情况的发展目标，从而为项目的持续性发展提供正确的发展导向。

DBA 项目的培养目标是在学员原有知识储备、方法和技术框架的基础上，使得学员具有坚实宽广的理论基础和系统深入的专业知识，增强解决复杂问题、战略决策能力以及管理理论创新等能力，使其成为在推动行业产业发展和管理理论应用创新等方面做出创造性成果的商业领域的“学者型领袖”“领军人才”。在明确项目定位和培养目标后，国内 DBA 项目应注意区分与管理学博士项目的生源群体，避免出现师资不足、生源不够等资源挤兑问题。

（二）推进规范化、制度化办学

从国家层面明确办学规模、学费范围、招生流程、培养方案、师资要求、毕业条件等，使培养过程合理化、规范化、制度化，确保我国 DBA 教育符合中国国情，保证培养质量。

第一，保证项目供给，合理控制规模。充分调研国内 DBA 教育市场需求，合理设置招生规模，分配招生名额，同时严格控制培养单位的审批和监管，切实保证国内 DBA 项目的含金量。第二，合理制定学费标准，避免出现“天价学费”乱象。由教育部门提出意见，物价部门会同财政部门根据当地经济发展水平、办学条件和居民经济承受能力进行审核，三部门共同报省级人民政府批准后执行。第三，保证培养质量，实现培养目标。建立严格、公平、有效的招生录取制度，挑选具备成为领军人才潜质的优秀生源。培养院校应专门针对复杂的专业、组织和社会问题，以实际问题为导向，以学员自我管理为主要方式进行人才培养，培养院校更多地进入实践领域并调整其工作方式，从而产生具有实际应用价值的知识。第四，建立导师体系，构建学习保障系统。对于培养院校来说，需要建立完善全方位、个性化的DBA博士指导教师体系，完善科研服务体系与学术交流支持体系，建立包括老师(导师、任课教师、合作教师等)指导、学员互助、团队协助、组织文化激励与信息共享等多环节、重实效的培养过程质量保障系统。

(三) 鼓励多元化办学

充分发挥和调动社会力量参与办学，积极推动校企合作。培养单位在培养过程中积极响应企业对高层次应用型人才的需求，协同行业产业推进培养目标与实际需求的有机衔接，通过设立“定制化人才培养项目”、成立“产教研联合培养基地”等方式，吸收企业中有较扎实管理理论基础和实际工作经验的人员进入DBA培养体系，充分利用知识技术优势，帮助联合培养企业培养高层次应用型专门人才。同时，鼓励联合培养企业以专项经费承担培养成本的“定制化”培养项目，主动把DBA纳入人力资源管理范畴，将其作为企业人才队伍建设计划的一部分，合理利用行业产业资源优势，主动为DBA提供实践训练场所和学位论文课题研究项目，引导行业产业以资本、师资、平台等多种形式参与DBA教育。DBA项目学员充分利用培养单位和联合培养企业的优势，既掌握扎实的理论知识和研究方法，又提升实践能力和创新能力。通过高校、联合培养企业和学员三方密切合作，探索建立产教融合育人联盟，实现多方共赢。

鼓励国际合作，实现优势互补。培养国际化人才是高等教育适应经济全球化发展的必然趋势，也是社会多元共赢发展模式对教育的实质要求。因此要加强对国际化教育资源的有机整合与有效利用，通过多种形式的国际合作，学习国外院校成熟办学经验，互补资源，提高教育质量；构建国际合作网络，创建国际化的培养情境，培养学员在不同文化背景下的创新应用能力和引领发展素养。欧洲博士项目工商管理协会(The European Doctoral Programs Association in Management and Business Administration，简称EDAMBA)建议，在确立项目发展使命的过程中，注重将多国工商管理博士教育项目凝聚在一起，形成全球范围的互动网络，以促进成员之间信息和实践经验的交流与沟通，进行博士互换项目和科研合作等。[11]

(四) 构建DBA教育管理体制

第一，制定统一的DBA教育质量标准，严格准入制度。将DBA项目的准入标准、质量评估标准等整合成一个教育价值取向科学、信效度高、符合我国教育环境的质量标准系统，标准应涵盖办学理念、结构质量、过程质量、运营质量、结果质量等，并依此建立严格DBA准入制度。清晰的标准能够为培养单位和从业人员提供明确的指导，有助于DBA教育质量得到基本保障和健康发展。第二，建立全过程、全方位的教育质量评估和促进体系。教育主管部门明确DBA教育质量评估、监督流程，参照现有的专业学位水平评估，设置更为严格的评估标准。建立起以“培养目标”“师资队伍”“培养过程”“学业质量”“社会评价”“质量保障体系”等为核心指标的中国特色专业学位水平评估标准和体系，促进DBA

项目教育质量的提升。第三,与国际接轨,参考国际标准,引入客观权威的第三方评价体系,如商学院权威认证 The Association to Advance Collegiate Schools of Business(AACSB)、The Association of MBAs(AMBA)、欧洲博士项目工商管理协会(EDAMBA)等。培养单位可参照国际认可的教育标准来规划自己的课程与教学体系,并通过这些要求,探索符合自身特色的办学模式和教学理念。同时,还要建立申诉机制,完善退出机制,使 DBA 教育市场进退有序,培养质量得到全面保障。

五、结语

在全球化时代复杂多变的商业环境下,行业产业和社会的发展对高层次专业管理人才提出了更高要求,不仅要具备理论素养,更需要具有运用理论解决现实问题的创新能力,DBA 项目正是对此要求的回应。由于我国的教育环境如学生特质、教师水平、课程设置等均与国外存在差异,因此,基于中国 DBA 教育发展的特色,对标国际,放眼全球,“取其精华,弃其糟粕”,平衡差异性,探索适合我国的最优发展模式,加强顶层设计,调动利益相关方积极性,激发项目发展潜力,是我国 DBA 项目走向独立与发展的可行之路。

参考文献

[1] Association of MBAs. What is a DBA[EB/OL]? 2019. https://associationofmbas.com/wp-content/uploads/2019/09/DBA-criteria-for-accreditation.pdf.

[2] Northeastern University Archives [EB/OL]. 2003. www. lib. neu. edu/archives/backgrnd/commenc.htm.

[3] Bourner T, Ruggeri-Stevens G, Bareham J. The DBA: form and function[J]. Education + Training, 2000, 42(9):481-495.

[4] Wallace M, Byrne C, Vocino A, et al. A decade of change in Australia's DBA landscape[J]. Education + Training, 2015, 57(1):31-47.

[5] Neumann R, Goldstein M. Issues in the ongoing development of professional doctorates: the DBA example[J]. Journal of Institutional Research, 2002, 11(1):23-37.

[6] Graf T. (2020), DBA Programs: Assess the reputation and teaching experience[J/OL]. Doctor of Business Administration Compass, 2020. https://www. dba-compass. com/knowledge/finding-a-quality-doctor-of-business-administration-program-guidelines/.

[7] Access Economics (Firm) & Australia. Dept. of Innovation, Industry, Science and Research[Z]. Australia's Future Research Workforce Supply, Demand and Influence Factors, Dept. of Innovation, Industry, Science and Research, Canberra. 2010.

[8] EMSS 大中华地区(高级)工商管理博士(E)DBA 排行榜 2018[J].上海管理科学,2018,40(04):123-125.

[9] 顶尖 DBA 企业家学者项目课程指南 2020—2021[R].

[10] James C S, Robert J W, Gill P. The nature and purpose of the DBA, A case for clarity and quality control[J]. Education+ Training, 2005: 40-52.

[11] An EIASM/EDAMBA Joint Task Force[Z]. A European Code of Practice for Doctoral Studies in Management and Business. 2014.

会计专业校外实习基地建设研究

于团叶　黄　睿　匡梦丹　李霁婷　钟郭伟

（同济大学经济与管理学院）

摘　要：会计是一个实用性极强的专业，就职业发展而言，会计人员应兼具丰富的理论知识和过硬的实操能力。在如今竞争激烈的市场上，企业的招聘门槛不断提高，而会计专业的大学生普遍缺乏实践锻炼。高校主要通过建设校外实习基地来提升会计专业大学生的实践能力，然而会计专业校外实习基地的建设仍存在校企合作程度低、实习制度不成熟、实习内容空洞等问题。通过建立仿真信息系统、增加反馈渠道、优化实习岗位设置等方式，有望解决当下实习基地的建设中存在的问题。

关键词：会计；实践；校外实习基地；校企合作

Abstract: Accounting is a very practical major. In terms of career development, accountants should have abundant theoretical knowledge and good practical ability. Nowadays, in the market of fierce competition, the recruitment threshold of enterprises is constantly improving, while the students major in accounting are mostly short of practical training. Colleges mainly improve the practical ability of accounting students through the construction of off-campus practice base. However, there are still some problems in the construction of off-campus accounting practice base, such as the lack of cooperation between school and enterprise, immature practice system and empty content of practice. Through the establishment of simulation information system, increasing feedback channels, optimizing the settings of internship, it is expected to solve the problems existing in the current construction of practice base.

Keywords: accounting; practice; off-campus practice base; cooperation between school and enterprise

一、引言

会计作为经济发展到一定阶段的产物，对人类社会的经济运行有巨大意义。如今，会计是具有计量、反映核算、监督、预测和决策等职能的一大经济管理活动，大到政府小到个体经营户，会计已成为人们快速而准确地了解自己或他人的经济状况、经营成果以及制定决策的重要工具。而科学技术的进步给会计带来的发展，意味着从事会计工作的人员也要不断提升自身能力水平。当前我国高校培育出的会计专业大学生在实践能力方面有所欠缺，校外实习基地的建设成了锻炼学生实践能力的有效途径。

二、会计专业校外实习基地建设现状

目前，我国经济正处于由高速发展转向高质量发展的阶段，对高级的应用型会计人才的需求持续上升。在会计人员供给方面，根据中国注册会计师协会公布的历年 CPA 全国考试数据，报名人数从 2011 年的 55.9 万人上升到 2020 年的 160.7 万人。但是，在信息化时代下，市场竞争愈发激烈，用人单位出于提高企业核心竞争力的考虑，不断增高对会计人员的招聘门槛。而我国会计专业大学生的培养显然未跟上市场需求，导致初级人才的市场需求相对饱和，而中高级人才市场需求仍未得到满足。[1]目前为会计专业大学生开设的课程大多局限于理论知识，即使近年来众多高校推出了一系列改革措施，如将实践案例分析纳入考核科目、增强课后小组合作等等，也未达到真正的改革效果，学生仍只是刻板地完成课程作业，这与真正的“学以致用”相去甚远。关于会计人员的能力构成，荆新、王建英[2]的一项调查显示，用人单位最看重会计毕业生熟练掌握会计操作的能力和会计毕业生的工作经历。因此，不管是在高校对应用型人才的培养层面上还是在企业对高级应用型会计人员的需求层面上，大学生校外会计实习基地发挥着至关重要的作用。

针对上述现状，本文从分析尚存问题、提出解决方案这两个方面思考校外会计实习基地的建设的改进方向。

三、会计专业校外实习基地存在的问题

（一）实习需求过剩

大学生毕业生人数逐年激增，而企业对实习生的需求显然跟不上实习需求的增加。一方面，相比销售、技术等领域的职位，企业的会计岗位数量较少，而且企业对实习生的信任程度较低，一般企业单位不愿接受实习学生，出现了“僧多粥少”的局面。另一方面，高校的传统教学模式落后且单一，导致学生专业认知实训缺失，动手能力差，既增加了学生就业的难度，也增加了企业的用人成本。因此，企业在面临用人选择时，并不青睐在校实习生。

（二）实习效果不佳

由于缺乏有效的监管措施和正规制度，一些企业并不看重实习生的培养，未给予学生足够的工作指导和技能培训。校外实习常用形式为顶岗实习，管理松散，实习内容缺乏系统性和连贯性，而理论上，会计实习内容基本要包括企业经济业务核算、成本核算、税费计算与申报、财务管理等。即使通过校外实习，大多数学生的会计专业核心能力也没有得到实质性提升。过剩的实习需求也导致部分学生无法找到适合自己的实习工作，校外实习

不能达到预期的目标。

(三) 企业积极性不高

在与校方合作的实习基地中,企业往往积极性不高。因为招收会计专业的实习生不仅不能产生直接的经济利益,还有可能影响正常运营,降低效率,提高管理成本,甚至还会导致商业机密泄露等风险。而且部分学生对实训基地缺乏热情,认为短暂的实习不需要高度的专业知识和责任心,陷入了"为了实习而实习"的错误观念中,产生了一种反射式的效应——降低了企业的接纳意愿,使得大部分愿意接受实习生的企业仅停留在从学生身上获得廉价劳动力的层面。

(四) 经费不足

组织学生到校外实习基地进行实习可能存在经费不足的问题。校外实习必然会涉及企业收取的管理费用、有关部门的沟通以及住宿、餐食、交通等费用。由于经费的缺乏,很多高校无法主动选择与其合作的企业,在企业给予的实习岗位、工作内容上不具备支配权,甚至退而求其次,只能变成"参观实习",无法保证高效率的实习流程、实习效果,学生的会计实践能力难以得到锻炼。

四、针对性的解决方案

当前市场存在对中高级财会人员的迫切需求,但仅通过建设大学生实习基地一举,难以直接培养出对应人才。各种财会类证书、经济管理相关竞赛获奖证明等荣誉正在成为用人单位筛选求职者的侧重点。但是,并不能因此否定大学生实习基地在培养高级人才过程中的阶梯性作用。在实习过程中,学生可获得了解行业竞争、直面实务难点的机会。总体来说,建设实习基地过程中的"枷锁",可以转化为以下矛盾:第一,较少的会计岗位与大量的实习需求之间的矛盾;第二,学生接近于零的实务经验与实习岗位所需的工作能力之间的矛盾;第三,校企管理的分离与学生需要密切的指导之间的矛盾。

为了化解上述矛盾,相应的解决方案可以概述成两个方面:第一,校方要丰富学生的实操知识,使用大数据和互联网技术为学生提供便捷的求知渠道,同时应积极促进校企合作,为会计专业的大学生制定合理的实习制度。第二,企业需积极配合高校的要求,提高对实习生的重视程度,以培养学生能力和提升企业运行效率为目标,合理规划、设置实习岗位、工作内容,为实习生提供尽可能真实完整的工作体验。

(一) 建设仿真企业会计实务信息系统

2020 年上半年新冠肺炎疫情的流行,促成了线上学习、线上办公的新模式,受此启发,建设线上实训系统同样存在可行性。[3] 建设此系统的目的是帮助尚未进入实习岗位的大学生熟悉对应单位的业务流程、财务流程和实际账务处理方式,让学生预先体验到企业会计工作与所学理论知识的差距。该线上模拟系统的最大优势在于使用的便捷性,学生通过互联网可随时随地体验,该系统也可作为对常规会计课后作业的补充,为学生自主寻找实践机会提供便利。在与企业构建起校企合作的机制后，系统可以将企业往期的流水、凭证、报表等真实的财务记录作为学生的练习材料，并提供企业自身的账务处理方式作为参考。除了模拟企业内部的财务系统，它还可以模拟银行、仓库等机构场所，还原获取凭证、账实核对等环节。考虑到企业信息的保密需要，校方和企业可以与会计审计机构、财务软件开发公司等第三方合作，进行系统的运营和维护。

（二）优化实习流程

会计专业大学生与高校、企业之间仅仅是工作的派出与接受的关系，相互沟通较少，学生在实习过程中遇到的问题很少传递到高校或企业层面。学校检验学生实习效果的传统方式是要求学生递交实习报告。但是，在实际情况中，实习生往往从事诸如录入凭证、装订凭证等重复性简单工作，企业安排的实习内容有时存在避实就虚的问题，导致实习结束后学生递交的实习报告内容趋于空洞。对于提交的实习报告，高校与企业之间亦缺乏反馈渠道。目前校企合作的制度存在诸多纰漏，但也难以得到完善。

通过改变实习的考核形式，对提升实习效果有一定作用。学校可以安排“任务型实习”，要求学生在实践中发现企业财会运作存在的问题，并通过实践提出合理的解决优化方案。要保证每位实习生均有对应的老师对其进行密切的指导与反馈，通过此类方式，教师可以对学生的实习方向和着重点进行引导，使实习过程免于空洞、实习机制趋于成熟。[4]

（三）深化校企结合

许多企业都有自己的内部培训机构，目的是对新职员进行适应性和选拔性的培训，使学员更好地与企业自身的运作模式相磨合，同时提升学员的业务能力。这样的模式也存在与校企合作实习基地相结合的可能性。企业可以以筛选人才为目标，运用内部人员对实习生进行能力培训，在会计实践中对学生进行指导，在学生实习过程中安排能力考查，为表现优异的实习生打开入职绿色通道。通过这种方式，企业可以根据用人需要为自身培养合适的人选，学生则能够在实习中得到有效的锻炼。此外，还可以安排企业财务人员或有经验的学长进行校园宣讲，为实习生和准实习生分享实务注意事项和具体案例。[5]

（四）优化实习岗位设置

对于会计实习岗位“僧多粥少”的情况，企业方可根据实习生规模对岗位进行调整，设立实习专岗，设立在职会计“一对多”带学实习小组，以小组分工及审核验收模式执行工作任务。同时，在企业财会部门的不同职位上安排实习岗，采取实习生轮岗模式，让学生参与到企业经济业务核算、成本核算、税费计算与申报、财务管理等各个环节中，使学生对财会工作的全程有相对完整的了解。

（五）给予政策支持

政府应给予政策支持，加大经费投入。充足的经费支持是加强实习基地建设的物质保障。国家应就校外实习基地建立专项基金，对大学生校外会计实习基地建设提供适当的资金支持。学校方面也要对会计专业的校外实习基地建设予以足够的重视，积极扩展经费渠道，建立校外实习基地管理机制，使有限的资金发挥最大效益，保障学生高效率实习。

五、结语

作为理论学习与职业会计之间必不可少的过渡，校外实习基地的建设对提升大学生的实践能力具有重要意义。目前，我国会计专业校外实习基地的建设存在一些亟待解决的问题——实习需求过剩、工作内容空洞、校企合作困难、经费不足等等。但在全社会的关注和不断探索中，总体发展态势稳中向好。通过建立仿真企业会计实务信息系统、完善实习流程、加强校企结合等方式有望构建出良好的校外实习模式，为学生、高校、企业提供互利共赢的平台。

参考文献

[1] 李鸿奎.新形势下会计专业就业现状探讨[J].中小企业管理与科技(中旬刊),2019(12):83-84.
[2] 许萍.会计人才能力社会需求的国际比较——国内外用人单位招聘意向分析[J].福州大学学报(哲学社会科学版),2006(3):57-61.
[3] 赵媛.基于流程的会计信息系统实验教学改革[J].中国乡镇企业会计,2020(9):247-248.
[4] 赵聚辉,刘文姣,李岩.关于高校会计专业实践能力培养研究[J].中国集体经济,2019(19):153-154.
[5] 董晓双.应用型本科院校财务管理专业实训基地建设可行性问题研究[J].山西农经,2016(9):102.

教务管理

JIAOWU GUANLI

全面推进依法治校工作 助力高校教育综合改革

——基于同济大学依法治校实践的思考

方思越　陆英楠　朱茂然　虞　兰

（同济大学校长办公室）

摘　要：高校教育综合改革从法治要求上看是减少人情人为因素、提高法治化水平的改革。随着全面推进依法治校、依法治教理念的提出，教育法治在教育现代化进程中的地位和作用日益提升。依法治校、依法治教对国内各大高校来说既是挑战也是重大机遇。如何顺应时代趋势，助力“双一流”建设，助力教育综合改革，对国内大学来说亦至关重要。为推进教育综合改革和依法治校，同济大学通过全面深入落实依法治校工作，从加强组织领导、完善制度体系、规范二级管理、把控法律风险、加强学术建设、健全民主监督、依法依规办学、维护师生权益、完善普法机制、加强法治宣传等多方面入手，进行依法治校理论和实践的探索。

关键词：依法治校；治理体系；治理能力；教育综合改革

Abstract: From the perspective of the rule of law, the comprehensive reform of higher education is a reform to reduce human influence and improve the level of legalization. With the comprehensive promotion of the concept of “Governing School and Education According to Law”, the position and role of law of education is increasingly enhanced. It is not only a challenge but also a great opportunity for domestic universities. It is also very important for domestic universities to seize the chance, and accomplish the goal of constructing “Double First-Class ” universities, promoting education comprehensive reform. In order to promote education comprehensive reform and governing school according to law, Tongji University has comprehensively and thoroughly implemented the work of governing the university according to law, starting from strengthening organizational leadership, improving institutional system, standardizing secondary management system, controlling legal risks, strengthening academic construction, improving democratic supervision, running schools in accordance to laws and regulations, safeguarding the rights and interests of teachers and students, improving the mechanism of law popularization and strengthening the publicity of law and regulations, exploring the theory and practice of "Governing School and Education According to Law".

Keywords: Governing School and Education According to Law; governance system; governance capacity; education comprehensive reform

一、引言

教育作为民生事业，必然要与国家整体发展齐头并进，结合我国深化改革开放的社会背景，进一步明确高等教育综合改革、推行依法治校已经成为破解高教发展难题、提高人才培养质量、办人民满意的教育的必然趋势。习近平总书记深刻指出，全面依法治国是坚持和发展中国特色社会主义的本质要求和重要保障，法律是治国之重器，法治是国家治理体系和治理能力的重要依托。[1]教育是依法治国的重要领域，全面推进依法治教是加快教育现代化、建设教育强国的迫切要求，教育法治在教育现代化进程中具有引领性、基础性、规范性、保障性的重要地位和作用。[2]全面推进依法治教工作要牢牢抓住依法治校这一重点，全面提高各级各类学校治理水平。[3]高校教育综合改革从法治要求看是减少人情人为因素、提高法治化水平的改革。

紧密围绕高等教育综合改革背景下如何推进学校依法治校、如何提升高校治理能力等问题，同济大学深入学习贯彻十九大、全国教育大会等会议精神，根据教育部《全面推进依法治校实施纲要》及《上海市教育委员会关于开展本市依法治校（2016—2020 年）创建工作的通知》精神及要求，以习近平新时代中国特色社会主义思想为指导，认真落实《高等教育法》《上海市高等教育促进条例》和《同济大学章程》，按照学校第十一次党代会确立的“与祖国同行，以科教济世，建设成为中国特色世界一流大学”发展愿景，进行了深入的理论及实践的探索，全面推进依法治校工作，助力人才培养与教育改革。

二、加强组织领导，强化机制保障

党的十九大报告指出“必须把党的领导贯彻落实到依法治国全过程和各方面。”同济大学始终重视依法治校组织领导，坚持依法治校工作在党委的统一领导下进行，确保依法治校工作保持正确方向，并符合广大师生员工的根本利益，具体表现在：首先，学校始终坚持和完善党委领导下的校长负责制，按照集体领导、民主集中、个别酝酿、会议决定的原则，修订完善了学校党政领导班子议事决策制度。新修订的党政班子议事决策制度，重点对党委常委会、校长办公会议事范围、决策程序等方面进行梳理规范，确保“三重一大”决策事项全覆盖，决策程序合规合理。其次，学校党政班子严格执行议事规则和决策程序，带头落实民主集中制，把好方向、议好大事，在依法治校的方略下推动学校各项事业向前发展。最后，学校已在年度工作计划与目标考核中均明确依法治校相关工作内容及考核目标，并将“依法治校示范校”创建工作纳入学校重点督查督办事项。校领导班子会议多次专题研讨依法治校工作，校长办公会议诸多议题涉及依法治校工作。

同济大学已建立了“统一领导、分工负责、专业支持”的依法治校工作机制：常务副校长分管法律事务工作，校长办公室负责学校法律事务工作，并设置专职法务岗位；发展规划部负责学校章程落实工作；各职能部门负责本部门业务范围内专项法律事务的跟进处理；聘请了由专业律师、法学专家组成的法律顾问团队，作为依法治校与法治建设专业队伍的重要补充。2018年初，学校设立由常务副校长任组长，分管人事、宣传工作校领导任副组长的“依法治校示范校”创建工作组，办公室设在校长办公室，负责全面统筹和指导学校依法治校工作。

三、完善制度体系，推行查询系统

现代大学管理是一个多方面的、动态的综合管理过程，而大学规章制度体系是高校进行自主管理和自我约束的基本依据，也是依法接受行政监督和司法审查的重要依据，建立一套完备的、与时俱进的、不断创新的制度体系显得尤为重要。中国特色现代大学制度的独特性在于政治、行政、学术和社会的符合，中国特色现代大学制度的法律定位主要包括：以独立事业法人制度为高等学校定位及其自主权基础、以行政和民事途径为资源集聚和分配方式和以完善内部治理结构为改革要求。内部治理结构要突出法治的特点，充分实现规章立法的运用；突出政治特点，保证正确的政治领导下的内部分权和多元共治。

同济大学以章程为核心，构建起较为完善的制度体系。首先，确立并修订了《同济大学章程》。《同济大学章程》于2014年5月5日经教育部核准后实施，又于2017年启动修订，经学校教职工代表大会讨论、校长办公会议审议、学校党委会审定后，于2018年11月经教育部核准后公布实施。其次，学校以上位法律法规为依据、以章程建设为核心，全面推进现代大学制度建设，加强规范化文件的合法性审核，已经基本形成相对完整的决策体系和制度体系。2015年，学校发布《同济大学深化综合改革方案》《综合改革暨一流大学建设改革任务分工》，明确了“实施《同济大学章程》并完善学校治理与管理体系”的任务和目标。2016年出台《同济大学行政规范性文件编制暂行规定》并于2017年开始全面实施校级行政规范性文件合法性审核工作。2018年对全校的校级规范性文件进行了全面梳理，涉及38个校内单位，累计清理规范性文件1 000余个。最后，学校在制度清理的基础上开发并推行了“同济大学工作规程查询系统”。2019年，建成并推出涵盖现行有效的校内规范性文件的系统一期，按照党的建设、大学功能、治校办学三大体系进行分类，实现立、改、废全流程记录和查询功能，为实现学校规章制度的全生命周期运行夯实了基础。

四、推进试点改革，规范二级管理

由于我国特殊的教育管理体制，高校内部治理首先面对的是各种不同权力的“博弈”，这也是破解高校治理问题的核心，学校与学院、学院与学院、权力与权利的博弈需要制度、程序来规范和解决。为深入贯彻教育部和上海市教委开展“依法治校示范校”创建活动的指示，同济大学参照教育部和上海市有关文件，要求规范二级管理，推进二级学院试点改革。

（一）建立健全二级管理相关文件

同济大学于2018年制定《同济大学推进校院两级管理体制改革指导意见（征求意见稿）》《同济大学校院两级管理实施办法（征求意见稿）》《同济大学校院两级督导工作实施办法》等文件，按照学校总体顶层设计方案，全面落实校院两级管理各项改革任务。

（二）实施校院两级管理体制改革

同济大学按照分类指导原则，切实推进落实各项二级管理体制改革举措。学校在前期深入推进"试点学院"改革的基础上，推进学院的综合改革，逐步建立财权和事权相统一的校院两级管理体系，学校在人事、财务、房产、设备、教学、科研、国际化等管理上履行整体规划、总体管理、宏观调控的职责，逐步将应该属于学院的相关管理权限稳步下放到学院。

（三）完善二级单位的制度体系

学校总结二级单位的典型经验与成功做法，完善二级单位的制度体系，实施分类指导。校内学院和职能部门已制定两级管理相关制度，学院（系）与学校之间的管理权限划分及权利义务关系明确、程序规范、规则健全，学校以经济与管理学院、研究生院等典型单位为模板，分类实施指导完善，力争2020年形成较完善的校院两级管理体制和二级单位制度体系。

五、全面合法审核，主动防控风险

同济大学始终坚持以法治方式实施管理、履行职能，重视学校治理全过程、全方位的合法性审核。首先，学校制定了一系列依法治校相关文件，部分文件中明确了合法性审核为必备流程。具体包括《同济大学法律诉讼事务管理办法》（2014年）、《同济大学合同管理办法》（2014年）、《同济大学行政规范性文件编制暂行规定》（2016年）、《同济大学关于全面推进依法治校的实施意见（征求意见稿）》（2018年）等。其次，自2014年起，学校全面实行决策及管理行为合法性审查机制，确保自主办学依法进行。具体表现为：在制度编制方面，学校法务及法律顾问按照《同济大学行政规范性文件编制暂行规定》对校级规章制度严格实行合法性审查，学校已将通过合法性审查作为上会审议的前置程序。最后，在合同管理方面，按照"统一领导、归口管理、分级负责"的原则建立健全合同管理体系与机制，学校法务、法律顾问等严格按照《同济大学合同管理办法》及有关细则对具体合同文本和合同示范文本全面实行合法合规审查，对校级授权委托书等重要法律文书严格实行合法性审查及归口管理，有效防范法律风险，对给予师生处理处分行为、三重一大等其他学校重要工作全面实行合法合规性审查，切实保障师生的合法权利。

六、加强学术建设，健全民主监督

作为大学的核心理念，学术自由是所有一流大学孜孜以求并赖以立足的最为宝贵的根基，而学术自由是指教师的教学与学生的学习，有不受不合理干扰和限制的权利，包括讲学自由、出版自由和信仰自由，而这些自由需要相应的机制、制度来维护和规范。[4] 因此，依法治校首先需要依法建立健全保障师生的研究、学习和学术自由的体制、机制。

为此，同济大学不断健全以学术委员会为核心的学术管理体系与组织架构，强化学校学术委员会及其专门委员会的职能，推进学校学术委员会运行的日常化和规范化，进一步完善校院两级学术管理体制和组织建设，深入探索和践行教授治学有效机制。此外，学校于 2017 年发布了《关于同济大学学院党政联席会议议事规则的指导意见》，明确涉及院系重大发展规划、学科发展规划、人力资源规划等事宜，应在听取本单位学术委员会（或教授委员会）意见后再提交党政联席会议决策。涉及对学术问题进行评价或认定的，应在听取本单位相应的学术治理组织意见后再提交党政联席会议决策。通过上述各类举措，加强学术建设，完善学术自由环境。

此外，同济大学不断拓宽师生员工参与民主管理、民主监督的渠道，完善校院两级教职工代表大会制度、学生代表大会制度等。“实行群众监督可以把群众的积极性调动起来”。[5] 民主监督作为“自下而上”的非权力性监督，是大学权力运行的重要制约力量，也是促进大学治理机制和能力改进的重要推动力量。在涉及师生员工切身利益的重大问题上更多听取各类群团组织意见，加强与各党派各团体协商有关学校改革发展的重大议题，完善党政领导联系基层制度，推进信息公开，拓展联系群众的途径，有效促进民主监督，完善学校治理。

七、把握关键节点，依法依规办学

学校办学活动应当以育人为本，全面贯彻党和国家教育方针，切实依法规范办学行为，全面执行国家课程方案和课程标准，注重教育教学效果。[6]

（一）招生工作

同济大学建立健全招生工作领导小组、工作监督小组等招生工作机构，制定了招生监督管理办法，明确了招生监督工作程序。严格依据教育部和上海市教委相关招生工作要求，协助招考关键环节的安全保密工作，注重对关键环节加强监督检查，加强对招生管理部门及招生工作人员履行职责的监督，重点参与自主招生、特殊类招生、研究生招生等各类招生考试录取方案等重要问题决策，做到集体决策、程序公正、过程透明。

（二）科研管理

同济大学坚决贯彻党中央、国务院关于推进科技领域“放、管、服”的部署要求，切实担负起主体责任，于 2018—2019 年发布《同济大学关于推进科技领域“放管服”改革的指导意见》《同济大学关于进一步贯彻落实科研管理自主权的若干措施》，建立并完善科研项目经费管理、科研成果转化、科研评价激励、科研诚信建设等相关政策制度，同时加强信息化建设，简化优化流程，提升管理服务水平，进一步激发科研人员创新积极性，促进学校科研绩效提升。

（三）财务管理

同济大学制定和完善《同济大学财务管理制度》《同济大学国有资产管理暂行办法》《同济大学经济活动内部控制建设与实施办法》等办法，规范校内资产管理及相关经济活动。

八、保障师生权益，探索维权机制

在依法治校的要求之下，无论是师生的私权利还是作为管理者的公权力都应当受到明确、统一的法律规则的约束，当权利与权利、权力与权力、权力与权利产生矛盾与冲突时，都应当依照法律规则所确定的公开、透明、公正的法律程序来解决。因此，构建师生权益保障制度和机制是重中之重。

（一）维护学生权益

同济大学始终秉持以人为本的原则，尊重和保护学生权利，完善制度规则，健全监督机制，严格落实执行，学生管理工作规范有序。首先，学校每年及时调整和发布《学生手册》《研究生手册》。根据教育部发布的《普通高等学校学生管理规定》集中修订并完善《同济大学本科生学籍管理规定》《同济大学研究生学籍管理规定》《同济大学学生违反校纪校规处分规定》《同济大学学生申诉处理办法》等一系列学生管理规定及相关细则，还针对非学历教育、国（境）外联合培养、学术交流等修订相关的管理规范和工作流程。其次，有关制度得以严格执行，从而保证学生在使用教育教学设施、资源，获得学业和品行评价，获得奖学金及其他奖励、资助等方面受到平等、公正的对待。对学生进行处分要做到事实清楚、定性准确、依据充分、程序正当，做到公平公正。《同济大学学生违反校纪校规处分规定》规定在做出不利处分前，应当给予学生陈述与申辩的机会，对未成年学生，应当听取其法定监护人的意见。对违反学校纪律的学生，应使其明确处分的期限与后果，积极教育挽救。

（二）保障教师权益

同济大学高度重视尊重和保障教师权利。首先，学校依据《教师法》和相关法律法规的规定，编印了《同济大学教师手册》，内容详实且更新及时。教师手册涵盖了学校概况、师风师德、教师服务、教师聘用、职务评聘、继续教育、奖惩考核、教师权益等各方面，确保各项教师权利有法可依、公开透明，最大程度方便教师了解和维护自身权利。其次，学校制定和落实了师风师德规范，强化师德建设。通过《同济大学教职工思想政治和师德师风考核办法（试行）》《同济大学师德师风失范行为处理实施细则》等文件明确教师考核、监督与奖惩的规则与程序。

（三）健全纠纷解决机制

同济大学依法健全校内纠纷解决机制。把法治作为解决校内矛盾和冲突的基本方式，法务和信访人员合署办公，建立并综合运用信访、调解、申诉、仲裁等各种争议解决机制，依法妥善、便捷地处理学校内部各种利益纠纷。特别注重和发挥调解委员会、教职工代表大会、学生团体（同济维权）和法制工作机构在处理纠纷中的作用，建立公平公正的处理程序，将因人事处分、学术评价、教职工待遇、学籍管理等行为引发的纠纷，纳入不同的解决渠道，提高解决纠纷的效率和效果。

同济大学不断完善教师、学生权利救济制度。首先，在教师权利救济方面，学校还制定和修订了《同济大学人事争议调解处理办法》，设立了同济大学人事争议调解委员会，就教师因职责权利、职务评聘、年度考核、待遇及奖惩等与学校及有关职能部门之间发生的纠纷，或者对学校管理制度、规范性文件提出的意见，及时进行调处，做出申诉结论或者调解意见。此外，学校设有工会教职员工法律咨询服务，为教职工提供法律援助。教师调解委员会。其次，在学生权利救济方面，学校制定修订了《同济大学学生申诉处理办法》，设立了相对独立的学生申诉处理机构，学生在获得不利处分后享有充分陈述与申辩的机会，学校允许学生聘请代理人参加申诉并明确告知处理的期限与后果。学校还设有学生事务中心、就业指导中心、心理健康教育与咨询中心、法学院法律援助中心、学生会学生权益保障部等援助与服务机构，为学生提供多元化维权渠道。此外，学校还建立了学生伤害事故应急处理预案机制，制定了《同济大学学生突发事件应急预案》《同济大学国际学生伤害事故应急预案》等文件，统一领导、分级负责、相互协调，以便迅速、高效、有序地开展工作。学校购买大学生补充商业医疗保险、上海市高校学生伤害事故校方责任综合险、太平财险校方责任险、同济大学学生综合意外险等以高校学生伤害事故校方综合责任险为核心的校园保险，为学生提供全方位人身保障。

综上，学校建立“以人为本、预防为主、统一领导、分级分类”的校内纠纷解决机制，明确不同类别纠纷的责任单位和处理机构，心理、法律等专业人士适时介入和提供服务，建立公平公正的处理程序，将因人事工作、学籍管理等引发的纠纷，纳入不同的解决渠道，提高解决纠纷的效率和效果。本年度利用上述机制将纠纷有效化解于校内，成效显著，涉及到教职员工、学生的行政复议、诉讼事项递减。

九、完善普法机制，拓展法治宣传

同济大学高度重视普法工作，切实加强对学校领导干部、职能部门工作人员依法治校意识与能力的培养。组织学校领导、法治骨干教师参加国际级、省部级等法治相关培训，安排党委常委会、校长办公会等校领导班子会议进行法治专题集体学习。通过线上普法宣传活动、线下社会实践、管理培训班、全员培训班、专题学习会、法治研讨会、制度解读会、法治题库测试、教师午间沙龙法律专题系列培训等多种形式全面开展教职员工普法教育。此外，学校还拓展了法治宣传教育的新途径。自 2016 年起，学校定期推出《同济大学法务案例参阅》及《同济大学法务信访简报》，通过选编类型化案例，总结经验教训并提出管理建议，供校内单位及相关管理人员参考借鉴，全面提高教职员工依法执教、依法治校的意识与能力。

同济大学也高度重视加强和改善学生法制教育。由党委宣传部牵头，注重依托和发挥法学院在学科、人才方面的专业优势，以全国法制日等重要时间节点为契机，开展法制宣传、法治题库测试、法律知识竞赛等活动，发挥课堂主渠道作用，以思政课程、形势政策课、人文课程等为主阵地，通过师生党支部、班级、学生社团开展日常宣教工作，把法治文化作为校园文化建设的重要组成部分，将平等自由意识、权利义务观念、规则意识、契约精神等理念，渗透到学生行为规则、日常教学要求当中，将依法治校精神融入校园生活。

从学校领导到基层员工，从在职人员到退休教师，从校内师生到校友专家，学校不断加强对同济人法治意识的培养，鼓励师生共同营造符合法治精神的育人环境，推动学校依法治校水平再创新高。

十、结语

依法治校，法育未来；依法治校，行胜于言。同济大学秉持“深化高等教育综合改革 全面推进高校依法治校”理念，将深入推进依法治校工作与“双一流”建设相结合，推进综合改革迈向纵深，建立与完善中国特色现代大学制度以及以党的全面领导为统领的现代大学治理体系，助力高等教育人才培养与教育综合改革。

参考文献

[1] 习近平：关于《中共中央关于全面推进依法治国若干重大问题的决定》的说明[N].人民日报，2014-10-29(2).

[2] 陈宝生.全面推进依法治教为加快教育现代化、建设教育强国提供坚实保障——在全国教育法治工作会议上的讲话[N].中国教育报，2018-12-25(1).

[3] 微言教育/教育部新闻办公室.教育部长陈宝生：5个“牢牢抓住”，全面推进依法治教工作[EB/OL]. https://baijiahao.baidu.com/s? id=1618550229688968786&wfr=spider&for=pc，2018-11-30.

[4] 光复书局大美百科全书编委会.大美百科全书[M].光复书局，1990.

[5] 邓小平.共产党要接受监督(1957年4月8日)[EB/OL].http://www.people.com.cn/GB/shizheng/8198/37736/37760/2788815.html. 2004-09-16.

[6] 教育部《全面推进依法治校实施纲要》(教政法〔2012〕9号).

督查督办在高校管理中面临的问题及解决思路初探

印小晶　史成宇　胡　静　朱茂然

（同济大学校长办公室　同济大学经济与管理学院）

摘　要：督查督办工作是学校办公室的重要职能之一，是保证上级部署、学校决策能够顺利实施的关键环节，是强化工作执行和推动工作落实的重要手段。做好督查督办工作可以促进学校改革发展，确保学校各项事务规范、有序、高效地完成，同时提高学校整体服务水平，促进学校行政体系完善。本文简述了高校督查督办工作中可能存在的问题，并初步提出了解决思路。

关键词：督查督办；高校；管理

Abstract: Supervision is one of the important functions of the school office, which is a key point to ensure the smooth implementation of superior deployment and school decision-making. It is also an important means to strengthen work execution and promote work implementation. Doing a good job of supervision can promote the reform and development of the school, and ensure that all school affairs are completed in a standardized, orderly, and efficient manner. At the same time, it can improve the overall service level of the school, and promote the improvement of the school's administrative system. This article briefly describes the problems that may exist in the supervision of colleges and universities, and initially proposes some solutions.

Keywords: supervision; colleges and universities; management

一、概述

习近平总书记强调，“一分部署、九分落实，没有督查就没有落实”“对党中央作出的重要决策、提出的原则性要求，对来自党中央的重要指示批示，通过建章立制、督促检查等手段，一个一个跟踪问效、推动各项工作部署落到实处。”要以习近平新时代中国特色社会主义思想为指导，深入贯彻落实总书记关于督查工作的重要指示批示精神，推动督促检查工作迈上新台阶。[1]高校的党政办公室一般都承担了督查督办的职能，是推动落实学校各项重大部署、重要决定以及提高管理效能的重要部门。本文对高校督查督办工作中碰到的问题进行了概述，并提出相应的解决思路。以“踏石留印、抓铁有痕”的劲头，深入一线、真督实查，跟踪问效、强化问责，确保中央、上级部门和学校各项决策部署落实落地，为加快建设中国特色世界一流大学提供有力保障。

2020 年，学校从源头上对督办事项进行精简聚焦，不再对各部门的日常工作进行督办，将督办重心放在学校年度工作要点以及部门重点工作上。督办总事项数量由 2019 年的 597 项精简到 2020 年的 478 项。

二、存在问题

(一) 督查督办工作存在多头、重复督办

督查督办范围涵盖学校年度重点工作、党委常委会决议、校长办公会议决议、书记专题会议、校长专题会议决议以及校领导交办重要事项的落实执行情况。由于部分事项可能经过多个决策程序，因此有可能在不同类别的督办中重复出现。有些事项可能由党委办公室进行督办，有些事项也可能由校长办公室督办。对基层来说，就可能存在被多头、重复督办的情况。

(二) 督查督办工作存在过程管理不够精细化

第一，对全年长期性事项的过程管理不够。有些督办事项需全年持续推进落实。日常督办的重心和关注点，往往落在有明确时间点或办结期限临近的事项，但对这类时间跨度较长事项的关注度还不够，事中的督促力度也不足。

第二，对多部门协同推进事项的协调、服务力度还需进一步加强。

第三，督办工作还需要更进一步狠抓落实，加强实地调研，力戒形式主义、官僚主义。实地调研在督办工作中扮演着重要角色，只有扑下身子深入现场才能摸清情况，才能真正发现问题，而不能仅从书面汇报材料中进行判断。

(三) 督查督办存在奖惩机制难以落实

不同部门承担的督办任务量不同，部门负责人对督办工作的重视程度也有所差异。各项督办任务的落实主体在各部门，部门的主动性对于事项的办理落实程度起决定性作用。要确保督办实效，对督办工作的总结、评价工作还有待进一步加强。建立完善的督查督办奖惩机制显得尤为重要。

三、解决思路

(一) 加强督查督办顶层设计

要做好督办工作顶层设计，将督办工作作为一项系统工程，认真规划和规范。[2] 对于校长办公会议决议、校长专题会议决议、年度行政工作要点等各项督办之间可能存在重复

或者交叉的情况，必须在学校层面做好顶层设计及统筹协调，对督办事项进行分层分类处理，避免重复督查、多头督办。

（二）做好督办过程精细化管理

（1）对督办发起严格的环节控制，避免将多部门作为主办部门，根据权重只确定一个主办部门牵头办理督办事项，协办部门确定责任领导，为主办部门提供相关事项办理情况。

（2）对督办事项进行分层分类管理。根据事项的轻重缓急采取有所区别的工作方法，突出重点、掌握节奏、确保效果。

（3）对持续时间较长的督办事项进行跟踪问效。协助主责部门对任务进一步细化分解，逐步推进，不断逼近目标，在推进过程中加大反馈力度。加强对执行过程的督促检查，让工作形成闭环，避免虎头蛇尾。

（4）将督办工作重心下移，将督办关口前置，做到全面真实地掌握情况，及时掌握落实过程中出现的新问题，确保督查工作的针对性和有效性。

（5）加强督办过程中的服务协调，及时做好沟通反馈。针对困难问题和项目，加大服务协调力度，协助相关工作推进。与承办单位一起研究办法、解决问题，做到“督中有导，促中有帮”，并将遇到的重要问题和好的意见建议及时向决策层反馈，切实为学校工作分忧解难。[3]

（6）建立自动化督办工作平台，通过技术手段，将督办工作与学校 OA 系统融合，实现督查督办的平台自动化、智能化，提高督办工作效率。[4]

（三）做好督办工作总结评价

建议将督办考核纳入部门考核体系，将督办结果与日常管理、评奖评优及年终考核挂钩，树立督办工作的“权威性”和“严肃性”，激发督办事项承办单位的主动性，提高管理效率。[5]

四、总结

督查督办工作是保障高校管理效能的重要手段，也是高校办公室的重要职能，做好督办工作，是高校治理体系、治理能力现代化的重要标志。督查督办的最终目标是为学校教学科研服务、为师生员工服务。要以督查督办为手段，力戒形式主义、官僚主义，切实推进学校各项事业发展，切实增强广大师生员工的获得感、幸福感。

参考文献

[1] 丁薛祥.提高政治站位　发扬严实作风　努力提升新时代督查工作水平——在中央办公厅督促检查室全体干部会议上的讲话[J].秘书工作，2018(2)：4-7.
[2] 万清祥.关于高校督办工作制度设计的思考[J].湖北社会科学，2010(4)：176-177.
[3] 汪克强.关于做好新形势下高校督办工作的思考[J].合肥教育学院学报，2001，18(4)：88-95.
[4] 巨维博.高校办公室督办工作的实践与思考[J].西北工业大学学报(社会科学版)，2006，26(1)：87-89.
[5] 雷先阳.推进高校督办工作的思路与方法[J].教育现代化，2018，12(50)：112-123.

高校教学改革中零星采购分析及全过程管理探索

许秀锋　李晓娇　袁　卫　朱茂然

（同济大学采购与招标管理办公室）

摘　要：随着高校教学改革和“双一流”建设的深入，小额零星采购总量逐年增加，显现了高校零星采购的重要性。为保障学校教学、科研工作有序、高效地开展，分析小额零星采购现状和存在的问题，开展针对性研究，提出多项切实可行的措施，加强小额零星采购的管理，探索小额零星采购全过程管理方式，突破高校采购发展瓶颈。

关键词：高校；教学改革；零星采购；全过程管理

Abstract: With the deepening of teaching reform and “double first-class” construction in colleges and universities, the small amount sporadic procurement has increased year by year, showing the importance of sporadic procurement in colleges and universities. In order to ensure the orderly and efficient development of teaching and scientific research in colleges and universities, this paper analyzes the current situation and existing problems of small amount sporadic procurement, carries out targeted research, puts forward a number of practical and feasible measures, strengthens the management of small amount sporadic procurement, explores the whole process management mode of small amount sporadic procurement, and breaks through the bottleneck of university procurement development.

Keywords: university; reform in education; sporadic procurement; whole-process management

一、引言

近年来，高校采购将政府采购限额标准以下、集中采购目录以外的货物单项或批量采购金额低于某一数值的小额零星采购，定义为零星采购。高校常将零星采购的采购权力下放给使用人[1]，由使用人自主选择符合资格条件的供应商并签订采购合同。

以同济大学小额零星采购为例，探索零星采购全过程管理，构建廉洁规范、科学高效、和谐有序的采购环境，为学校人才培养、科学研究和学科建设保驾护航。

二、高校零星采购的现状

随着我国教育改革事业的快速发展，办学规模的扩大，小额零星采购数额逐年增加。小额零星采购在科研、教学中发挥着重要的作用。加强小额零星采购管理，规范采购程序，提高监管力度，保障资金使用安全，推进教学、科研工作的顺利开展，是现阶段高校采购需要突破的难点。

目前国家尚未规范集中采购目录以外或限额标准以下的小额零星采购的采购流程，各高校根据学校实际情况划定零星采购限额标准。学校将零星采购限额标准划定为 5 万元人民币以下，其中货物、服务项目由使用单位自行组织并实施采购，根据项目需求，由经费卡负责人及单位分管领导审批通过后，选择符合资格条件的供应商；工程项目由实施归口管理部门（如基建处）负责组织项目的实施。项目负责人对其合同实质性内容的有效性、合法性负责。

学校 2017—2019 年 5 万元以下货物零星采购数量占全部货物采购数量的比例分别为 92.7％、92.1％和 90.9％，由图 1 可见，小额零星采购具有采购量大的特点。虽然小额零星采购单项金额较小，但由于其采购数量大、采购频繁的特点，使得小额零星采购金额占采购总金额的比例也相对较大。由图 2 可见，学校 2017—2019 年 5 万元以下货物零星采购金额占全部货物采购金额的比例分别为 30.0％、28.4％和 23.4％。5 万元以下货物采购数量及金额的占比，说明零星采购对于教学科研工作具有支撑作用，完善小额零星采购全过程管理体系是当务之急。

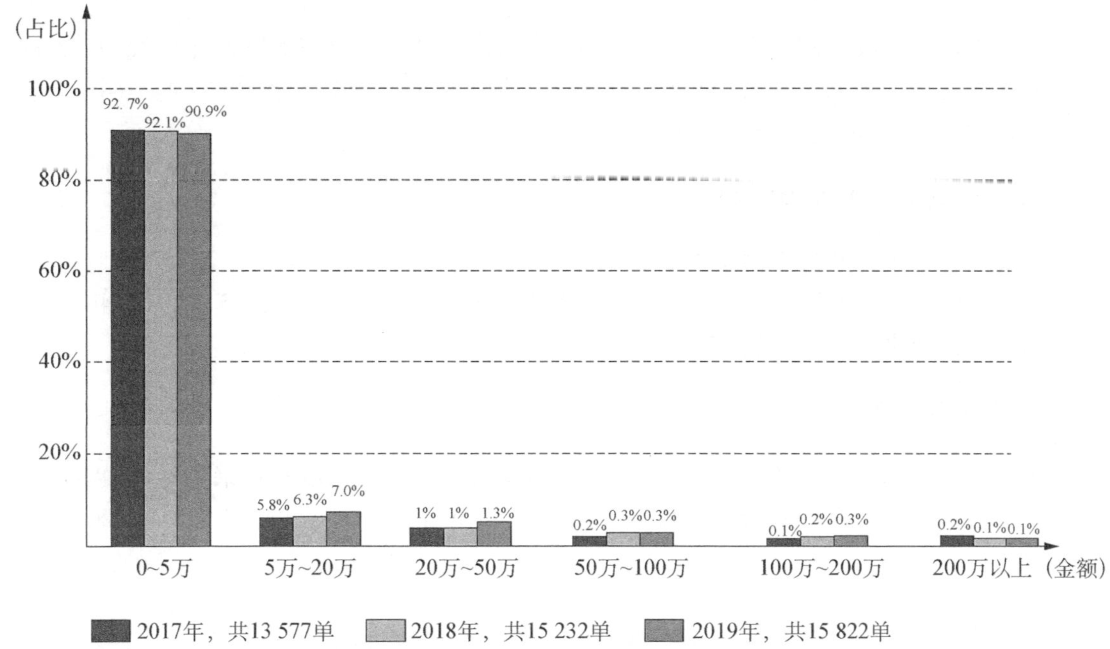

图 1　学校货物零星采购数量占比分布图

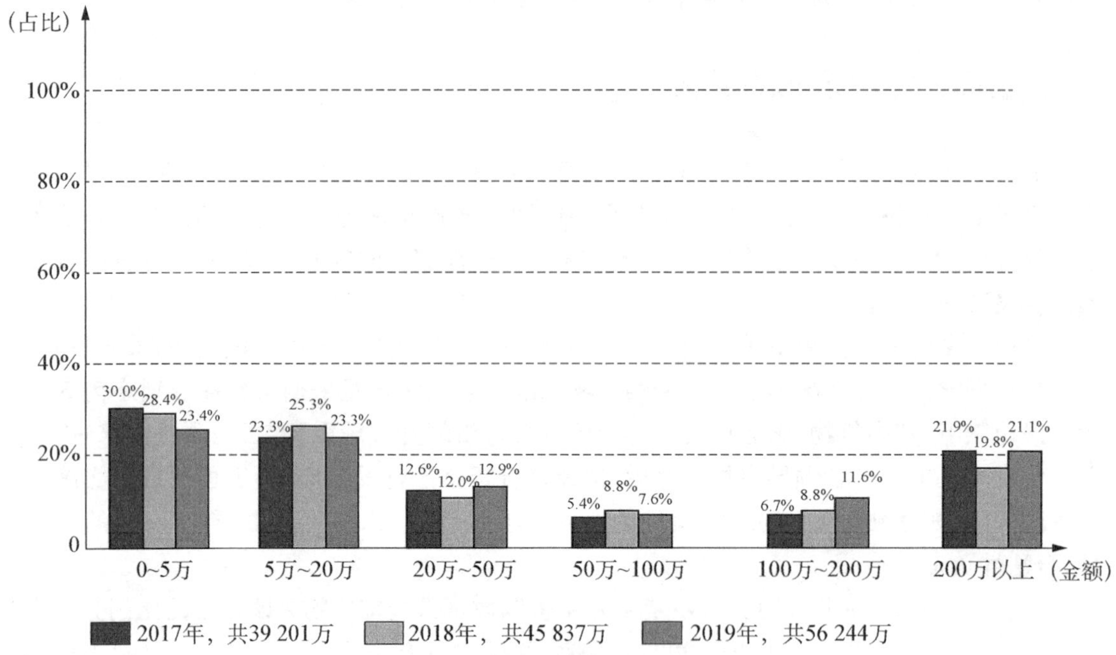

图 2　学校货物零星采购金额占比分布图

三、高校零星采购存在的问题

（一）缺乏明确的政策指导

尽管现在大多数高校已经制定了相关制度规范零星采购，但在实际操作过程中，很多学院的采购员不了解采购政策，导致采购过程中存在纰漏甚至违规操作；权责不明晰，进而影响采购效率，甚至造成资金浪费。

（二）缺乏有效的监督机制

目前高校的采购监督机制主要是针对采购行为的监督，缺乏对采购全过程的监督管理，对采购计划制定和采购完成后的管理严重不足[2]，采购监督体系的巨大盲区，将会给一些违规操作提供滋生蔓延的“温床”。

（三）信息化手段需不断加强

零星采购工作既需要通过科学的管理来规范，也需要通过制度建设来指导，还需要信息化建设来提升[3]。现阶段信息化应用于零星采购全过程还需不断加强，进而减少人为影响，提高采购效率。

四、高校零星采购全过程管理的探索

(一) 零星采购前期管理

1. 整合零星分散采购

由于部门之间信息不对称导致短时间间隔内对同类的货物有共同的需求，短时间多次购买，导致单价增高，增加采购成本。采购人在采购前应通过需求整合，尽量避免采购的过度分散，节约采购成本。

2. 指导和督促学院建立并完善内部自主采购的管理职责

指导学院基于采购项目完善采购管理组织架构和采购制度，明晰学院采购管理的责权体系，设置领导审批制、采购人负责制，明确重要采购事项决策程序。

(二) 零星采购过程中管理

1. 优化零星采购程序

在零星采购过程中，不断优化采购程序，提高工作效率，不断创新、改革工作方法，深入发掘和分析工作问题和漏洞，通过流程改造，提升采购方式方法，使得零星采购工作更加规范化、高效化、标准化。

2. 健全监督机制

零星采购的稳定持续开展需要有效监督机制的保障，加强单位内部采购过程中对权力行使的制约和监督，及时发现和纠正采购活动中的违规问题，保证采购的安全性和合理性。同时加强采购信息公开，在网站公布采购信息，接受社会和行业监督。

(三) 零星采购后期管理

1. 建立零星采购流程规范评价及提醒机制

通过对采购信息的分析、运用，建立零星采购流程规范评价及提醒机制。对于恶意拆分、化大为小、化整为零的采购行为及不严格按照零星采购审批流程采购等行为做出及时的评价反馈，提醒采购人及时纠正违规行为，保障零星采购顺利进行。

2. 建立采购黑名单制度

根据零星采购执行情况，对于违反采购制度、违背采购流程的采购行为及单位实施黑名单制度，对违反采购管理规定的经费卡负责人，停止其零星采购的自主采购资格。

(四) 加强采购信息化建设

运用信息化手段，结合电商平台，改变传统的零星采购模式，不仅可以最大程度地实现信息共享，大幅提高采购效率，而且增强了采购透明度，加强了学校采购监督管理力度。另外，运用采购信息系统中的数据，加强分析和反馈，发现采购过程中的问题并及时提出整改建议。

五、结语

随着高校的不断建设和迅速发展，高校的采购活动也不断增加，小额零星采购数量与金额逐年增加。探索零星采购全过程管理模式，对保障高校采购资金的安全性和使用有效性具有重大的意义，将有效提升学校采购工作对建设“双一流”高校的助力能力。

参考文献

[1] 何磬，吴冠仪.高校小额零星采购合同全过程管理[J].实验技术与管理，2018，35(2)：268-272.
[2] 韩丽琴.高校小额采购存在的问题及改进措施[J].中小企业管理与科技(上旬刊)，2019(8)：22-23.
[3] 周芳.政府采购中零星采购的若干问题分析[J].铁路采购与物流，2019，14(11)：54-55.